中国经济伦理思想通史

〔先秦卷〕

王泽应 贺汉魂 著

王小锡 主编

江苏人民出版社

图书在版编目(CIP)数据

中国经济伦理思想通史.先秦卷/王泽应,贺汉魂
著.—南京:江苏人民出版社,2025.3
ISBN 978-7-214-24929-6

Ⅰ.①中… Ⅱ.①王… ②贺… Ⅲ.①经济伦理学—
经济思想史—中国—先秦时代 Ⅳ.①F092

中国版本图书馆 CIP 数据核字(2020)第 081081 号

中国经济伦理思想通史

王小锡　主编

先秦卷

王泽应　贺汉魂　著

责 任 编 辑　汪思琪
装 帧 设 计　刘葶葶
责 任 监 制　王　娟
出 版 发 行　江苏人民出版社
地　　　址　南京市湖南路 1 号 A 楼,邮编:210009
照　　　排　江苏凤凰制版有限公司
印　　　刷　苏州市越洋印刷有限公司
开　　　本　718 毫米×1000 毫米　1/16
印　　　张　28.25　插页 6
字　　　数　434 千字
版　　　次　2025 年 3 月第 1 版
印　　　次　2025 年 3 月第 1 次印刷
标 准 书 号　ISBN 978-7-214-24929-6
定　　　价　138.00 元(精装)

(江苏人民出版社图书凡印装错误可向承印厂调换)

总　序

《中国经济伦理思想通史》(全七卷)是国家社科基金重大项目"中国经济伦理思想通史研究"(11&ZD084)课题的最终研究成果。

本课题历时 6 年,经过艰苦努力和认真打磨,形成了《中国经济伦理思想通史》约 280 万字的最终研究成果。我们的课题研究宗旨是"全面、系统、创新、深刻、精当、可靠",为此,课题组全体成员在课题研究期间始终坚持这一宗旨,努力朝着预期的目标前进。课题组充分利用集体力量,在科学分工及责任明确的基础上,平均每年至少召开一次由课题组全体成员参加的专题研讨、学术攻关会议。同时,不定期地召开了数十次子课题组研讨会,适时讨论和解决研究中遇到的学术问题。从课题开题到最终成果定稿,我们先后聘请了学术顾问和相关专家学者参加专题研讨会或课题工作座谈会,及时为课题的进展把脉并提出指导性意见。课题研究伊始,我们聘请图书管理专业人员与课题组成员一起收集了 80 多万字与课题研究内容和研究路径相关的资料目录,为本课题研究提供了较为全面的学术信息资料。课题研究虽然十分艰难,但推进有序。

本课题有 7 个子课题组,分别是:

一、中国经济伦理思想通史基本问题研究

负责人:王小锡

主要成员：郭建新、汤建龙、陶涛

二、先秦经济伦理思想研究

负责人：王泽应

主要成员：贺汉魂

三、汉唐经济伦理思想研究

负责人：葛晨虹、王文东

主要成员：任俊华、张霄、李兰芳、李朝辉、刘沛恩
郭子一、尹梦曦、唐春玉、刘昱均

四、宋元经济伦理思想研究

负责人：刘可风

主要成员：阮航、解丹琪

五、明清经济伦理思想研究

负责人：周中之

主要成员：苏令银、周治华

六、民国经济伦理思想研究

负责人：王露璐

主要成员：李明建、张燕、谢新春

七、新中国经济伦理思想研究

负责人：郭建新

主要成员：刘琳、张露、白雪菲

《中国经济伦理思想通史》在坚持马克思主义立场、观点、方法的基础上，本着不忘本来、借鉴外来、着眼未来的思维视角，努力讲好中国故事。《中国经济伦理思想通史》力图全面展示中华文化独特瑰宝的尊荣和魅力；梳理和挖掘中国经济伦理思想的历时性与共时性相统一的完整体系；揭示三千年中国经济伦理思想发展历程及其基本规律；以科学的理念给哲学、经济学、伦理学、经济伦理学等学科建设和经济建设以独特的启迪；用历时与共时兼容、传统与现代交融的客观、科学的中国话语的研究成就体现中国风格和中国精神；等等。期盼

《中国经济伦理思想通史》为中华文明的建设和发展发挥应有的作用。

　　《中国经济伦理思想通史》是"中国经济伦理思想通史研究"课题组全体成员共同努力的结果，是集体智慧的结晶。课题组全体成员参与了《中国经济伦理思想通史》写作过程中的各卷提纲、相关专题和书稿的研讨等工作；各子课题负责人在拟定《中国经济伦理思想通史》相关分卷的撰写提纲的基础上，主持了提纲斟酌、书稿撰写和初稿修改等工作，并完成了全书统改工作；课题组首席专家主持了《中国经济伦理思想通史》撰写工作全过程，并召集各子课题负责人在完成《中国经济伦理思想通史》各卷审改工作的基础上进一步统改、定稿。

　　在"中国经济伦理思想通史研究"课题的研究过程中，许多著名专家学者给予了重要的学术支撑。课题组学术顾问（以姓氏笔画为序）万俊人、朱贻庭、华桂宏、李建华、宋希仁、柯锦华、唐凯麟、章海山等始终关注课题研究进展，参与课题组研讨、审稿等系列学术活动；课题组特邀学者（以姓氏笔画为序）杨义芹、邵汉明、徐小跃、樊和平、薄洁萍等参加了课题开题报告会或相关主题研讨会议，他们为本课题研究的顺利、深入展开提供了可贵的学术指导。同时，课题研究参考、借鉴了国内外有关专家学者的研究成果。在此，对有助于本课题研究的专家学者和相关学术成果作者表示由衷的感谢。

　　　　　　　"中国经济伦理思想通史研究"首席专家　　王小锡

　　　　　　　　　　　　　　　　　　　　　　2021 年 6 月

引 言 / 001

第一章 中国传统经济伦理思想的孕育与初步形成 / 013

第一节 先秦经济伦理思想形成、发展的社会基础 / 015

一、上古时期中国的经济、政治与社会发展状况 / 016

二、夏、商、西周时期的经济、政治与社会发展状况 / 027

三、春秋战国时期的经济、政治与社会发展状况 / 042

第二节 先秦道德与伦理思想形成、发展的历史轨迹 / 060

一、传统伦理思想的孕育与形成 / 060

二、道、德、仁、礼等范畴的形成及其内涵 / 068

三、百家争鸣与诸子伦理思想的形成 / 077

第三节 先秦经济伦理思想的萌生、孕育和初步发展 / 083

一、义利之辨的发端与义利观的初步建构 / 084

二、公利与私利的区分及其论争 / 091

三、财富观及对富国、富民的初步思考 / 096

四、俭奢观与消费伦理的初步阐释 / 102

五、士农工商与职业分途及其经济伦理意蕴 / 105

第二章 管仲、子产、晏婴的经济伦理思想 / 111

第一节 管子经济伦理思想 / 113

一、国家本位的伦理价值取向 / 114

二、"务本饰末"的产业伦理思想 / 120

三、均富济民的分配观与顺民因俗的消费观 / 126

第二节 子产经济伦理思想 / 131

一、"天道远,人道迩"的民本理念 / 132

二、富国强兵的改革政策 / 135

三、礼法兼用保障经济和谐发展 / 139

第三节 晏婴经济伦理思想 / 143

一、以礼治国的管理伦理 / 143

二、宽政惠民的民本伦理 / 146

三、节制奢欲的消费伦理 / 148

第三章 儒家经济伦理思想(一) / 153

第一节 孔子经济伦理思想 / 156

一、仁民爱物的根本精神 / 157

二、富而好礼的终极目标 / 161

三、以义制利的价值原则 / 164

四、重均平的分配伦理观 / 168

第二节 孟子经济伦理思想 / 172

一、以民为本的王道精神 / 173

二、遵循伦常的和谐之道 / 177

三、以义制利的义利思想 / 181

第三节 荀子经济伦理思想 / 187

一、富国裕民的经济发展目标 / 187

二、明分使群的经济秩序 / 193

三、先义后利的经济价值观 / 198

第四章 儒家经济伦理思想(二) / 205

第一节 《周易》的经济伦理思想 / 207

一、"天地之大德曰生"的价值理念 / 208

二、"利者义之和也"的义利观 / 211

三、尚中正、贵节制的经济伦理德性　　/ 215

第二节　《尚书》的经济伦理思想　　/ 219

一、"正德、利用、厚生"的伦理价值理念　　/ 220

二、"敬德保民"的伦理价值理念　　/ 221

三、"慎乃俭德"的消费伦理思想　　/ 225

第三节　《诗经》的经济伦理思想　　/ 229

一、"有物有则"的经济伦理观念　　/ 229

二、"生我劬劳"的感恩伦理精神　　/ 232

三、对"不稼不穑"行为的控诉与批判　　/ 233

第四节　《周礼》的经济伦理思想　　/ 236

一、"任养万民"的制度伦理设计　　/ 237

二、无夺农时的生产伦理　　/ 240

三、"阜通货贿"的商业伦理导向　　/ 241

第五节　《春秋》的经济伦理思想　　/ 245

一、重民轻神的民本主义思想　　/ 246

二、"正德以幅之"的义利论　　/ 248

三、忠信为上的经济价值观　　/ 250

第五章　道家经济伦理思想　　/ 253

第一节　老子经济伦理思想　　/ 255

一、道法自然的伦理精神　　/ 256

二、无为而治的伦理主张　　/ 260

三、无欲、不争的生活原则　　/ 265

第二节　杨朱经济伦理思想　　/ 269

一、"为我""贵己"的个体本位论　　/ 269

二、全生之道的享乐主义人生观　　/ 273

三、朴素的自由主义经济治理观　　/ 276

第三节　庄子经济伦理思想　　/ 280

一、全生求真的精神信念 / 281

二、"自然无为"的生活态度 / 285

三、"不物于物"的财富伦理主张 / 289

第六章 墨家经济伦理思想 / 297

第一节 墨子经济伦理思想 / 300

一、贵义尚利的义利观 / 300

二、"兼相爱,交相利"的伦理原则 / 304

三、"赖其力者生"的生产伦理思想 / 308

四、"节用""节葬""非乐"的消费伦理思想 / 311

第二节 后期墨家经济伦理思想 / 313

一、对墨子"兼爱"思想的发展 / 314

二、对墨子义利观的发展 / 316

三、对墨子志功统一观的发展 / 319

第七章 法家经济伦理思想 / 323

第一节 李悝经济伦理思想 / 325

一、"尽地力之教"的生产伦理思想 / 326

二、"禁技巧"的消费伦理思想 / 329

三、平籴惠民的分配伦理观 / 331

第二节 商鞅经济伦理思想 / 335

一、富国强兵的事功观 / 335

二、重本抑末的农战思想 / 339

三、论功行赏的分配观 / 344

四、节俭主义的消费观 / 347

第三节 韩非经济伦理思想 / 349

一、去私存公的功利观 / 349

二、农本商末的产业伦理观 / 353

三、见功与赏的分配观 / 356

四、"力而俭者富"的消费观　　/ 359

第八章　农家、商家、兵家、杂家的经济伦理思想　　/ 363

第一节　农家经济伦理思想　　/ 365

一、以农为本的根本精神　　/ 366

二、君民并耕的伦理主张　　/ 368

三、"三才"并举的发展观　　/ 372

第二节　商家经济伦理思想　　/ 375

一、农商俱利的产业伦理观　　/ 376

二、遵道而行的良商理念　　/ 381

三、行"仁"循"义"的商业伦理规范　　/ 383

第三节　兵家经济伦理思想　　/ 388

一、仁义为本的"义战"精神　　/ 388

二、富国强兵的战略思维　　/ 392

三、慎战求全的理性原则　　/ 395

第四节　杂家经济伦理思想　　/ 399

一、以民为本的治理理念　　/ 400

二、重义制欲的义利观　　/ 404

三、追求可持续的农业发展观　　/ 407

结　语　先秦经济伦理思想的价值建构和历史地位　　/ 411

一、以人为本和民本主义价值观的确立　　/ 412

二、义利并重和以义制利义利观的确立　　/ 419

三、中正和谐、诚实守信的伦理原则的确立　　/ 424

四、生产伦理、交换伦理、分配伦理和消费伦理的初步建构　　/ 429

主要参考文献　　/ 436

后　记　　/ 442

引 言

先秦是中国伦理思想及经济伦理思想的萌生孕育时期。从上古开始，长达几千年的文明进化史中，中国伦理思想及经济伦理思想经历了一个漫长的萌生孕育的过程，直至春秋战国才进入创设和形成时期。如同古希腊思想是欧洲文明的源头一样，先秦伦理思想及经济伦理思想的形成标志着中国伦理思想及经济伦理思想的初步奠基，它为后世提供了源头活水般的精神依恃和价值基因。回溯和弘扬先秦伦理思想及经济伦理思想始终是促进中国伦理思想及经济伦理思想发展的重要因素。

先秦伦理思想及经济伦理思想的正式奠基固然应当圈定在春秋战国时期，但是其源头则应追溯至遥远的上古，追溯至巢、燧、羲、农时代。著名历史学家吕思勉先生有言："吾国开化之迹，可征者始于巢、燧、羲、农。"[①]

有巢氏、燧人氏、伏羲氏、神农氏各以自己特有的史诗揭开了中华文明的序幕。虽然关于巢、燧、羲、农的记载都是传说中的故事，但是透过这些传说及浸润其中的精神，我们可以发现，中华先民在文明初曙之际建构的就是一种注重群体整合和为民兴利的价值格局，是一种注重人与人之间关系的伦理文化类型。他们播下尚德贵和的种子，朝着天下为公的方向迈进，形成了中华民族独特的文化秉性与伦理品质。中国上古神话和传说体现出强烈的尚德精神，与希腊神话的尚力精神形成鲜明对比。中国上古神话和传说推崇

救苦救难、律己甚严和勇于为民造福的有德者。他们为了救黎民于水火,常常不怕困难、敢于斗争,牺牲生命亦在所不惜。"女娲补天""夸父追日""羿射九日""精卫填海""愚公移山""刑天舞干戚"等神话和传说,集中反映了上古先民们的道德理想和人生追求。中国上古神话和传说强调的不是神话人物身上的野性和超自然的力量,而是一种维护群体生存与整体利益的高尚人格和无私献身精神。神话和传说中予以肯定和赞扬的那些创世神、创生神、始祖神大多是大公无私的典范,是将保民、佑民、福民放在第一位的神人和圣人。中国神话和传说中的尚德精神,表现为对众神献身精神的崇尚与礼赞,表现为对天神必须保民佑民的职分要求。在原始初民的心目中,受世人敬重的神人和圣人,有着非比寻常的道德力量和无与伦比的伦理品质,引领着众人在世间生存并得以很好地生活。这种上古神话和传说中的尚德精神,在促使中国进入文明时代方面起了规划路径和价值引导的作用。

中国进入文明的路径明显不同于古希腊、罗马。诚如侯外庐先生所言,不同于从家族到私产再到国家,由国家代替家族,为了私产而拼命向外寻求的古希腊、罗马文明路径;中国进入文明的路径是从家族到国家,国家混合在家族里面,就是所谓的社稷,以及注重人伦和谐与家国秩序的贤人作风。[①]古希腊、罗马文明关注的是"市民的世界",中国文明注重的是"君子的世界"。与侯外庐从生产方式探讨文明路径有所不同,梁漱溟则从文明路向探讨了中国不同于西方和印度的独特性。梁氏认为,由于人们的意欲不同,各民族的生活方式不同,在生活中解决问题的方法也不同,因而分别走上了不同的道路,也就是他所说的三种生活样法。生活的根本在意欲而文化不过是生活之样法,"西方文化是以意欲向前要求为根本精神的","中国文化是以意欲自为调和、持中为其根本精神的","印度文化是以意欲反身向后要求为其根本精神的"。[②]"以意欲向前要求为根本精神"的西方文化本质上是一种科学型文化,以对自然界的理性认识和改造为主;"以意欲自为调和、持中为其根本精神"的中国文化本质上是一种伦理型文化,以对人伦关系的情理性认识和处理为主,重在建构一种适合人之生存发展的人伦关系和社会关

---

① 参见侯外庐《关于亚细亚生产方式之研究与商榷》,载中国社会科学院历史研究所中国思想史研究室编《侯外庐史学论文选集》上,北京:人民出版社 1987 年版,第 58—59 页。
② 参见梁漱溟《东西文化及其哲学》,北京:商务印书馆 1987 年版,第 54—55 页。

系;"以意欲反身向后要求为其根本精神"的印度文化本质上则是一种宗教型文化,以对神的信仰与崇拜为要义。尽管对侯外庐和梁漱溟的文明探源性研究成果我们可以予以更进一步、更深入的研究,但是其关于文明路径和价值特质的探论无疑具有深刻的启迪意义,对文明史研究也具有很高的参考价值。

先秦是中国伦理思想及经济伦理思想萌生孕育和初创的时期。伦理思想及经济伦理思想作为对道德生活实践及经济道德生活实践的总结与反思,具有在时间上晚于道德生活实践及经济道德生活实践的特质,本质上也经历了一个从原始思维向理性思维演进或过渡的过程。如果说原始思维带有强烈的神秘性、模糊性和非科学性,那么在经历了原始社会后期和奴隶社会早期的汰选、陶冶以及文明创化的洗礼之后,商周之际,比较理性化的伦理思想渐趋形成。一些学者在应用雅斯贝斯的"轴心时代"理论解释中国思想所谓"超越的突破"和"哲学的突破"时,将中国的"轴心时代"溯至周公,并认为正是周公的重视"殷鉴"、制礼作乐及其对伦理道德在三代兴替中作用的分析开启了以孔子为代表的儒家伦理思想的先河,以致后世诸多思想家往往将"周孔"并称。如《抱朴子·明本》所言:"儒者,周孔也,其籍则六经也,盖治世存正之所由也,立身举动之准绳也,其用远而业贵,其事大而辞美,有国有家不易之制也。"周公总结了夏、商兴亡的历史教训,提出了"以德受命""以德配天"和"敬德保民"的伦理思想。在周公姬旦的许多谈话、命令里都贯穿着比较清醒而冷静的伦理思想。在周公看来,"德"是由天所命的,商朝灭亡是因为"惟天不畀,不明厥德",而周代兴起也是因为"上帝"和"皇天"给予他们德。出于推翻商朝的政治需要,周公曾提出"惟命不于常"的观点,在继承的基础上对上帝至上论作了重要的修正和补充。在周公看来,上帝所赐予的天命不是固定不变的;天之所以不再保护殷王,是由于殷纣王胡作非为不听上天教诲,甚至欺骗上帝所致。天命不于常,并不是说天不关心由谁掌政,而是说天要依据德的标准选择当权者。周之所以为上天选中取代商,是因为周的当权者品德醇厚。周自大王起就注重以德化人,形成了深厚的"祖德"。不仅有泰伯让贤于季历的传说,而且文王侍奉父亲季历也是晨昏定省、至孝感人。周朝国运之所以昌隆绵长,是与其深厚的"祖德"特别是文王的至孝之德联系在一起的。周有德则上可得天之助,下可得民之和,二者兼具，便能为王，且历数百年不败。周公基于历代王朝兴衰的经验，还提出了保民、建业以及守业的思想，认识到王权的巩固不能简单地依靠神明，而是必须以保民、为民兴利和取信于民为安天下之宗旨；制度的建构以及统治者的治政行为应该而且必须以得道即得到民众的拥护为基本内容。在《大诰》中，周公反复说明建业的艰难，鼓励周人为建业而勇于牺牲一切；并告诫人们在建业后仍要有危机意识，指出守业比建业更难。周公总结概括出了一套以父慈、子孝、兄友、弟恭为主要内容的道德规范，认为这是由上帝赐予民众的行为规范。他还特别强调统治者本人要恭敬畏惧，无逸节性，作出道德榜样，以便上行下效，以此来保持西周统治秩序的稳定。周公"制礼作乐"的制度伦理建构和"敬德保民"的政治伦理理念，以及与之相关的德性伦理的培育和弘扬，含有为周代涵育核心价值观的努力以及培育国德等建纲立极和创业垂统的意义，受到以孔子为代表的儒家学者的高度肯定。孔子以周公事业的继承者自居，终其一生都在致力于恢复"周礼"，并以梦见周公为人生最大乐事。所以，在唐代以前的数千年时间里，儒家学说是以"周孔之道"为其标志和核心的。

德国哲学家雅斯贝斯在《历史的起源与目标》一书中写道，公元前800年至公元前200年是人类文明的"轴心时代"，是人类文明精神取得重大突破时期，当时古代希腊、古代中国、古代印度等文明都产生了伟大的思想家："在中国，孔子和老子非常活跃，中国所有的哲学流派，包括墨子、庄子、列子和诸子百家，都出现了。象中国一样，印度出现了《奥义书》(Upanishads)和佛陀(Buddha)，探究了一直到怀疑主义、唯物主义、诡辩派和虚无主义的全部范围的哲学可能性……希腊贤哲如云，其中有荷马，哲学家巴门尼德、赫拉克利特和柏拉图，许多悲剧作者，以及修昔底德和阿基米德。在这数世纪内，这些名字所包含的一切，几乎同时在中国、印度和西方这三个互不知晓的地区发展起来。"①他们对构成人类处境之宇宙的本质有了一种理性的认识，对人类处境及其基本意义获得了新的理解，从而产生了一种"由文化的原始阶段跃迁至高级阶段"的"超越的突破"。他们提出的思想原则塑造了不同的文化传统。这一时期出现的伟大宗教人物和哲学家有着对人的灵性

---

① ［德］卡尔·雅斯贝斯：《历史的起源与目标》，魏楚雄、俞新天译，北京：华夏出版社1989年版，第8页。

需求的回应和人的价值的创造性发现,一面把人从消极面相(罪恶、自私)中救拔出来,一面使人超越小我、实现真我。"人类一直靠轴心期所产生、思考和创造的一切而生存。每一次新的飞跃都回顾这一时期,并被它重燃火焰。自那以后,情况就是这样。轴心期潜力的苏醒和对轴心期潜力的回忆,或曰复兴,总是提供了精神动力。"①中国文化的"轴心时代"主要指春秋战国时期,即公元前770年到公元前221年。这一时期礼崩乐坏、百家争鸣,思想上发生了重大的转折或突破("轴心理论"称之为"超越"),开始出现精神的反省和自觉,并朝着探寻和建构具有普遍性价值的行为准则与价值体系的方向努力。

中国"轴心时代"的圣人是孔子、老子、墨子、孟子、荀子、庄子、列子等。诸子百家基于天下纷纷攘攘,"周道衰而王泽竭,利害兴而人心动,计较作于中,思虑营于外"的现实,"悯天下之至此极"②,竞相探讨"务为治"的伦理致思路径,并为此提出了一系列安顿人心、整肃社会、建构文明秩序的理论命题和观点。以孔子为代表的儒家学派提出了"仁者爱人"的仁学,不仅尊重个体的生命价值,而且主张从人我关系来探讨人的真正本质,并提出了"志士仁人,无求生以害仁,有杀身以成仁""朝闻道,夕死可矣""不义而富且贵,于我如浮云"等命题,凸显了人的生命的内在价值,建构了一个抵抗物质世界的意义世界。"在中国文化史上,由孔子而确实发现了普遍的人间,亦即是打破了一切人与人的不合理的封域,而承认只要是人,便是同类的,便是平等的理念……孔子打破了社会上政治上的阶级限制,把传统的阶级上的君子小人之分,转化为品德上的君子小人之分,因而使君子小人,可由每一个人自己的努力加以决定,使君子成为每一个努力向上者的标志,而不复是阶级上的压制者。"③孔子打破了以为推翻不合理的统治秩序即大逆不道的政治神话,把统治者从特权地位上拉下来,使其与庶民百姓一样受良心理性的审判,从而彰显了人人都要受道德约束的意义,具有石破天惊的思想解放价值。孔子的仁学人道主义不仅打破了当时由春秋列国所衍生出来的地方性和狭隘性,而且打破了种族之间的偏见和歧视,对当时的蛮夷都给以平等

① 〔德〕卡尔·雅斯贝斯:《历史的起源与目标》,魏楚雄、俞新天译,北京:华夏出版社1989年版,第14页。
② 〔南宋〕陈亮:《孟子》,载邓广铭点校《陈亮集》(增订本),北京:中华书局1987年版,第109页。
③ 徐复观:《中国人性论史》,上海:华东师范大学出版社2005年版,第41页。

的对待。史载:"子欲居九夷。或曰:'陋,如之何?'子曰:'君子居之,何陋之有?'"①孔子不以当时表面上的文明生活为道德的最后标准,而是以志于道、据于德、依于仁和循乎礼为其判断标准。"他在陈蔡之间,困顿流连甚久,其志必不在陈蔡而盖在楚;楚称王已久,当时固视为南蛮鸠舌之邦;但在孔子看来,并无异于鲁卫。所以《春秋》华夷之辨,乃决于文化而非决于种族。"②韩愈在《原道》中指出:"孔子之作《春秋》也,诸侯用夷礼,则夷之;进于中国,则中国之。"儒家以天下为对象而谈论的"平天下",是以普遍性的人间和人的价值的平等性为主要内容的。质言之,孔子的仁学人道主义彰显了道德上的自由和平等,第一次从普遍伦理的角度发现了个体生命的伦理意义,凸显了个体的生命尊严和人格尊严。这是真正意义上的建纲立极,具有"为万世开太平"的伦理功能。

以老子为代表的道家思想重视人的生命的自由的伦理意义,认为"生而不有,为而不恃,长而不宰,是谓玄德"③,力主官府对百姓生活少干预、少控制,把率性保真、知足不争视为幸福生活的重要内容。老子的自然主义伦理思想是以对个体生命权利的尊重为前提的,充满着对个体生存权和发展权的尊重与敬畏,其认为最高明的统治是被统治者感受不到统治的统治,此即"太上不知有之,其次亲而誉之,其次畏之,其次侮之"④。与此相关,老子还推崇"以道佐人主者,不以兵强天下"⑤,并且认为"兵者不祥之器,非君子之器。不得已而用之,恬淡为上,胜而不美"⑥。

墨家的伦理思想,以"兼爱"为基础,以贵义、尚利为核心,以社会本位为价值观,在先秦诸子学术中占据重要地位。墨家谴责"强之劫弱,众之暴寡,诈之谋愚,贵之傲贱"⑦的社会现实,提倡"有力者疾以助人,有财者勉以分人,有道者劝以教人"⑧,主张"兴天下之利,除天下之害"⑨,并以"兼相爱,交

---

① 《论语·子罕》。
② 徐复观:《中国人性论史》,上海:华东师范大学出版社 2005 年版,第 43 页。
③ 《老子》第五十一章。
④ 《老子》第十七章。
⑤ 《老子》第三十章。
⑥ 《老子》第三十一章。
⑦ 《墨子·兼爱下》。
⑧ 《墨子·尚贤下》。
⑨ 《墨子·尚同中》。

相利"①之法来改变独知爱己的自我中心主义。墨家站在劳苦大众一边发出了平等互爱的呐喊,可谓古代共享伦理的先声。

此外,法家、兵家、农家、商家、杂家等都提出了自己的伦理思想,并在其伦理思想中阐述了义与利、俭与奢、富与仁、本与末等经济伦理思想,共同构成先秦经济伦理思想的有机组成部分。

春秋战国作为中国的"轴心时代",主要体现为诸子百家争鸣的伦理精神建构,体现为诸子对中华文明内在价值和精神建构的深刻思考与不尽智慧。诸子在这一时期提出并阐发天道与人道、人性与善恶、民意与人心、君主与社稷、道义与功利等问题,是诸子为确证中华文明的正当性、确证传承中华文明的合理性而发起的思想史上的第一次解放运动。有学者认为,这是一个原创中华"元典"的时代,是一个在它之前都"趋近"它、在它之后都"回味"它的时代。在探寻具有普遍性价值的治道和具有超越性价值的人文精神的过程中,制度伦理、规范伦理和德性伦理的基本框架得以形成,并成为民族精神的源头活水。周人把眼光从天上转到人间,通过敬德保民、制礼作乐来设计和安排人间秩序。然而仅仅到了东周,这个人间秩序就开始被毁坏,出现礼崩乐坏的局面,"轴心时代"的诸子百家认识到只注重现实世界的秩序建构是远远不够的,更重要的是人心的秩序与内在主体性的确立。正如孔子所说:"人而不仁,如礼何?人而不仁,如乐何?"②春秋战国时期,随着奴隶制统治秩序解体、礼乐制度崩溃,士从奴隶制的枷锁下摆脱出来,身心获得巨大解放。他们第一次真正体验到了自主的欢欣和自由的快乐,同时深深地意识到了自身肩负的责任,产生了强烈的主体意识和理性自觉,在历史的舞台上开始展现出鲜明的独立人格特征。诸子百家虽然价值取向各不相同,关于价值建构和精神安顿的认识及路径设计亦有相当的差别,但是他们都有在多元时代建构核心价值体系的种种设想和探讨,有"务为治"的伦理价值追求。特别是以孔孟为代表的儒家和以老庄为代表的道家竞相把目光转向人的内心世界,着眼于对现实世界的超越,建构并阐释了一种以人为本、致力于实现人的价值和幸福的伦理价值观。这

---

① 《墨子·兼爱下》。
② 《论语·八佾》。

种伦理价值观重视人的生存发展问题,把如何获取人的幸福、追求一种精神上的充实、成为一个占有人的本质的对象物作为价值致思的原点,打开了追求终极价值和人文关怀的大门。人正是在这种对终极价值和人文关怀的追求中成为一个文明的人。我们在孔子关于人的伦理道德、人的自身修养,尤其是关于"仁"的表述中看到了这样的思想。其他诸子的思想精华也多体现为对人的生命价值和幸福权益的发现与尊重,比如庄子的《逍遥游》,看似在追求一种永远无望的目标,其实正暗示着人的生命发展的无限性、终极性与完美性,特别是生命的自由与尊严、精神的惬意和人格的独立。

经济伦理思想的形成和发展同伦理思想与经济思想的形成和发展密切相关,是包容在伦理思想或经济思想之中的。在阅读先秦诸子著述和言说的过程中,我们可以发现相当一批对治生理财、经邦济世和经济生活进行伦理规范或引导的论述,这些闪耀着经济伦理思想光华的论述可以归并到先秦经济伦理思想史的论域中来关照。先秦时期的经济伦理思想始终围绕义利问题展开,儒家提出了重义轻利、先义后利的义利观,法家提出了重利轻义、先利后义的义利观,道家提出了义利俱轻、义利两忘的义利观,墨家提出了义利统一、志功合一的义利观,此外还有利足生义论等。围绕着义利之辨,诸子还展开了对仁与富、公与私、本与末、善与恶、俭与奢、富国与富民、君子与小人以及文与质、德与福等的辩论,并由此出发探讨治理天下的策略,发展出经济制度伦理和经济政策伦理。从孔孟儒家的德治仁政思想以及养生送死无憾的观点到道家无为而治、知足不争以及道法自然的论断,从管子的富民、韩非的富国强兵到墨家的兼爱之治、节用节葬的主张,都显示出经济伦理思考的不尽智慧。唐庆增在《中国经济思想史》中对先秦时期各家的经济思想作出了自己的定性分析,指出以孔孟为代表的儒家学说"其经济理论处处主张适中(如论消耗,于奢俭皆非所许,劝人勿太奢太俭),故名之曰中庸派。墨家批评人类经济活动,以利益为标准,所谓'加利于民'是也,故名之曰实利派。法家经济思想,建立于国家主义之上,如论国际贸易等项目首重侵略,其学说以富国强兵为归宿,故名之曰功利派。农家学说,带有社会主义性质,与墨家甚近,然其注重实行,殆较墨家尤为刻苦,故名之曰力行派"①。孔子在发展生产方面提出的"因民之所利而利之"②"废泽梁之禁,弛关市之税,以惠百姓"③的思想是一种开禁利民的经济伦理思想,有着对贵族领主经济垄断性的深刻批判,与欧洲的自由放任主义经济伦理思想有某种相似之处。唐庆增指出:"孔子反对政府有何压迫或干涉行为,盖主张政府费小费,作小事,设法收莫大之利益与效果,所谓惠而不费者,盖谓'政府之设施,其牺牲当求其小,其收效当求其大',能如此则政府所费小,而人民得益多。进一步言,孔子实主张放任主义(laissez-faire),而反对干涉政策(intervention)。"④孔子主张的分配伦理强调分配应当均衡公正,并提出了"不患寡而患不均"的命题,这一命题其意义有二:"(一)政府敛税,人民之担负宜平均;……(二)政府宜调剂人民财富,使之渐趋均平……均富之说,支配中国数千年来之经济理论。"⑤晏子既强调财富产生以土地为本源,提出"天明象而致赞,地长育而具物"⑥,又力主"通商工之业,便鱼盐之利"⑦,"君商渔盐,关市讥而不征"⑧,要求轻税薄敛,保护市场交易,特别是要注意保护小商人的合法权益。在消费伦理方面,晏子与墨家一样,力主非乐、薄葬,以节欲、节俭为理想的生活方式。

先秦时期,儒、墨、道诸家都对庶民百姓的生存权益和安居乐业深刻关注,并且将庶民百姓的生存权益、安居乐业同国家治理、天下秩序的建构与维系有机地联系起来,主张尊重庶民百姓的生存权益,"因民之所利而利之",并且认为利民就是"立道"和"得道"。孟子认为,"得天下有道:得其民,斯得天下矣;得其民有道:得其心,斯得民矣;得其心有道:所欲与之聚之,所恶勿施尔也"⑨。由此,孟子感慨道:"暴其民甚,则身弑国亡;不甚,则身危国削。名之曰'幽厉',虽孝子慈孙,百世不能改也。《诗》云:'殷鉴不远,在夏

---

① 唐庆增:《中国经济思想史》,北京:商务印书馆 2010 年版,第 13—14 页。

② 《论语·尧曰》。

③ 《孔子家语·五仪解第七》。

④ 唐庆增:《中国经济思想史》,北京:商务印书馆 2010 年版,第 85 页。

⑤ 唐庆增:《中国经济思想史》,北京:商务印书馆 2010 年版,第 87—88 页。

⑥ 《晏子春秋·内篇问上第二十二》。

⑦ 《史记·齐太公世家》。

⑧ 《晏子春秋·内篇杂下第十六》。

⑨ 《孟子·离娄上》。

后之世。'此之谓也。"①那些置民众的权利于不顾的暴虐统治者,重则国破身亡,轻则自己和国家都受到危害和损失。老子揭示了庶民百姓贫困的根源:"民之饥,以其上食税之多,是以饥……民之轻死,以其上求生之厚,是以轻死。"②统治者过着"服文采,带利剑,厌饮食,财货有余"③的奢侈生活,却使得庶民百姓饥寒交迫,无法过上幸福的生活。因此,改变这种贫富不均的现实就变得特别重要。老子提出了"圣人不积,既以为人己愈有,既以与人己愈多。天之道,利而不害。圣人之道,为而不争"④,"圣人无常心,以百姓心为心"⑤,等等命题和观点,从另一个方面补充并发展了儒家民本主义伦理思想。墨家始终站在庶民百姓的立场上,为其行为的合理性及其伦理价值辩护,"所反映的平民的利害,可以构成广大社会正义的基础;但其所解决问题的构思,也是以他们现实生活的情形作根据"⑥。墨家在先秦之所以能产生重大影响主要是因为其学说的强烈正义感和平等意识,特别是为正义不惜牺牲一切的伦理精神。墨家的经济伦理思想孕育且塑造了中国古代的任侠或义士精神:他们敢于向强权说"不",敢于为民请命或以身任天下,表现出了一种率天载义、体天恤道的精神风骨和伦理操守。

春秋战国时期是中国思想界巨人辈出、群星灿烂的伟大时代,是伦理精神在反思中觉醒并得以建构的伟大时代。人的价值的发现,人的尊严的挺立,人的生存权益和道德平等意识的自我复苏,"是中国古代轴心期文明正式开始的一个重要标志"⑦。"所谓经济思想者,亦于此一时期建设成立,其学说各体具备,实为中世与近代经济思想之基础。"⑧这一时期诸子百家所提出的重人本、贵诚信、尚义利、均天下等思想,深刻影响了后世经济伦理思想的发展走向和格局,成为此后数千年经济伦理思想生生不已的思想渊源和源头活水。

先秦时期的经济伦理思想是中国经济伦理思想的发端,"有广纳众流之

---

① 《孟子·离娄上》。

② 《老子》第七十五章。

③ 《老子》第五十三章。

④ 《老子》第八十一章。

⑤ 《老子》第四十二章。

⑥ 徐复观:《中国人性论史》,上海:华东师范大学出版社 2005 年版,第 193 页。

⑦ 刘家和:《古代中国与世界——一个古史研究者的思考》,武汉:武汉出版社 1995 年版,第 462 页。

⑧ 唐庆增:《中国经济思想史》,北京:商务印书馆 2010 年版,第 12 页。

概。故极平实与极诡异之学说,同时并起,能并育而不相害"[1]。许多思想家又极富于弹性,能够博采众家之长,"调和焉以冶诸一炉。此种国民所产之思想及其思想所陶铸而成之国民意识,无论其长短得失如何,要之在全人类文化中,自有其不朽之位置"[2]。先秦时期的经济伦理思想成为后世取之不尽的理论资源,至今值得我们不断地去发掘、去回味、去反思。

---

① 葛懋春、蒋俊编选:《梁启超哲学思想论文选》,北京:北京大学出版社 1984 年版,第 403 页。
② 葛懋春、蒋俊编选:《梁启超哲学思想论文选》,北京:北京大学出版社 1984 年版,第 403 页。

第一章
中国传统经济伦理思想的孕育与初步形成

中国是一个以伦理思想和伦理文化为文明架构核心并进行制度建构的文明古国，伦理思想和伦理文化发展得比较完善。这种在伦理思想和伦理文化建构上"早熟"或过分成熟的特点同时影响到经济伦理思想，尤其以义利、仁富及其本末、体用的探讨为最。先秦经济伦理思想在较为成熟的呈现形态上以春秋战国时期为典型。此前由于文献保存的原因，相关研究进行得颇为艰难，但是我们依然可以从各种考古发掘成果以及散落于诸子百家的转述中找到其思想的发展线索。从上古到春秋战国，经济伦理思想经历了一个由混沌朦胧到相对清晰、由认识比较粗浅到比较深入的漫长发展过程。这一经济伦理思想的孕育萌生过程与中国社会历史的发展演化大体上是同频共振的。先秦是中国传统经济伦理思想的孕育萌生时期，奠定了中国经济伦理思想日后发展的基石、规模与基本格局。

第一节　先秦经济伦理思想形成、发展的社会基础

基于我国古代的历史传说和大量的考古发现，在从 5 万年前旧石器时代的母系氏族公社到 7000 年前新石器时代的父系氏族公社这一漫长的原始社会时期，生产资料公有以及财富平均分配一直是人们全部经济活动的基本准绳。《礼记·礼运》所描绘的大同社会，是对没有阶级、没有剥削、没有压迫的原始时代中人与人之间原始的平等协作关系的真实揭示："大道之行也，天下为公，选贤与能，讲信修睦。故人不独亲其亲，不独子其子，使老有所终，壮有所用，幼有所长，矜、寡、孤、独、废、疾者皆有所养，男有分，女有归。货恶其弃于地也，不必藏于己；力恶其不出于身也，不必为己。是故谋闭而不兴，盗窃乱贼而不作，故外户而不闭。是谓大同。"《礼记·礼运》还对不同于远古大同社会的小康社会作出了阐述，认为小康社会是一个"大道既隐，天下为家，各亲其亲，各子其子，货力为己"的私有制社会，"大人世及以为礼，城郭沟池以为固，礼义以为纪；以正君臣，以笃父子，以睦兄弟，以和夫妇，以设制度，以立田里，以贤勇知，以功为己。故谋用是作，而兵由此起。禹、汤、文、武、成王、周公，由此其选也。此六君子者，未有不谨于礼者也。

以著其义,以考其信,著有过,刑仁讲让,示民有常。如有不由此者,在势者去,众以为殃。是谓小康"。夏商周时代无疑属于《礼记·礼运》所言的"小康社会"。

中国经济思想、伦理思想以及兼容经济与伦理的经济伦理思想萌生于原始时代的"大同社会",在夏商周时代特别是春秋战国时期的"小康社会"得以形成。唐庆增在《中国经济思想史》中指出,"经济思想在中国产生甚早","中国经济思想历史,垂四千余年,吾人就此长时间之各种学说历史研究之,觉在任何时代,不论其思想家为谁何,其学说与他种学术,皆有极密切之关系,经济诚为一国盛衰兴亡之关键,非谓经济思想史与经济史系独立的,与他种学术全无关系也"。[①] 不特经济思想如此,经济伦理思想也是如此。探寻中国传统经济伦理思想的萌生孕育过程,必须考察其形成、发展时中国的经济、政治和社会发展状况。

一、上古时期中国的经济、政治与社会发展状况

恩格斯将整个人类社会历史分为蒙昧时代、野蛮时代和文明时代,其中各时代又分别包括低、中、高级阶段。原始社会经历了原始人群和氏族公社两个时期。氏族公社又经历了母系氏族公社和父系氏族公社两个阶段。父系氏族公社时期是私有制产生、发展和原始社会解体并逐步向阶级社会过渡的时期。原始社会,生产力水平十分低下,人们只有依靠群体的力量才能求得生存。这种情况决定了原始社会生产资料的公有制及其分配的绝对平等。到原始社会末期,由于生产力的增长,剩余产品出现,私有制、阶级剥削和阶级压迫也随之而来,原先共同劳动、共同分配的生产关系遭到破坏。原始的群体主义为阶级社会的等级主义所取代。

中国的原始社会,起自大约170万年前的元谋人,止于公元前21世纪夏王朝的建立。原始社会历史主要是氏族制度的发展史,但其最早阶段却要追溯到1400多万年前至300万年或350万年前从猿到人的转变时期,这就是蒙昧时代的低级阶段。在这一阶段,形成中的人还生活在原始群中,过着

---

① 唐庆增:《中国经济思想史》,北京:商务印书馆2010年版,第8,9—10页。

最原始的群体生活。在 300 万年或 350 万年前,随着完全形成的人的出现,人类社会才进入蒙昧时代的中级阶段,开始了原始公社时代的历史。人类是从古猿演变而来的,从猿到人的过渡是在群体中完成的。原始群就是这种正在形成中的人共同劳动和生活的集团,是处于"童年"(相当于恩格斯提到的蒙昧时代的低级阶段)的人类。旧石器时代中晚期智人的出现,标志着原始社会的发展迈出了极为关键的一步。从人猿最初分化发展到现代人的产生,原始公社从前氏族公社时期进入母系氏族公社时期,正式开始了氏族制度的漫长发展。根据目前已知的材料,最早出现原始群的年代约在 1400 万年前。中国境内最早的人类是元谋人。早期智人又称"古人",生存于距今 20 多万年到 5 万年前,仍为蒙昧时代的中级阶段,考古学年代为旧石器时代中期。与直立人相比,早期智人具有与现代人更接近的特征,脑量与现代人相同,能制作多种形式的石器,并能人工取火。晚期智人已基本上同现代人一样,生活在距今 5 万年到 1 万年前,处于旧石器时代晚期,即蒙昧时代的高级阶段。中国的晚期智人化石材料比较丰富,广布于华北、华南、西南、东北等地区,主要有广西柳江人、山西峙峪人、周口店山顶洞人、四川资阳人、内蒙古萨拉乌苏人(河套人)、广西来宾麒麟山人、山东新泰人、辽宁建平人、云南丽江人、台湾左镇人等。北京人是原始群时期的典型。山顶洞人已经过着氏族公社的生活。长江流域的河姆渡氏族和黄河流域的半坡氏族生存的时期是母系氏族公社的繁荣时期。中晚期的大汶口文化反映了父系氏族公社的情况。

原始公社最早出现的人造工具是石器。考古学上把使用石器的时代称为"石器时代"。根据石器制作技术的演进和生产水平的发展,考古学者把石器时代分为旧石器时代、中石器时代和新石器时代。旧石器时代(相当于蒙昧时代的中级阶段),它又分为早期(300 万年至 20 多万年前的猿人年代)、中期(20 多万年至 5 万年前的早期智人——古人年代)、晚期(5 万年至 1.5 万年前的晚期智人——真人年代)。这一时期人类还只能制造简单的石器。在旧石器时代早期和中期,人类主要靠采集野生植物的根、茎、果实和猎取小动物为生,采集和狩猎是他们生产活动的主要内容。他们的社会组织形式是血缘家族,人们通过血缘关系维持着家族内部的关系。在血缘家族内部,婚姻按照辈数来划分,同一辈分的人互为夫妻。在这种情况下,人们只知有母不知有父,氏族的世系只能按母系计算,所以叫作"母系氏族"。中石器时代(相当于蒙昧时代的高级阶段)是指从旧石器时代向新石器时代过渡的阶段。此时人们仍以采集、狩猎为生,但一些学者从遗址中发现的石磨盘、手磨石、臼、杵等谷物加工工具推断,中石器时代是采集经济向食物生产经济过渡的重要阶段。新石器时代(相当于恩格斯提到的野蛮时代的低级阶段)——各个地区进入这一阶段的年代早晚不一,最早的在 8000—9000 年前。农业和畜牧业出现是新石器时代最重要的特征。黄河流域出现了举世闻名的仰韶文化。仰韶文化因于 1921 年在河南省渑池县仰韶村发现而得名,在年代上为公元前 5000 年到前 3000 年。至今发现的仰韶文化遗址有 1000 多处,主要有陕西西安半坡、临潼姜寨、宝鸡北首岭、邠县下孟村、华县元君庙,河南陕县庙底沟、安阳后冈、洛阳王湾、淅川下王冈,等等,大多分布在河流两岸适宜发展农业和渔猎的地方。当时人们有了固定的居住地,建起了村落,过着定居生活。长江流域的新石器时代遗址有浙江余姚河姆渡和嘉兴马家浜(bāng)、江苏吴县草鞋山、上海崧泽(下层)等处,都处于母系氏族公社不断发展、走向繁荣的阶段。其中的河姆渡遗址有 4 个文化层,下层文化就是距今约 7000 年的新石器时代早期的河姆渡文化。遗址发现了大量的骨耜(sì)和人工栽培的水稻的遗物,还发现了大量家猪的上下颚骨,可见当时原始农业和畜牧业都已达到相当的水平。随着定居生活的稳定和原始农业、畜牧业的发展,家庭手工业产生,人们开始制作陶器和皮革,编结篮筐,纺织麻、棉、毛等。新石器时代是母系氏族公社的繁荣时期。

约公元前 3000 年,人类开始学会冶炼青铜(铜锡合金),并大量用来制造器具,青铜时代开始。金属器的使用表明生产力已发展到一个新阶段,原始的锄耕农业逐渐变为犁耕农业,原始畜牧业也有了进一步的发展,出现了畜牧部落和农业部落的分工。与此相适应,母系氏族公社过渡到父系氏族公社;同时,交换和私有制得到发展,氏族制度开始解体,原始社会逐步向阶级社会过渡。

原始公社先后经历了血缘家族、母系氏族公社、父系氏族公社三个组织形式。血缘家族是与旧石器时代早期和中期的生产力相适应的一种社会经济组织,是人类的第一个社会组织形式。原始群分化为血缘家族后,族内婚代替了杂婚,排除了上下辈之间的通婚关系。这种排除了不同辈分之间的通婚、按辈分区分婚姻的群体，称为"血缘家族"，它是氏族制度的萌芽。母系氏族公社出现于旧石器时代的晚期，人们已开始定居生活。母系氏族公社发展到全盛阶段，规模不断扩大，常常划分为由血缘关系最近的母系亲族组成的若干小氏族，原来的氏族则成了胞族。从母系氏族公社过渡到父系氏族公社是原始社会生产力进一步发展的结果。从新石器时代晚期向金属器时代过渡时，原始的锄耕农业转为犁耕农业，原始的畜牧业代替狩猎成为重要部门，驯养看管牲畜和驾畜耕田这类劳动主要由男子承担，男子在整个生产活动中的作用日益重要，妇女则主要从事家务劳动。这种男女经济地位的变化导致彼此社会地位的变化。特别是在氏族公社有了剩余产品，畜牧部落与农业部落分离使部落之间的交换日益频繁后，男子往往凭借其在生产活动中的地位，把剩余产品占为己有，于是出现了私有财产，继而产生了将占有的财物传给子女的强烈愿望，这也促使母系氏族公社向父系氏族公社转变。随着时间的推移，过去那种丈夫从妻、子女从母且父亲死后财物归母系亲属、不由子女继承的制度，逐渐改变为妻子从夫、子女从父、父产由子女继承的制度，从而确定了父权制。对偶婚也逐渐变为一夫一妻制，丈夫开始奴役妻子，父亲开始支配子女。当然，父系氏族公社的出现，并不表明母系氏族公社的立即消失，两者往往并存。经过很长时期，母系氏族公社才被完全代替。

吕思勉《先秦史》指出："吾国开化之迹，可征者始于巢、燧、羲、农。"[1]巢、燧、羲、农都是远古传说中的创始人物。巢，即有巢氏，构木为巢，是居住文化的开启者。燧，即燧人氏，钻燧取火，是饮食文化的开启者。羲，即伏羲氏，是道德文化和八卦的创始者。农，即神农氏，是稻作文化和中华医学的创始者。构木为巢与钻燧取火是中华文明大幕开启的标志，意味着远古先民开始用智力去改变自己的生存和生活方式，文明初露曙光。

《韩非子·五蠹》载：

> 上古之世，人民少而禽兽众，人民不胜禽兽虫蛇；有圣人作，构木为巢，以避群害，而民悦之，使王天下，号之曰有巢氏。民食果蓏蚌蛤，腥臊恶臭而伤害腹胃，民多疾病；有圣人作，钻燧取火，以化腥臊，而民悦

---

① 吕思勉：《先秦史》，上海：上海古籍出版社 2005 年版，第 48 页。

之,使王天下,号之曰燧人氏。

《庄子·盗跖》有言:

> 古者禽兽多而人少,于是民皆巢居以避之,昼拾橡栗,暮栖木上,故命之曰有巢氏之民。古者民不知衣服,夏多积薪,冬则炀之,故命之曰知生之民。神农之世,卧则居居,起则于于,民知其母,不知其父,与麋鹿共处,耕而食,织而衣,无有相害之心,此至德之隆也。

史传有巢氏是人类原始巢居的发明者、巢居文明的开拓者。《路史》记载:"昔载上世,人固多难,有圣人者,教之巢居,冬则营窟,夏则居巢。未有火化,搏兽而食,凿井而饮。桧秸以为蓐,以辟其难。而人说之,使王天下,号曰有巢氏。"《太平御览》卷七八引《项峻始学篇》:"上古穴处,有圣人教之巢居,号大巢氏。"上古昊英之世,古人居无定所,饱受禽兽蛇虺荼毒。有圣人教民众构木为巢,即在树上建筑房屋,既可挡风遮雨,又能躲避禽兽。古人欣喜无比,纷纷效仿。从此人们才由穴居到巢居。最早的巢居又称为"树上居"。尔后,人们拥立这位圣人为王,号"有巢氏"。传说,有巢氏排除了兄弟姐妹间的通婚关系,同一族团内部的同辈男女之间的通婚也被禁止了。男子只能选择其他族团的女子为"妻",女子只能选择其他族团的男子为"夫"。就是说,甲族团的一群男子(或女子)可以和乙族团的一群女子(或男子)互为夫妻,这便是族外群婚。这种族外群婚相对于血缘群婚,显然已经有了很大的进步。有巢氏的功德,反映了中国原始时代由穴居进入巢居的文明进程。

燧人氏,是第一个发明钻石取火的人。"燧"字表示取火工具,一般指燧石,互相摩擦可以击出火星。

《太平御览》卷七八引《古史考》:

> 古之初,人吮露精,食草木实,穴居野处。山居则食兽,衣其羽皮,饮血茹毛。近水则食鱼鳖螺蛤。未有火化,腥臊,多害肠胃。于是有圣人,以火德王,造作钻燧出火,教人熟食,铸金作刃。民人大悦,号曰燧人。

《太平御览》卷八六九引《王子年拾遗记》:

> 申弥国去都万里,有燧明国,不识四时昼夜。其人不死,厌世则升

天。国有火树,名燧木,屈盘万顷,云雾出于中间。折枝相钻,则火出矣。后世圣人变腥臊之味,游日月之外,以食救万物;乃至南垂。目此树表,有鸟若鸮,以口啄树,粲然火出。圣人感焉,因取小枝以钻火,号燧人氏。

同书卷七八引《礼含文嘉》云:"燧人始钻木取火……遂天之意,故曰燧人也。"

《三坟》云:"燧人氏,有巢子也,生而神灵,教人炮食,钻木取火……有传教之台,有结绳之政。"远古时代人们"茹毛饮血",燧人氏钻木取火,教人熟食,是人工取火的发明者。火的发明与利用,是人类走向文明的重要一步。关于他的神话反映了中国原始时代从利用自然火进化到人工取火的情况。

伏羲氏是上古传说中的中华人文祖神。史载他"仰则观象于天,俯则观法于地,观鸟兽之文与地之宜,近取诸身,远取诸物,于是始作八卦,以通神明之德,以类万物之情"[1]。伏羲氏根据天地万物的变化,发明创造了占卜八卦,分别是乾(天)、坤(地)、震(雷)、巽(风)、坎(水)、离(火)、艮(山)、兑(泽),这是一组代表自然界的天、地、雷、风、水、火、山、泽的象形文字,也是中国文字的起源。其中所蕴含的博大精深的文化内涵,成为古代中国哲学的源头。伏羲氏还效法蜘蛛结网,把绳子编织成网,用来捕鸟打猎,并教会了人们渔猎的方法;他还发明了瑟,创作了曲子。伏羲氏是我国有记载的最早的创世神,记录于楚帛书中。长沙楚帛书于1942年出土于长沙东郊子弹库王家祖山的一座楚墓,记载有我国目前出土的最早最完整的先秦创世神话。《楚帛书·甲篇》载:

> 曰故(古)大熊包戏(伏羲),出自□霊(震),居于睢□。厥□鱼鱼,□□□女。梦梦墨墨,亡章弼弼。□每(晦)水□,风雨是於。乃取(娶)□□子之子,曰女□(娲),是生子四。□是襄而□,是各(格)参化法□(度)。为禹为契,以司域襄,咎而步廷。乃上下朕(腾)传(转),山陵丕疏。乃命山川四海,□(熏、阳)气百(魄、阴)气,以为其疏,以涉山陵、泷、汩、益、厉。未有日月,四神相戈(代),乃步以为岁,是惟四时:长曰

---

① 《周易·系辞下》。

青干,二日朱四单,三曰白大橪,四曰□墨干。千有百岁,日月□生,九州丕塝(平),山陵备□。四神乃作,至于覆(天盖),天旁动,扞蔽之青木、赤木、黄木、白木、墨木之精。炎帝乃命祝融,以四神降,奠三天,□思□(保),奠四极,曰非九天则大□(□),则毋敢蔑天灵,帝□乃为日月之行。

楚帛书以伏羲娶妻为创世活动的发轫,具有强烈的民族特色,是典型的生殖型创世神话。汉祠汉墓中大量的伏羲女娲交尾图是上古创世神话的孑遗,交尾是"化生万物"即创世的开始。中国的"人日"礼俗是上古创世神话的民间遗存,其创世次序与《楚帛书·甲篇》相同,都是先造地后造天,保留着历史上创世神话的特点。中国先秦哲学的一些基本范畴与概念,也来源于《楚帛书·甲篇》所传的这类创世神话。

《古三坟·太古河图代姓纪》载:

> 伏羲氏,燧人子也,因风而生,故风姓。末甲八太七成,三十二易草木,草生月,雨降日,河泛时,龙马负图,盖分五色,文开五易,甲象崇山。天皇始画八卦,皆连山,名《易》。君臣民物阴阳兵象,始明于世。图出后二成三十二易草木,木枯月,命臣飞龙氏造六书。后草木一易,木王月,命臣潜龙氏作甲历。伏制牺牛,冶金成器,教民炮食。易九头为九牧,因尊事为礼仪,因龙出而纪官,因风来而作乐。命降龙氏何率万民,命水龙氏平治水土,命火龙氏炮治器用,因居方而置城郭。

伏羲以龙纪官建制,自号"龙师",其部落的子民也就是龙子龙孙。这些龙子龙孙繁衍生息,数千年之后演变成如今的中华民族,故华人就有"龙的传人"之称。因此,伏羲为"人文始祖","以木德继天而王"。伏羲制定了人类的嫁娶制度,实行男女对偶制,以鹿皮为聘礼。伏羲还要求人类或以所养动物为姓,或以植物、居所、官职为姓,以防止乱婚和近亲结婚。中华姓氏自此起源,绵延至今。

炎帝神农氏是中华医学和农业文明的开创者。《帝王世纪》云:

> 神农氏,姜姓也。母曰任姒,有蟜氏女,登为少典妃,游华阳,有神龙首,感生炎帝。人身牛首,长于姜水。有圣德,以火德王,故号炎帝。初都陈,又徙鲁。又曰魁隗氏,又曰连山氏,又曰列山氏。

据司马贞《三皇本纪》载："神农氏，姜姓以火德王。母曰女登，女娲氏之女，忘神龙而生，长于姜水，号历山，又曰烈山氏。"《商君书·画策》记："神农之世，男耕而食，妇织而衣，刑政不用而治，甲兵不起而王。"《管子·形势解》："神农教耕生谷，以致民利。"《周易·系辞下》说："包牺氏没，神农氏作。斫木为耜，揉木为耒，耒耜之利，以教天下，盖取诸益。""以火德王"，故曰"炎帝"。"斫木为耜，揉木为耒，耒耜之利，以教天下"，故号"神农"。

《白虎通·号》载：

> 谓之神农者何？古之人民，皆食禽兽肉。至于神农，人民众多，禽兽不足。于是神农因天之时，分地之利，制耒耜，教民农作。神而化之，使民宜之，故谓之神农也。

《淮南子·齐俗训》曰：

> 故神农之法曰："丈夫丁壮而不耕，天下有受其饥者。妇人当年而不织，天下有受其寒者。"故身自耕，妻亲织，以为天下先。其导民也，不贵难得之货，不器无用之物。是故其耕不强者，无以养生；其织不强者，无以掩形；有余不足，各归其身。衣食饶溢，奸邪不生，安乐无事，而天下均平。

《淮南子·修务训》载：

> 古者，民茹草饮水，采树木之实，食赢蚌之肉，时多疾病毒伤之害。于是神农乃始教民播种五谷，相土地宜燥湿肥垆高下；尝百草之滋味，水泉之甘苦，令民知所辟就。当此之时，一日而遇七十毒。

据司马贞《补三皇本纪》载：

> 女娲氏没，神农氏作。炎帝神农氏，姜姓。母曰女登，有娲氏之女，为少典妃。感神龙而生炎帝，人身牛首，长于姜水，因以为姓。火德王，故曰炎帝，以火名官。斫木为耜，揉木为耒，耒耜之用，以教万人。始教耕，故号神农氏。于是作腊祭，以赭鞭鞭草木，始尝百草，始有医药。又作五弦之琴。教人日中为市，交易而退，各得其所。遂重八卦为六十四卦。初都陈，后居曲阜。立一百二十年，崩，葬长沙。神农本起烈山。故左氏称，烈山氏之子曰柱，亦曰厉山氏。《礼》曰："厉山氏之有天下。"是也。

　　黄帝是4000多年前生活在黄河流域原始部落的部落联盟首领。本姓公孙，后改姬姓，故称"姬轩辕"。居轩辕之丘，号"轩辕氏"。史载其因有土德之瑞，故号"黄帝"，乃中国远古时代华夏民族的共主，司马迁《五帝本纪》列其为"五帝之首"。黄帝因统一华夏部落与征服东夷、九黎族统一中华的伟绩载入史册。

　　《史记·五帝本纪》载：

　　　　轩辕之时，神农氏世衰。诸侯相侵伐，暴虐百姓，而神农氏弗能征。于是轩辕乃习用干戈，以征不享，诸侯咸来宾从。而蚩尤最为暴，莫能伐。炎帝欲侵陵诸侯，诸侯咸归轩辕。轩辕乃修德振兵，治五气，艺五种，抚万民，度四方，教熊罴貔貅貙虎，以与炎帝战于阪泉之野。三战，然后得其志。蚩尤作乱，不用帝命。于是黄帝乃征师诸侯，与蚩尤战于涿鹿之野，遂禽杀蚩尤。而诸侯咸尊轩辕为天子，代神农氏，是为黄帝。

　　黄帝提倡种植五谷、驯养牲畜，促使这个部落联盟逐步强大。他曾率领部落打败黄河上游的炎帝部落和南方的蚩尤部落。后来炎帝部落和黄帝部落结成联盟，在黄河流域长期生活、繁衍，构成了之后华夏族的主干。据大量的历史记载和文物佐证，黄帝统一天下、肇造文明、惜物爱民，被后人尊为中华人文始祖。黄帝统一天下后，制定了部落联盟的职官制度，如以云为名的中央职官，管宗族事务的称"青云"，管军事的称"缙云"，等等；又设置了左右大监，负责监督天下诸部落。风后、力牧、常先、大鸿被任命为治民的大臣。黄帝还经常封祭山川鬼神，并以神蓍推算和制定了历法。他对各级官员提出"六禁重"，即"声禁重、色禁重、衣禁重、香禁重、味禁重、室禁重"（"重"是过分的意思），要求官员节俭朴素，反对奢靡；提出以德治国，"修德振兵"，以"德"施天下，一道修德，惟仁是行，设立"九德之臣"以教养百姓九行。

　　黄帝以后，黄河流域部落联盟的杰出首领先后有尧、舜、禹。那时候，部落联盟首领由推选产生。尧年老了，召开部落联盟会议，大家推举有才德的舜为继承人。尧死后，舜继承了尧的位置。舜年老了，也采取同样的办法把位置让给治水有功的禹。这种更替首领位置的办法，历史上叫作"禅让"。

　　《淮南子·本经训》载：

尧之时，十日并出，焦禾稼，杀草木，而民无所食。猰貐、凿齿、九婴、大风、封豨、修蛇皆为民害。

《淮南子·修务训》载：

尧立孝慈仁爱，使民如子弟。西教沃民，东至黑齿，北抚幽都，南道交趾。放讙兜于崇山，窜三苗于三危，流共工于幽州，殛鲧于羽山。舜作室，筑墙茨屋，辟地树谷，令民皆知去岩穴，各有家室。南征三苗，道死苍梧。禹沐浴淫雨，栉扶风，决江疏河，凿龙门，辟伊阙，修彭蠡之防，乘四载，随山刊木，平治水土，定千八百国。

尧、舜、禹都是大公无私、为民兴利的圣人。他们以身作则，讲信修睦，选贤与能，用自己的大仁大智、大义大勇为氏族社会立起了令众人肃然起敬的道德标杆，成为后世诸儒不断效法的道德典范。《史记·五帝本纪》载：

尧知子丹朱之不肖，不足授天下，于是乃权授舜。授舜，则天下得其利而丹朱病；授丹朱，则天下病而丹朱得其利。尧曰"终不以天下之病而利一人"，而卒授舜以天下。尧崩，三年之丧毕，舜让辟丹朱于南河之南。诸侯朝觐者不之丹朱而之舜，狱讼者不之丹朱而之舜，讴歌者不讴歌丹朱而讴歌舜。舜曰"天也"，夫而后之中国践天子位焉，是为帝舜。

....

舜子商均亦不肖，舜乃预荐禹于天。十七年而崩。三年丧毕，禹亦乃让舜子，如舜让尧子。诸侯归之，然后禹践天子位。

帝尧有儿子丹朱，但因为丹朱德才不配，所以尧另选贤能，禅位给舜。帝舜有儿子商均，但因为商均不肖，所以舜禅位给大禹。大禹的父亲鲧治水无功，被帝舜处死。舜不计前嫌，起用鲧的儿子禹；禹也不计私仇，慷慨担当了治水重任。孔子说："大哉尧之为君也！巍巍乎，唯天为大，唯尧则之。荡荡乎，民无能名焉。巍巍乎其有成功也，焕乎其有文章也！"[1]又说："巍巍乎，舜禹之有天下也，而不与焉。"[2]

在原始社会时期,人类创造了象形文字,产生了原始道德、原始宗教和图腾崇拜。早在母系氏族公社时期,随着族外婚的确立与巩固,与族外婚相关的性道德开始产生。中石器时代,对偶婚的习俗与观念取代了群婚制时代的传统习俗与观念,生产力的发展使道德观念从过去的杀老吃老转变为尊老爱老。与此同时,萌芽于氏族制度产生之初的原始宗教也得到了发展,图腾主义、拜物教、万物有灵论和巫术等原始宗教概念及宗教仪式随之产生。道德观念往往与图腾崇拜纠缠在一起,蒙上了一层神秘的色彩,拥有了特殊的力量。进入新石器时代后,族外婚和对偶婚的巩固和发展,使过去群婚制时代的道德观念被完全否定和抛弃,族外婚和对偶婚的道德观念与图腾主义进一步紧密结合,成了神圣不可侵犯的宗教信条。原始社会各阶段的发展史既各不相同,又普遍渗透着原始的集体主义原则。在原始群时代,恶劣的生存环境使形成中的人开始抑制纯粹的动物私欲和本能,共同生活在原始群中,实行绝对的生产集体主义和消费平均主义原则,从而得以摆脱被自然选择淘汰的命运。原始群的分化,使血缘家族成为社会的基本经济细胞,极为低下的生产力水平要求人与人完全平等地生活在统一的集体之中。与道德观念的发展相适应,原始宗教也有了一定变化。一方面,图腾主义本身的内容发生了变化,不仅图腾崇拜逐渐个人化,由共同的氏族图腾崇拜演变为个人的图腾崇拜,而且人们从崇拜动物图腾演变成崇拜先妣和半人半兽祖先,继而发展到对母系祖先、亲族和英雄的崇拜。另一方面,图腾主义在宗教崇拜中的主导地位走向衰微,逐渐为万物有灵论基础上形成的自然崇拜所代替。原始宗教图腾崇拜产生于旧石器时代晚期。图腾主义认为,每一个氏族都有自己的图腾,图腾是氏族的共同祖先和保护神。图腾的强大或衰微,分别象征氏族的强大或衰微。一般说来,氏族的图腾多系某种特定的动物、植物及其他无生命物品或某种自然现象。实行图腾崇拜的氏族相信图腾是氏族的祖先或保护者,氏族往往以它命名。中国的氏族以动物命名的有很多,如黄帝的氏族有蟜氏,神农的氏族神龙氏,尧的氏族有骀氏,舜的氏族有穷蝉氏,以及曾与炎帝交战于阪泉之野的熊、罴(pí,棕熊)、貔、虎氏,都是以动物为氏族图腾的记号。共信同一图腾的氏族成员属于一个图腾集团,集团内部因亲属关系禁止相互通婚。在这里,禁止族内婚的道德观念同图腾崇拜紧密纠缠在一起,谁违反道德观念,谁就等于违反了图腾禁忌,将受到严厉惩罚。每一个图腾集团都有共同的图腾神话和图腾仪式,并都有一个神圣的图腾中心以保存图腾圣物和举行各种图腾仪式。氏族成员都有保护图腾的责任,图腾集团内的氏族成员互相帮助,如有人受到伤害,全体成员都有责任为他复仇。祖先崇拜在原始社会也占有重要位置。原始人类认为祖先的灵魂支配着活人的生活,因而对祖先表示崇敬,并祈求他们庇佑。新石器时代出现了自然崇拜,人们对在农牧业生产中影响最大的自然力量如土地、太阳、月亮、山岳、雨、水等表示崇拜。原始社会的宗教出现了祭神仪式。起初,每个氏族成员都可以参加这一活动,但在祭祀仪式趋于复杂化后,就越来越要求主持仪式的人有一定知识和经验。这样,一些最重要的祭神仪式便开始脱离一般的氏族成员而逐渐由酋长执行,到后来则完全由专人负责。早在氏族公社的最初阶段,人们对自然界就已经产生了模糊的神灵观念。原始人类对自己的身体构造一无所知,不理解生与死的区别,相信活人和死人都有灵魂,而且认为自己身体之外的自然万物也同样具有灵魂。在原始人类的宗教观念中,万物有灵是最早产生的一种。它随着人类抽象思维的发展而变化,成为很多宗教的一个组成部分。

二、夏、商、西周时期的经济、政治与社会发展状况

中国从夏代开始进入奴隶社会,经历夏、商、周三代,于春秋战国之交过渡到封建社会。夏商周时,比较完整意义上的国家建立,中华文明进入初创时期。梁启超有言:"我国以开化最古闻于天下。当三千年前欧西狉狉獉獉之顷,而我之声明文物,已足与彼中之中世史相埒。"①孔子在《论语》中称赞夏、商、周三代"直道而行",并强调"礼"在三代的传承:"殷因于夏礼,所损益可知也。周因于殷礼,所损益可知也。"②孔子还在《礼记》中表达了因循和弘扬三代治国之道的志向。明代王阳明说:"唐、虞以上之治,后世不可复也,略之可也;三代以下之治,后世不可法也,削之可也;惟三代之治可行。"③并规劝皇帝:"不

---

① 梁启超:《新民议·叙论》,载王德峰编选《梁启超文选》,上海:上海远东出版社 2011 年版,第 40 页。
② 《论语·为政》。
③ 〔明〕王阳明:《传习录》,载《王阳明全集》上,上海:上海古籍出版社 1992 年版,第 10 页。

徒好其名而必务得其实,不但好其末而必务求其本,则尧舜之圣可至,三代之盛可复矣。"①

(一)夏代经济、政治与社会发展状况

随着生产力的发展,中国经历了原始社会氏族制度的解体和向奴隶制过渡的军事民主制时期。约在公元前 21 世纪,黄河流域中部初步形成了中国历史上第一个奴隶制王朝——夏,开始了中国奴隶制社会的进程。夏的建立成为中国进入奴隶制社会的开端与标志。夏从禹到桀,历经 17 王,前后跨越 400 多年,最后为新的奴隶制王朝——商所取代。从本质上讲,夏王朝的建立,正是奴隶制代替原始氏族公社制、私有制战胜原始公社公有制的必然结果,经历了一个漫长的历史过程。

禅让制让位于世袭制。禅让制作为一种原始形式的民主制度,维持了氏族组织乃至氏族部落联盟的存在及延续,也伴随人类度过了漫长的原始社会时期。禅让制的建立,正是基于原始社会的生产资料公有制。物质公有,权力公有,一切都成为公有;正是在这样的前提下,原始先民自然选定了禅让制这种确保权力公有化的制度。禅让制的核心是传贤而非传亲,更不是传子。传说,陶唐氏族的尧做部落联盟首领是由各氏族部落民主选举出来的。其后,有虞氏舜和有夏氏禹就任部落联盟首领,也都是以禅让制的形式实现权力交接的。世袭制这种王权继承制度是通过传子或传亲来实现这一目标的。夏禹死后,其子启夺取伯益之位,世袭制取代禅让制。

这样,随着世袭制取代禅让制,氏族、部落的管理机构逐渐变为国家的统治机构,而氏族、部落的首领实质上已经成了国王。王权也正是在这种反复斗争中逐渐产生和加强的。《礼记》把这时称作"各亲其亲,各子其子"的"天下为家"的时代。当时,王权代表着一种新的强制秩序,权力集中在王者手中。这就有利于结束氏族贵族混战的局面,发展生产,保证奴隶主私有权的实现,巩固整个奴隶主阶级的地位,最终有利于奴隶制专政国家的建立。这一切正是建立在禅让制让位于世袭制的基础之上的。从夏启开始,中国

---

① 〔明〕王阳明:《谏迎佛疏》,载《王阳明全集》上,上海:上海古籍出版社 1992 年版,第 294 页。

的王权、奴隶主阶级以及奴隶制专政国家逐渐形成。夏部落是由 10 多个大小近亲氏族部落发展演变而来的，而与夏部落结为联盟的还包括它的一些远亲氏族部落，以及较远的东方夷人氏族。在禹以前，其部落联盟的首领是由夏和夷的首领轮流担任的。启打破传统的禅让制，继承父位，这一破天荒的做法立即招致一些支持旧传统的氏族的反对。最先揭竿而起反对启的是同姓氏族有扈氏。由于有扈氏代表的是旧的氏族制传统，这次战争成为新旧两种势力，或者说是禅让制与世袭制的直接交锋。结果是启所代表的王权击败了有扈氏，有扈氏成了旧制度的殉道者。启讨灭有扈氏，随后逐渐巩固了自己的地位。至此，"大人世及以为礼"，王位世袭制度正式确立了。启在晚年，生活日益腐化。

《墨子·非乐上》有以下记载：

> 启乃淫溢康乐，野于饮食，将将铭，苋磬以力，湛浊于酒，渝食于野，万舞翼翼，章闻于大，天用弗式。

此外，《竹书纪年》中载："夏后开舞九招也。"这些描述都反映了启荒淫无度的腐朽生活。启死后，太子康继位。太子康更是一个沉湎于酒食声色的国王，史书对他的评价都很不好。他天天宴饮游乐，不恤民事，引起人民极大的怨愤。《尚书·五子之歌》云：

> 太康尸位，以逸豫灭厥德，黎民咸贰。乃盘游无度，畋于有洛之表，十旬弗反。有穷后羿，因民弗忍，距于河。厥弟五人，御其母以从，徯于洛之汭。

太康由于"以逸豫灭厥德"，弄得"黎民咸贰"，丧失了全体氏族成员的信任，从而遭到罢免。善射的有穷氏部族首领后羿却"因民弗忍"，顺应了人民的要求，从而得到人民的拥戴继任为部族联盟的军事首长。《左传·襄公四年》有言："后羿自锄迁于穷石，因夏民以代夏政。"后羿趁太康到洛水打猎之机，攻占安邑，名义上立太康之弟仲康为王，实际上自己掌权。但好景不长，其亲信寒浞用计将他杀死，夺取权力。其时，仲康之子相立。寒浞攻杀相，相子少康生于母家有仍氏，后为有仍氏牧正，之后又逃到舜后裔有虞氏那里做厨官。少康才能杰出，得同姓部落之助很快攻灭了寒浞。这段史实又称作"少康中兴"。少康恢复了夏的统治后，建都于夏的旧都阳翟。传说少康之子帝杼发明了盔甲,加强了兵力,南征北战,使夏的大业进一步得到巩固。到帝泄时,连夷族都开始受夏之爵位。据古史记载:"芒芒禹迹,画为九州。"这是说,夏代曾把居民按居住地分成九个区域进行统治。又有记载说:"夏有乱政,而作禹刑。""乱政"就是指被统治的群众反抗统治者的斗争;"禹刑"则是代表奴隶主阶级意志对奴隶大众进行镇压的法律和刑罚制度。此外,夏王朝曾与四周各部落进行长期战争。由以上可知,夏代已经有专门从事掠夺或镇压奴隶大众的军队组织。适应政治统治的需要,夏代已出现了一批国家官吏。《礼记·明堂位》载"夏后氏官百"。夏的国家官吏与氏族社会的首领有本质的不同,他们完全脱离劳动而依靠贡赋生活。夏的官职很多,如牧正、包正、车正等。这些职官,是由统治部落中的贵族或被征服部落中原有的贵族担任的,他们已成为夏代国家机构的一个重要组成部分。《史记·夏本纪》载"禹……为山川神主"。又《封禅书》载"自禹兴而修社祀",以禹为象征的社神成为象征国家的国神,对社神的祭祀也就成为最重要的国事。禹的神化实质上是王权的神化,百姓敬王也就是敬神。神权政治正是统治阶级实现在思想上控制被统治阶级这一目的最为理想的形式。夏的最高统治者还宣称自己为上天的后裔,散布君权神授的思想。启伐有扈氏便打着执行上天命令的旗号。《尚书·甘誓》载:"天用剿绝其命,今予惟恭行天之罚。"在夏的政治生活中,祭祀是最重要的国家大事。夏末,由于统治阶级日益荒淫腐化、穷奢极欲,各种社会矛盾空前尖锐。而夏代的衰落,是自孔甲开始的。孔甲是夏代一个昏乱的国王。《史记·夏本纪》载:"帝孔甲立,好方鬼神,事淫乱。夏后氏德衰,诸侯畔之。"《国语·周语下》载:"孔甲乱夏,四世而陨。"孔甲传四世,即至于夏代最后一个国王夏桀。夏桀统治时期,夏政权已经濒于灭亡。这时,奴隶主对奴隶的剥削压迫已到了触目惊心、无以复加的地步,阶级矛盾不可调和。考古学资料表明,夏的阶级压迫十分残酷。在二里头遗址,一些墓中埋有被残害致死的奴隶的尸骨,死者躯肢弯曲、手腕相交,似捆绑后被活埋所致。乱葬坑内的人往往骨架散乱叠压、肢骨不全,有的只有躯骨和下肢骨而无头骨,有的只有下颌骨和下肢骨,有的只有头骨、肢骨。这样的乱葬坑与一般墓坑不同,可能是祭祀坑。奴隶主贵族为了祭祀祖宗鬼神,杀奴隶作为祭品,然后将尸骨埋于坑中。从中不难看出,当时社会上存在着残酷的阶级压迫。夏桀为了维持自己的统治,自吹自擂其政权非但不会灭亡,甚至能够与日共存:"天之有日,犹吾之有民也。日有亡哉! 日亡,吾亦亡矣。"①夏桀这样自比于日,人民咒骂他:"时日曷丧! 予及汝皆亡。"②在夏桀统治期间,不仅国内各种社会矛盾激化,夏王朝与周围的部落之间的关系也十分紧张。夏桀曾几次征伐其他部族,如有施氏、岷山氏等。《后汉书·东夷传》说:"桀为暴虐,诸侯内侵。"显然,当时的夏王朝内有严重恶化的阶级矛盾,外有各部落的反抗,正面临着一个内外交困的局面。这时,临近夏东部边界的商族已经兴盛起来。在商汤强大的攻势下,公元前 1600 年,夏王朝于风雨飘摇中为商族轻松瓦解了。

(二)商代经济、政治与社会发展状况

商族是一个曾臣服于夏的古老部落,在夏走向衰落时,乘势而起,约于公元前 1600 年推翻夏,建立了商王朝。商王朝从汤建国到纣灭亡,共传 17 代 31 王,前后统治时间约 550 年。商的始祖名契,生活在原始社会末期,约与夏同时。其最先的居住地可能是在今天的山东半岛。传说契母简狄是有娀氏女。《史记·殷本纪》载:"三人行浴,见玄鸟堕其卵,简狄取吞之,因孕生契。"《诗经·商颂·玄鸟》中"天命玄鸟,降而生商"的诗句,就是对这个故事的传颂。这个故事反映了此时的商族尚处于"知母不知父"的母系氏族社会阶段。商族早期经常迁徙。《书序》和《史记·殷本纪》都说"自契至于成汤,八迁",八迁的地点大约都在今河南、山东境内。《史记·殷本纪》亦曰,契"封于商"。商族本起源于漳水流域,后经过长期的发展,力量逐渐壮大起来。至汤时,迁居于亳。汤在开始灭夏的战争之前,于"薄"这个地方召集"诸侯"(部落),举行了一次会议。在会上,汤申明,征伐夏王朝是为了执行"天"的命令,自己是"受天命"的,借此取得各"诸侯"的支持。《左传》中的"景亳之命",《墨子》中的"属诸侯于薄",《帝王世纪》中的"汤又盟诸侯于景亳",所讲的均为此事。这次会议之后,汤以伊尹为重要辅佐,发动了灭夏的战争。伊尹在商的历史上是个很重要的人物,在灭夏战争中起了巨大的作

---

① 《尚书大传·汤誓》。
② 《尚书·汤誓》。

用。汤伐夏的进军路线，是从葛开始，其后是韦、顾、昆吾。汤所征伐的并不只有这几个部族，还有其他小部族。伐桀前的最后一战便是征服昆吾，灭昆吾后即向伊洛地区进军——伊洛地区是夏都斟的所在地。夏桀对汤的进攻并没有进行军事上的防备，因此，商汤军队到来时没有遇到什么抵抗。夏桀不战而走。汤追至鸣条，在鸣条一战中彻底击溃夏军。夏桀逃奔南巢而死，夏王朝灭亡。商汤灭夏，商王朝建立。商的政治势力，南到长江流域，北到燕山，西到陕西，东达海滨，是中国历史上继夏之后又一个强大的奴隶制王朝。

商灭夏后，君主专制政权得到巩固，并以军事征服、镇压以及刑罚严酷著称。除了战争外，祭祀被看成国家最重要的大事，有"国之大事，在祀与戎"之说。在商朝，国王总是以占卜的方式，将自己的想法转化为神的意见，将自己的统治要求描绘成上天的旨意。商朝的大事，都通过占卜向神请示，由神决定。神权政治作为加强君主专制统治的手段，大大促进了中央集权制的发展。

商代的文字主要有陶文、玉石文、甲骨文和金文，而以晚商的甲骨文为最多。各种质料上留下的文字都与甲骨文属于同一系统，因而商代的文字可以甲骨文为代表。甲骨文是晚商时期占卜记事的文字，也是当时实际使用的文字。对于这种占卜记事文字，开始时有人叫它"龟板文""龟甲文""甲骨刻辞""龟甲兽骨文字"，有人叫它"殷墟书契""殷墟文字"，最后约定俗成的名称是"甲骨文字"。从文字的构造来看，后人所谓的"六书"，即象形、指事、会意、假借、形声和转注这六种构成文字的原则，在甲骨文中都已具备，但更多的还是象形、会意、形声和假借四种。甲骨文一般都是用专门的青铜刀直接刻在龟甲和兽骨上的，由于这些材料都比较坚硬，刻起来往往是直线条，所以绝大多数字形就成为方块形或长方形。甲骨文中有"册"字，象竹简汇集之形。周人说："惟殷先人，有册有典。"[1]

在商代，宗教世界观占据着支配地位，形成了以尊神重鬼为特色的殷商文化。从甲骨卜辞中可以看出，"上帝"或"帝"是天上的最高统治者，它的下面有"臣正"。"上帝"是自然界的主宰，既能管天地自然，也能左右人间的一

---

[1]《尚书·多士》。

切生活;既能呼风唤雨,又能降福祸于人。甲骨卜辞又表明,被神化了的商代先公先王,是可以宾于帝或配于天的;他们升到"上帝"左右,即在"帝所"以后,获得了和上帝相仿的某些权力。商人频频举行规模盛大的祭祀活动以表示对上帝或鬼神的敬意。他们对于上帝、鬼神和先公先王的祭祀,其名目之多、次数之繁、供献之丰盛是空前的,绝非后人所能想象。商殷时代已经有了筮法,而且卜、筮并用,卜和筮的结果都可以刻在甲骨上。商王或史官根据卜兆来判断吉凶,并在卜兆旁边刻上卜辞。卜辞一般由叙辞、命辞、占辞和验辞四部分组成。① 从甲骨卜辞中我们可以看出,当时人们崇尚迷信,凡祭祀、征伐、田猎、出入、年成、风雨、疾病等,常用龟甲、兽骨占卜吉凶。所以《礼记·表记》说:"殷人尊神,率民以事神,先鬼而后礼。"在商王朝的统治者看来,自然界中的一切都是由上帝鬼神来主宰的,是否风调雨顺和收成能有多少也得由上帝和鬼神来决定。因此,在甲骨卜辞中有很多"求雨"的记载。求雨的方法有舞祭和烄祭。甲骨卜辞中有许多卜问年岁丰歉与求年(求丰年)的记录。这与《尚书·盘庚上》中所谓的"若农服田力穑,乃亦有秋","惰农自安,不昏作劳,不服田亩,越其罔有黍稷"相印证,可知农业在殷人的经济生活中已经占有主导地位。

为了维护奴隶主贵族对奴隶和平民的统治,商王朝建立了一套完整的官僚机构。《尚书·酒诰》云:"越在外服,侯、甸、男、卫、邦伯;越在内服,百僚、庶尹、惟亚、惟服、宗工。"这里指出商代有内服、外服之分。内服,是商王畿即商王直接统治的地区;外服,则为分封贵族的管辖地区。在众多的方国之间及其以外的边远地区,又分散有发展程度不等的少数族部落。服,职事也,指群吏言。在内服、外服中有许多公社,贵族、平民和奴隶聚居其中,并由各级官吏来统治。商王之下设有各种官吏,大体可以分为文职官、武职官和史官三大类。文职官的名称有"尹""多尹""臣""小臣""多臣"等。尹和多尹作寝庑、掌祭祀、出征伐,主要掌管国家的内政事务。臣的种别很多,有王臣、小王臣、耤臣等,"多臣"是其总称。王臣是参与国王机要的重臣;小王臣与小臣的区别主要在于前者居王身边,后者多在地方任职;所谓耤臣则是管

① 叙辞又叫前辞,包括占卜的日期(干支)和贞人(商王或史官)。命辞又叫问辞,是写要问的事。卜辞中的"贞"字,就是问的意思。《说文》云:"贞,卜问也。"占辞是依照兆纹而判断的占卜之辞。验辞是占卜后的结果或应验的情况。

商王朝时期,兵农不分。"众人""众"和"人"在平时是耕种土地的公社农民,在战时被征调后就是战士。所以《尚书·多方》说:

> 周公曰:"王若曰:'……我惟大降尔四国民命。尔曷不忱裕之于尔多方? 尔曷不夹介乂我周王,享天之命? 今尔尚宅尔宅、畋尔田……'王曰:'呜呼! 猷,告尔有方多士,暨殷多士。……尔乃自时洛邑,尚永力畋尔田,天惟畀矜尔。'"

汤的孙子太甲在位期间,商朝的统治得到巩固。这一时期,商无论是在经济、政治还是在军事方面都声名远扬,就连远在西部的姜族也向商纳贡称臣,足见商当时势力之强。太甲以后,以商王为首的奴隶主贵族们开始腐化堕落,对内剥削压迫愈益残酷,阶级矛盾日渐尖锐;对外控制则明显松弛,遭到外族的叛离甚至进犯。到仲丁时,位于淮河流域的九夷便乘机进攻商国,约到祖乙时才被商平服。之后,由于商内部连续发生争夺王位的斗争,原来表示臣服的部族都相继脱离了商。在这种内外交困的局面下,商王朝统治者屡次迁都。盘庚迁都于殷,对于摆脱混乱局面、缓和社会矛盾、巩固并继续加强商王朝的统治地位,起到了重要的作用。商的奴隶制国家政权终于稳定下来,并且得到了充分的发展。相传,盘庚的侄子武丁为商的又一名王。当时在商的西北部,有土方、鬼方等部族与商为敌,武丁连续征伐它们,直至全部征服。此外,商还与其西部的部族进行了长期的战争,结果以这些部族的臣服告终。这样,商的势力不断扩大,一直伸展到西部姜族部落附近,亦即周人的势力范围。

商代职官十分复杂。例如,掌管音乐的官叫作"太师""少师",一般的乐工则称为"师"。商代专门保管典册的官叫"守藏史",又叫"内史"。无论是太师还是守藏史,实际上都是属于巫史一类的职务。巫史在职务上有所分工,有师保(又称阿衡)、卿史(也写作卿士)等。其中以师保权力为最大。卿史的主要职务是掌管祭祀、占卜、历法,也管些军事。另外,在商代,凡属巫史之类的职务大都是世袭的。商朝除巫史之外,王的族老、妻妾、子弟及姻戚也在国家机构中掌握重要权力。在卜辞中,王的妻妾称为"帚"(妇),可参与祭祀、管理农业,还可带兵出征。在甲骨文中,王的子女均称作"子",如子央、子渔及子奠等,王的子女也可参与祭祀、讨伐等国家事务。王族长老也往往担任要职。商末,纣的叔父箕子、比干分别任父师(实为太师,因箕子是纣王的叔父,又称"父师")、少师,以王师的身份辅佐国政。同时辅佐国政的还有外戚,如封九侯为三公之一。商王朝同样采用世袭制实现王位的继承,以确保专制式国家机构的稳固。不过,在盘庚迁殷之前,这种所谓的世袭制还只是"兄终弟及"式的初级形式;到了盘庚以后,特别是末期,为了王权的进一步加强,才实行了真正意义上的世袭制——"父死子继"式。这种变革是由商王武丁和康丁相继完成的。为与父死子继的世袭制相适应,商代开始出现嫡庶之制。正妻所生之子,为嫡子;妾所生之子,为庶子。只有嫡子才有资格荣登王位,庶子则不得继承王位。商王朝的统治者通过祭祀活动的国家政治生活化,加强奴隶对神的崇拜,借以树立自己牢固的权威。他们常以占卜的方式,将自己的想法转化为神的主见,将人间的一切剥削与压迫解释为上天的意志,以达到自己政治上统治、经济上勒索的目的。例如,盘庚要迁都于殷,臣民不肯,他就打出上天的招牌来恐吓、蒙蔽他们。盘庚说:"先王有服,恪谨天命……今不承于古,罔知天之断命……天其永我命于兹新邑,绍复先王之大业,底绥四方。"[1]意即其迁都是受天之命。卜辞中也有"帝其降堇",也就是说上天要降下饥馑来。殷商奴隶面对奴隶主阶级残酷的剥削和压迫,为了生存,不断地进行反抗。文献记载,盘庚迁殷之前,奴隶就曾向奴隶主发起过多次反抗斗争;盘庚迁殷后,奴隶逃亡、暴动的事件更是屡屡发生。卜辞中的"丧众""不丧众"等记载,就是奴隶主占卜奴隶是否会逃亡的记录;卜辞中还有"告众",是奴隶主向鬼神祷告,请求早日将暴动平叛的记录。商朝末期,由于阶级矛盾日益尖锐,奴隶主贵族进一步强化国家机器,其统治之残暴达到令世人瞠目的程度。祖甲以后,殷商可以说是暴君频出。据《尚书·无逸》载,他们不知道稼穑的艰难,不留心民众的疾苦,一意追求享乐淫逸,对奴隶、平民极尽敲骨吸髓之能事。特别是末代商王纣(帝辛),淫暴无度,凭借武力对奴隶、平民进行残酷的剥削与压迫。《史记·殷本纪》说他"厚赋税,以实鹿台之钱,而盈钜桥之粟",穷奢极欲。他还大兴土木,"作琼室,立玉门",南至朝歌(今河南淇县)北至邯郸,建了很多"离宫

---

[1]《尚书·盘庚上》。

别馆""顷宫灵台",甚至建"酒池""肉林",聚集奴隶主贵族们在琼宫瑶台痛饮狂欢,过着糜烂腐朽的生活。《韩非子·难势》中说"桀纣为高台深池以尽民力",于是"百姓怨望,而诸侯有畔者"①,"小民方兴,相为敌仇"②。纣兄微子启曾惊恐地哀叹说:"今殷其沦丧,若涉大水,其无津涯。"③纣宠爱妃子妲己,淫乱不止,微子数谏不听,比干强谏被杀,箕子被囚。微子惧,乃与太师、少师逃亡。此时,纣已陷入众叛亲离的境地。就在商支离破碎、动荡不安时,武王乘机联合别的为商所压迫的小方国,组织军队,声讨商纣。最后经牧野一战,殷商王朝退出了历史舞台。

(三)西周经济、政治与社会发展状况

随着商朝的衰落,周起而灭之,建立了新的奴隶制国家。从公元前 1046 年周武王灭商,到公元前 770 年周平王东迁,历史上称作"西周"。西周是中国历史上的重要转折时期,是一个多有创新、富有生气的时代。西周时期,其奴隶制经历了一个由兴盛到衰微的演变过程。到东周前期——春秋时期(前 770—前 476),西周所赖以存在的奴隶制文明已经开始瓦解,相伴而生的是封建生产关系的萌芽。

周族最早的活动地区,是在宜于农耕的陕西黄土高原。据传说,其始祖为弃,因善种稷和麦,被尊为农神,号称后稷。后稷与其稍后的公刘都十分重视农业,使周族经济逐渐发展起来。《诗经·大雅·公刘》说,当时周的整个氏族部落成员到了豳地以后,"乃场乃疆,乃积乃仓","执豕于牢,酌之用匏。食之饮之,君之宗之",即在那里建立庐舍、豕牢,划分田界、地界,开拓、分配土地,继续过着农村公社的生活。周族在豳地住了"三百有余岁"④,九传到古公亶父后,由于被称为"戎狄"的西北各游牧部落向渭水流域移动,周人受到他们的压迫。古公亶父率领周人爬过梁山、渡过漆水,最后迁徙到了岐山之下的周原(今陕西岐山),定居下来。根据《诗经》中的《周颂·天作》

---

① 《史记·殷本纪》。
② 《尚书·微子》。
③ 《尚书·微子》。
④ 《史记·匈奴列传》。

《大雅·绵》和《大雅·皇矣》诸诗来看,此时的周族已很强盛,开始"乃立应门","乃召司空,乃召司徒"和"筑室于兹"。当时似乎已有了城垣,并把各部落的人民分别组织在许多"邑"中,即所谓"邑别居之"。从此,周族迈入奴隶制阶级社会的门槛,古公亶父也因之被尊为"太王"。在商王武丁时的卜辞中有"扑周"和"令周侯"的记载,可知当时周族对商朝时叛时服。为了借商之力量对付鬼方时,周族便曾归服于商。同商的广泛交流进一步促进了周族的发展,进而对商造成很大威胁。太王有子三人,长子曰太伯,次子曰虞仲,少子曰季历(为太姜所生)。太伯、虞仲(即仲雍)未即位,出走;少子季历即位。季历时期,大概相当于殷代的武乙时期,此时周族逐渐强大,开始屡伐大戎。《后汉书·西羌传》注引《竹书纪年》云:

> 武乙三十五年,周王季伐西落鬼戎,俘二十翟(狄)王。
> 太丁[①]二年,周人伐燕京之戎,周师大败。
> 太丁四年,周人伐余无之戎,克之。周王季命为殷牧师也。
> 太丁七年,周人伐始乎之戎,克之。十一年,周人伐翳徒之戎,捷其三大夫。

通过这些征伐,周族基本上击退了来自西北的游牧部落,势力逐渐向东发展,欲拊商朝之背。周族的强大,引起了商朝的不安,商朝开始了讨伐周族的活动,商王文丁遂杀死季历,商、周间矛盾尖锐。季历死后,其子昌继位,这就是后来有名的周文王。文王开始积极"翦商",先后征伐昆夷等族,又使虞(今山西平陆)、芮(今陕西大荔)两国归服于己,接着又东征黎(今山西黎城)、邘(今河南沁阳)等国,直逼商的王畿。周文王晚年,与周日益强大的国力形成鲜明对照的是殷商日渐衰微的统治。文王认为灭商的条件已经成熟,嘱咐武王准备完成灭商伟业。文王死后,子武王发立,继修文王绪业,准备伐商。"九年,武王上祭于毕。东观兵,至于盟津。……是时,诸侯不期而会盟津者八百诸侯"[②],但见商王朝内部无隙可乘,遂还师。又二年,武王闻商纣王杀比干、囚箕子,内部矛盾毕露,于是载上文王的木主,率戎车三百乘、虎贲三千人、甲士四万五千人,联合庸、蜀、羌、髳、微、卢、彭、濮等方国部落

---

① 即文丁,甲骨文中又作"文武帝",纣王之祖父。
② 《史记·周本纪》。

东伐,不久即至于商郊牧野(今河南淇县西南)。纣率七十万大军与周会战于牧野。周军以姜尚为前锋,冲入商军。"纣师虽众,皆无战之心,心欲武王亟入。纣师皆倒兵以战,以开武王。武王驰之,纣兵皆崩畔纣。"①商王纣眼见大势已去,登上鹿台,"自燔于火而死"。于是,武王便推翻了商王朝的统治。

武王攻陷殷都之后,并没有把殷都及其王畿占为己有,而是采取了"以殷治殷"的策略,把纣子武庚、禄父封在那里,统治殷遗民;另把商的王畿分为邶、鄘、卫三个封区,分别由武王弟管叔、蔡叔、霍叔统治,以监视武庚、禄父,称为"三监"。东方安置已定,武王班师西归,建立了奴隶制国家政权,把国都迁到镐京(今陕西西安)。周克商后的第二年,武王病逝,子成王年幼,武王弟周公旦"践天子位"。周公封康叔于卫时曾反复告诫他说,"汝惟小子,乃服惟弘。王应保殷民,亦惟助王宅天命,作新民","罚蔽殷彝,用其义刑义杀"。② 但是,对于那些敢于反抗的不听命者,不但"不有尔土,予亦致天之罚于尔躬"③,而且还要像对奄君、淮夷、徐戎等那样加以讨伐。周公之所以采取这种安抚与镇压相结合的政策,主要是为了把广大的东方安定下来,尽量使被征服的各族首领不起来反抗。管叔、蔡叔忌妒周公,扬言"周公将不利于孺子"。武庚趁机串通二人并联合其东方的旧势力徐、奄、蒲姑、熊等方国,共同反周,发动复国战争。战乱一起,周人惊慌,人心很乱。当时周公既要平叛外乱,又要稳定内部,处境甚是艰难。但他临危不惧,亲率大军东征,经过三年奋战,直打到东部海边,共灭邦国五十有余。最后管叔、武庚被杀,蔡叔被囚,战乱平息。周公东征胜利后,成王亲政。由于周都镐京远在西土,为了加强对东方的统治,周统治者决定在东方洛水流域再建一座新都城,作为统治东部地区的政治、军事中心。从此,周朝便有了东西二都,西都镐京称为"宗周",东都洛阳称为"成周"。

克殷后,面对骤然扩大的土地面积,出于经济上便于剥削、政治上便于统治的考虑,周武王进行分区管理,把得来的广大土地和俘虏分封给他的兄弟、亲戚以及有汗马功劳的臣子,让他们到各地去当诸侯,辅佐王室,代为统治。这就是所谓"受民受疆土"、封邦建国的分封制。周天子利用分封的方

---

① 《史记·周本纪》。
② 《尚书·康诰》。
③ 《尚书·多士》。

式,建立了一套严密的统治网络。上自天子,下至士,都是上级对下一级分封,下级对上一级承担缴纳贡物、军事保卫及服役等义务。分封制度的推行进一步巩固了奴隶主贵族阶级的统治地位。在西周,分封制与宗法制二者紧密相连,分封制的顺利推行是与以血缘为基础的宗法制分不开的。《吕氏春秋·慎势》曾这样揭示周初实行分封制和宗法制的良苦用心:

> 先王之法,立天子不使诸侯疑焉,立诸侯不使大夫疑焉,立适子不使庶孽疑焉。疑生争,争生乱。是故诸侯失位则天下乱,大夫无等则朝廷乱,妻妾不分则家室乱,适孽无别则宗族乱。

周朝利用宗法关系确立了一套比夏商更加系统的宗法制度。周的所谓宗法制度,本是由氏族社会氏族组织演变而来的以血缘为基础的族制系统。其具体内容大略是,周的最高统治者称"王",也称"天子""天君"等。王享有主祭权、分封诸侯权、国事的最后决定权、任命官吏权、军队的统率权等。王位世袭,实行嫡长子继承制,嫡长子享有继承父位、荣登天子宝座的资格,王位继承人称作"太子"或"东宫"。王正妻即太子母称"后",她有权管理王室内部事务,但一般不参政议事。周朝政事与王室事务是严格分离的。天子称为"大宗";嫡长子地位尊贵,称为"宗子"。嫡长子的同母弟与庶兄弟封为诸侯,是为小宗。每世的诸侯也是由嫡长子继承父位,仍为诸侯,奉始祖为大宗;其兄弟又封为卿大夫,是小宗。每世卿大夫同样得由嫡长子继承父位,仍为卿大夫,奉始祖为大宗;其兄弟为士,是小宗。士的长子仍为士,其余诸子为庶民。这种宗法制度可概括为一句话:嫡长子继承父位为大宗,其余诸子分封为小宗。三公之下,西周中央政府设有太史寮和卿士寮两大部门。太史寮是掌管历法、祭祀、占卜、文化教育等事务的部门,以太史为首长。太史掌管历法,负责起草政府文件和记载王、三公的言论及国家大事等。太史的同僚与属吏很多,主要有掌管占卜吉凶事务的太卜,掌王族祭祀的太宗,掌授氏姓的司商,以及掌管葬丧礼仪的丧史,等等。卿士寮则以卿士为首。卿士既是中央政府的最高行政长官,又是军事将领;其下主要有司徒、司马和司空三个政务长官,合称"三有事"。司徒专管公田、山林及征发役徒;司马专门负责征收军赋,管理军马及军事行政事务;司空负责工程营造。此外,掌管司法的叫"司寇",受王命出使的叫"行人",掌管天子与诸侯间朝觐聘问等事务的叫"大行人",等等。

除了建立完备的宗法制、分封制以外,西周在政治制度和典章文物制度上的最大特色和贡献便是"制礼作乐",确立了把上下尊卑等级关系固定下来的礼制和与之相适应的情感陶冶系统。周代的礼制既是周代典章文物制度的总汇,又是国家政治生活、经济生活和文化生活的行为准则,正可谓:"道德仁义,非礼不成;教训正俗,非礼不备;分争辩讼,非礼不决;君臣上下,父子兄弟,非礼不定;宦学事师,非礼不亲;班朝治军,莅官行法,非礼威严不行;祷祠祭祀,供给鬼神,非礼不诚,不庄。"[①]周代之礼包括内容和形式两个方面。从内容上讲,主要是"别贵贱,序尊卑",要求做到"贵贱有等,长幼有差,贫富轻重皆有称者也"[②]。从形式上讲,为礼仪,包括各种礼节和仪式,有一系列烦琐的规定。《礼记·中庸》有"礼仪三百,威仪三千"的描述。唐孔颖达疏曰,"礼仪三百"者,"《周礼》有三百六十官,言'三百'者,举其成数耳";"威仪三千"者,"《仪礼》行事之威仪,《仪礼》虽十七篇,其中事有三千"。周礼规定,各级贵族祭祀、朝聘、用兵、婚丧嫁娶,都要遵循严格的合乎等级身份的礼节仪式,以体现君臣父子兄弟夫妇的上下尊卑之别。如堂屋地基的高度,"天子之堂九尺,诸侯七尺,大夫五尺,士三尺"[③],便是这种礼制的最好体现。另外,为了保证各等级的贵族都能自觉遵守礼的规范,统治者还将这些具体的行为规则用歌唱、舞蹈等艺术形式加以渲染和表现。由此,形成了完整的礼乐制度。贵族内部,衣食住行、丧葬婚嫁、风俗争讼以及其他军制政令、鬼神祭祀等,都必须按着一套固定的礼制行事。礼的作用就在于"定亲疏,决嫌疑,别同异,明是非"[④],也就是按照尊卑、亲疏、贵贱、长幼的差别,定出每一等人的义务和权力。对于违反礼制的贵族,西周政权要给以强制性制裁。《孟子·告子下》讲到,诸侯对天子的朝聘礼若得不到执行,就应给予一定的惩罚,所谓"一不朝,则贬其爵;再不朝,则削其地;三不朝,则六师移之",足见制裁之严厉。

西周时期,已经形成初步的贵族教育以及入仕与致仕养老的制度。当

---

① 《礼记·曲礼上》。
② 《荀子·富国》。
③ 《礼记·礼器》。
④ 《礼记·曲礼上》。

时贵族开始普遍接受小学、大学两级的学校教育。在《白虎通·辟雍》中有"以为八岁毁齿,始有识知,入学学书计。七八十五,阴阳备,故十五成童志明,入大学,学经籍"的记载。除大夫以上的嫡长子世袭官爵外,一般的公卿大夫子弟要成为命士,须经乡里推荐。这种制度在《管子》等许多古籍中均有记载。西周官员也有致仕养老的制度。卿大夫致仕称"国老",士致仕称"庶老",致仕后皆养老于学。

西周末期,奴隶主对奴隶、平民的剥削压迫程度前所未有,阶级矛盾激化,奴隶和平民反抗奴隶主的斗争不断爆发。《诗经·魏风·伐檀》有"不稼不穑,胡取禾三百廛兮? 不狩不猎,胡瞻尔庭有县貆兮? 彼君子兮,不素餐兮!"等奴隶们对奴隶主的愤怒抗议及正义责问。西周还有"国人"这一阶层反对奴隶主贵族的斗争。国人为统治者当差,整日东奔西走,连父母也无法照顾;而统治者却天天悠游无事,宴饮享乐。这种劳逸不均、苦乐悬殊的情况,必然使国人对统治者不满。他们抱怨说:"或燕燕居息,或尽瘁事国;或息偃在床,或不已于行;或不知叫号,或惨惨劬劳;或栖迟偃仰,或王事鞅掌。"①周厉王时代,奴隶主贵族与奴隶、平民间的矛盾更加尖锐,斗争也日趋激烈。厉王暴虐无道,虐待民众。他任用荣夷公实行"专利",把国人可以自由利用的山林川泽之利全部收归王有,禁止国人利用,这就引起国人特别是国人中的平民的不满和愤怒,谴责之声四起,可谓民怨沸腾。厉王认为这是对自己的诽谤,命令卫国的神巫监视国人,禁止他们说话,违令者处以死刑。国人忍无可忍,遂于公元前841年发动暴动,攻入王宫。厉王从镐京仓皇出逃,逃到汾水旁的彘邑(今山西霍州)。出奔期间,诸侯推共伯和代行天子事,历十四年。后厉王于彘去世,太子静继位,是为周宣王。周厉王时的国人暴动,不仅动摇了周王朝残暴的统治,而且有力地打击了奴隶制。宣王死后,继位的幽王是历史上一个有名的暴君。由于他以"善谀好利"的虢石父为卿,王室内阶级矛盾加剧,各地诸侯也不再来朝聘。连年的旱灾,又致使人民死亡无数。这时幽王又废掉申后和太子宜臼,改立宠姬褒姒为后,以褒姒所生之子伯服为太子。申后的父亲申侯,便以替申后和太子申冤为名,联合犬戎和吕、鄫等国,引兵攻打镐京。结果,幽王兵败,被犬戎杀死于骊山

---

① 《诗经·小雅·北山》。

下,西周灭亡。

周王朝时,中央集权的君主专制统治空前强化,国王被称为"天子""天君",享有主持祭祀权、诸侯分封权、指挥军队权、任免官吏权和国事的最后决定权等一切大权。西周不仅拥有比商朝更为强大的军队,而且政治制度亦更为完善,分封制、宗法制和礼乐制度等都有很大的发展。此外,中央和地方行政机构也远比以前完善,大大加强了君主的中央集权统治。

周厉王时,芮伯之后芮良夫反对王的"专利"政策,提出了"王不可专利"的主张。他说:"夫利,百物之所生也,天地之所载也,而有专之,其害多矣。天地百物皆将取焉,何可专也?""匹夫专利,犹谓之盗,王而行之,其归鲜矣!"[1]其大意昭示了芮良夫关于天地自然之利人人皆可享用的政治观点,以及王如违背在自然财富面前权利平等的原则就必然导致大难乃至自身毁灭的深刻思想。西周末期已经出现了民之大事在农,以及政治、军事应服从经济等光辉思想的萌芽。这是对传统思想"国之大事,在祀与戎"的直接挑战。发出这一挑战信号的就是周宣王时的卿士虢文公。他说:"夫民之大事在农,上帝之粢盛于是乎出,民之蕃庶于是乎生,事之供给于是乎在,和协辑睦于是乎兴,财用蕃殖于是乎始,敦庬纯固于是乎成。"[2]大意是,农业是一切社会活动赖以存在的基础,是社会繁荣昌盛的保证。这样,虢文公实际上也就为王政指明了方向——重视农业生产、保障农业生产,不能轻易弃农动武。

三、春秋战国时期的经济、政治与社会发展状况

春秋战国,亦称"东周",与西周相对而言,是中国历史上从奴隶制到封建制的大转折、大变革时期。这一时期,列国称雄,诸侯争霸,百家争鸣,社会处于"礼崩乐坏"并呼唤价值建构和天下大治的阶段。周幽王死后,申侯等拥立太子宜臼为天子,是为周平王。由于首都镐京残破,又处在犬戎兵力控制之下,平王于公元前 770 年东迁洛邑(今河南洛阳),史称"东周"。春秋战国时期,周天子权威日益失坠,诸侯们云合雾集、称雄争霸。据文献记载,

---

① 《史记·周本纪》。
② 《国语·周语上》。

春秋约三百年间,"弑君三十六,亡国五十二,诸侯奔走不得保其社稷者不可胜数"①;战国约二百五十年间,列国之间发生大小战争二百二十余次,"争地以战,杀人盈野;争城以战,杀人盈城"②。《管子·霸言》指出:"强国众,合强以攻弱,以图霸;强国少,合小以攻大,以图王。"这一论断揭示出东周与西周在政治、经济形势等方面的差异。强国少,意味着其他诸侯国均处在发育不够的阶段,所以强国可以号令天下,小国也可以联合起来发展成为强国;强国多,"则地丑德齐,莫能相尚,即称雄一时者,亦仅能使彼不与我争,而不能使之臣服于我,此为古人之所谓霸"③。

(一) 春秋时期经济、政治与社会发展状况

春秋时期(前770—前476),是指自周平王东迁至周元王即位前一年诸侯争霸的历史时期,与战国合称"东周",而与西周相对而言。

春秋时期,铁制生产工具得以广泛使用,冶铁技术已由过去的"锻"发展到了"铸"的阶段,能够铸出比较大量的"铸铁"。《国语·齐语》记载管仲的话说:"美金以铸剑戟,试诸狗马。恶金以铸锄、夷、斤、劚,试诸壤土。"郭沫若释"美金""恶金"分别指青铜和铁器。春秋时期的兵器虽然仍用青铜铸造,但农具、木工工具已经采用铁制。春秋中叶齐灵公时的《叔夷钟铭》中有"造或徒四千"的记载——"或"当是"铁"字的初文,可知,此时似乎已有大批采铁冶炼的官徒。当时的冶铁技术,已经达到了较高水平。据传,吴王阖闾铸造"干将""莫邪"两把宝剑时,曾使用"童女、童男三百人,鼓橐装炭",然后,"金铁乃濡,遂以成剑"。④ 这说明当时炼炉上所使用的橐是不少的,橐是一种鼓风用的大皮囊。铁制工具的使用为深耕等创造了条件。铁制农具出现以后,牛耕渐趋普遍起来。牛耕技术的发展,只有与铁器的使用相配合,方可发挥出它的功能。

《左传·宣公十一年》:

---

① 《史记·太史公自序》。
② 《孟子·离娄上》。
③ 吕思勉:《先秦史》,上海:上海古籍出版社2005年版,第140页。
④ 《吴越春秋·阖闾内传》。

申叔时使于齐,反,复命而退。王使让之,曰:"夏征舒为不道,弑其君,寡人以诸侯讨而戮之,诸侯、县公皆庆寡人,女独不庆寡人,何故?"对曰:"犹可辞乎?"王曰:"可哉!"曰:"夏征舒弑其君,其罪大矣,讨而戮之,君之义也。抑人亦有言曰:'牵牛以蹊人之田,而夺之牛。'牵牛以蹊者,信有罪矣;而夺之牛,罪已重矣。"

西周末年,"宣王即位,不籍千亩"①。虢文公曾经劝谏,力请恢复那种传之已久的籍田制度,其中提到自天子以下,公卿百官们如何象征性地耕地,即"王耕一坺,班三之,庶人终于千亩"②。铁制工具的使用,也给兴修水利提供了方便。公元前563年,郑国大夫子驷"为田洫"③,因须在田里挖掘沟洫,遭到贵族的反对。后来子产执政时,使"田有封洫"④,即一面调整土地,一面挖掘沟洫。"我有田畴,子产殖之"⑤,就是当时人们对子产的歌颂。此外,传说楚国令尹孙叔敖主持修建了勺陂(在今安徽寿县),灌溉农田一万多顷,扩大了稻田。吴国在春秋末年曾修运河"邗沟"。正是由于当时各国都有国家经营的水利事业,所以在葵丘之会的盟约中有"无障谷"⑥、"无曲防"⑦,即或以邻国为壑或断邻国水源的规定。铁制工具的出现、农业技术的进步使得当时的农业产量有了提高,公社农民对"私田"上的劳动增加了兴趣,因而出现了"公田不治"⑧的现象。针对这一情况,当时的奴隶主贵族一反过去的传统,取消了"公田""私田"的区分,实行了"履亩而税"⑨制度。为了"履亩而税",首先必须使公社农民的"私田"固定化,从此公社内部的土地制度便由过去的暂时占有变为永久占有,即由"三年一换主易居"⑩变为"自爰其处"⑪。在春秋列国中,首先实行"履亩而税"的,是齐国的"相地而衰征"⑫。继齐国

---

① 《国语·周语上》。
② 《国语·周语上》。
③ 《左传·襄公十年》。
④ 《左传·襄公三十年》。
⑤ 《左传·襄公三十年》。
⑥ 《公羊传·僖公三年》。
⑦ 《孟子·告子下》。
⑧ 《汉书·食货志上》。
⑨ 《公羊传·宣公十五年》。
⑩ 《公羊传·宣公十五年》何休注。
⑪ 《汉书·食货志上》。
⑫ 《国语·齐语》。

之后,则是晋国的"作爰田"①。鲁国的"初税亩"②也是一种"履亩而税"制。所以,《穀梁传·宣公十五年》解释说:"初税亩者,非公之去公田而履亩,十取一也。"楚国在公元前548年"量入修赋"③,也对当时的田制进行了改革。郑国在公元前543年也曾对公社土地进行了改革。《左传·襄公三十年》中所说的"田有封洫"是指整理土地经界沟洫,"庐井有伍"则是对原来井田中农民的土地庐舍进行调整之意。

随着社会生产力的提高,公社及其土地制度即井田制的内部发生量变,过去的"国""野"统治关系也在逐渐泯除。《左传·定公六年》:

　　　　阳虎又盟公及三桓于周社,盟国人于亳社。

鲁国有两社,一为周社,一为亳社。周社自是鲁之国社,以其为周公后也。鲁因商奄之地,并因其遗民,故立亳社。定公及三桓是周族姬姓,所以要盟于周社。

春秋时期,社会经济的发展和长期的政治斗争与兼并战争,加速了公社组织的演变。财富的集中、公社农民的破产和一些贵族的没落,使得当时的阶级结构发生了很大变化。随着社会经济的发展和公社的内部发生量变,在农业生产者中间出现了"隶农",他们"虽获沃田,而勤易之,将不克飨,为人而已"④。"隶农",当是一种佣耕者。《左传·襄公二十七年》的"仆赁于野",即郊野有自由贫民可供雇佣,更是其证。《左传·僖公三十三年》:"臼季使,过冀,见冀缺耨,其妻馌之。"《左传·昭公二十年》:"(伍)员如吴……而耕于鄙。"《国语·晋语九》:"夫范、中行氏不恤庶难,欲擅晋国。今其子孙将耕于齐。宗庙之牺,为畎亩之勤。"这里的冀缺、伍员、范氏和中行氏几家贵族都是政治斗争中的失败者,现在都在田野里耕种,成了自耕农民。《左传·僖公二十五年》载,周天子以阳樊之田赐晋文公,阳樊不服,晋军围之。"苍葛呼曰:'……此,谁非王之亲姻,其俘之也?'"卿大夫的"分室""夺田"现象也愈益激烈。《左传·成公十七年》载,晋大夫"郤锜夺夷阳五田,五亦嬖

---

① 《左传·僖公十五年》。
② 《左传·宣公十五年》。
③ 《左传·襄公二十五年》。
④ 《国语·晋语一》。

于厉公。郤犨与长鱼矫争田,执而梏之,与其父母妻子同一辕"。晋国范文子批评晋厉公时说:"今我战又胜荆与郑,吾君……大其私昵而益妇人田,不夺诸大夫田,则焉取以益此?诸臣之委室而徒退者,将与几人?"又说:"于是乎君伐智而多力,怠教而重敛,大其私昵,杀三郤而尸诸朝,纳其室以分妇人。"①由此可以看出,厉公"大其私昵而益妇人田",当是"不夺诸大夫田,则焉取以益此?诸臣之委室而徒退者,将与几人",结果"杀三郤而尸诸朝,纳其室以分妇人"。田邑被夺者,往往不惜孤注一掷,甚至发动叛乱。因为一旦失邑失田,则财源断绝,沦为"疏食"者;同时职守丧失,权势亦尽,等于被削去贵族的身份。春秋时期,作为经济基础的贵族领主制土地关系已有了重大变化,贵族领主的世袭领地逐渐被视为私有财产。他们以各种方式力图扩大领地范围,诸侯国内的卿大夫间"争田"之事层出不穷,许多显赫的贵族因此沦落,如晋国的"栾、郤、胥、原、狐、续、庆、伯,降在皂隶"②,诸侯国之间强凌弱、众暴寡的兼并战争更是剧烈而频繁。这些情况其实是土地关系变化所导致的政治、阶级关系变动的集中表现。

西周时期由于有着"国""野"区别,"国人"和"野人"不仅在政治、经济和军事上存在权利、义务的不同,而且在建学受教育方面也有差别。但是,到了春秋时期,由于生产力的发展、公社内部的量变和井田制度从"换主易居"向"自爱其处"转变,"国""野"和"国人""野人"的差别也就逐渐走向混融、模糊。这时的"国人"已经包括"野人"在内,有时又称"小人"或"庶人"。《左传·昭公十三年》载,楚灵王时,贵族发动政变,当时灵王在乾溪,右尹子革劝他"请待于郊,以听国人"。灵王无道,不得民心,自知"众怒不可犯",不敢入楚,自缢于芋。后来发动政变的贵族子弟子干、子皙也说:"众怒如水火焉,不可为谋。"《左传·僖公二十六年》载,齐孝公伐鲁北鄙。鲁僖公命展喜犒齐师,让他向展禽请教如何措辞。齐侯问曰:"鲁人恐乎?"展喜对曰:"小人恐矣,君子则否。"展禽即柳下惠,他对于国家存亡的应答,依然也是小人、君子并举。可见国人在当时各国的政治生活中举足轻重。

春秋时期周王朝的势力减弱,诸侯群雄纷争,齐桓公、宋襄公、晋文公、

---

① 《国语·晋语六》。
② 《左传·昭公三年》。

秦穆公、楚庄王相继称霸,史称"春秋五霸"(另一说认为春秋五霸是齐桓公、晋文公、楚庄王、吴王阖闾、越王勾践)。春秋时期是中国奴隶制逐步解体、封建制逐渐兴起的时期。平王东迁洛邑(今河南洛阳)以后,西土为秦国所有。秦国吞并了周围的一些戎族部落和国家,成了西方强国。在今山西的晋国,今山东的齐、鲁,今湖北的楚国,今北京与河北北部的燕国,以及稍后于长江下游崛起的吴、越等国,都在吞并了周围一些小国之后强大起来,成为大国。于是,在历史上展开了一幕幕大国争霸的激烈场面。

　　春秋时期,晋国的卿族共有十一家,即狐氏、先氏、胥氏、郤氏、栾氏、范氏、中行氏、知氏、韩氏、赵氏、魏氏。晋国卿族与其他各国不同的是,国君之子不为卿,卿族多异姓。十一族中,最先亡的是狐氏。晋襄公七年(前621),晋国在夷地举行蒐礼。晋襄公本已任命狐射姑将中军,赵盾佐助。阳处父从温地回到国都后,认为应该以赵盾为中军元帅,于是又在董地演习军队,把狐射姑的中军元帅撤掉,换上赵盾。狐射姑怨恨阳处父,派续简伯杀之。晋国以无故杀大臣罪诛杀续简伯。狐射姑知自己在晋国孤立,就逃到狄人中去了。赵盾让人把狐射姑的家眷、财产送到边境。这样狐氏一族就从晋国政治舞台上消失了。接着被灭的是先氏。晋厉公七年(前574),晋厉公欲加强中央的权力,杀掉"其富半公室,其家半三军"的三郤,郤氏被灭。在杀三郤的事件中,胥童为主谋。三郤被杀后,晋国贵族恐慌。栾书、中行偃于是囚禁了厉公,诛杀了胥童,胥氏一族被灭。后晋厉公也被栾书派人杀死,栾氏一族强横。晋平公六年(前552),范宣子利用栾氏家族内乱之机,驱逐了栾盈。栾盈先逃到楚国,后逃到齐国。在齐国的支持下,于晋平公八年(前550)又潜回封地曲沃,率领曲沃地方武装进攻国都,旋即被打败。栾盈被杀,族被灭。到此,晋十一卿族,五族被灭,只剩下范、中行、知及韩、赵、魏六卿。这时已到春秋中期,再过四年就是向戌发动的"弭兵之盟"了。晋国六卿并存的政局保持了半个多世纪。进入春秋晚期后,六卿都在扩大自己的地盘,巩固阵地,不同程度地在封地内进行封建性的经济改革。六卿渐强,互相兼并。韩氏与范氏不和,魏氏也与范氏不睦。知氏想提拔亲信梁婴父为卿,欲驱逐荀寅(亦称中行寅、中行文子)以梁婴父代之。知氏于是向晋定公提出,赵、中行、范三家为乱,独逐赵鞅,刑已不均,请皆逐之。这样,知、韩、魏三家便借着晋定公的名义讨伐中行、范二家,但未能取胜。中行、范二氏见晋君同知、韩、魏三家进攻自己，于是攻击晋定公。晋国的国人站在晋君一边，中行、范二氏失败，逃到朝歌（今河南淇县）。韩、魏二氏向晋君为赵氏说情，赵鞅又从晋阳回到国都。知氏逼杀了赵氏谋臣董安于，而后从赵鞅盟，赵氏的地位方被恢复。中行氏、范氏得到齐、卫、郑等国的支持，齐、卫多次谋伐晋以援助中行氏、范氏。

首先建立霸业的是齐桓公。他任用管仲，改革内政，使国力强盛。齐桓公采用管仲的谋略，以"尊王攘夷"为号召，联合燕国打败了北戎；联合其他国家制止了狄人的侵扰，"存邢救卫"。公元前656年，齐国联合鲁、宋、郑、陈、卫、许、曹诸国侵蔡伐楚，观兵召陵，责问楚为何不向周王纳贡。楚的国力也很强盛，连年攻郑，但见齐桓公来势凶猛，为保存实力，许和而罢。之后，齐桓公又多次大会诸侯。周王也派人参加会盟，加以犒劳。齐桓公成了春秋五霸之首。

齐国称霸中原时，楚国向东扩充势力。齐桓公死后，齐国内部发生争权斗争，国力稍衰。楚又向北发展。宋襄公想继承齐桓公霸业，与楚较量，互有胜负，但最终丢了性命。齐国称霸时的盟国鲁、宋、郑、陈、蔡、许、曹、卫等，这时都转而成了楚的盟国。

正当楚国想称霸中原之时，晋国勃兴起来。晋文公回国后整顿内政，增强军队，也想争当霸主。这时周襄王被工子带勾结狄人赶跑，流落在外。晋文公以为是"取威定霸"的好机会，便约会诸侯，打垮王子带，把周襄王送回王都，抓到了"尊王"的旗帜。公元前632年，晋楚两军在城濮大战，晋军打败了楚军。战后，晋文公在践土会盟诸侯，周王也来参加，册命晋文公为"侯伯"（霸主）。

晋楚争霸期间，齐秦两国雄踞东西。春秋中叶以后，楚联秦，晋联齐，仍是旗鼓相当。但争霸战争加剧了各国内部的矛盾，于是出现了结束争霸的"弭兵"。公元前579年，宋国约合晋楚订了盟约：彼此不相加兵，信使往来，互相救难，共同讨伐不听命的第三国。"弭兵"反映了两个霸主之间的勾结与争夺，也反映了一些小国想摆脱大国控制的愿望。公元前575年，晋楚于鄢陵大战，楚大败；公元前557年，晋楚于湛阪大战，楚又败。这一期间，晋秦、晋齐之间也发生过大战，晋获胜。公元前546年，宋国再次约合晋楚（弭兵），参加的还有其他十多个国家。会上商定：中小国家此后要对晋楚同样纳贡。晋楚两国平分了霸权。

当晋楚两国争霸中原时,长江下游崛起了吴、越两个国家。晋为了对付楚国,联合吴国。吴、楚之间多次发生战争。公元前506年,吴国大举伐楚,节节胜利,一直打到楚都。从此,楚的国力大大削弱。在晋国联吴制楚时,楚国则联越制吴,吴、越之间战争不断。吴王阖闾在战争中战死,其子夫差立志报仇,大败越王勾践;并率大军北上,会诸侯于黄池,与晋争做盟主。越王勾践卧薪尝胆,积蓄力量,乘吴王夫差北上争霸之机,发兵攻入吴都。夫差急忙回归,向越求和。不久,越灭吴,勾践也北上会诸侯于徐州,一时成了霸主。

公元前536年,郑子产"铸刑书",这是成文法典的初次公布。在郑国铸造和公布刑书的时候,晋国叔向曾给子产一封信,责备他说:

> 昔先王议事以制,不为刑辟,惧民之有争心也。……制为禄位,以劝其从;严断刑罚,以威其淫。……民于是乎可任使也,而不生祸乱。民知有辟,则不忌于上;并有争心,以征于书,而徼幸以成之,弗可为矣。……民知争端矣,将弃礼而征于书。锥刀之末,将尽争之。乱狱滋丰,贿赂并行。终子之世,郑其败乎?[1]

子产回信说:"若吾子之言,侨不才,不能及子孙。吾以救世也。"[2]

春秋以前的刑律是掌握在贵族手中的,他们不愿将其公布,怕的是丧失那种生杀予夺的权柄。现在为时势所迫,子产为了"救世"而甘冒不韪,竟把刑典公布了出来。虽然叔向曾经竭力反对子产铸刑书,但时势纷乱,仅仅相隔二十三年,叔向自己的祖国即晋国,赵鞅、荀寅也"赋晋国一鼓铁,以铸刑鼎,著范宣子所为刑书焉"[3]。孔子批评说:

> 晋其亡乎!失其度矣。夫晋国将守唐叔之所受法度,以经纬其民。卿大夫以序守之,民是以能尊其贵,贵是以能守其业。贵贱不愆,所谓度也。……今弃是度也,而为刑鼎,民在鼎矣,何以尊贵?贵何业之守?

---

① 《左传·昭公六年》。
② 《左传·昭公六年》。
③ 《左传·昭公二十九年》。

贵贱无序,何以为国?①

春秋时期公布刑法,如子产所说是为了"救世",以挽救他们即将崩溃的命运,反映了社会矛盾的尖锐。但从当时的历史条件来看,也反映了随着公社走向解体而带来的政治上的进步。

诸侯争霸致使人民负担不断加重。晏子在回答叔向时谈到当时的齐国:

> 民参其力,二入于公,而衣食其一。公聚朽蠹,而三老冻馁。国之诸市,屦贱踊贵。民人痛疾,而或燠休之。其爱之如父母,而归之如流水。欲无获民,将焉辟之? 箕伯、直柄、虞遂、伯戏,其相胡公、大姬,已在齐矣。②

其他诸侯国与齐国的情形差别也不大。在晋国,"庶民罢敝,而公室滋侈。道殣相望,而女富溢尤"③;在楚国,"道殣相望,盗贼司目,民无所放。是之不恤,而蓄聚不厌"④。各诸侯国人民不堪重负,纷纷起来反抗,不仅楚国"寇盗充斥"⑤,鲁、郑亦多盗。诚如墨子所言:"富贵者奢侈,孤寡者冻馁,虽欲无乱,不可得也。"⑥春秋时期晋楚争霸,中原小国深受其苦,朝楚则晋攻之,朝晋则楚伐之。卫国在晋楚间,有一次"卫侯欲与楚,国人不欲,故出其君,以说于晋",卫侯乃"出居于襄牛"。⑦ 公元前597年,楚子围郑,封锁十七日,"郑人卜行成,不吉;卜临于大宫,且巷出车,吉"⑧,国人与统治者皆大哭,准备迁都。郑国对晋、楚的贡纳也是很重的。公元前551年,晋国派人到郑国要贡品时,子产回答说,郑国对于晋国,"不朝之间,无岁不聘,无役不从。以大国政令之无常,国家疲病,不虞荐至,无日不惕,岂敢忘职"⑨。公元前544年,晋国司马女叔侯对晋君说:"鲁之于晋也,职贡不乏,玩好时至,公卿

---

① 《左传·昭公二十九年》。
② 《左传·昭公三年》。
③ 《左传·昭公三年》。
④ 《国语·楚语下》。
⑤ 《左传·襄公三十一年》。
⑥ 《墨子·辞过》。
⑦ 《左传·僖公二十八年》。
⑧ 《左传·宣公十二年》。
⑨ 《左传·襄公二十二年》。

大夫相继于朝,史不绝书,府无虚月。"①春秋末年,吴国兴起于东南,与楚争霸,临近的陈、蔡两国亦蒙其害。公元前494年,吴军入楚都,"使召陈怀公。怀公朝国人而问焉,曰:'欲与楚者右,欲与吴者左'"②。

春秋时期的国人,与当时各国的国君、贵族虽然形成了鼎足而立的态势,但其干预政治的程度有限。他们平时影响政治的行为只是诉诸舆论,即所谓"谤言"而已。例如,晋平公问师旷:"卫人出其君,不亦甚乎?"师旷回答说:"自王以下,各有父兄子弟,以补察其政。史为书,瞽为诗,工诵箴谏,大夫规诲,士传言,庶人谤,商旅于市,百工献艺。"③这里的"庶人谤",就是《国语·周语上》中周邵公所谓的"庶人传语",也即"郑人游于乡校,以论执政"④的意思,都是止于舆论批评而已。《诗经》有国风,诗序曰:"风,讽也。"国风确实包括有国人的舆论。

春秋时期,当时中原各国较为先进者称为"华夏",和他们或比邻或错杂而居、较为落后者则被称为"戎""狄""蛮""夷"。《左传》中虽有"四裔"之称,但尚未有以戎、狄、蛮、夷分配于四方的概念。春秋时期,华夏和戎、狄、蛮、夷等族由于长期散居错处、交往频繁、联系密切、互相影响,逐渐走向融合。公元前559年,晋国范宣子与姜戎驹支发生争执,驹支答复他说:"我诸戎饮食衣服不与华同,贽币不通,言语不达,何恶之能为? 不与于会,亦无瞢焉。"说明戎族和华夏族在文化上是不同的。但是,这位戎族首领却能"赋《青蝇》而退"。⑤ 驹支既能赋诗言志,可见他受中原文化影响之深。公元前525年,鲁昭公设宴招待郯子。昭公问郯子:"少皞氏鸟名官,何故也?"郯子对答如流,而且讲了许多历史典故。"仲尼闻之,见于郯子而学之。既而告人曰:'吾闻之:天子失官,官学在四夷。'犹信。'"⑥郯国非夷,但与夷族杂居,反映了中原文化的广泛传播。与此相关,各族之间的相互通婚对于民族融合也起到了重要作用。春秋时代的晋国是与其他各族通婚较多的国家。例如,晋献公"娶二女于戎,大戎狐姬生重耳,小戎子生夷吾",后来,献公伐骊戎,

---

① 《左传·襄公二十九年》。
② 《左传·哀公元年》。
③ 《左传·襄公十四年》。
④ 《左传·襄公三十一年》。
⑤ 《左传·襄公十四年》。
⑥ 《左传·昭公十七年》。

"骊戎男女以骊姬,归,生奚齐,其娣生卓子"。① 到了晋公子重耳奔狄时,"狄人伐廧咎如,获其二女:叔隗、季隗。纳诸公子。公子取季隗,生伯儵、叔刘;以叔隗妻赵衰,生盾"②。同时,晋国也嫁女于戎狄,如"潞子婴儿之夫人,晋景公之姊也"③。此外,楚国、吴国也与中原各国有着通婚关系,就连周襄王也曾以狄人女为后。血统的混合,促进了民族融合和经济文化交流。春秋时期三百年间华夏与戎、狄、蛮、夷等族的逐步融合,揭开了中国历史新的一页,为统一的多民族国家的建立奠定了基础。

(二)战国时期经济、政治与社会发展状况

战国时期是我国古代历史大变革、社会大转型时期。"战国"一词,在当时即已出现,但还没有作为特定的专用名词。《战国策·秦策四》载顿弱说:"山东战国有六。"《楚策二》载昭常对楚襄王说:"今去东地五百里,是去战国之半也。"《赵策三》载赵奢说:"今取古之为万国者,分以为战国七。"《燕策一》载苏代说:"凡天下之战国七,而燕处弱焉。"《史记·平准书》:"自是之后,天下争于战国。"历史上把秦统一前各诸侯国间连年征战的时期称为"战国",是从西汉末年刘向编定《战国策》一书后开始的。司马迁在谈到这一时期的特点时说:"贵诈力而贱仁义,先富有而后推让。故庶人之富者或累巨万,而贫者或不厌糟糠;有国强者或并群小以臣诸侯,而弱国或绝祀而灭世。"④战国时期,旧制度出现了"礼崩乐坏"的危机,新社会在剑与火的交织中产生,既表现出强大的生命力,也带着它特有的血腥与残酷。春秋、战国风俗之差别变化,正如顾炎武在《日知录》卷十三《周末风俗》中所指出的:

> 春秋时犹尊礼重信,而七国则绝不言礼与信矣;春秋时犹宗周王,而七国则绝不言王矣;春秋时犹严祭祀、重聘享,而七国则无其事矣;春秋时犹论宗姓氏族,而七国则无一言及之矣;春秋时犹宴会赋诗,而七国则不闻矣;春秋时犹有赴告策书,而七国则无有矣。邦无定交,士无

① 《左传·庄公二十八年》。
② 《左传·僖公二十三年》。
③ 《左传·宣公十五年》。
④ 《史记·平准书》。

定主。……不待始皇之并天下,而文武之道尽矣。

战国时期的列国形势,是有七个强大的国家并立而互相攻战:楚在南,赵在北,燕在东北,齐在东,秦在西,韩、魏在中间。在这七个大国中,沿黄河流域从西到东的三个大国,即秦、魏、齐,在前期具有左右局势的力量。这七个大国中,秦、楚、燕是自西周以来就存在的古国,齐国名虽旧但实质上已发生了改朝换代的变化,魏、赵、韩三国乃是新生的国家。随着齐国的改姓、晋国的三分,战国政局就此确立。战国时期政治史的进程是从分裂到统一。春秋之后,在中国大地上还是大小国家错杂林立。西周、春秋以来的一批古国,有的仍然活跃着,有的衰落了为生存而挣扎;而一些新的国家在母国的躯体上建立起来。战国前期的越、宋、中山等国,地盘不小,国力也不弱,在战国的政治舞台上仍活跃了相当一段时期。还有一些中小国家,如郑、鲁、卫、莒、邹、杞、滕、薛、任、郯、蔡,以及四川的巴、蜀,北方的林胡、东胡,南方的百越,等等。这些国家随着时间的推移,先后为七国所灭。最后秦国又吞并六国,统一天下。

战国时期,由于冶铁技术的进一步发展和铁矿的开发,铁制工具已经在当时的各个生产领域中普遍使用。据《管子》所记,当时必须有铁制工具,"然后成为农""然后成为车""然后成为女"①,"不尔而成事者,天下无有"②。战国中期,孟子曾以社会分工为必然反对主张"贤者与民并耕而食"的许行,并问其弟子陈相:"许子以釜甑爨,以铁耕乎?"③可知当时中原地区"铁耕"已经非常普遍,许行不用"铁耕"已成了出乎常情的事。从有关文献记载和近年考古发掘出土的工具来看,铁制农具有耒、耜、犁、铫、耨、锄等;铁制手工业工具有刀、斧、凿、锯、锥、锤等;铁制兵器有弓、矛、剑、戟等;人们的装饰品如带钩也有用铁制造的。铁器的普遍使用,有助于新的社会生产力的发展。铁制工具的使用,使战国时期的各国都能兴修较大规模的水利工程。为了和黄河的泛滥做斗争,黄河下游的各国都修筑有比较长的堤防。当时齐和赵、魏是以黄河为界的,赵、魏两国的地势较高,黄河泛滥时齐国受害较重,

---

① 《管子·轻重乙》。
② 《管子·海王》。
③ 《孟子·滕文公上》。

因而齐国首先沿黄河修筑了一条离河二十五里的长堤防。自从齐国修了长堤，"河水东抵齐堤，则西泛赵、魏"①，于是赵、魏也沿黄河修了一条离黄河二十五里的长堤。当时一些大国修筑堤防主要是为了本国利益，即所谓"盖堤防之作，近起战国，壅防百川，各以自利"②。魏文侯时，邺（今河北磁县东南）县令西门豹曾兴"引漳水溉邺"的水利工程，开了十二条渠，利用灌溉冲洗，使得含有过多盐碱成分的"恶田"变成了能种稻粱的良田，所以，"民歌之曰：'邺有贤令兮为史公，决漳水兮灌邺旁，终古潟卤兮生稻粱'"。③ 魏国有个湖泊叫"圃田"（今河南中牟西）。公元前 360 年，魏国在黄河、圃田间开凿了一条运河，使黄河水流入圃田，又从大梁北郊开凿运河引圃田水来灌溉，就是鸿沟最早的一段。最著名的水利工程是秦昭王时蜀郡守李冰父子总结成都平原人民与岷江水害斗争的经验而筑成的都江堰。在李冰主持下，在今都江堰市西边的岷江中凿开了与虎头山相连的离堆，在离堆上游修筑了分水堤和湃水坝，将岷江分为内江（即郫江）和外江（即检江），分散了岷江的水流，既免除了泛滥的水灾，又便利了航运和灌溉，使成都平原成为"水旱从人，不知饥馑"④的天府之国。

从魏文侯开始至公元前 4 世纪中叶，是魏国独霸中原的时期。公元前 445 年，魏文侯即位。他礼贤下士，用人唯贤，先后起用魏成子、翟璜、李悝为相，乐羊为将，吴起为西河郡守，受他尊重的还有卜子夏、田子方、段干木等人。战国时期的招贤养士之风，可以说是由魏文侯开始的。他的用士参政的做法，标志着过去"任人唯亲"的世卿制度为"任人唯贤"的官僚制度所代替。魏之所以能"强匡天下，威行四邻"⑤，乃是李悝"务尽地力"⑥和"撰次诸国法，著法经"⑦的结果。

魏的强大，引起韩、赵、秦的忧虑，它们之间摩擦不断。公元前 354 年，赵国攻卫，魏视卫为自己的属国，于是出兵攻打赵都邯郸。次年赵向齐求援，

---

① 《汉书·沟洫志》。
② 《汉书·沟洫志》。
③ 《汉书·沟洫志》。
④ 《华阳国志》卷三。
⑤ 《韩非子·饰邪》。
⑥ 《史记·货殖列传》。
⑦ 《晋书·刑法志》。

齐派田忌救赵,用孙膑之计,袭击魏都大梁。时魏军虽已攻下邯郸,但不得不撤军回救本国,在桂陵被齐军打败。又次年,魏、韩联合,又打败齐军。公元前342年,魏国攻韩,韩向齐求救,齐仍派田忌为将,孙膑为军师,设计将魏军诱入马陵埋伏圈。齐军万箭齐发,魏国大将庞涓自杀,魏太子申被俘。这就是著名的马陵之战。由此造成了齐、魏在东方的均势。

战国时期各国先后进行了一系列的变法改革,这是各国在激烈的兼并战争中谋生存、求发展,进而实现称霸天下之目的的内在要求。司马迁说:"魏用李克(即李悝——引者注),尽地力,为强君。"①又说:"当是之时,秦用商君,富国强兵;楚、魏用吴起,战胜弱敌;齐威王、宣王用孙子、田忌之徒,而诸侯东面朝齐。"②李悝、申不害、吴起、商鞅、孙膑、田忌等人都是变法改革家,主持了多国的变法改革。楚悼王任用吴起作令尹,主持变法。吴起变法的要点是,限制旧贵族,改变世袭的分封制,即"废公族疏远者"③。吴起主张对封君的子孙"三世而收爵禄"④,减削官吏的禄秩,精减裁汰"无能""无用"和"不急之官"⑤。根据楚国地广人稀的特点,他认为多余的是土地,不足的是人民,对过去旧贵族把人民集中到地少人多的地区的做法应该加以纠正,因而下令"贵人往实广虚之地"⑥。为了整顿楚国官场歪风,吴起还提出了"使私不害公,谗不蔽忠,言不取苟合,行不取苟容,行义不固毁誉","塞私门之请,一楚国之俗"和"破横散从,使驰说之士,无所开其口"的主张,要求大家能够为"公"而忘"私","行义"而不计毁誉,一心为地主政权效力。⑦ 吴起的改革造成了深远的影响,使楚国逐渐强盛起来,"南平百越;北并陈、蔡,却三晋;西伐秦"⑧,成了南方的一个强国。秦用商鞅变法,"行之十年,秦民大悦,道不拾遗,山无盗贼,家给人足。民勇于公战,怯于私斗,乡邑大治"⑨。秦国自商鞅变法以后,逐渐成为七国中实力最强的国家,于是向东扩展势

---

① 《史记·平准书》。
② 《史记·孟子荀卿列传》。
③ 《史记·孙子吴起列传》。
④ 《韩非子·和氏》。
⑤ 《战国策·秦策三》。
⑥ 《吕氏春秋·贵卒》。
⑦ 《战国策·秦策三》。
⑧ 《史记·孙子吴起列传》。
⑨ 《史记·商君列传》。

力。先是打败了三晋，割取魏在河西的全部土地；后又向西、南、北扩充疆土，到公元前4世纪末，其疆土之大与楚国接近。

在秦与三晋争斗之时，齐国在东方发展势力。公元前315年，齐国利用燕王哙将王位"禅让"给相国子之而引起的内乱，一度攻下燕国。后因燕人强烈反对，齐军才从燕国撤出。公元前286年，齐灭宋，各国不安。秦便约韩、赵、魏、燕一同攻齐，大败齐军。燕国以乐毅为将，趁势攻下齐都临淄，攻占七十余城。齐王逃至国外，为楚所杀。齐国的强国地位从此一去不复返。

战国初期，秦国长期内乱不止，无暇外顾，河西之地被魏国夺取，秦国退守洛水之西。后来，秦国国内矛盾缓和，自秦简公开始进行了一系列改革。战国中期，秦献公改革力度更大，实现由奴隶制向封建制的逐步转变。从此，秦国势大振，公元前364年大败魏军于石门。尤其是秦孝公任用商鞅实行变法，行什伍连坐之法和民户分异制度，按军功大小定爵位，奖励耕织，使秦国日益强大。秦孝公死后，秦惠文公虽车裂了商鞅，但变法未废。之后，秦国又攻灭巴、蜀两国和西戎最强大的义渠部族（生活在今甘肃庆阳、泾川一带），夺取了楚国的汉中郡（今陕西东南部、湖北西北部），又扩地千里。秦昭襄王时，奉行远交近攻的策略，屡次大胜韩、魏、齐、楚等诸侯国，后又大败赵国于长平（今山西高平）。秦庄襄王时使蒙骜等攻韩、赵、魏，取成皋、荥阳、榆次、狼孟等数十城，置三川郡（今黄河以南、河南灵宝以东、中牟以西及汝河上游地区）、太原郡（今山西句注山以南，霍山以北，五台、阳泉以西，黄河以东地区）。秦国疆域迅速扩展，成为战国七雄中的大国和强国。

公元前288年，秦昭襄王同齐愍王并称东、西二帝。公元前256年，周王朝为秦所灭。公元前249年，东周国（周考王分封的诸侯国西周分裂出来的小国）也为秦所灭，周王室的祭祀至此完全终止。尽管后来魏国信陵君及赵国庞暖曾联合诸国攻秦，但也没能扭转秦灭六国之大势。公元前246年，秦王政（即后来的秦始皇）即位。他任用尉缭、李斯等人，加紧统一的步伐，用金钱收买六国权臣，打乱六国的部署，连年发兵东征。秦国于公元前230年灭韩国；公元前228年破赵国，赵公子嘉逃代，自立为代王；公元前226年破燕拔蓟，迫使燕王喜逃辽东；公元前225年灭魏国；公元前223年灭楚国；公元前222年灭燕、代二国；公元前221年灭齐国。从此，秦统一中国，结束了中国自春秋以来五百余年的分裂割据和混战局面,建立了疆域辽阔的大一统王朝。夏、商、周三代的建立,虽然也是一种统一过程,但这种统一是对众多林立的原始型邦国的兼并,与秦国对天下的统一有本质的不同。春秋战国是对周王朝统一的一次大分裂,秦朝的建立是结束这种分裂的一次大统一,因而具有重大的历史意义。

变法改革与争霸战争并存,是春秋战国时期社会状况的一大特点。可以说,春秋每一位霸主的出现都是改革的结果,战国七雄之所以能并踞中华大地也是不断改革的结果。原因在于,称霸战争需要以政治、经济作为后盾,进行改革是迅速提升诸侯国实力的必要手段。从春秋到战国,是改革接着改革、战争连着战争,在改革中国家强盛,在战争中国力受创。春秋战国时期,社会就是在这种状况下发展进步的。

伴随着私田制和铁器的广泛运用,社会新兴阶层的崛起,战国时期的中国在政治、经济、文化、科技上迎来变革的高峰。由于郡县制度的加强,国家为了获取土地、财富、人口不断开展兼并战争,促使这片从春秋时期开始便战争不断的土地逐渐走向新的阶段。

战国时期,列国争雄加重了百姓的负担,列国对于农民除了"以其常正,收其租税""以其常役,修其城郭"以外,还要"厚作敛于百姓,暴夺民衣食之财"。① 孟子不无义愤地指出:"有布缕之征,粟米之征,力役之征。君子用其一,缓其二。用其二而民有殍,用其三而父子离。"② 秦国自商鞅变法后,开始按户征收人口税,称为"户赋"或"口赋"。《商君书·农战》:"百姓曰:'我疾农,先实公仓,收余以食亲,为上忘生而战,以尊主安国也。'"所谓"实公仓",就是向国家缴纳田租。《商君书·去强》:"举民众口数,生者著,死者削。民不逃粟,野无荒草,则国富。国富则强。"所谓"民不逃粟",就是按户征收地税和户赋,不让逃避。据云梦秦简来看,国家向农民征收的地税不仅有禾稼,还有刍(饲料)和稿(禾秆),规定每一顷田要"入刍三石,稿二石"③;还要求缴纳户赋,不准隐瞒户口,即"弗令出户赋"④。当时农民的租税徭役负担

———————————————

① 《墨子·辞过》。
② 《孟子·尽心下》。
③ 《田律》。
④ 《法律答问》。

是很重的,所以孟子说:"今也制民之产,仰不足以事父母,俯不足以畜妻子,乐岁终身苦,凶年不免于死亡。"①一些农民在失掉耕地之后,便沦为雇工。《韩非子·外储说右下》:"家贫,无以妻之,佣未及反。"《五蠹》:"泽居苦水者,买庸而决窦。"《外储说左上》:

> 夫卖庸而播耕者,主人费家而美食,调布而求易钱者。非爱庸客也,曰:"如是,耕者且深,耨者熟耘也。"庸客致力而疾耘耕者,尽巧而正畦陌畦畤者,非爱主人也,曰:"如是,羹且美,钱布且易云也。"

主人给庸客美羹、钱布(铜币),是希望他耕得深、耘得快。当时的农民,有放弃本业转入工商业的,更有失去土地后流入城市做雇工即"市佣"②"庸保"③的。《商君书·垦令》:"无得取庸,则大夫家长不建缮,爱子不惰食,惰民不靡而庸。民无所于食,是必农。"雇工没有饭吃,就必然务农。战国末年,一些农民为了逃避繁重的赋役,宁愿依附于豪强地主做佃农。《韩非子·备内》:"徭役多则民苦,民苦则权势起,权势起则复除重,复除重则贵人富。"说明当时有权势的贵人趁农民苦于"徭役多"的时机,用包庇免除徭役的特权诱使贫苦农民归附到他们的门下,成为他们的佃客,忍受他们的剥削。《韩非子·诡使》:"悉租税,专民力,所以备难,充仓府也。而士卒之逃事状匿,附托有威之门,以避徭赋,而上不得者万数。"这些"有威之门",就是《商君书·垦令》中所说的"禄厚而税多"的官僚兼地主,亦即后来秦汉时代的豪强地主。战国时期的农民,遇到"天饥岁荒"时往往不得不"嫁妻卖子"④,以至沦为奴隶。在严重的剥削和残酷的兵灾下,魏、韩两国"百姓不聊生,族类离散,流亡为臣妾满海内矣"⑤。

春秋战国之交,掀起了一场社会大变革的风暴,一个新的社会阶层应运而生,这就是士。他们来自社会的各个方面,虽然地位较低,但多有学问才能,有的是通晓天文、历算、地理等方面知识的学者,有的是政治、军事、经济方面的杰出人才。其代表人物如孟子、墨子、庄子、荀子、韩非,以及商鞅、申

---

① 《孟子·梁惠王上》。
② 《荀子·议兵》。
③ 《史记·刺客列传》。
④ 《韩非子·六反》。
⑤ 《战国策·秦策四》。

不害、许行、陈相、苏秦、张仪等，都是著名的思想家、政治家、军事家或科学家。

　　由于士的出身不同、立场不同，在解决或回答现实问题时，提出的政治主张和要求也就不同。他们著书立说，争辩不休，出现了百家争鸣的局面，形成了儒家、道家、墨家、法家、阴阳家、名家、纵横家、杂家、农家、小说家等许多学派。其中比较重要的是儒、墨、道、法四大家，《论语》《孟子》《荀子》、《墨子》、《老子》《庄子》、《韩非子》则分别是这四家的代表著作。

　　在列国争雄的战国时期，庶民百姓深受战争、赋税、劳役之害。一场大战中，所有死伤者的安葬、医药费用和车马武器的损失，"十年之田而不偿也"①。韩、魏两国在秦国的进攻下，"刳腹折颐，首身分离，暴骨草泽，头颅僵仆，相望于境，父子老弱系虏，相随于路"，"百姓不聊生，族类离散，流亡为臣妾满海内矣"。② 作为争霸战争的最大受害者，庶民百姓都产生了深深的反战情绪，因而就有了墨子的"兼爱""非攻"思想的产生。为了免除战祸，需要政治统一。在百姓心理都趋向于政治统一和周天子不起作用的当时，百姓的愿望和思想总要有一个寄托。墨子指出："然计天下之所以治者，何也？唯而以尚同一义为政故也。天下既已治，天子又总天下之义，以尚同于天。"③孟子针对当时兼并战争中"争地以战，杀人盈野；争城以战，杀人盈城"④的情况，主张定于一，并且认为只有"不嗜杀人者能一之"⑤。荀子认为"天下归之之谓王"⑥，就是说，做到天下归心，就能完成统一的功业。《吕氏春秋·功名》不但提出了建立统一的集权国家的迫切要求，而且明确指出了"民之所走"是在建立统一的集权国家的过程中"不可不察"的问题。秦始皇统一六国，在中国历史上第一次建立起一个中央集权的封建国家，摆脱了战国时分裂割据的混乱局面，具有重大的进步意义。

---

① 《战国策·齐策五》。
② 《战国策·秦策四》。
③ 《墨子·尚同下》。
④ 《孟子·离娄上》。
⑤ 《孟子·梁惠王上》。
⑥ 《荀子·王霸》。

第二节　先秦道德与伦理思想形成、发展的历史轨迹

　　原始道德的产生并不是从原始人诞生那天起就开始的,而是经过了漫长的孕育、萌芽和生长。在原始人刚刚脱离动物界、正处于形成中的早期原始人群时代,人类的一切活动几乎都是依靠本能进行的。在大自然残酷无情的威力面前,人类依靠本能组织起来,共同采集,共同狩猎,共同捕鱼,共同抵御野虫、猛兽的侵袭,从大自然获取天然食物。在生殖方面,也不受什么道德规范约束,而是靠本能的冲动。伦理思想是对道德的反思和建设性探讨,整体上出现在习俗道德之后——当然,远古时代圣人的道德创化与布道也有着早期伦理思想的某些特质。

　　蔡元培认为,中国伦理学史滥觞于唐虞三代:"在我国唐虞三代间,实践之道德,渐归纳为理想。虽未成学理之体制,而后世种种学说,滥觞于是矣。"[①]他于《中国伦理学史》中著专章探讨"唐虞三代伦理思想之萌芽"。

一、传统伦理思想的孕育与形成

　　中国伦理思想经历了一个萌生孕育和形成发展的过程,这一基本过程有学者概括为:"发端于伏羲,积蓄于炎黄,大备于唐虞,经三代而浩荡于天下。"[②]太昊伏羲氏,是中华民族的人文始祖,是我国远古时期的圣明帝王,以木德王,是为春皇。"太昊"是人们对伏羲的赞词,意为伏羲功德无量,像日月那样光明无私,是道在人间的化身。据文献记载,太昊伏羲氏早于炎帝、黄帝,"为百王先",为"三皇之一",也有说法称其列五帝之首。在中华文明曙光初露之际,伏羲便以尊道修身、"始定人道"的形象出现在历史舞台上。他"仰则观象于天,俯则观法于地","近取诸身,远取诸物",从天人合一感悟

[①] 蔡元培:《中国伦理学史》,载《蔡元培全集》第 2 卷,北京:中华书局 1984 年版,第 9 页。

[②] 司马云杰:《盛衰论:关于中国历史哲学及其盛衰之理的研究》,西安:陕西人民出版社 2003 年版,第 54 页。

出无相的大道自然和有相宇宙的真理,从而演画出八卦,"以通神明之德"。①中国的道德文化,完全是一个"修之于身,其德乃真"②的修真文化;也就是一种通过修身而达到天人合一,获得自然、宇宙真知的文化。

《周易·系辞下》:

> 古者包牺氏之王天下也,仰则观象于天,俯则观法于地,观鸟兽之文与地之宜,近取诸身,远取诸物,于是始作八卦,以通神明之德,以类万物之情。作结绳而为罔罟,以佃以渔,盖取诸《离》。

从伏羲氏始作八卦,以通神明之德,以类万物之情;到神农氏作《连山》,以明天道阴阳之理;再到黄帝作《归藏》,以通造化发育之机,华夏民族的伦理思维逐渐打开并建立了一个道德生活的价值源头。

《淮南子·主术训》:

> 昔者,神农之治天下也,神不驰于胸中,智不出于四域,怀其仁诚之心。……养民以公。其民朴重端悫,不忿争而财足,不劳形而功成,因天地之资而与之和同。

炎帝神农治理天下,内心沉静,头脑聪明,有仁爱诚义之心,以公心教育氏民。所以,氏民质朴、稳重、正直、诚实,没有什么忿争,没有什么诉讼牢狱之事,依靠天地的资源,与天地融合在一起。正因为如此,淳朴原始的民主友爱、天下平等是炎帝神农时代氏族社会内的一条重要的道德规范。《淮南子·齐俗训》载神农之法曰:"丈夫丁壮而不耕,天下有受其饥者。妇人当年而不织,天下有受其寒者。"

神农本人"身自耕,妻亲织,以为天下先。其导民也,不贵难得之货,不器无用之物。是故其耕不强者,无以养生;其织不强者,无以掩形;有余不足,各归其身;衣食饶溢,奸邪不生;安乐无事,而天下均平"③。其不仅亲身耕种,"以为天下先",而且"忧劳百姓"。《淮南子·修务训》有"神农憔悴"之说:神农为了给氏族成员及时治病,弄清哪些草能食,哪些水能喝,"尝百草

---

① 《周易·系辞下》。
② 《老子》第五十四章。
③ 《淮南子·齐俗训》。

之滋味,水泉之甘苦,令民知所辟就。当此之时,一日而遇七十毒","百死百生"。炎帝神农时代这种"养民以公""怀其仁诚之心",即民主友爱、天下均平的社会道德状况,与《礼记·礼运》中"大道之行也,天下为公。选贤与能,讲信修睦。故人不独亲其亲,不独子其子"的氏族社会的道德状况描写是一致的。

尧、舜是继伏羲、神农之后中华道德文明的奠基人或开创者。追溯"唐"的古意,《说文解字》解释为"唐,大言也",《白虎通·号》解释为"唐,荡荡也。荡荡者,道德至大之貌也"。可见,"唐"是一个会意字,其本意是大话、豪言、命令,引申为道德至大之人所讲的话、发布的命令——尧就是这样的人杰。

《书序》:

> 昔在帝尧,聪明文思,光宅天下。将逊于位,让于虞舜,作《尧典》。

《尚书·尧典》:

> 曰若稽古,帝尧曰放勋,钦明文思安安,允恭克让,光被四表,格于上下。克明俊德,以亲九族。九族既睦,平章百姓。百姓昭明,协和万邦,黎民于变时雍。

帝尧具有恭敬节俭、明察四方、选贤与能、善理天下的纯备道德,并且为人温和宽容、忠实不懈,因此人格光辉照临四方,思虑至于天地。他能发扬光明俊伟的崇高德性,使家族成员之间亲密和睦;家族和睦以后,又能辨明其他各族的政事;众族的政事辨明了,便能协调万邦诸侯,天下众民因此也就友好和睦起来。李山甫的《上元怀古》诗其一,云"尧将道德终无敌",是说尧开启了德治的先河,成就了一番德化天下的伟业。

舜为远古部落联盟首领,受尧的"禅让"而称帝于天下,其国号为"有虞"。舜自幼丧母,父亲续娶,生子象。为维持全家的生活,舜很小就要劳动。他在历山耕过田,在雷泽打过鱼,在黄河岸边做过陶器,在寿丘做过各种家用器物,在负夏跑过买卖。舜的父亲瞽叟愚昧,母亲顽固,弟弟象桀骜不驯,他们都想杀掉舜。舜却恭顺地行事,从不违背为子之道,友爱兄弟、孝顺父母。家人想杀掉舜的时候,就找不到他;而有事要找舜的时候,舜又总是在身旁侍候着。舜二十岁时,就因为孝顺出了名。三十岁时,尧问谁可以治理天下,四岳全都推荐舜。于是尧把两个女儿嫁给舜来观察他在家的德行,让九个儿子和他共处来观察他在外的为人。舜不但使二女与全家和睦相处,而且在各方面都表现出卓越的才干和高尚的人格力量。"舜耕历山,历山之人皆让畔;渔雷泽,雷泽上人皆让居"①,只要是他劳作的地方,便兴起礼让的风尚。"陶河滨,河滨器皆不苦窳"②,制作陶器,也能带动周围的人认真做事,精益求精,杜绝粗制滥造的现象。他到了哪里,人们都愿意追随,因而"一年而所居成聚,二年成邑,三年成都"③。尧得知这些情况很高兴,赐予舜绨衣(细葛布衣)、琴和牛羊,还为他修筑了仓房。后来尧让舜参与政事、管理百官、接待宾客,经受各种磨炼。舜不但将政事处理得井井有条,而且在用人方面有所改进。

《史记·五帝本纪》:

> 昔高阳氏有才子八人,世得其利,谓之"八恺"。高辛氏有才子八人,世谓之"八元"。此十六族者,世济其美,不陨其名。至于尧,尧未能举。舜举八恺,使主后土,以揆百事,莫不时序。举八元,使布五教于四方,父义,母慈,兄友,弟恭,子孝,内平外成。

> 昔帝鸿氏有不才子,掩义隐贼,好行凶慝,天下谓之浑沌。少暤氏有不才子,毁信恶忠,崇饰恶言,天下谓之穷奇。颛顼氏有不才子,不可教训,不知话言,天下谓之梼杌。此三族世忧之。至于尧,尧未能去。缙云氏有不才子,贪于饮食,冒于货贿,天下谓之饕餮。天下恶之,比之三凶。舜宾于四门,乃流四凶族,迁于四裔,以御螭魅,于是四门辟,言毋凶人也。

从前,高阳氏有富于才德的子孙八人,世人得到他们的好处,称之为"八恺",意为八个和善的人。高辛氏有富于才德的子孙八人,世人称之为"八元",意为八个善良的人。这十六个家族的人,世世代代保持着他们先人的美德,没有败落他们先人的名声。到尧的时候,尧没有举用他们。舜举用了八恺的后代,让他们担任掌管土地的官职,以处理各种事务,都办得有条有理。舜又举用了八元的后代,让他们向四方传布五教,使得做父亲的有道

① 《史记·五帝本纪》。
② 《史记·五帝本纪》。
③ 《史记·五帝本纪》。

义,做母亲的慈爱,做兄长的友善,做弟弟的恭谨,做儿子的孝顺,家庭和睦、邻里真诚。从前,帝鸿氏有个不成材的后代,掩蔽仁义,包庇残贼,好行凶作恶,天下人称他为"浑沌",意思是说他野蛮不开化。少皞氏有个不成材的后代,毁弃信义,厌恶忠直,喜欢邪恶的言语,天下人称他为"穷奇",意思是说他怪异无比。颛顼氏也有个不成材的后代,不可调教,不懂得好话坏话,天下人称他为"梼杌",意思是说他凶顽绝伦。这三族,世人都害怕。到尧的时候,尧没有把他们除掉。缙云氏有个不成材的后代,贪于饮食,图于财货,天下人称他为"饕餮",意思是说他贪得无厌。天下人憎恨他,把他与上面说的三凶并列在一起称为"四凶"。舜在四门接待四方宾客时,流放了这四个凶恶的家族,把他们赶到边远地区去抵御害人的妖魔,从此开放了四门,大家都说没有恶人了。这些措施的落实,显示出舜的治国方略和政治才干。

《孟子·滕文公上》:

> 当尧之时,天下犹未平,洪水横流,泛滥于天下,草木畅茂,禽兽繁殖,五谷不登,禽兽逼人,兽蹄鸟迹之道交于中国。尧独忧之,举舜而敷治焉。舜使益掌火,益烈山泽而焚之,禽兽逃匿。禹疏九河,瀹济、漯,而注诸海;决汝、汉,排淮、泗,而注之江,然后中国可得而食也。当是时也,禹八年于外,三过其门而不入,虽欲耕,得乎?

> 后稷教民稼穑,树艺五谷,五谷熟而民人育。人之有道也,饱食、暖衣、逸居而无教,则近于禽兽。圣人有忧之,使契为司徒,教以人伦:父子有亲,君臣有义,夫妇有别,长幼有叙,朋友有信。放勋曰:"劳之来之,匡之直之,辅之翼之,使自得之,又从而振德之。"圣人之忧民如此,而暇耕乎?

契是虞舜时的名臣,担任执掌教化的司徒之官。舜帝担心人们吃饱穿暖之后如果没有教育就会同禽兽无异,任命契为司徒,以教导百姓做人的道理,使他们知道父子要有亲情,君臣要有礼义,夫妇要有分别,长幼要有次序,朋友要有诚信。这是孟子阐说的"五伦",与前文《史记·五帝本纪》所载"举八元,使布五教于四方"中所说的"五教"有所不同。"五教"指的是"父义、母慈、兄友、弟恭、子孝",而孟子所说的"五伦"是"父子有亲,君臣有义,夫妇有别,长幼有叙,朋友有信"。可以肯定的是,舜时已经有了专门从事道德教育的司徒之官。在这种道德教育的过程中,伦理思想日趋形成。所以,司马迁有"天下明德皆自虞帝始"[①]的论断。

蔡元培有言:"三代以前,圣者辈出,为后人模范……后世言道德者多道尧舜,其次则禹汤文武周公,其言动颇著于《尚书》,可得而研讨焉。"[②]

禹是继尧、舜之后的圣人,史载他为民治水,"三过家门而不入",克勤克俭。《史记·夏本纪》:

> 禹为人敏给克勤;其德不违,其仁可亲,其言可信;声为律,身为度,称以出;亹亹穆穆,为纲为纪。禹乃遂与益、后稷奉帝命,命诸侯百姓兴人徒以傅土,行山表木,定高山大川。禹伤先人父鲧功之不成受诛,乃劳身焦思,居外十三年,过家门不敢入。薄衣食,致孝于鬼神。卑宫室,致费于沟淢。陆行乘车,水行乘船,泥行乘橇,山行乘檋。左准绳,右规矩,载四时,以开九州,通九道,陂九泽,度九山。

《淮南子·修务训》:

> 禹沐浴淫雨,栉扶风,决江疏河,凿龙门,辟伊阙,修彭蠡之防,乘四载,随山刊木,平治水土,定千八百国。

禹之伦理观念,见于《尚书》的《大禹谟》篇和相传为箕子答周武王之记录的《洪范》篇。

《尚书·大禹谟》载大禹言:

> 德惟善政,政在养民。水、火、金、木、土、谷,惟修;正德、利用、厚生,惟和。九功惟叙,九叙惟歌。戒之用休,董之用威,劝之以九歌,俾勿坏。

《尚书·洪范》提出"五事""五福""六极""三德"等伦理思想。"五事"为貌、言、视、听、思。貌讲的是谦恭,不可喜怒形于色。言讲的是真实,遵从客观规律。视讲的是明辨洞察,不可偏见偏观。听讲的是善于听取各方面意见,博采众议,让自己变得更加聪明。思讲的是睿智,善于动脑,勤于动脑,

---

① 《史记·五帝本纪》。
② 蔡元培:《中国伦理学史》,载《蔡元培全集》第2卷,北京:中华书局1984年版,第11页。

发现问题,总结规律。《洪范》说"恭作肃,从作乂,明作哲,聪作谋,睿作圣",是告诉我们,做人做事,重在三个方面:一是对人行事一定要谦恭,不浮躁、不夸张、不张狂,低调平淡;二是要遵守客观规律,不能有悖于常理;三是要明辨是非,坚持公道,如此方可出谋划策,达到圣人的境界。"五福""六极"说,可以看作中国最早的系统论述"幸福"的理论,中国传统的"五福临门"说即出于此。"五福:一曰寿,二曰富,三曰康宁,四曰攸好德,五曰考终命。六极:一曰凶短折,二曰疾,三曰忧,四曰贫,五曰恶,六曰弱。"不仅具体阐述了构成"福"的主要因素,内容丰富、详细,而且明确了各要素的顺序,从中可以看出各要素之间的内在关联,使之成为一个有机体;同时提出了福的否定面,即什么是灾祸,从而更为全面深刻地阐释了"福"的内涵。"三德"为正直、刚克、柔克。"平康正直",就是指人性的中正平和。"臣之有作福作威玉食,其害于而家,凶于而国。人用侧颇僻,民用僭忒。"如果臣下享有了君王才享有的赐福、行威、享受美食的权利,则不仅会危害其家,还会危害到邦国。百官将会因此偏颇不正,民众也会因此犯上作乱。所谓刚克和柔克:"强弗友刚克,燮友柔克。沉潜刚克,高明柔克。"即提倡柔克,不主张刚克;也就是今天说的以柔克刚,主张柔和、温良恭俭让。要让人人都明白怎样做人做事,了解一定的道德规范,并设定了做人的最高境界——圣人。《洪范》还提出了"皇极"的概念。所谓皇极,实际上讲的就是王道。"天子作民父母,以为天下王。"作为百姓,无论是实际行事还是思想观念,都要以王道为准,不可淫,也不可比(比就是同等、并列);也就是说不要交结朋党、相互勾结。作为百姓,要"有猷有为有守",即有计谋,有规范,有作为,有操守。既不可偏离王道,也不可有差错和灾咎。只有这样,才有好德,才符合王道,才会有福赐予你。"无偏无陂,遵王之义;无有作好,遵王之道;无有作恶,遵王之路。无偏无党,王道荡荡;无党无偏,王道平平;无反无侧,王道正直。会其有极,归其有极。"最关键的是,一切都要遵从王道,此其一。中庸是最高标准,此其二。始于王道,终于王道;源于王道,归于王道,此其三。

《诸子不出于王官论》一文中,胡适引用《淮南子·要略》,认为诸子之学起于救世之弊,其中"有周公之遗风,而儒者之学兴"。孔子开宗立派,首创儒家学说,寻根溯源,乃植本奠基于周公。身处殷周之际的周公及其所代表的新兴统治集团,出于"监于有夏、有殷"的理性思考,提出了"殷鉴"

的思想：

> 王敬作所，不可不敬德。我不可不监于有夏，亦不可不监于有殷。我不敢知曰，有夏服天命，惟有历年。我不敢知曰，不其延，惟不敬厥德，乃早坠厥命。我不敢知曰，有殷受天命，惟有历年。我不敢知曰，不其延，惟不敬厥德，乃早坠厥命。今王嗣受厥命，我亦惟兹二国命，嗣若功。①

　　在周公看来，我们不可不以夏为鉴，也不可不以殷为鉴。我们无法知晓夏接受天命究竟有多长时间，夏的国运究竟有多长。我们只知道他们不重视行德，从而过早失去了他们的福命。对于殷也是这样。我们无法知晓殷接受天命究竟有多长时间，殷的国运究竟有多长。我们只知道他们不重视行德，从而过早失去了他们的福命。现今大王继承了治理天下的大命，我们也该总结夏殷两代治国理政的经验教训：只有"敬厥德"，才能保国运。周公还提出"惟命不于常"②的观点，认为天命不是固定在哪一个人、哪一个朝代身上的，而是根据一定的条件而转移的。要如何才能"祈天永命"③而不致蹈殷商覆辙呢？在周公看来，最根本的是要"敬德"。故周公反复强调要"明德""敬德""敏德""秉德"。《尚书·康诰》中，周公在讲"明德"时，总是反复强调"不敢侮鳏寡""用康保民""应保殷民"，将"德"落在保民上。这一点，在《尚书·周书》其他各篇中可得到互证。周公在《尚书·无逸》中谈到殷王中宗、高宗、祖甲和周文王"敬德"时，强调的是他们"爱知小人之依，能保惠于庶民"，"徽柔懿恭，怀保小民"。《尚书·梓材》中，周公在谈了"肆王惟德用"之后，紧接着提出"子子孙孙永保民"。总之，周公谈"敬德"时，总是离不开保民的。可见，保民是"明德""敬德"最中心的内容。"敬德"是周公思想的核心，贯穿于周公制礼作乐的全过程。这突出地表现在其引德入礼、以德说礼，把礼建立在德的基础上，对传统礼制进行了大变革、大创新。这样，就使建立在道德理性基础上的周礼成了典章制度和行为规范，改造了殷代礼乐的巫术性质，使之演进为一种人文文化，从而奠定了中国人文文化的基本走向。后来的礼乐文化就是沿着周公礼乐的方向发展，铸造出中国独特而丰富的礼乐文化，使我国以"文明古

---

① 《尚书·召诰》。
② 《尚书·康诰》。
③ 《尚书·召诰》。

《左传·定公四年》载,周以"选建明德"为原则进行分封:

> 以先王观之,则尚德也。昔武王克商,成王定之,选建明德,以蕃屏
> 周。故周公相王室,以尹天下,于周为睦。分鲁公以大路、大旗、夏后氏
> 之璜、封父之繁弱。殷民六族,条氏、徐氏、萧氏、索氏、长勺氏、尾勺氏,
> 使帅其宗氏,辑其分族,将其类丑,以法则周公,用即命于周。是使之职
> 事于鲁,以昭周公之明德。

王国维在《殷周制度论》中指出:"中国政治与文化之变革,莫剧于殷周之际……殷、周间之大变革,自其表言之,不过一姓一家之兴亡与都邑之移转;自其里言之,则旧制度废而新制度兴,旧文化废而新文化兴……欲观周之所以定天下,必自其制度始矣……其旨则在纳上下于道德,而合天子、诸侯、卿、大夫、士、庶民以成一道德之团体。"[1]"故知周之制度、典礼,实皆为道德而设。"[2]此处所言"道德",是指社会共同的生活准则、行为规范,即周制所体现的"王道";其义在于以社会秩序维系伦理形态,使得君臣士民皆有公共的行为标准。在王国维看来,古之所谓国家"非徒政治之枢机,亦道德之枢机也。使天子、诸侯、卿、大夫、士各奉其制度、典礼,以亲亲、尊尊、贤贤,明男女之别于上,而民风化于下,此之谓治。反是,则谓之乱。是故天子、诸侯、卿、大夫、士者,民之表也;制度、典礼者,道德之器也。周人为政之精髓,实存于此"[3]。周公制礼既是政治制度的建构,更是道德伦理的建构。

二、道、德、仁、礼等范畴的形成及其内涵

中国伦理思想源于对道德的思考。虽然商代已经有了一些对外在礼仪的道德思考,特别是在政治伦理层面上,但是从整体上看,比较自觉、比较内在、比较系统的道德思考无疑是从周代才开始的。诚如徐复观所说:"从甲

---

① 王国维:《殷周制度论》,载彭华选编《王国维儒学论集》,成都:四川大学出版社 2010 年版,第 241—242 页。
② 王国维:《殷周制度论》,载彭华选编《王国维儒学论集》,成都:四川大学出版社 2010 年版,第 249 页。
③ 王国维:《殷周制度论》,载彭华选编《王国维儒学论集》,成都:四川大学出版社 2010 年版,第 248 页。

骨文中，可以看出殷人的精神生活，还未脱离原始状态；他们的宗教，还是原始性的宗教。当时他们的行为，似乎是通过卜辞而完全决定于外在的神——祖宗神、自然神及上帝。周人的贡献，便是在传统的宗教生活中，注入了自觉的精神，把文化在器物方面的成就，提升而为观念方面的展开，以启发中国道德的人文精神的建立。"①"周鉴于二代"，说明周文化是由殷文化继承发展而来的。周初所提出的"殷鉴"和"敬德保民"理论是自觉意义上的伦理思想的开端。"周初所强调的敬，是人的精神，由散漫而集中，并消解自己的官能欲望于自己所负的责任之前，凸显出自己主体的积极性与理性作用。敬字的原来意义，只是对于外来侵害的警戒，这是被动的直接反应的心理状态。周初所提出的敬的观念，则是主动的、反省的，因而是内发的心理状态。"②以周公为代表的周初统治者提出的"敬德保民"理论建构了一个"由敬所贯注的'敬德''明德'的观念世界，来照察、指导自己的行为，对自己的行为负责，这正是中国人文精神最早的出现；而此种人文精神，是以'敬'为其动力的，这便使其成为道德的性格，与西方之所谓人文主义，有其最大不同的内容"③。周代开始了比较系统、比较自觉的道德思考，一些常见的道德范畴开始形成，并成为人们品评人物、议论历史、创化文明的重要标志。

　　"道"是中国哲学所独有的一个重要范畴。《说文解字》："所行道也。从辵从首。一达谓之道。"段玉裁《说文解字注》："所行道也。《毛传》每云行道也。道者人所行，故亦谓之行。道之引申为道理，亦为引道。从辵首。首者，行所达也。首亦声，徒皓切，古音在三部。一达谓之道。《释宫》文：行部称四达谓之衢，九部称九达谓之馗。按许三称当是一例。当作一达谓之道。从辵首。道人所行也，故从辵。此犹上文原人所登故从辵也。""道"之所以能由一个表示具体事物的概念抽象为一个哲学范畴，首先在于其自身的字形结构及特有蕴意。《诗经》中以"道"喻理，开始与其本义分离。《尚书》中的"道"则渗入了好恶、正直、法则、理义等含义。《左传》《国语》中社会规律、人伦法则、自然规律逐渐向"道"融合，"道"向哲学范畴的升华和抽象可以说已经完成。老子的贡献则是在此基础上把"道"由一个哲学范畴明确地上升

---

① 徐复观：《中国人性论史》，上海：华东师范大学出版社 2005 年版，第 10 页。
② 徐复观：《中国人性论史》，上海：华东师范大学出版社 2005 年版，第 11 页。
③ 徐复观：《中国人性论史》，上海：华东师范大学出版社 2005 年版，第 16 页。

和抽象为一个统摄宇宙与人生的最高本原或本体概念。《老子》不仅提出了"道法自然"和"尊道贵德"的伦理主张,还对"道"的性质和功能作出了自己的诠释:"道可道,非常道。"①"有物混成,先天地生。寂兮寥兮,独立而不改,周行而不殆,可以为天地母。吾不知其名,强字之曰'道'。"②"大道泛兮,其可左右。万物恃之以生而不辞,功成而不有。衣养万物而不为主,常无欲,可名于小;万物归焉而不为主,可名为大。以其终不自为大,故能成其大。"③老子把"道"看成在天地形成以前就已经存在,听不到它的声音也看不见它的形体,寂静而空虚,不依靠任何外力而独立长存永不停息,循环运行而永不衰竭的万物的根本。并且,老子认为"道"是广泛流行,左右上下无所不到,万物依赖它生长而不推辞,养育万物而不自以为主,万物归附而不自以为主宰的万物的本原。《老子》还把"道"区分为"天之道"和"人之道",认为"天之道,损有余而补不足。人之道则不然,损不足以奉有余"④。又说:"天之道,利而不害。圣人之道,为而不争。"⑤《周易》有"形而上者谓之道"和"一阴一阳之谓道"⑥的定说,视"道"为形而上的本体存在和价值始基。孔子提出"志于道"⑦和"朝闻道,夕死可矣"⑧的命题,强调"君子谋道不谋食""君子忧道不忧贫"⑨,把"道"视为根本的伦理原则和价值目标。

"德"是一个与"道"密切相关的关乎中国伦理思想全貌的范畴。研究中国伦理思想史,应当把"德"作为一个重要的范畴来看待。《说文解字》释"德"为"升也。从彳,悳声"。段玉裁《说文解字注》云:"升也。升当作登。辵部曰:迁,登也。此当同之。德训登者。"又云:"今俗谓用力徙前曰德。古语也。""德"的本义是"目视于途""择路而行"。这一含义稍加引申,应为"直行""升""登",再引申即为"得"、"性"(德性)。"德"由其本义逐步向哲学和伦理概念提升与抽象的过程,是从《周易》开始的。《周易》中的"德"字大致

---

① 《老子》第一章。
② 《老子》第二十五章。
③ 《老子》第三十四章。
④ 《老子》第七十七章。
⑤ 《老子》第八十一章。
⑥ 《周易·系辞上》。
⑦ 《论语·述而》。
⑧ 《论语·里仁》。
⑨ 《论语·卫灵公》。

是在三种含义上使用的:一是把"德"释为"升也""登也";二是把"德"释为"得";三是在哲学和伦理的层面上使用"德"。这三种含义的"德",其抽象程度依次升高,离"德"的本义也越来越远。"天德""元德""德元"等范畴在《尚书》中的出现和《尚书》作者对"三德""九德"的阐释,表明"德"作为最高哲学本体和道德本体范畴的地位已经确立。周族统治者倡导德治:"德以柔中国,刑以威四夷,宜吾不敢服也。此,谁非王之亲姻,其俘之也?"①就是主张对被征服者采取宽惠的政策,达到稳定政局、巩固其统治的目的。周初统治者以"德以柔中国"为民族关系准则。《诗经·大雅·崧高》云:"申伯之德,柔惠且直。"《诗经·大雅·烝民》又云:"仲山甫之德,柔嘉维则。"《史记·周本纪》载:

> 先王耀德不观兵。夫兵戢而时动,动则威,观则玩,玩则无震。是故周文公之颂曰:"载戢干戈,载櫜弓矢,我求懿德,肆于时夏,允王保之。"先王之于民也,茂正其德而厚其性,阜其财求而利其器用,明利害之乡,以文修之,使之务利而辟害,怀德而畏威,故能保世以滋大。

这些材料有力地证明了西周重视德治,在政治、经济和思想上采取德化政策,引导人民务利避害。"德"由其本义向哲学范畴抽象和提升的过程及其在这一过程中所确立的思想内涵对中国古代哲学的发展产生了重大影响,形成了中国哲学知"道"、成"道"、行"道"三个环节相统一的认识世界和把握世界的基本格局。通过挖掘传世文献中关于原初之"德"的思想遗存,结合尧舜禹时代的社会政治生活特点,有学者认为"德"的本义可以用"行为"来概括,但最主要的当指为政者旨在惠民利民的一套政治行为。殷周卜辞中出现了"德"字,其内涵指的是殷王及其臣下的政治行为,有着较为具体的实指内容。殷商时期的"德"观念沾染着浓重的宗教色彩,并无伦理道德的意蕴,尚未达到对人内在品格有要求的深层次维度。周初之"德"在相当程度上保留了其原始义"行为"的用法,虽然具有了道德的意义,但还只是处于起步和萌芽状态,与后世的个体心性道德尚有差距。周初统治者反复强调的"德"多指好的、有具体内容的政治行为,而非空泛的道德之论。西周中

---

① 《左传·僖公二十五年》。

晚期的"德"与周初的相比，所面向的范围和所涉及的领域更为广泛，初步地具有了哲学的内涵，并开始呈现出内在化、抽象化的发展趋势。春秋时期的"德"仍主要是政治概念，是出于现实的政治需要而被当作一种政治手段提出的，具有较强的政治功利性。与此同时，春秋时期涌现出大量的德行条目，表明人们对"德"的体认逐渐从"善政懿行"的客观描述向"德"的抽象提炼发展。孔子顺应了"德"的内在化、抽象化的发展趋势，站在"一般人"的立场上，通过对"仁"的发现与抽象，完成了对传统"德"观念的超越，把"德"改造为真正意义上的伦理道德概念。战国时期，孟子主要继承和发展了孔子关于"仁"的学说，提出性善论，将"德"完全植入人心，强调道德主体的内在自律，在政治上倡导仁政；荀子则主要继承和发展了孔子关于"礼"的思想，提出性恶论，用"礼"来统摄诸德，重视礼义道德规范的外在他律，在政治上主张礼治。尽管孟荀二者的"德"观念因人性论的不同而有所差异，但他们所言之"德"多是指具有普遍意义的个体道德，他们的仁政与礼治均未脱离孔子所提倡的正己修身之道德本位的立场。① 晁福林认为，大体说来，先秦时期的"德"观念经历了三个阶段：一是天德、祖宗之德，二是制度之德，三是精神品行之德。② 在很长的历史时期内，"德"观念都没能摆脱天道观念的影响。"德"观念走出天命神意的迷雾是西周时代的事情，将它深入人的心灵层面则是春秋战国时期思想家们的贡献。中国古代思想主要是关注人的自身能力的认识与开发，寻求人与自然、人与人之间关系的和谐与平衡。"德"观念的发生与发展，对此起到了十分重要的作用。

甲骨文"德"字之象形取意与统治者垄断正历法等天文宗教事务有关，由天文事象衍生出了"德伐""正德""经德""明德"等名词称谓。此种意义上的"德"观念，三代一以贯之，西周时的礼乐制度建设又赋予了"德"字新的人文内涵。就其具体而言，意味着不同等级的贵族所获得的官爵俸禄、配享之礼乐及其所应承担的政治义务；就其抽象性而言，意味着亲亲、尊尊、尚贤之类的伦理原则和道德情感，它是政治意义上的"德"的精神支撑。凝聚了"德"之二义的西周仪式礼乐，既具有德政的性质，又具有德教的性质。

---

① 参见李德龙《先秦时期"德"观念源流考》，吉林大学 2013 年博士学位论文。
② 参见晁福林《先秦时期"德"观念的起源及其发展》，载《中国社会科学》2005 年第 4 期。

上海博物馆藏战国楚竹书《从政》篇是关于孔子政治伦理思想的重要文献，其中有"五德"的概念。因儒家有重视德治的传统，这一概念颇引人注意。该简文见于甲篇第五、六、七简，其原文如下：

> 闻之曰：从正（政），□（用）五德，固三折（慎），除十怨。五德：一曰惼（宽），二曰共（恭），三曰惠，四曰仁，五曰敬。君子不惼（宽）则亡（无）（甲篇第五简）

> 以（容）百姓；不共（恭）则亡（无）以除辱；不惠则亡（无）以聚民；不仁（甲篇第六简）

> 则亡（无）以行正（政），不敬则事亡（无）城（成）。（甲篇第七简）

简文中的"□（用）五德"所缺之字，原释文为"敦"。在《从政》篇中，"德"属于政治道德范畴。该篇名曰"从政"，因两组竹简长度各异，编绳部位亦不相同，原整理者张光裕先生将《从政》篇分为甲、乙两篇。张光裕先生指出，甲、乙两篇内容多次强调"从政"所应具备之道德及行为标准，而且"从政"一词在两篇中也多次出现。"德"的出现很早，在中国早期文化发展中有突出地位。阅读古代典籍，各式各样的"德"，以及与之相同、相近的概念随处可见。儒家重"德"，而在儒家学派形成之前，不少早期文献对于"德行"体系就有过概括。有的是归为三德、四德、六德、九德，有的归为三行、三达道、四道、五教、六行、七教、八政、九行、九守、十伦等，名目不一，内容也有很大区别。就内容而言，这些德目有的表述了个人的品质，有的则是社会基本的人伦关系，有的是两者结合在一起。大要别之，有的属于政治，有的则属于伦理。我国自古以来就有重视德行的传统，儒家的道德体系正是对这一传统的继承。孔子及其门徒提出的德目很多，这些德目有的见于儒家以前的典籍，有的属于儒家的揭示，反映了儒家重视德行伦理的学说特征。他们谈论"尊尊"而"亲亲"，常常论述"孝悌"与"忠信"；说到过"仁、义、礼、智、信"，又说到过"温、良、恭、俭、让"。《论语》中说"恭、宽、信、敏、惠"，《从政》篇又说"宽、恭、惠、仁、敬"。其他还有"慈""友""直""刚""和""恕"之类。如果把这些德目大致以"家庭道德"和"个人品格"加以区分，《从政》篇所说的"五德"自然应该属于"个人品格"的范畴。

"仁"，作为哲学范畴，是古代哲学思维长期发展的产物。孔子的贡献，主要是完成了"仁"的抽象。《说文解字》释"仁"为"亲也。从人从二"。段玉裁《说文解字注》:"亲也。见部曰:亲者,密至也。从人二。会意。《中庸》曰:仁者,人也。……独则无耦,耦则相亲,故其字从人二。《孟子》曰:仁也者,人也。谓能行仁恩者人也。又曰:仁,人心也。谓仁乃是人之所以为心也。"《论语》中计有109次谈到"仁",其核心,孔子认为是"孝悌"之道。所谓"孝悌也者",要"爱人"。怎样才能做到"孝悌""爱人"?孔子提出,"己所不欲,勿施于人","己欲立而立人,己欲达而达人",就是要设身处地地为他人着想。在《论语》中,"仁"的含义是多元的,也是相互关联的。"仁"的含义主要有以下几点:第一,"仁者爱人"。这种爱,有不同的层次。首先,这种爱是从"亲亲"(爱亲人)开始的,所以孝悌是"仁之本"。其次,是广泛地爱他人,即"泛爱众,而亲仁"。对他人的爱,主要表现为"忠恕"。"忠恕"的意思就是"己欲立而立人,己欲达而达人","己所不欲,勿施于人"。孔子的"仁爱"是一种有差等的、推近及远的爱。第二,"克己复礼为仁"。"克己"是一种修养功夫,既包括克制私欲,又包括提高理性思维能力。孔子认为,"为仁由己",也就是说"为仁"主要是靠自己的修养功夫而实现的。而"礼"则是社会的规范。孔子认为,"克己"的修养功夫和对礼制的恢复可以使"天下归仁"。第三,"仁"是德性的统称。孔子说:"能行五者于天下,为仁矣。""五者"即恭、宽、信、敏、惠。此外,作为人的最高道德原则的"仁",可以统摄作为社会道德规范的与义、礼、智、信并列的"仁"。第四,"仁"是孔子所追求的最高的人生境界。一方面,任何人都有可能达到"仁"的境界,所谓"我欲仁,斯仁至矣";另一方面,他又认为做到"仁"是不容易的,所谓"若圣与仁,则吾岂敢?"他认为,自己最得意的门生颜回也只能做到"三月不违仁"。"仁"的抽象是"德""礼""爱"的演化和人的自我认识多维综合的结果。它内涵丰富,凝聚着中国文化的特征和中华民族的心理。"德"在西周时包含"仁";春秋时"参合(德、正、直)为仁";孔子则规定了"仁"的内容,并超越于"德"。"仁"最初同古老的礼仪"相人偶"相联系,孔子赋予其理论的形式,强调"克己复礼",把"礼"内化为稳定的心态,以指导言行。孔子把仁爱推广到非亲族的人际关系中,闪耀着进步思想的光辉。孔子把"仁"看作道德实践的积淀和内化,而"成仁"则是人之为人的一种自我完善。"仁"从而成为人的修养和人的文明的一个理想的标志。后世儒者如朱熹认为,仁有偏言与专言之分,偏言之仁固有明确的界限,专言之仁则体用浑全而通贯众德。朱熹曾明确地说:"仁对义、礼、智言之,则为体;专言之,则兼体、用。此等处,须人自看,如何一一说得。日日将来看,久后须会见得。"①仁作为体验的对象,就不能用抽象的逻辑来简单界定,而只能慢慢地品味"自看"。他又说:

> 大抵人之德性上,自有此四者意思:仁,便是个温和底意思;义,便是惨烈刚断底意思;礼,便是宣著发挥底意思;智,便是个收敛无痕迹底意思。性中有此四者,圣门却只以求仁为急者,缘仁却是四者之先。若常存得温厚底意思在这里,到宣著发挥时,便自然会宣著发挥;到刚断时,便自然会刚断;到收敛时,便自然会收敛。若将别个做主,便都对付不着了。此仁之所以包四者也。②

不仅仁可以是体验的对象,四德都可以是体验的对象。体验的关键,不在逻辑分解,而在领会其意。至于仁与众善的关系,则并不排斥用逻辑的方法来说明。此一逻辑的说明,旨在通过源流之关系使众善统一于仁。孔门之所以以求仁为急,正是因为仁是众善之先、四德之源。存此源头,其流之众德自然完具,故仁为全德。

礼产生于原始宗教的祭祀活动。东汉许慎的《说文解字》释"礼":"履也,所以事神致福也。从示从豊,豊亦声。"即"礼"是人们侍奉神灵,以求得福佑。据王国维考证,卜辞中的"礼"字像是用两块玉盛在器皿中去做供奉,表示对先祖或鬼神的敬意。远古先祖对于生存环境中出现的风雨雷电、洪水地震、日食、月食、动植物的生生灭灭,以及自身的生老病死等自然现象感到迷惑不安,无法把握驾驭,便认定冥冥之中存在着一种超越现实和自然的力量,即鬼神。一切不可解释的神秘奇迹和一切令人惶恐的灾祸现象,都被归于由鬼神的支配力量驱使。为了祈求鬼神消灾去祸、降福于人间,远古先祖把最好的饮食供献给它,想方设法使鬼神满意,以便让鬼神对人们宽容开恩。"礼"字与古代祭祀神灵的仪式有关。古时祭祀活动不是随意地进行的,而是严格按照一定的程序、一定的方式进行的。郭沫若指出:"礼之起起于祀神,故其字后来从示,其后扩展而为对人,更其后扩展而为吉、凶、军、

---

① 〔南宋〕黎靖德编:《朱子语类》卷第六,北京:中华书局1986年版,第115页。
② 〔南宋〕黎靖德编:《朱子语类》卷第六,北京:中华书局1986年版,第110页。

宾、嘉的各种仪制。"①这里讲到了礼仪的起源,以及礼仪的发展过程。原始宗教的祭祀活动是最早也是最简单的,以祭天、敬神为主要内容的"礼"。在原始人心目中,神是伟大自然力的象征,是决定人类生死存亡的主宰。为了表示对神的尊崇、敬仰,为了向神祈祷,首先产生了祭祀神灵的礼仪。这些祭祀活动在历史发展中逐步完善了相应的规范和制度,正式形成祭祀礼仪。随着人类对自然与社会各种关系的认识逐步深入,仅以祭祀天地鬼神为礼已经不能满足人类日益发展的精神需要,也已经无法调节日益复杂的现实关系。其后,人类通过集体活动和联合的力量逐渐认识到与自己具有同一血缘关系的群体,从而产生了祭祀祖先的礼仪;通过共同的生产劳动和相互协作逐渐认识到人与人之间的关系,从而产生了调节与制约这种关系的礼仪。这就是所谓的"礼之三本"——人与神的关系,人与鬼的关系,人与人的关系;天地是人类生活的根本,祖先是氏族繁衍的根本,君王师长是社会安定的根本。所以,礼仪要"上事天,下事地,尊先祖而隆君师"②。礼可分为制度之礼和仪式之礼。亦如郭沫若所说:"礼,大言之,便是一朝一代的典章制度;小言之,是一族一姓的良风美俗。"③其中,制度之礼指国内制度和外交制度两方面,仪式之礼则分为朝聘会盟之礼、祭祀之礼、丧礼、战争之礼和婚礼五大类。礼的实质内容主要体现在"敬""顺""让"三方面。"敬"体现的是上下尊卑,"顺"强调的是等级次序,"让"则追求等级秩序下的和谐共处,这三者都是从不同角度来彰显礼最本质的特点——等级差别。由于实力的调整变化,等级秩序逐渐从以血缘关系为依据变化为以政治经济实力为依据。但无论依据哪种原则,礼所蕴含的尊卑贵贱的等级关系是不变的。

自夏代开始,中国进入了文明社会。商代已有了一些初具伦理色彩的概念和命题。西周初期,以周公为代表的奴隶主贵族提出了反映宗法等级关系的"孝""友""恭""信""惠"等一系列道德规范,主张"敬德保民",强调道德的社会作用。春秋战国时期,诸子百家提出了一系列新的伦理道德范畴,如"兼爱""贵柔""知足""忠信""谦让""礼治""德治""仁政""中庸""至善"等,并在对这些伦理道德范畴的诠释和论证中发展了自己的伦理思想。

---

① 郭沫若:《孔墨的批判》,载《十批判书》,北京:东方出版社 1996 年版,第 96 页。

②《史记·礼书》。

③ 郭沫若:《孔墨的批判》,载《十批判书》,北京:东方出版社 1996 年版,第 95 页。

三、百家争鸣与诸子伦理思想的形成

春秋至战国,社会由奴隶制向封建制转变,在思想领域中出现了诸子蜂起、百家争鸣的局面。春秋战国时期,思想家辈出,纷纷著书立说,欲以改制救世。思想家不止一人,流派不止一家,著书不止一种,谓之"诸子百家"和"百家争鸣"。官失其守,学术分裂,由天子而诸侯而私学,乃百家之背景也。《庄子·天下》言:"天下之人各为其所欲焉以自为方。悲夫!百家往而不反,必不合矣。"是乃历史与学术之势所必然也。后又以"诸子"名学术思想之一大部类,进而以之名古书部类之一种,至四部分类而定型。"子""夫子"者,本以称卿大夫,故章炳麟有所谓"子犹今言老爷"之说。自孔子始,渐变为弟子称师之词也。加氏以别之,曰"某子"。诸子之书,多非自著,乃弟子后学记述成书;即出自著,亦本为单篇,由后人编纂成书。吕思勉指出:

> 先秦诸子之学,非至晚周之世,乃突焉兴起者也。其在前此,旁薄郁积,蓄之者既已久矣。至此又遭遇时势,乃如水焉,众派争流;如卉焉,奇花怒放耳。积之久,泄之烈者,其力必伟,而影响于人必深。[1]

根据吕氏的总结,先秦百家的兴起有两个原因:一曰出于王官之一守,官、师分离,故"诸子皆出于王官";二曰出于救时之弊。实际上,诸子百家的兴起是经济、社会、政治变化的直接结果,是对政治社会进行变革的内在要求的结果。一言以蔽之,是应对挑战的结果。班固在《汉书·艺文志》中指出:"诸子十家,其可观者九家而已。皆起于王道既微,诸侯力政,时君世主,好恶殊方。是以九家之术蜂出并作,各引一端,崇其所善,以此驰说,取合诸侯。"春秋战国时期,列国争雄,诸侯争霸,天下纷扰,各国皆千方百计谋求富国强兵之策。社会的变革使文化走向民间,游说之士面对剧烈动荡的社会,莫不以匡君救世为己任,纷纷提出自己的政治主张。他们或游说列国,干谒君主;或课徒讲学,著书立说;或放浪形骸,以批判的形式表达对世俗的关注;或辅政秉国,以求治世,形成了百家争鸣的局面。关于诸子百家的派别

---

① 吕思勉:《先秦学术概论》,上海:东方出版中心 2008 年版,第 4 页。

归类,司马谈列举了六家:"乃论六家之要指曰:《易大传》:'天下一致而百虑,同归而殊途。'夫阴阳、儒、墨、名、法、道德,此务为治者也。"①据《汉书·艺文志》载,刘歆《七略》的"诸子略"分为十家:儒、道、阴阳、法、名、墨、纵横、杂、农、小说。除去小说家不谈,称"九流"。

1. 儒家。代表人物:孔子、孟子、荀子。孔子为儒家学派开创者,其死后,儒学分为八派:子张之儒,子思之儒,颜氏之儒,孟氏之儒,漆雕氏之儒,仲良氏之儒,孙氏之儒,乐正氏之儒。其中占有重要地位和影响最大的,当属孟氏(孟子)之儒和孙氏(荀子)之儒,后世多以"孔孟"并称。儒家是战国时期重要的学派之一,以春秋时的孔子为师,以六艺为法,崇尚"礼乐"和"仁义",提倡"忠恕"和不偏不倚的"中庸"之道,主张"德治"和"仁政",重视道德伦理教育和人的自身修养。

2. 道家。代表人物:老子、庄子、杨朱。老子是道家学说的奠基人。老子以后,道家内部分化为不同派别,著名的有四大派:庄子学派、杨朱学派、宋尹学派和黄老学派。道家是战国时期的重要学派之一,又称"道德家"。这一学派以春秋末年老子关于"道"的学说为理论基础,以"道"说明宇宙万物的本质、本原、构成和变化。道家思想认为天道无为,万物自然化生,否认上帝鬼神主宰一切,主张道法自然、顺其自然,提倡清静无为、守雌守柔、以柔克刚。

3. 阴阳家。代表人物:邹衍。阴阳家是战国时期的重要学派之一。《周易》《尚书》等典籍中的原始阴阳说和五行说是中国古代哲学的萌芽。阴阳家认为人类社会的发展受木、火、土、金、水五种势力的支配,提出"五德终始""五德转移"学说,论证社会历史的变革和王朝的更替,为新兴政权提供理论根据。

4. 法家。代表人物:韩非、李斯、商鞅。法家是战国时期的重要学派之一。因主张以法治国,"不别亲疏,不殊贵贱,一断于法"②,而称为"法家"。春秋时期的管仲、子产即法家的先驱。战国初期,李悝、商鞅、申不害、慎到等开创了法家学派。至战国末期,韩非综合商鞅的"法"、慎到的"势"和申不

---

①《史记·太史公自序》。
②《史记·太史公自序》。

害的"术",集法家思想学说之大成。法家经济上主张废井田,重农抑商,奖励耕战;政治上主张废分封、设郡县,君主专制,仗势用术,以严刑峻法进行统治;思想和教育上则主张禁断诸子百家学说,以法为教,以吏为师。其学说为君主专制的大一统王朝的建立提供了理论根据和行动方略。

5. 名家。代表人物:邓析、惠施、公孙龙、桓团。该派萌芽于春秋末期,郑国大夫邓析为先驱。作为一个学派,名家并没有共同的主张,仅限于研究对象的相同。各说差异很大,主要有"合同异"和"离坚白"两派。名家是战国时期的重要学派之一,因以着重讨论"名"(名称、概念)"实"(事实、实在)关系问题为主要学术活动而被后人称为"名家"。

6. 墨家。代表人物:墨子。墨家是战国时期的重要学派之一,创始人为墨翟。墨家有严密的组织,领袖称"巨(钜)子",成员多来自社会下层。相传其徒皆能赴火蹈刃,以自苦励志。其徒属从事谈辩者,称"墨辩";从事武侠者,称"墨侠"。墨家纪律严明,相传"墨者之法曰:'杀人者死,伤人者刑'"①。墨家在初期,以墨子本人主张的"兼爱""非攻""尚贤"等为核心观念。墨子死后,墨家分裂为三派;至战国后期,汇合成两支:一支注重认识论、逻辑学、数学、光学、力学等学科的研究,是谓"墨家后学"(亦称"后期墨家");另一支则转化为秦汉社会的游侠。

7. 纵横家。代表人物:苏秦、张仪。苏秦和张仪分别代表合纵(六国联合拒秦)、连横(六国分别事秦)两派,故有"纵横家"之称。

8. 杂家。代表人物:吕不韦。杂家是战国末期的综合学派。据《汉书·艺文志》及颜师古注,杂家因"兼儒墨,合名法""于百家之道无不贯综"而得名。杂家的出现是统一的封建国家建立过程中思想文化融合的结果。杂家著作以《吕氏春秋》为代表,为秦相吕不韦召集门客共同编写,对诸子百家兼收并蓄。

9. 农家。代表人物:许行。农家是战国时期的重要学派之一,因注重农业生产而得名。此派出自上古管理农业生产的官吏;他们认为农业是衣食之本,应放在一切工作的首位。吕思勉先生在其《先秦学术概论》中,把农家分为两派:一是言种树之事,二是关涉政治。《汉书·艺文志》将农家列为

①《吕氏春秋·去私》。

"九流"之一,并称:"农家者流,盖出于农稷之官。播百谷,劝耕桑,以足衣食,故八政一曰食,二曰货。孔子曰'所重民食',此其所长也。及鄙者为之,以为无所事圣王,欲使君臣并耕,悖上下之序。""所重民食"也正是农家的特点,其尊神农氏。农家学派主张推行耕战政策,奖励发展农业生产,研究农业生产问题。

此外,还有小说家、兵家等。

中国古代伦理思想的形成是一个动态的、历史的发展过程。西周建立后,实行分封制,奠定了中国古代宗法制社会的基础。周公制礼作乐,奠定了中国礼乐之邦、礼乐教化的基础。到西周末年,周天子权威式微,出现了礼崩乐坏的局面,宗法制观念受到了严重的挑战,有识之士展开了"百家争鸣"。章学诚在《文史通义》中所说的"人人皆自以为道德矣……皆自以为至极,而思以其道易天下者也"[1]大致反映了当时的情况。以孔子、孟子为代表的儒家"祖述尧舜,宪章文武",以恢复周礼为己任,提出了一个以仁为主干、仁礼结合的仁学伦理思想体系,把社会外在规范化为内在伦理道德意识的自觉要求,既强调君君、臣臣、父父、子子,又重视修身养性,健全道德人格,并主张杀身成仁、舍生取义。儒家伦理思想具有守旧而又维新、复古而又开明的二重性,在正在消逝的贵族分封制宗法社会和方兴的封建大一统宗法社会之间架起了一座桥梁。此即为什么儒家伦理思想在当时能够成为"显学",以及其虽然于变革动荡的形势下显得迂阔难行,而到新社会秩序初定后又能发挥其安顿人心和维护国家长治久安作用的内在原因。以老子、庄子为代表的道家是先秦诸子中与儒家并驾齐驱的一大流派。道家"历记成败、存亡、祸福、古今之道,然后知秉要执本,清虚以自守,卑弱以自持"[2]。道家伦理思想以"道法自然"和"贵柔""知足""不争""清静无为"为主要内容,崇尚"生而不有,为而不恃,长而不宰""功成弗居",主张"以德报怨""利而不害""为而不争""涤除玄览",把个人内心内在的自由视为道德的真谛,反对儒家的仁义道德,并对其道德功利主义或道德实用主义作出了深刻的批判。道家伦理思想与儒家伦理思想虽然时相龃龉、互有批驳,但是二者又有着互

---

[1]〔清〕章学诚:《文史通义·原道》,载叶瑛校注《文史通义校注》上,北京:中华书局1985年版,第133页。
[2]《汉书·艺文志》。

为表里、相辅相成的一面,共同支撑起中国伦理思想的精神大厦。南怀瑾先生把道家比作"药店",指出:"每当时代变乱到极点,无可救药时,出来'拨乱反正'的人物,都是道家人物。"①以墨子为代表的墨家"盖出于清庙之守。茅屋采椽,是以贵俭;养三老五更,是以兼爱;选士大射,是以上贤"②。墨家站在小生产者的立场挑战宗法制道德,主张"兴天下之利,除天下之害",把"兼相爱,交相利"视为解决"别相恶,交相贼"的伦理法宝,提出了"有力者疾以助人,有财者勉以分人,有道者劝以教人"的贵义尚利论,珍惜劳动成果,要求"节葬""节用"。以商鞅、申不害和韩非为代表的法家"盖出于理官,信赏必罚,以辅礼制……去仁爱,专任刑法而欲以致治"③。法家主张"明法制,去私恩",在"当今争于气力"的时代力主"以法代德",并提出了"不务德而务法""以法为教""以吏为师"的治国方略,力倡去私行公的公私观。

既然传统伦理思想以儒家、道家思想为主干,那么儒、道二者的关系又是怎样的呢? 从表面上看,孔子以恢复周礼为己任,而老子则是以批判为旨归,儒、道两家仿佛水火不相容;实际上与阴阳、乾坤一样,虽是对立的两面,但又同源互补。《老子》第四十二章中说"万物负阴而抱阳,冲气以为和"。"和"是阴阳、乾坤、儒道追求的一个根本性的目标,是中国古代道德观的精髓。儒道互补即如太极图中的阴阳鱼一样,阴阳此消彼长、此长彼消,实现一种阴阳的和合;也可以说儒家是"正"的方面,而道家则是"负"的方面。在善的原则的指导下,儒家所谓仁、义、礼、智、信,温、良、恭、俭、让,都是人性中积极的、正面的响应;所以说,儒家伦理思想更多的是一种要求,或者说一种束缚。而道家伦理思想则采用的是一种"道德减法",主张绝仁弃义,批判儒家礼法,追求自然天成。中国古代士人所坚持的"达则兼济天下,穷则独善其身"其实是在儒道互补格局下的一种微妙的平衡。人们总会在进与退、取与舍间徘徊挣扎。上升到哲学层面,就有了崇有与贵无的不同。儒家崇有,道家贵无,儒家、道家学说其实是人类心理中最基本的两个层面,它们契合人心、鼓舞人心、安抚人心、温暖人心,自然会有强大的"地气"。儒家、道家学说为什么会成为中国传统伦理思想的主干呢? 主要原因在于儒家、

---

① 南怀瑾:《老子他说》,北京:国际文化出版公司1991年版,第5页。
②《汉书·艺文志》。
③《汉书·艺文志》。

道家学说立足于农耕文明与宗法社会,回答了中国人生与死的问题——这是人类普遍的、重大的道德关切,而墨家、法家、阴阳家等学说虽间或涉及生与死的问题,但都没有儒、道两家说得全面和深刻。儒家、道家学说在生与死的问题上的路径是迥然相反的,儒家是由生入死,道家则是由死入生。具体说来,儒家重生,以仁义为中心,如孔子修礼尚中,孟子舍生取义,荀子隆礼重法,包括后来产生的仁、义、礼、智、信都是以生为中心、以生为目的的。儒家对死的问题则较为回避,不语怪力乱神。但儒家讲究厚葬,强调慎终追远,要求"祭如在,祭神如神在"[1],把祖先神化,把人生神化,以生来事死,让生人感悟死亡,或者说赋予死亡意义。道家的基点是无,他们的学说从无展开,又复归于无。而生命的过程则是从无开始,死(无)是其母、其根,只有"复守其母"[2]"复归其根"[3],才能达到"死而不亡者寿"[4]"没身不殆"[5]的境界。

《汉书·艺文志》谈道:

> 诸子十家,其可观者九家而已。皆起于王道既微,诸侯力政,时君世主,好恶殊方,是以九家之术蜂出并作,各引一端,崇其所善,以此驰说,取合诸侯。其言虽殊,辟有水火,相灭亦相生也。仁之与义,敬之与和,相反而皆相成也。易曰:"天下同归而殊途,一致而百虑。"……观此九家之言,舍短取长,则可以通万方之略矣。

春秋战国时期诸子百家的伦理思想各有自己的优劣长短,彼此之间既相互批判、相互斗争,又相辅相成,都是对如何建构民族的核心价值、安顿人心并实现天下太平的伦理思考,彰显出"致广大而尽精微"的伦理智慧。诸子伦理思想是对三代元典所蕴含的"大道""大德""至理"的精彩纷呈的发扬与诠释,诚如黄宗羲所言:"盖道非一家之私,圣贤之血路,散殊于百家,求之愈艰,则得之愈真。"[6]经由诸子百家的追索与创造,中华伦理道德文化的各

---

[1]《论语·八佾》。
[2]《老子》第五十二章。
[3]《老子》第十六章。
[4]《老子》第三十三章。
[5]《老子》第十六章。
[6]〔明〕黄宗羲:《清溪钱先生墓志铭》,载《黄宗羲全集》第 10 册,杭州:浙江古籍出版社 2005 年版,第 351 页。

个层面都得到了充分展开与升华。中华民族伦理精神从一到多的扩散与光大所造成的诸子争鸣、百家竞存的纷繁景象,使得秦汉间的伦理思想从多到一的价值整合和核心价值体系建构就具备了坚实的基础。

春秋战国时期的伦理思想,是中国伦理思想继续发展的基础。先秦伦理思想是中国古代伦理思想的一个高峰。它不仅为后来中国封建社会伦理思想的统一和发展打下了基础,而且对当时和汉代以后中国的社会经济、政治和文化产生了极为深远的影响。

第三节　先秦经济伦理思想的萌生、孕育和初步发展

在我国古代,"经济"一词是经邦济世、经国济民的意思。这种理解与现今经济学所讲的"经济"自然不是一个意思,但也不是没有关系。古代知识分子怀抱"以道德经济为己任"的理想和良知,既要济世,又要救民,在其实践中离不开物质资料及其生产、分配、交换、消费活动,离不开官府的管控与市场的交易,从而在一定程度上具有了现代社会赋予"经济"一词的基本含义。经济伦理思想是在伦理思想基础上形成和发展起来的,是对经济活动、经济行为和经济实践等的伦理思考。应该说,先秦时期还没有比较独立意义上的经济伦理思想。"盖中国先哲之经济理论,带有伦理观念色彩,至为浓厚。"①"在中国如《尚书》为东亚最古之政治书籍,其中颇多关于经济思想之材料,周公为我国罕见之大政治家,实亦一经济家。"②先秦经济伦理思想与经济思想、政治思想和伦理思想杂糅在一起,虽然缺乏独立性,但也许正是因为这样才显示出"圆融"和"整体"思维的一面。我们可以借助现代经济伦理思想的基本范畴和概念框架,从先秦思想家众多关于政治、伦理的论述中发掘出具有一定意义的经济伦理思想,把握其关于经济活动、经济行为和经济实践的一些基本见解。先秦时期,义利之辨开始产生,公私之辨也得以

① 唐庆增:《中国经济思想史》,北京:商务印书馆 2010 年版,第 37 页。
② 唐庆增:《中国经济思想史》,北京:商务印书馆 2010 年版,第 36 页。

展开,俭奢之辨、仁富之辨、本末之辨也以特有的方式呈现。在这些颇具伦理意义的价值争辩中,经济伦理思想开始萌生、孕育和初步形成。

一、义利之辨的发端与义利观的初步建构

义利问题是经济伦理思想的基本问题。经济伦理思想就是在对经济活动如何处理道义与功利关系的思考中形成和发展起来的。春秋时期,伴随着生产工具的变革、牛耕的推广,荒地被大批开垦,这些新增加的耕地不再属于"公田",而是成为诸侯和卿大夫的私田。并且,通过"夺田"斗争,原来的"王土"也逐渐变成了私有财产。私有经济的发展,激发了人们的"蕴利"之心。殷商时期人们"日中为市,致天下之民,聚天下之货,交易而退,各得其所"[1]。至西周,其商品交换已经有了一定程度的发展,交换经济开始向商业经济转化,出现了专门的贸易商人,而且以货币作为交换媒介。据鲁方彝盖铭文记载:

> 唯八年十又二月初吉丁亥,齐生鲁肇贾,休多赢。唯朕文考乙公永启余,鲁用作朕文考乙公宝尊彝,鲁其万年子子孙孙永宝用。

此处的"齐生鲁肇贾",据李学勤考证,实乃商品交换之商贾。

《左传·昭公元年》:

> 叔孙归,曾夭御季孙以劳之。旦及日中不出。曾夭谓曾阜曰:"旦及日中,吾知罪矣。鲁以相忍为国也。忍其外,不忍其内,焉用之?"阜曰:"数月于外,一旦于是,庸何伤?贾而欲赢,而恶嚣乎?"阜谓叔孙曰:"可以出矣。"叔孙指楹,曰:"虽恶是,其可去乎?"乃出见之。

《论语·子罕》:"子贡曰:'有美玉于斯,韫椟而藏诸,求善贾而沽诸?'子曰:'沽之哉!沽之哉!我待贾者也。'""贾"指求利的商人。金文表明西周有专门从事商贸之人,这种专业商人还受到西周统治者的鼓励。《逸周书·大匡解》:"津济道宿,所至如归。币租轻,乃作母以行其子,易资贵贱,以均游旅,使无滞。无粥熟,无室市。权内外以立均,无蚤暮间次均行。"意思是

---

[1]《周易·系辞下》。

说,各位经商之人可以放心前来,政府将供给粮食,禁止使用损害商旅利益的伪劣货币,使用质量高的货币;通货物的有无而禁止投机贸易,以保证商贸交换的有序进行,切实保护商人的正当利益。

《左传·襄公二十七年》载,公元前546年,宋国再次约会晋楚"弭兵",赴宋参加"弭兵"会议的楚人暗中襄甲,图谋取代晋的盟主地位。伯州犁认为这是"不信",请求释甲。令尹子木拒之,说:"晋楚无信久矣,事利而已,苟得志焉,焉用有信?"在子木看来,会议的目的在于争得盟主地位,只要有利于这个目的,没有什么必要讲求信义。子木的这一思想,集中地反映了重利轻义的价值取向,是一种"事利而已"的伦理价值观。公元前532年,田氏联合鲍氏灭了栾氏、高氏,当时田氏的势力还不够强大,就采取以退为进的手法,把胜利的果实让一些给原被栾氏、高氏排挤的贵族,以此收揽人心。对此,晏婴评论说:"让,德之主也,谓懿德。凡有血气,皆有争心,故利不可强,思义为愈。义,利之本也。蕴利生孽。姑使无蕴乎,可以滋长。"[1]在晏婴看来,凡是有血气的动物都有争夺的心思,所以利不可以强取,必须在取利的时候想到义,即该不该取。晏婴还得出了"义,利之本也"的论断,认为道义是处理利益关系的根本原则,彰显了道义对功利的引领与规约价值。

义的这一含义在春秋时已较明确。《左传·隐公元年》载郑庄公语:"多行不义,必自毙。"《左传·庄公二十二年》:"酒以成礼,不继以淫,义也。"《国语·周语下》:"义,所以制断事宜也。"可见,春秋时所谓的义,意即行为适宜于礼,或断事适合于礼。所以周内史兴"礼义"并举,指出:"行礼不疚,义也。"[2]于是,义作为适宜于礼的道德要求,其一般含义,就是使自己的行为合乎礼制,达到"义节则度";它的作用就在于"所以节也"。[3] 而当时产生的"蕴利"贪欲和"事利而已"的思潮,正是与礼相违的"不义"的思想根源。可见,春秋时期义利之辨的内容和实质是以是否违礼为核心的。

"义",《说文解字》释为"己之威仪也。从我羊"。段玉裁《说文解字注》:"己之威义也。言己者,以字之从我也。己,中宫,象人腹。故谓身曰己。义各本作仪,今正。古者威仪字作义。今仁义字用之。仪者,度也。今威仪字

---

① 《左传·昭公十年》。
② 《国语·周语上》。
③ 《国语·周语上》。

用之。谊者，人所宜也。今情谊字用之。""义"是由"仪"和"宜"融合而成的。就字形而言，"义"承袭自"仪"；也就是说，"礼仪""威仪"的"仪"字，古体作"义"，后来这个字体被"义"取去，原义则多寄托于后起的"仪"。"义"的字形虽然来自"仪"，有些重要意味却得于"宜"。《礼记·中庸》："仁者，人也，亲亲为大；义者，宜也，尊贤为大。亲亲之杀，尊贤之等，礼所生也。""宜也"是义的引申义。义的最基本含义应当是"正当"或"应为之事"，大体上泛指道德上的善，有时也和"道理"或"规范"相关联。《墨子·天志下》释"义"曰："义者，正也。"《墨子·天志中》将"义"界定为能使天下安治的"善政"。所以"义"是个具有相当强烈的道德意味的断语。"义"具有"刚""简""直"的意味。1973年，湖南马王堆三号汉墓出土了一批帛书文献，其中《五行》篇云："简，义之方也；匿，仁之方也。刚，义之方也；柔，仁之方也。"

"利"字早在甲骨文、金文等中就有，是会意字，表示以刀割禾，意为收获。许慎《说文解字》释"利"为"铦也。从刀。和然后利，从和省"。段玉裁《说文解字注》："铦也。铦者，臿属。引申为铦利字。铦利引申为凡利害之利。刀和然后利。从刀，和省。依《韵会》本。《毛传》曰：鸾刀，刀有鸾者。言割中节也。《郊特牲》曰：割刀之用而鸾刀之贵，贵其义也，声和而后断也。许据此说会意。力至切，十五部。《易》曰：利者义之和也。又引《易》说从和省之意。上云刀和然后利者，本义也。引《易》者，引申之义也。"中国古代经济以农业为主，禾为重要收获物。收获为利，引申出"获利""利益""有利""顺利"等，还含有"顺和物性""宜利功用"等意，主要泛指利益特别是经济利益。"刃禾"又有"锋利""锐利"的意思，《说文解字》主要持此说，至今还有"利器""利刃"等用例，此外还有其他延伸和发展的用法。泛指利益的字义随着时代的发展并无大的变化，而具体用例则呈现出关于"利"的内容、含义、范围、相对性、着重点等的差异，体现出对利益的获取方式、分配原则、道德准则、伦理规范等价值评判方面的区别。一般说来，"利"与"弊""害"等相对时往往受到肯定，而与"义""德"等相对时则否定居多。[①] 在特定的连用如"大利""小利"、"公利""私利"、"专利""共利"等中，虽都是谈"利"，却寓有程度或性质不同的道德判断，甚至可以说对"利"的认识本身就是经济伦理观

---

① 相对并非指绝然对立，而是说明二者的并立关系或者联系，这也是中国哲学伦理范畴的特征。

念最本质的显示标识。

"利者，义之和也。……利物足以和义。"①唐孔颖达注疏为："言天能利益庶物，使物各得其宜而和同也。"又说："'利物足以和义'者，言君子利益万物，使物各得其宜，足以和合于义，法天之利也。"这里的"利"，是指顺和物性，各得其宜，但更多的还是指利益、有利。例如，"以利天下"②，天下之利自然是公利。再细分，又有利国与利民之不同。《左传·文公十三年》记"邾文公卜迁于绎"，国君以利民为利，备受儒家推崇。因而也出现了反对专利的思想，如"夫利，百物之所生也，天地之所载也，而或专之，其害多矣"③。与此相反，也有主张专利的论点，如"可以安社稷、利国家者，则专之可也"④。"苟利国家，不求富贵"⑤，即只要顾了国家的公利，就可以不惜牺牲国民的利益。因此，公利往往就被认为是"义"，而先秦义利观大抵是以义为本的，所谓"义，利之本也"⑥，"义以生利"⑦。总之，义与利并不对立，但有主次。

西周时期，人们就对义利问题作了比较深入的探讨，初步形成义以生利和义利并重的义利观。《周易》以义为最高准则，以义为分配物质利益的标准，既重视"天下公利"，又肯定个人利益的独立存在。《周易·坤》："'直'其正也，'方'其义也，君子敬以直内，义以方外，敬义立而德不孤。'直、方、大，不习无不利'，则不疑其所行也。"强调一切行为应以义为准则，行为合义自然会获得物质利益。《周易·系辞上》："劳而不伐，有功而不德，厚之至也。语以其功下人者也。德言盛，礼言恭；谦也者，致恭以存其位者也。"可见，谦合于义，义则生利。《周易·系辞下》："君子安其身而后动，易其心而后语，定其交而后求；君子修此三者，故全也。危以动，则民不与也；惧以语，则民不应也；无交而求，则民不与也；莫之与，则伤之者至矣。"君子若能做到"安其身而后动，易其心而后语，定其交而后求"，自然行为合乎道义，于己于人便能两全其益。《周易》从效果上将义落到实处，为义寻找物质根基，同时坚

---

① 《周易·乾·文言》。
② 《周易·系辞下》。
③ 《国语·周语上》。
④ 《公羊传·庄公十九年》。
⑤ 《礼记·儒行》。
⑥ 《左传·昭公十年》。
⑦ 《国语·晋语一》。

持将物质利益与道义结合起来,使义利相互为用、相互促进。《周易·系辞下》:"精义入神,以致用也。利用安身,以崇德也。过此以往,未之或知也。穷神知化,德之盛也。"探究事物之义,是为了改善物质生活,物质生活的改善又能增崇美德。《周易》的"利者,义之和也。……利物足以和义"可谓义利合一的典型表述。和者,合也。施利于他物便合于义,利在义中,义亦在利中。这种"义以为上""见利思义"的义利观是儒家经济伦理思想的重要建构。

春秋时期的义利之辨为人们提供了一种必须遵循的行为原则。它一方面表现为禁制,以约束人的行为;另一方面表现为调节,以规定某一方面的优先性和重要性。"见利思义",是就前者而言的;"义以为上",是就后者而言的。合而言之,其中的一个重要维度,就是克服社会的功利化倾向,让人们重视价值理性的重要意义和作用。春秋时期的义利之辨实际上是公利与私利之争,并不否定对利的欲求。其争论的焦点在于对礼法制度的态度,即是否只允许在礼的范围内获得个人利益。这实际上仍在维护奴隶制的等级制度,说明春秋时期奴隶主贵族的统治仍是很强大的,只是受到了地主阶级某种程度的冲击而已。春秋时期的义利观,可以概括为以下四种观点:

第一,认为义能生利,利为义和。鲁穆姜在解释《周易·随》卦辞时就说:"义,利之和也。"《国语》讲义,强调最重要的是不能危害统治阶级的整体利益或长远利益,即所谓的"公利"。《国语·周语中》载周襄王十三年(前639)富辰的议论:"夫义所以生利也……不义则利不阜。"说的便是反对襄王欲借助狄人伐郑,因为周、郑是宗亲兄弟之国,利用外族狄人伐郑,会损害周族宗亲的利益,也不符合周王室的根本利益,毕竟"兄弟之怨,不征于它,征于它,利乃外矣……章怨外利,不义"[1]。公元前 635 年,襄王使狄兵伐郑,并娶狄女为后,富辰又说:"利内则福由之,外利则取祸,今王外利矣。"因为外利会招致"民乃携贰,各以利退"的后果,而利内之"福"则可使"人奉利而归诸上",这样才符合周王室的根本或长久利益。[2]《国语·晋语一》记载晋献公宠爱骊姬,欲黜太子申生而立庶子奚齐事,丕郑认为"事君者,从其义,不阿其惑",

---

[1]《国语·周语中》。
[2]《国语·周语中》。

因而发出"民之有君，以治义也。义以生利，利以丰民"的议论，认为只有立太子申生才合乎义，且可利国利民。晋里克曰："夫义者，利之足也；贪者，怨之本也。废义则利不立，厚贪则怨生。"①晋司空季子（胥臣）曰："义以道利，利以阜姓。"②"义"这一范畴本身便是对一向支配人们社会生活的旧的天道观或天命观的否定。所以可以认为，新的义利观的产生既反映了春秋时期社会生产力与经济的进步，又反映了我国经济伦理思想领域的一个新的发展。

第二，提倡居利思义，以义制利。晋赵衰曰："诗书，义之府也；礼乐，德之则也；德义，利之本也。"③晋解扬曰："君能制命为义，臣能承命为信，信载义而行之为利。"楚申叔时曰："德以施惠……义以建利，礼以顺时，信以守物。民生厚而德正，用利而事节，时顺而物成。"④由以上记载可见，"义利"作为一个统一的理论范畴，义是根本，义先于利。所谓义，就其本意言，就是合宜之意，合于义的求利行为才具有正当性。义为根本，以义制利，只是确定了一个一般的原则，即礼才是制度化的人们的行为准则，要使义成为指导人们社会实践的具体行为准则，还是应循礼而行。孔子便言："礼以行义，义以生利，利以平民，政之大节也。"⑤楚贤大夫申叔时则说，"教之礼，使知上下之则"，"明度量以道之义，明等级以道之礼"。⑥可见，在经济生活领域，合乎礼的义就是按照确定的等级间的利益范围行事，要有上下、内外之别。居利思义也就是在面对利益时，要想到道义，用道义来制约利益、限制私利。这种观点是后来儒家道义论的发端。

第三，认为只要能够得到私利，就可以抛弃传统的礼义道德。春秋时期，秦桓公经常不讲信义。他与晋厉公在令狐签订盟约，回国后就背信弃义，怂恿狄、楚去进攻晋国。他对楚王说："余虽与晋出入，余唯利是视。"⑦晋厉公非常气愤，派大臣吕相去与秦国绝交，两国断交不久就发生了战争。

---

① 《国语·晋语二》。
② 《国语·晋语四》。
③ 《左传·僖公二十七年》。
④ 《左传·成公十六年》。
⑤ 《左传·成公二年》。
⑥ 《国语·楚语上》。
⑦ 《左传·成公十三年》。

《史记·廉颇蔺相如列传》载：

> 廉颇之免长平归也，失势之时，故客尽去。及复用为将，客又复至。廉颇曰："客退矣!"客曰："吁! 君何见之晚也? 夫天下以市道交，君有势，我则从君，君无势则去，此固其理也，有何怨乎?"

《史记·苏秦列传》载，苏秦将要去游说楚王，路过洛阳。父母听到消息，收拾房屋、清扫道路、安排乐队、设置酒宴，到城郊三十里之外迎接；妻子不敢正眼看他，侧着耳朵听他说话；嫂子匍匐在地像蛇那样爬行，行四拜大礼跪地谢罪。"苏秦笑谓其嫂曰：'何前倨而后恭也?'嫂委蛇匍匐，以面掩地而谢曰：'见季子位高金多也。'苏秦喟然叹曰：'此一人之身，富贵则亲戚畏惧之，贫贱则轻易之，况众人乎! 且使我有洛阳负郭田二顷，吾岂能佩六国相印乎?'"一个人如果穷困落魄，连父母都不把他当儿子；然而一旦富贵显赫，亲戚朋友都感到畏惧。由此可见，一个人活在世界上，权势和富贵怎么能忽视不顾呢? 廉颇的门客、苏秦的家人的这种带有唯利主义色彩的观点，在当时颇为流行，并发展成为后来韩非的行为功利主义。

第四，认为可以将利作为标准来衡量义。即凡是符合利益的行为与准则，就是符合道德的。这种观点有一定的先进性，认为义不能空谈，也必须要能够给人们带来实惠。义利毕竟是一个互为制约的统一体，公利大于私利，但也不能忽视私利，尤其是处于社会等级下层的平民之利，故云"利以丰民"①。周定王卿士单襄公说："故王天下者必先诸民，然后庇焉，则能长利。"②楚灵王筑章华台，伍举进谏时说得更明确：

> 夫美也者，上下、内外、小大、远近皆无害焉，故曰美。若周于目观则美，缩于财用则匮，是聚民利以自封而瘠民也，胡美之为? 夫君国者，将民之与处；民实瘠矣，君安得肥? 且夫私欲弘侈，则德义鲜少；德义不行，则迩者骚离，而远者距违。天子之贵也，唯其以公侯为官正，而以伯子男为师旅。其有美名也，唯其施令德于远近，而小大安之也。若敛民利以成其私欲，使民蒿焉望其安乐，而有远心，其为恶也甚矣，安用目观?③

---

① 《国语·晋语一》。
② 《国语·周语中》。
③ 《国语·楚语上》。

从《左传》所记单襄王强调"言义必及利"①，到孔子言"义以生利，利以平民"②，这些都说明在春秋时期人们对利还是重视的，只是要求人们能够"居利思义"罢了。后来墨子继承了这种思想。

由这些论述可见，义利观是对人们在经济活动中应遵循的社会准则作出的理论概括。义利观的核心思想是正确处理义利关系，基本点便是以义制利或"利制能义"。《左传》所引述的君子之言"动则思礼，行则思义，不为利回，不为义疚"③，便是春秋时期所肯定的一种流行看法。"义"是我国先秦时期新出现的调节人际关系的社会伦理范畴。这一伦理范畴用于人们经济活动中的求利行为，就是要以义制约人的求利行为。

二、公利与私利的区分及其论争

义利之辨中，深含着公私之辨。二程曰："义利云者，公与私之异也。"④一般而论，人们的逐利，首先是追逐个人私利，并想方设法吞占公利；特殊集团亦是如此，只考虑集团的私利而忽略了大众的公利，甚至以损害公利为手段，壮大自己集团的私利。进一步说，个人或特殊集团之利往往并不彼此一致，因此如果片面地以逐利为行为的唯一原则，总是会不可避免地导致社会成员在利益关系上的冲突。相对于利而言，义则超越了个人的特殊利益，具有普遍性的特点；它所体现的，乃是普遍的"公利"。唯其如此，才能对特殊的利益关系起某种调节作用。这样，义与利的关系在一定意义上便表现为特殊之利（个人之利）与普遍之利的关系，以义调节利，则相应地并不是为了消解利，而是旨在达到普遍的公利。

"公"之本义。《说文解字》："公，平分也，从八从厶，八犹背也。""八"即背，有背离之意，因而背"私"即为"公"。所谓"公"，就是平均分配之意。《尚书·洪范》："无偏无党，王道荡荡。无党无偏，王道平平。"不偏邪不结党，公平广大，可得人心，为王之道便广远而平易。又如《礼记·礼运》："大道之行

----

① 《国语·周语下》。
② 《左传·成公二年》。
③ 《左传·昭公三十一年》。
④ 〔北宋〕程颢、程颐：《二程集》粹言卷第一，北京：中华书局2004年版，第1172页。

也,天下为公。"行王之大道,即以天下为公。《吕氏春秋》也以"公正"为"公"义。所谓"昔先圣之治天下也,必先公,公则天下平矣,平得于公。尝试观于上志,有得天下者众矣,其得之以公,其失之必以偏。凡主之立也生于公"①。圣王治理天下以"公","公"的结果是天下太平;圣王得天下也以"公","公"才能得人心。此处所言"公",当然是想天下之所想、利天下之所利之"公正"义。"公"之"公平"义在古代思想史上是较为普遍的,如孔子"不患寡而患不均",老子"损有余而补不足"。《吕氏春秋》非常崇尚"公"的"公平"义。所谓"天下非一人之天下也,天下之天下也。阴阳之和,不长一类;甘露时雨,不私一物;万民之主,不阿一人"②。就是说,天下是天下百姓的天下,阴阳和合生万物,不为一类之"长";雨露博施,不以一物私己;君为万民之主,不袒护任何人。又说:"天无私覆也,地无私载也,日月无私烛也,四时无私行也。"③天覆盖万物而无遗,地载万物而无漏,日月照大地而无暗,四时更迭而无私行。此四句话所表现的显然是公平无偏之意。而商鞅治理秦国的时候,对有罪者不惧其强势,照样惩处;对有功者不论亲疏,以功论赏。所谓"商君治秦,法令至行,公平无私,罚不讳强大,赏不私亲近"④。这里所显示的"公",也是公平无偏之意。

《说文解字》:"私,禾也,从禾,厶声,北道名禾主人曰私主人。""私"字从禾,即言禾主人为私或私主人,引申为拥有财物的主人即为"私"。不过,古代经籍中的"私"之含义比占有禾谷要更为丰富。第一,个人之私。所谓个人之私是私下、自个儿等意思。孔子说:"私觌,愉愉如也。"⑤孔子以私人身份与外邦君臣相见,就会显得轻松愉快。又说:"吾与回言终日,不违,如愚。退而省其私,亦足以发,回也不愚。"⑥是说颜回虽然上课时对孔子言听计从,显得愚昧;自己回去思考时,往往也有所得。《孟子·公孙丑下》:"沈同以其私问曰:'燕可伐与?'"沈同以私人身份询问孟子:"可以攻打燕国吗?"《礼记·曲礼下》:"大夫私行出疆,必请;反必有献。士私行出疆,必请;反必

---

① 《吕氏春秋·贵公》。
② 《吕氏春秋·贵公》。
③ 《吕氏春秋·去私》。
④ 《战国策·秦策一》。
⑤ 《论语·乡党》。
⑥ 《论语·为政》。

告。"是说大夫以个人身份出行，一定要先请示国君，返回后也一定要向国君报告并有所馈献。又有"公事不私议"①，即大家的事不能私下偷偷地议论。第二，利益之私。相对而言，私之"利益"义用得较为普遍。所谓"且夫君也者，将牧民而正其邪者也，若君纵私回而弃民事，民旁有慝，无由省之，益邪多矣"②。作为一国之君，治理百姓应使邪归正；如果放任人们的私欲，又不顾民事生产，人们有了邪心而不省察，其邪心将越来越大。所谓"承君命以会大事，而国有罪，我以货私免，是我会吾私也。苟如是，则又可以出货而成私欲乎？"③秉承君主命令参加结盟大事，我个人以财货、贿赂求免杀，而让国家受辱，这是成私欲。如果以财货求免而成私欲，那么公义即被废弃了。第三，偏爱之私。"私"即有偏的意思。《尚书·咸有一德》："非天私我有商，惟天佑于一德。"不是上天对我有偏爱而托商于我，而是因为我的德性让天感动，从而帮助我。可见，"私"之本义主要有个人之私、利益之私和偏爱之私三义，以及由此延伸出的个人财产义如嬖、臣、妾等。不难看出，在古代思想中，"私"主要是作为"公"的对立面而被置于被轻视或被否定地位的。

古代思想家之所以重视公私关系，是因为他们对公或私的不同作用或意义有自己的理解。这种理解包括以下几个方面：其一，公有助于立君。《吕氏春秋·贵公》："凡主之立也生于公。故《洪范》曰：'无偏无党，王道荡荡。'"君主产生于公，所以《洪范》说，无偏无私，成王之道广远不止。其二，公法行则国治民安。《韩非子·有度》："故当今之时，能去私曲就公法者，民安而国治；能去私行行公法者，则兵强而敌弱。"这里的"私"皆与公法相对，认为去了私，公法即通行；公法通行，则国治民安、兵强敌弱。其三，公有益于臣德的提升。《管子·正》："废私立公，能举人乎？……举人无私，臣德咸道。"废私立公能公正地荐举人才，并使臣子的德性得到提高。其四，私有害于治政。《国语·晋语八》："夫正国者不可以昵于权，行权不可以隐于私。昵于权，则民不导；行权隐于私，则政不行。"就是说，治理国家的人不可以过分亲近于权力，有了权力又不可以私恩隐蔽其罪。以权力为目的，则不能引

①《礼记·曲礼下》。
②《国语·鲁语上》。
③《国语·鲁语下》。

导百姓;行使权力时以私恩隐蔽其罪,则不能治理好国家。所以,无私公正之人,才可委之执政。《管子·牧民·六亲五法》:"无私者可置以为政。"其五,私妨碍国家法律的建立。《管子·君臣上》:"君身善则不公矣。人君不公,常惠于赏而不忍于刑,是国无法也。治国无法,则民朋党而下比,饰巧以成其私。"就是说,君主行善,则难以公正;君主不能公正,则以惠赏而不用刑,国将无法;无法治国,百姓都结党结派,以行其私利。这是先秦思想家对于"公""私"之内涵和作用的理解与阐释。

正是在这些理解与阐释中,初步形成了先秦时期的公私关系观。先秦的公私观从概念到对公私关系的认识上,经历了一个演变的过程。在"公""私"概念的演变上,显示出抽象化、理念化的倾向。在公与私的关系上,孔孟主张公私统一,荀子、韩非主张公私对立。而在对待公与私的态度上,孔孟甚至韩非均是重公轻私、崇公贬私。先秦公私观讨论了春秋战国时期社会政治生活中群体与个体、整体与部分的关系问题。他们强调"公义",卫护"公利",一致主张公高于私。就公私之辨而言,儒、墨、道三家皆把政治的公正性建立在天道无私的基础上,其具体论证则略有差异。法家明分公私,主张通过以法治国来达到废私立公的目的。荀子继承儒家以道抗势的理念,标举超越性的公道通义来制约现实的公权力,从而在公私之辨上远离并超越了法家。《吕氏春秋》对先秦诸子的公私之辨进行了总结,明确提出了"贵公"与"去私"的命题。先秦儒、墨、道、法四家皆在价值意义上主张贵公与无私;其实质是规范为政者的行政,追求政治的公正与公平。

儒家孔子不仅不反对百姓的私与富,而且也不反对社会上层人士的私与富。《论语·述而》:"富而可求也,虽执鞭之士,吾亦为之。"孔子肯定"富与贵,是人之所欲也","贫与贱,是人之所恶也",强调取之(或去之)以道、得之(或去之)以礼。[1] 孔子虽不反对私利,但反对以权谋私。冉求做季氏的家宰,为之搜括、敛财,孔子让学生批判他。《论语·先进》:"季氏富于周公,而求也为之聚敛而附益之。子曰:'非吾徒也。小子鸣鼓而攻之,可也。'"此指鲁哀公十一至十二年间(前484—前483),季氏要增加赋税,派冉求征求孔子

---

① 《论语·里仁》。

的意见,孔子主张"施取其厚,事举其中,敛从其薄"①。但冉求仍听从季氏,实行田赋制度,加重盘剥百姓。孟子提出:"八家皆私百亩,同养公田。公事毕,然后敢治私事,所以别野人也。"②八家(大夫)各有私田一百亩,但同时共同耕种公(诸侯)田。这八家要共同耕种公田,先把公田的事务做完,然后才能耕种私田。这样做是为了使老百姓与官吏有所区别。《尚书·周官》提出"以公灭私"的观点,指出:"王曰:呜呼!凡我有官君子,钦乃攸司,慎乃出令,令出惟行,弗惟反。以公灭私,民其允怀。"即谓有官位的人,颁布政令应谨慎,一旦颁布就必须执行,而且要秉公去私,这样老百姓才会开心。《诗经·小雅·大田》有"雨我公田,遂及我私"之说,即谓雨水滋润大家的农田,其惠将及我个人。

法家管子、韩非的公私观。《管子·五辅》:"为人君者,中正而无私;为人臣者,忠信而不党。"身为人君,公正无私;身为人臣,忠信而不结党营私。《管子·君臣上》:"为人上者释法而行私,则为人臣者援私以为公。公道不违,则是私道不违者也。行公道而托其私焉,浸久而不知,奸心得无积乎?"如果国君弃法徇私,那么大臣们也将以私为公。在这种情况下,臣子所谓公道不违,实际上是不违私道;行公道而夹其私,久而不知,必会陈积奸心。韩非指出:"明主之道,必明于公私之分,明法制,去私恩。夫令必行,禁必止,人主之公义也。必行其私,信于朋友,不可为赏劝,不可为罚沮,人臣之私义也。私义行则乱,公义行则治,故公私有分。人臣有私心,有公义:修身洁白,而行公行正,居官无私,人臣之公义也;污行从欲,安身利家,人臣之私心也。"③韩非认为,一国明主,必须明察于公私之分,昌明法治,丢弃个人的恩怨。行君所令,禁君所止,这是一国之主的公义。行私邪之念,对朋友坚守信用,既不可为之奖赏,也不可为之惩罚,此乃臣子的私义。私义行则乱,公义行则治。因此,公私必须有所区分,臣子有私心,也有公义:修养自身,行公行正,任官职无私意,即为人臣之义也;污行纵欲,一心顾小家,此为人臣之私心也。何以如此重视公私之分呢?因为两者是完全对立的:"人主说贤

---

①《左传·哀公十一年》。
②《孟子·滕文公上》。
③《韩非子·饰邪》。

能之行,而忘兵弱地荒之祸,则私行立而公利灭矣。"①如果国君只有劝贤之为,却忘记兵弱地荒之祸,那么,私行立而公利灭。因此,作为臣子应"奉公法,废私术,专意一行,具以待任"②,即奉行公正之法,废私邪之术,专心致志,待君命以就任。为了使臣子做到公正无私,韩非还提出了相关的办法:"论之于任,试之于事,课之于功。故群臣公正而无私,不隐贤,不进不肖。"③即说,对履行职责情况进行评价,对所做之事进行检验,对所立之功进行考核,群臣便会公正无私。

此外,《墨子·尚贤》提出"举公义,辟私怨"的公私观,即推崇公义、消除私怨。

先秦时期的公私观主要有以下三种:一是公私兼顾,不以私为耻;二是处事要正当有公心,公心比私心更有意义,因此应当先公后私;三是公私对立,主张存公去私。在公私兼顾的语境中,"公"主要指公利或大家的利益,"私"则指私家或个人的利益;在公私对立的语境中,"公"主要指公正,"私"主要指偏邪。先秦时期的公私关系还讨论到公私各自所产生的作用,以及如何使人行公而无私。孔子、孟子等儒家学者坚持认为,个人是从属于家和国的,家和国都是整体性的,整体自身有其存在的目的和使命;个人是在整体中存在的,是不能与整体分离的。因此,儒家经济伦理思想"从来都是从整体的目的出发,为了国家的最高利益,而不是从个人利益的要求出发,以个人利益的满足作为全社会利益的标志"④。总体上讲,私虽然是人人不可离者,但在早期伦理思想中多被视为恶,遭到歧视。公行私止,国库富有而盈实;公废私行,国库空虚而匮乏。"公法"是中正之法、公正之法,不是偏私之法、少数人之法。所以,"行公"方能得民心从而得天下,同时也可安天下。

三、财富观及对富国、富民的初步思考

仁与富在中国人的价值世界中具有特殊的意义。所谓仁富观就是对仁

---

① 《韩非子·五蠹》。
② 《韩非子·有度》。
③ 《韩非子·难三》。
④ 唐任伍:《中外经济思想比较研究》,西安:陕西人民出版社1996年版,第63页。

与富的思考,以及对仁富关系的总的看法。学者文崇一在《道德与富贵:中国人的价值冲突》一文中,认为古人对道德(仁)与富贵(富)的关系持三种观点:仁富相容说、仁富冲突说和仁富混合说。他认为中国人的价值冲突表现为道德与富贵的矛盾,但实质仍是义利的矛盾。[①] 先秦儒家财富思想与其仁学有密切联系。仁是儒家思想的核心。"仁"字从人从二,最初含义是人与人之间的亲善关系,由此推开,也即人们互存、互助、互爱的意思,指向的是人生追求的一种理想,是人之为人之道。故孟子说:"仁也者,人也。"[②]为仁之道就是为了人自身更好地发展,获得幸福生活。先秦儒家从仁学出发阐释人的生存之道,本身就包括如何合理致富、如何使用财富的问题。

仁源自人的心灵,即所谓"恻隐之心,仁也"[③]。此仁心不是空无的,而是与财富具有实在的关系。仁道实现的根本是在现实世界中。《国语·晋语一》:"为国者,利国之谓仁。"儒家的"恻隐之心",蕴含人性本初的同情、怜悯与慈善。孔子答子张问仁,曰:"能行五者于天下,为仁矣。"[④]"五者"即恭、宽、信、敏、惠。所谓"惠"就是"分人以财",这也是"为天下得人者"称为"仁"的原因之一。[⑤] 仁还表示一种度,有节制、怜悯之意。"富而好礼"[⑥],人在富裕之后不应逞欲放纵,而应乐善好施,以仁心做事,努力行仁德。《左传·庄公二十二年》:"以君成礼,弗纳于淫,仁也。"故"富而好礼"本是仁德的体现。孔子说:"不义而富且贵,于我如浮云。"[⑦]对于不仁不义的富贵,君子视之如浮云,淡定从容,如此才能在紧急关头成就大仁大义。别说如浮云一般的富贵,即使是牺牲生命,志士仁人也不会因贪生怕死而损害仁德的:"志士仁人,无求生以害仁,有杀身已成仁。"[⑧]

如何理解"富"? 一般说来,富即财富。"就字义言,即家多财货。"[⑨]汉语

---

① 参见文崇一《道德与富贵:中国人的价值冲突》,载杨国枢主编《中国人的价值观:社会科学观点》,北京:中国人民大学出版社2013年版,第208—228页。
② 《孟子·尽心下》。
③ 《孟子·告子上》。
④ 《论语·阳货》。
⑤ 《孟子·滕文公上》。
⑥ 《论语·学而》。
⑦ 《论语·述而》。
⑧ 《论语·卫灵公》。
⑨ 参见巫宝三主编《先秦经济思想史》,北京:中国社会科学出版社1996年版,第167页。

的"富"字,上面"宀"象征房屋;中间是"口",代表男丁劳动力;下面是"田",表示赖以生存的土地。有屋、有人、有田,即为富足。显然,我国古代视财富为"有用的东西"。先秦儒家除了从物的有用性界定财富之外,还从价值角度界定财富的内涵,认为富是仁的外在体现,并指出仁义本身也是一种财富。儒家将仁作为界定财富的标尺,是对财富为"有用的东西"的观点的超越,克服了功利主义财富观的局限。故在儒家看来,财富既指有形物质财富,也包括人的精神财富,指向精神世界的充盈与富足。他们认为精神财富对于人同样具有重要意义。

先秦的民本思潮突显的是人的主体意识,承认人生而有求利、求富的欲望是自在之理。这一点在春秋时期思想家"欲"的观念中表现得尤为明显。如《国语·楚语下》:"人谓子文曰:'人生求富,而子逃之,何也?'"《左传·襄公二十八年》载:"子尾曰:'富,人之所欲也,何独弗欲?'"子产说:"无欲实难。"①晏婴则指出:"小人近市,朝夕得所求,小人之利也。"②以上所言的"富",既指富贵,也指物质财富;"利",除泛言利害外,也渐渐限指物质财富;"欲",主要指人的物质欲望。对待人的物质欲望,春秋时期的思想家多认为应以义来进行调节,以确保欲而有度。周内史兴就说:"义所以节也。……义节则度。"③

随着人的主体地位上升,民本思潮涌现,富民思想也随之显著发展。富民思想主要是一种有关处理统治阶级与人民之间的物质财富关系的经济思想,所谓"天生民而树之君,以利之也"④。基本要求是,在经济上采取宽惠政策,促进农业、工业、商业的发展;在财政分配方面,强调薄赋敛,重视藏富于民,培养富源。除此,一般还要求黜奢崇简,施行节用政策。春秋时期的明君贤相大体皆持有富民观点,或见诸实践,施行富民政策。对此,《国语》《左传》二书多有记载。如记载管仲辅佐齐桓公成就霸业,在经济、财政上的纲领措施是:

> 相地而衰征,则民不移;政不旅旧,则民不偷;山泽各致其时,则民

---

① 《左传·襄公三十年》。
② 《左传·昭公三年》。
③ 《国语·周语上》。
④ 《左传·文公十三年》。

不苟；陆、阜、陵、墐、井田、畴均，则民不憾；无夺民时，则百姓富；牺牲不略，则牛羊遂。

在对外贸易上：

> 通齐国之鱼盐于东莱。使关市几而不征，以为诸侯利。①

卫文公"大布之衣、大帛之冠"，厉行节用，并施行"务材训农、通商惠工"政策。② 晋文公即位时宣布施政纲要，在经济方面的措施是"弃责薄敛，施舍分寡。救乏振滞，匡困资无。轻关易道，通商宽农。懋穑劝分，省用足财。利器明德，以厚民性"③。

《国语·楚语上》又载，楚灵王筑章华之台时，推崇楚庄王为政措施的大夫伍举极力反对，指责楚灵王"是聚民利以自封而瘠民也"：

> 臣闻国君服宠以为美，安民以为乐，听德以为聪，致远以为明。不闻其以土木之崇高、彤镂为美，而以金石匏竹之昌大、嚣庶为乐。不闻其以观大、视侈、淫色以为明，而以察明浊为聪也。先君庄王为匏居之台，高不过望国氛，大不过容宴豆，木不妨守备，用不烦官府，民不废时务，官不易朝常。

由上述可见，春秋时期名君贤相无不重视农业，而且多是主张农、工、商并重。当然，也应该指出，春秋时期并不乏偏重农业而歧视工商业以求富国富民者。据《左传·成公六年》载，晋国谋议去故绛，迁都郇、瑕氏之地（靠近盐池）之事，韩献子对此坚决反对。他主张把都城迁到地处汾、浍二水交汇处的新田，主要理由是"夫山泽林盐，国之宝也。国饶，则民骄佚；近宝，则公室乃贫"。即迁到有盐池的地方，虽便利了工商业，却会使农业荒废；国家虽易富饶，却会导致民情骄佚放荡，最终也会使国家贫困。这种专务农业、歧视工商业之利的思想，显然与当时农、工、商并重的富农思想有根本区别，但提出这种主张者也并非反对让人民富起来。

春秋时期，战争不已，再加上王公贵族骄泰奢侈，致使赋敛繁苛、民不聊

---

① 《国语·齐语》。
② 《左传·闵公二年》。
③ 《国语·晋语四》。

生。晏婴描述当时姜齐季世的情形："民参其力，二入于公，而衣食其一。公聚朽蠹，而三老冻馁。国之诸市，屦贱踊贵。"①叔向言晋国的情形："庶民罢敝，而宫室滋侈。道殣相望，而女富溢尤。民闻公命，如逃寇仇。"②鉴于赋敛繁苛的严重性，当时的名君贤相们多以轻赋薄敛为富民、惠民的重要措施。如齐景公在晏婴的劝谏下，"使有司宽政、毁关、去禁、薄敛、已责"③。这种薄赋敛思想对后世产生了重大的影响。《左传·哀公十一年》记载孔子关于薄赋敛的议论：

> 季孙欲以田赋，使冉有访诸仲尼。仲尼曰："丘不识也。"三发，卒曰："子为国老，待子而行，若之何子之不言也？"仲尼不对，而私于冉有曰："君子之行也，度于礼：施取其厚，事举其中，敛从其薄。如是，则以丘亦足矣。若不度于礼，而贪冒无厌，则虽以田赋，将又不足。且子季孙若欲行而法，则周公之典在。若欲苟而行，又何访焉？"

《国语·鲁语下》对孔子主张薄赋敛也作了类似的记载：

> 季康子欲以田赋，使冉有访诸仲尼。仲尼不对，私于冉有曰："求来！女不闻乎？先王制土，籍田以力，而砥其远迩；赋里以入，而量其有无；任力以夫，而议其老幼。于是乎有鳏寡孤疾，有军旅之出则征之，无则已。其岁收，田一井出稷禾、秉刍、缶米，不是过也。先王以为足。若子季孙欲其法也，则有周公之籍矣。若欲犯法，则苟而赋，又何访焉！"

无疑，作为一项赋税原则，薄敛有助于缓和社会矛盾，符合统治阶级的长期利益、根本利益。竭泽而渔的厚敛则只会使财源枯竭，不利于培养百姓的纳税能力。只不过，先秦以后，在重农轻商思想的支配下，薄敛思想的适应范围在缩小，一般人所言的薄敛，其实只限于田税了。

富国富民是中国古代经济思想的重要命题之一。富国和富民既有相统一的一面，也有相矛盾的一面。关于富国与富民的关系，先秦思想家有不同的看法：一般说来，儒家注重富民。孔子主张"因民之所利而利之"④，并说：

---

① 《左传·昭公三年》。
② 《左传·昭公三年》。
③ 《左传·昭公二十年》。
④ 《论语·尧曰》。

"百姓足,君孰与不足?百姓不足,君孰与足?"①孔子围绕着"贵义贱利"提出了富民的主张,奠定了中华民族重视农业的传统。孟子主张"民贵君轻",在反对"霸道"的同时,提出了富民的具体途径乃"制民之产",构建了以生产资料私有制为基础的一家一户、男耕女织的封建生产图景。孟子说:"易其田畴,薄其税敛,民可使富也。"②"富民政策,占孟子经济思想中最重要之部分,此项理论,以惠之基本观念作为根据。孟子所倡者,为一种大公无我之国民经济,'惠'之意义,即系天下为公,使万民皆得其利益而已。'分人以财谓之惠',治天下须将大利扩充,使普天下受其惠。"③作为儒家思想总结者的荀子提出了广义的富国论,指出:"王者富民,霸者富士,仅存之国富大夫,亡国富筐箧、实府库。筐箧已富,府库已实,而百姓贫:夫是之谓上溢而下漏。入不可以守,出不可以战,则倾覆灭亡可立而待也。故我聚之以亡,敌得之以强。聚敛者,召寇、肥敌、亡国、危身之道也,故明君不蹈也。"④荀子认为富国与富民是密不可分的,"下贫则上贫,下富则上富"⑤。他提倡"强本""节用""开源节流",视"上下俱富"为理想的富裕模式。

法家则比较侧重富国,把富国强兵视为国家治理的基本价值目标。商鞅提出"国富者王"⑥,"国富而治,王之道也"⑦,"国富而贫治,曰重富,重富者强;国贫而富治,曰重贫,重贫者弱"⑧,"民不逃粟,野无荒草,则国富,国富者强"⑨,等等观点。商鞅强调富国强兵,提倡用农战政策来达到"王"的目的。他片面理解农业的作用,把农业与工商业对立起来,提出了"事本禁末"的思想。韩非力主富国,强调"欲利而身,先利而君;欲富而家,先富而国"⑩。从富国为上论出发,韩非还主张强公室、弱私家。在韩非看来,民富则不可以禄使,不利于君主的控制和役使。管子与商鞅、韩非的富国论既有相同的地

① 《论语·颜渊》。
② 《孟子·尽心上》。
③ 唐庆增:《中国经济思想史》,北京:商务印书馆2010年版,第104页。
④ 《荀子·王制》。
⑤ 《荀子·富国》。
⑥ 《商君书·去强》。
⑦ 《商君书·农战》。
⑧ 《商君书·去强》。
⑨ 《商君书·去强》。
⑩ 《韩非子·外储说右下》。

方,又有相区别的地方。相同之处是他们都属于法家,都把富国强兵放在第一位,都是为了加强封建专制国家的财力;不同之处表现在管子既强调富国,也强调富民。《管子·立政·五事》:

> 君之所务者五:一曰山泽不救于火,草木不植成,国之贫也。二曰沟渎不遂于隘,障水不安其藏,国之贫也。三曰桑麻不植于野,五谷不宜其地,国之贫也。四曰六畜不育于家,瓜瓠荤菜百果不备具,国之贫也。五曰工事竞于刻镂,女事繁于文章,国之贫也。故曰:山泽救于火,草木植成,国之富也。沟渎遂于隘,障水安其藏,国之富也。桑麻植于野,五谷宜其地,国之富也。六畜育于家,瓜瓠荤菜百果备具,国之富也。工事无刻镂,女事无文章,国之富也。

管子以"利欲论"为基础,提倡富国富民,并指出:"凡治国之道,必先富民。"[1]这与商鞅、韩非"使贫者富,富者贫"的主张是有差别的。不过,也应指出,管子的富民主张说到底还是为了巩固封建君主专制国家的统治,是以富国为目的的。《管子·治国》明确地指出,"民富则易治也","民富则安乡重家,安乡重家则敬上畏罪"。管子的富国思想与荀子的"下富则上富""上下俱富"思想相近,他吸取了儒家富民的思想。但就富国论总体来说,他还是近于商鞅、韩非,当属于法家中富国为上、富民次之,富国为目的、富民为手段的一派。"富国必先富民"的思想就是管仲首先提出的,并在其相齐时具体化为政策措施且获得巨大成功。管仲是从民众生活的需要和治国的政治需要上认识富民的重要性的。他认为:"民贫则危乡轻家,危乡轻家则敢凌上犯禁,凌上犯禁则难治也。"[2]民贫则会危乡轻家,影响社会乃至国家安定,于是犯上作乱时有发生,这样就会越贫越乱、越乱越贫。他深刻指出:"治国常富,而乱国必贫。"[3]

四、俭奢观与消费伦理的初步阐释

"俭"与"奢",亦称"俭约"与"奢侈",涉及物质生活消费问题,本质上是

---

① 《管子·治国》。
② 《管子·治国》。
③ 《管子·治国》。

一对同消费相关的伦理范畴。在原始公社时期,生产力水平很低,物质生活俭朴自然是人们普遍遵循的基本道德律令。进入奴隶社会以后,随着生产力水平的提高,社会有了剩余生产物,财富开始积累,奴隶主开始有可能追求奢侈逸乐的生活,奢侈或享受物质生活的现象和观念也因此形成。这样,"奢"与"俭"作为一对范畴均有发展,以俭为德的观念到殷商时得以强化。与此同时,追求享乐、崇尚奢侈也成为一些有产阶层人士的生活偏好和价值追求。

春秋时期,鲁国的御孙(即掌匠大夫庆)对奢与俭的现象进行了典型概括,提出"俭,德之共也;侈,恶之大也"①的观点,把奢侈看作恶加以非难,把俭约看作善加以提倡,这种观点即黜奢崇俭论。关于黜奢崇俭的言论和事例,在《国语》《左传》二书中有较多的反映。如鲁臧哀伯云:"清庙茅屋,大路越席,大羹不致,粢食不凿,昭其俭也。"②楚伍举云:"私欲弘侈,则德义鲜少;德义不行,则迩者骚离而远者距违。"③周定王卿士刘康公云:"俭所以足用也。……以俭足用则远于忧。……侈则不恤匮,匮而不恤,忧必及之。"④

在春秋时期,或者上溯到西周,礼是判断奢或俭的根本标准,越过这一标准的消费便是奢,所谓"天子之室,斫其椽而砻之,加密石焉;诸侯砻之;大夫斫之;士首之"⑤。如当时鲁庄公把宗庙的楹柱绘以彩色,把屋椽刻镂雕饰,便被当时的人们指责为"非礼也"⑥,"今先君俭而君侈,令德替矣"⑦。同样,晋正卿赵武(赵文子)也被斥为"富而无礼",这是因为他在建造宫室时,斫削屋椽且加以砻磨。但事实上,春秋时代贵族们奢侈成风,越等逾利的现象已经非常普遍。对此,《国语》《左传》二书的记载甚多,如言"叔孙宣子、东门子家皆侈"⑧,"桓子骄泰奢侈"⑨,等等。由此看来,当时人们对越礼的奢侈行为的抨击与舆论非难是新旧思想矛盾、社会大变动的反映。但是将礼作

① 《左传·庄公二十四年》。
② 《左传·桓公二年》。
③ 《国语·楚语上》。
④ 《国语·周语中》。
⑤ 《国语·晋语八》。
⑥ 《左传·庄公二十四年》。
⑦ 《国语·鲁语上》。
⑧ 《国语·周语中》。
⑨ 《国语·晋语八》。

为判断奢俭的标准,并赋予其鲜明的社会伦理是非观念,这一点本身就标志着奢俭论在春秋时期已经理论化,表明崇俭黜奢作为我国古代重要的消费伦理思想已经形成。

在《国语·鲁语下》关于奢俭论的记载中,鲁国敬姜因其子反对她躬自纺织而发的一段议论颇有特色:

> 昔圣王之处民也,择瘠土而处之,劳其民而用之,故长王天下。夫民劳则思,思则善心生;逸则淫,淫则忘善,忘善则恶心生。沃土之民不材,逸也;瘠土之民莫不向义,劳也。

韦昭对此注曰:"民劳于事,则思俭约,故善心生。"意思是说,圣明的君王会选择贫瘠的地方让人民居住,促使人民勤劳生活,常思节俭,由节俭而生善心,这就是长治久安之道。相反,闲逸会导致淫邪,人民一旦淫邪就会忘善而生恶心。居住在肥沃地方的人民不成材,就是由于淫逸的缘故。敬姜关于黜奢崇俭的论述,反映了当时虽自然经济仍占统治地位,社会生产力水平尚很低下,但商品货币经济已经有了发展,奢靡之风因而初兴的状况。

崇尚节俭是中国古代经济伦理思想的一个重要内容。中国古代思想家十分重视节俭,认为节俭具有富国、养民、养德,以及维护社会稳定等诸多方面的功能,并提出了限制统治阶级的生活消费、裁减冗员和减少冗费、谴责上层统治者和富人的生活奢侈现象等各种主张。《尚书·周书》中宣扬崇俭黜奢思想的内容就很多。周初的统治者重视亡殷的历史教训,强调勤俭可以兴邦的道理。如《尚书·康诰》:"往尽乃心,无康好逸豫,乃其乂民。"《尚书·酒诰》:"自成汤咸至于帝乙,成王畏相。惟御事,厥棐有恭,不敢自暇自逸,矧曰其敢崇饮?"《尚书·周官》:"恭俭惟德,无载尔伪。"在《周易》中,也有许多关于节欲、崇俭、戒贪的说教,如《周易·否》:"君子以俭德辟难,不可荣以禄。"周代的大量文献表明,西周的统治者堪称我国崇俭黜奢思想最早的积极倡导者。

以儒、道、法、墨为主要代表的先秦诸子吸收了商周以来的节俭思想,系统地建构了中国"崇俭抑奢"的道德传统。在儒、道、法、墨四家看来,俭的实质就是对欲望的节制,使欲望道德化。儒家将俭视为修身齐家治国平天下的必备美德,只是这种美德的成立有一个条件,那就是行为必须与礼——以宗法关系为基础的等级道德规范——相符合。俭不在于财用的多寡,而在于是否合于礼。儒家俭论的最终落脚点是"安百姓""王天下",因而反对统治者的"独侈",提倡"节用"的治国策略。道家将恬淡虚静无为界定为俭。老庄否定儒家以"仁义"为精神主旨的道德规范体系,主张从个体修养内心的角度来行俭。虽然道家和《吕氏春秋》也重视治国,但却不像儒家那样正面提出"节用"的治国策略,而是认为应通过"寡欲""适欲"而"全其天",以"治其身而天下治"。法家虽也认为俭必须与等级道德规范保持一致,但在崇俭和黜奢的方式上,却不太关注个体的德性,而是强调用法特别是用刑罚来使人们的俭奢行为保持与等级道德的一致性。《管子》还另辟蹊径,在崇俭的同时提出兴时化"莫善于侈靡"的观点,开中国重奢思想的先河。同时,《管子》又从辩证的视角审视俭和侈,得出了"俭则伤事,侈则伤货"的著名论断。韩非则将俭论作为其君主统治术的一部分,认为君主最重要的是要"知侈俭之地"。墨家是先秦时期最彻底的崇俭派。墨家学者以"自苦为极"为理想的道德人格,其"节用之法"的实质就是反对一切除基本生存需要之外的奢侈享乐行为。而且,墨子从功利主义的角度,提出评价俭奢行为道德属性的"利人"标准,即"富贫、众寡、治乱"。相比儒家和法家推崇的等级道德规范,墨子的"利人"是"君子"和"贱人"应共同遵守的普遍化道德标准。

五、士农工商与职业分途及其经济伦理意蕴

春秋时期,社会生产力的发展促使社会经济、阶级关系发生了根本变化,社会职务、劳动等社会分工关系日益复杂化,主要表现便是脑力劳动与体力劳动分工发展,形成了士、农、工、商四大社会职业。但这种社会分工却披上了等级伦理的外观,并且成为统治者经济治理思想的重要理念。《国语》载晋文公的施政情况时云:"公食贡,大夫食邑,士食田,庶人食力,工商食官,皂隶食职。"①晋悼公的乐师子野即师旷则说:"天子有公,诸侯有卿,卿置侧室,大夫有贰宗,士有朋友,庶人、工商皂隶牧圉皆有亲昵,以相辅佐也。"②晋赵简子(鞅)在戚之战的誓词里说:"克敌者,上大夫受县,下大夫受

---

① 《国语·晋语四》。
② 《左传·襄公十四年》。

郡,士田十万,庶人工商遂,人臣隶圉免。"①楚大夫芋尹无宇说得更详尽:

> 天有十日,人有十等,下所以事上,上所以共神也。故王臣公、公臣大夫、大夫臣士、士臣皂、皂臣舆、舆臣隶、隶臣僚、僚臣仆、仆臣台、马有圉、牛有牧,以待百事。②

据上引可见,当时社会等级众多,上下等级分明,但基本上可区分为居于统治地位的王、公、大夫、士等和从事各种劳动以谋生的庶人、工、商及担负各种赋役的仆、隶、臣、台等。

另一方面,西周以来旧的贵族领主制度开始动摇,社会旧秩序"礼崩乐坏",致使"礼"成为思想界关注的中心问题,但礼的根本作用依然在于维护等级制度,并以此划分出所谓的君子、小人。鲁曹秽便曰:"君子务治而小人务力。"③刘康公曰:"君子勤礼,小人尽力。"④《左传》较为详细地引述了当时的流行观念:

> 世之治也,君子尚能而让其下,小人农力以事其上,是以上下有礼,而谗慝黜远,由不争也,谓之懿德。及其乱也,君子称其功以加小人,小人伐其技以冯君子,是以上下无礼,乱虐并生,由争善也,谓之昏德。⑤

劳心的君子"务治""勤礼",劳力的小人则"务力""尽力";王、公、大夫、士等"君子"食贡、食邑、食田,要靠"小人"来养活,所谓"小人农力以事其上"——这样才合乎礼,才是懿德。这些议论表明君子、小人之别实则为脑力与体力劳动的分离。这说明春秋时期形成的"君子劳心、小人劳力"的说法,其实是阶级产生以来长期形成的观念。管子认为统治者要善于使用臣民,而不要什么事情都自己去干,再高明的统治者仍然有认知和能力方面的局限性:"虽有明君,百步之外,听而不闻;间之堵墙,窥而不见也。"⑥因此,"上贤者亡,而役贤者昌"⑦。君臣都要各司其职,不要代替马去跑,不要代替

---

① 《左传·哀公二年》。
② 《左传·昭公七年》。
③ 《国语·鲁语上》。
④ 《左传·成公十三年》。
⑤ 《左传·襄公十三年》。
⑥ 《管子·君臣上》。
⑦ 《管子·侈靡》。

鸟去飞;领导者不要越位取代各下属的职能,不要干预下面的操作。管子指出:"无为者帝,为而无以为者王,为而不贵者霸。"①明君只要"善用其臣",臣就可能会"善纳其忠也"。② 作为明君,最重要的职责是"选贤论材,而待之以法"③。用人得当,坐而收其福;用人不当,则"奔走而奉,其败事不可胜救也"④。其实国家"未尝乏于胜任之士"⑤,关键是领导者要有发现、选拔、使用和激励人才的有效机制。领导者还要重视对部下的考核,考核有三个原则:"一曰德不当其位;二曰功不当其禄;三曰能不当其官。"⑥这三条做到了,治乱就没有大问题了。

在春秋时期形成的士、农、工、商四业中,士是脱离一般劳动而专门习文练武的职业,大政治家管仲对此的描述是"圣王之处士也,使就闲燕"⑦,韦昭注:"士,讲学道艺者也。"而且主要指武士阶层:"君有此士也三万人,以方行于天下。"⑧春秋晚期,学在官府的局面不断被打破,出现了专门以知识为生的士人阶层,士的组成发生了质的变化,士成为专门的脑力劳动者。这一变化深化了脑力劳动和体力劳动的分离,发展了"劳心""劳力"的社会分工关系。这是社会历史的进步,但也加重了轻视体力劳动的倾向。管子认为士、农、工、商四类人员应当分类居住,不可杂处。知识分子和公职人员应当居住在清净一些的地方,农民应当靠近田野,工匠应当靠近官府,商人应当靠近市井。这样做除了有利于就近劳作以外,还利于邻里之间交流技艺、父子之间传承手艺,从而大大提高劳动生产率。当时齐国曾在齐都临淄稷下造了高门大屋招徕贤士,诸子学派多来云聚,争鸣蔚然成风,齐国成为战国时期最兴盛的国家。齐国设稷下学宫不但吸引了本国的学者,当年各国许多持不同学术观点的学者也不远千里前来讲学,进行不治而议的自由辩论,人们称这些人为"稷下先生",他们各自所集的门徒称为"稷下学士"。后来

① 《管子·乘马·大数》。
② 《管子·君臣上》。
③ 《管子·君臣上》。
④ 《管子·君臣上》。
⑤ 《管子·君臣上》。
⑥ 《管子·立政·三本》。
⑦ 《国语·齐语》。
⑧ 《国语·齐语》。

的孟子、荀子都曾经在稷下讲学、著书立说。

在先秦,直接从事社会物质生产、流通活动的劳动群众居于社会等级的下层,属于"小人"阶层。但农、工、商业本是社会生产的基本职能部门,是社会借以存在和发展的基础,对农业、工业、商业这些社会生产基本职能部门本身,人们实际上从未予以忽视,基本态度便是重农而不轻商(工)。《国语》《左传》二书所载的春秋时期重大史事就不乏涉及重视农业的记述。例如,晋文公言"通商宽农"①;卫文公言"务材训农,通商惠工"②;鲁襄公十一年(前562)秋,晋、鲁等十二诸侯同盟于亳,载书曰:"凡我同盟,毋蕴年,毋雍利。"③按年时月日排比记事的编年史《左传》对农业年成的丰歉、与农业相关的自然灾害等更是多有记载。凡此,皆反映出当时的人们对农业的高度重视。

直到春秋时期,我国都一直是重农而不轻商的。我国古代最初把买卖人叫作商人,就是因殷人经商而得名。西周时,也注意奖掖商旅,鼓励平民经商,因而周人一向有经营商业的传统。前所引《国语》《左传》记载的晋文公、卫文公的施政措施,皆体现了农与工商并重的基本理念。在当时的"工商食官"制度下,不少贵族从事工商业活动,一些领主则控制着工商业。《左传》中记载了子产不愿干预郑国商人的商业经营之事,并追述了西周末郑国东迁河南草创之时,郑桓公与商人们的盟誓之言:"尔无我叛,我无强贾,毋或匄夺。尔有利市宝贿,我勿与知。"④《国语·周语上》则记载了芮良夫反对周厉王、荣夷公"好专利",主要是因为这种专利政策损害了其他贵族及国人的经济利益。可见,在春秋时期,产业伦理的主导思想仍然是重农而不轻商。

重农而不轻商的产业伦理形成于春秋以后,我国"工商食官"的局面逐渐被打破,这与独立的商人资本开始形成有一定的关联。《左传》记载郑商人弦高将市于周,遇敌,"以乘韦先、牛十二犒师,曰:'寡君闻吾子将步师出于敝邑,敢犒从者。……'且使遽告于郑。"⑤不过,单纯商人身份的人,即使

---

① 《国语·晋语四》。
② 《左传·闵公二年》。
③ 《左传·襄公十一年》。
④ 《左传·昭公十六年》。
⑤ 《左传·僖公三十三年》。

广拥资财,社会地位依然不能与贵族相比。如"郑贾人"面对荀罃便自称是"小人",其财虽然"能金玉其车,文错其服,能行诸侯之贿"①,但因为无爵位也只能"韦藩木楗,以过于朝"②。当然这些并不是整个社会轻视商业的表现。

先秦时期,财富在观念上也带有封建等级制度的烙印。富与利的含义,在春秋时期主要限于物质生产领域的物质财富,君子与小人在财富占有的具体内容和范围上也有着不少差别。如土地等自然财富,礼器、兵器、圭璧金璋、命车命服等表征高贵身份的"不鬻之物",唯有国君、大夫等贵族才有资格占有。少功庸的绛之富商,只能"韦藩木楗"。《左传》载宋人得玉献给子罕,子罕说:"我以不贪为宝,尔以玉为宝,若以与我,皆丧宝也。"献玉者便说:"小人怀璧,不可以越乡,纳此以请死也。"③先秦时期,人们往往将财富获取与礼义的观念联系起来。如齐景公赐予晏子邶殿边鄙六十邑,但晏子弗受,子尾有些不解,由是问晏子:"富,人之所欲也,何独弗欲?"晏子对曰:"不受邶殿,非恶富也,恐失富也。"④这是要求人们的求富活动要有节制。秦后子、楚公子干投奔晋国,秦后子富,有车千乘;楚公子干贫,有车五乘。身为太傅、掌管赋禄的叔向对二人皆按上大夫爵位予以"一卒之田"⑤。楚王孙圉聘于晋,赵简子鸣佩玉以相礼,两人围绕楚国的传世宝玉展开议论,王孙圉说:

> 若夫白珩,先王之玩也,何宝焉?圉闻国之宝六而已:圣能制议百物,以辅相国家,则宝之;玉足以庇荫嘉谷,使无水旱之灾,则宝之;龟足以宪臧否,则宝之;珠足以御火灾,则宝之;金足从御兵乱,则宝之;山林薮泽足以备财用,则宝之。若夫哗嚣之美,楚虽蛮夷,不能宝也。⑥

显然,先秦的人们用这种等级伦理观念看待财富的情形,势必会影响人们对财富本质的正确认识与深入分析,不利于经济伦理思想的进步。这一

---

① 《国语·晋语八》。
② 《国语·晋语八》。
③ 《左传·襄公十五年》。
④ 《左传·襄公二十八年》。
⑤ 《国语·晋语八》。
⑥ 《国语·楚语下》。

点,从《国语·晋语七》所载的一事——"戎、狄荐处,贵货而易土,予之货而获其土,其利一也",可见一斑。

先秦时期初步形成了对公与私、富国与富民关系的伦理思考,这种思考不仅在当时有独特的经济生活构建和价值引领的意义,也对后世产生了深远的影响。中华文明的独特路径是从氏族直接过渡到国家,虽然私有制并未得到充分的发展,但毕竟在利益关系及其架构上出现了私有制和私有财产,并对天下为公的价值和社会体系产生了重大的影响。

第二章
管仲、子产、晏婴的经济伦理思想

管仲、子产和晏婴是春秋时期杰出的政治家,他们在实际的治国理政过程中坚持富民为本的伦理价值导向,尊重百姓的生存权益和物质利益,主张薄赋敛、轻刑罚,举贤任能,其思想和政治实践受到以孔孟为代表的儒家的赞许。一些思想史著作将他们三人的思想纳入法家学派加以论述。实际上,他们的思想虽然有法家学说的某些特质,但究其实质,与以商鞅、韩非为代表的法家还是有相当大的区别的。他们的思想倾向与儒家也有不少相吻合的地方,但又不是纯正意义上的儒家。也许是基于此种考虑,司马迁作《史记》时将管仲与晏婴放在一起作传,《汉书·艺文志》将《晏子》八篇与《子思》二十三篇、《曾子》十八篇等置在一起作为儒家文献予以陈述。巫宝三主编的《先秦经济思想史》则将他们三人的经济思想置于春秋时期加以专门论述。我们认为,管仲、子产、晏婴是春秋时期兼有政治家与思想家双重身份的人物,具有亦法亦儒亦道的综合性思想特质,但又与战国时期的杂家有本质的不同。他们在自己治国理政的实际事务中,对经济生活的诸多矛盾和问题有综合施治的考虑,也提出了一些后来被儒、道、墨、法、农、商、兵、杂诸家不断加以引申应用的理论命题和观点。或者可以说,他们代表了不同于百家但又影响百家的政治家的思想观点,成为百家争鸣的源头活水。故此,本卷将他们三人的经济伦理思想置于儒、道、墨、法、农、商、兵、杂诸家经济伦理思想之前,以更好地彰显春秋时期政治家们的经济伦理思想,也可以借此深刻把握实务型政治家们关于中国经济伦理思想的认知与建构,从中领悟到春秋时期战略层面和制度层面的经济伦理思想的特殊韵味。

第一节　管子经济伦理思想

管仲(约前 723—前 645),春秋时期齐国著名的政治家、思想家、军事家、经济家,颍上(今安徽颍上)人,史称管子,名夷吾,谥曰"敬仲",又称管夷吾、管敬仲,后人称其为"春秋第一相"。管仲出身于没落贵族家庭,早年生活贫苦,成年后曾与鲍叔牙合伙经商、关系甚密,后在鲍叔牙的极力举荐下任齐国宰相,留下"管鲍之交"的历史佳话。管仲的思想主要集中于《管子》一书。该书成于战国中后期,虽非管仲本人所著,但管仲的思想却主要通过该书流传。《管子》一书共 24 卷,内容丰富、见解精辟、论述独到,论及道、名、法等家的思想,以及天文、地理、经济和农业等多方面的知识。其中,《轻重》篇对生产、分配、交换、消费等均有论述,是我国古代典籍中不多见的专门论述经济问题的作品,也是研究我国先秦时期经济,特别是农业经济的宝贵资料。管子的经济思想蕴含了深刻的伦理意蕴。虽然《管子》一书没有将"经济伦理"作为条目提出来,但用现代经济伦理思想去解读,还是可以发现该书中有着颇为丰富而又精湛的经济伦理思想。司马迁《史记》有言:管仲"其为政也,善因祸而为福,转败而为功……齐国遵其政,常强于诸侯"[1]。孔子对管仲治理齐国作出的贡献,亦给予高度肯定,指出:"管仲相桓公,霸诸侯,一匡天下,民到于今受其赐。微管仲,吾其被发左衽矣。岂若匹夫匹妇之为谅也,自经于沟渎而莫之知也?"[2]意思是说,管仲在辅佐齐桓公期间一匡天下,九合诸侯,人民到今天还在承受他的好处。假若没有管仲,我们至今还会像未开化的族群一样披头散发、衣襟向左边开呢!难道我们要他像匹夫匹妇一样守着小节小信,在山沟中上吊殉死,从而湮没无闻吗?孔子的评价,凸显了管仲辅佐齐桓公所建立的德业和所作出的历史贡献。

一、国家本位的伦理价值取向

人们多认为明确提出功利主义概念的是西方思想家们,其实功利主义的经济伦理主张在我国有悠久的历史。姜太公在齐建国伊始,就明确推行了功利主义原则。《史记·齐太公世家》载:"太公至国,修政,因其俗,简其礼,通商工之业,便鱼盐之利,而人民多归齐,齐为大国。"但一般认为,在中文里,"功利"一词最早出现于《管子》一书,是《管子》一书首先构建了我国古代的功利主义伦理思想体系。在功利主义思想阐发方面,管子的主要贡献是依据人类生存的本性要求,肯定功利的价值,从治国安民、发展经济的大局出发,提出国家本位的功利主义伦理价值取向,并将其广泛适用于其他经济领域。

---

[1]《史记·管晏列传》。
[2]《论语·宪问》。

人是追逐利益的动物,功利是俗世中人的普遍追求,但出身不同阶级、有着不同利益要求的人们对功利往往有不同的看法和评价。管子大胆肯定自利是人的天性,是贵是贱、是贤是愚,莫不如此。在这一点上,既无对错与好坏之分,也没有高尚与卑贱之别。《禁藏》篇言,"得所欲则乐,逢所恶则忧,此贵贱之所同有也","凡人之情,见利莫能勿就,见害莫能勿避"。《形势解》篇言:"民之情,莫不欲生而恶死,莫不欲利而恶害。"管子还以社会现实中的人作为证明。《禁藏》篇言:

> 其商人通贾,倍道兼行,夜以续日,千里而不远者,利在前也。渔人之入海,海深万仞,就彼逆流,乘危百里,宿夜不出者,利在水也。故利之所在,虽千仞之山,无所不上;深源之下,无所不入焉。故善者,势利之在,而民自美安。不推而往,不引而来,不烦不扰,而民自富。如鸟之覆卵,无形无声,而唯见其成。

但是管子坚决反对为所欲为,尤其痛斥侵害国家利益的个人功利行为。在管子经济伦理思想中,实现国家富强是根本目标:发展生产既是为了解决老百姓的温饱问题,更是因为这是实现富国强兵的根本;交换的发展对百姓非常有利,更重要的却在于通过交换活动来通货积财,达到富国的目的;分配的重要目的当然是满足老百姓的基本生活需要,但在分配中国家可以通过税收等政策占有大部分的生产果实;消费方面,管子提倡勤俭节约是为了降低全社会的消费水平,保证国库充实,但管子又提倡"侈靡",其真正用意在于通过推动消费带动国民经济发展,目的还是富国。可见,管子经济伦理思想是以"国家本位"为根本原则的。

那么强国目标又如何实现呢? 管子认为关键是使社会经济有序运转,为此应当从多方面着手,加强综合管理调控。《五辅》篇言:

> 德有六兴,义有七体,礼有八经,法有五务,权有三度。所谓六兴者何? 曰:辟田畴,利坛宅,修树艺,劝士民,勉稼穑,修墙屋,此谓厚其生;发伏利,输滞积,修道途,便关市,慎将宿,此谓输之以财;导水潦,利陂沟,决潘渚,溃泥滞,通郁闭,慎津梁,此谓遗之以利;薄征敛,轻征赋,弛刑罚,赦罪戾,宥小过,此谓宽其政;养长老,慈幼孤,恤鳏寡,问疾病,吊祸丧,此谓匡其急;衣冻寒,食饥渴,匡贫窭,振疲露,资乏绝,此谓赈其

穷。凡此六者,德之兴也。六者既布,则民之所欲无不得矣。夫民必得其所欲,然后听上;听上,然后政可善为也。故曰德不可不兴也。

管子从宏观角度出发,在推进社会基础设施建设,保障生产、交换、分配、赋税征收活动顺利进行,保障弱势群体的生活,等等方面,都提出了一些构想;可以认为,这些也是管子为保证国民经济生活有序运行而提出的基本行动指导纲领。其中征税是国家干预经济的基本方式,管子对此有比较充分的论述。管子在赋税领域的基本立场是薄税,对此《管子》有多个篇章涉及,而且所述蕴含了对百姓的深厚伦理关怀:《中匡》篇从"国之大礼"的高度评价"薄税敛,轻刑罚"的意义;《五辅》篇中将"薄征敛,轻征赋,弛刑罚,赦罪戾,宥小过,此谓宽其政"视作"王德"的六种体现之一,又将"薄税敛,毋苛于民,待以忠爱,而民可使亲"视为辅助君主成就霸王之业的三种有力举措之一。

管子如此看重薄税,一方面是因为其心中有着藏富于民的伦理观念,另一方面在于现实使他充分认识到了重税会给国家带来严重的危害:人少之国,若能根据人民收入合理地索取赋税,同时限制政府支出,便会国泰民安;人多之国,若贪婪地剥削人民,又挥霍无度,必然面临灭亡的危险。所以政府应尽量少从人民那儿索取,在保障充足、体面消费的前提下,应该将剩下的全部留给"家",所谓"府不积货,藏于民也"[1]。《权修》篇言:

> 赋敛厚,则下怨上矣;民力竭,则令不行矣。下怨上,令不行,而求敌之勿谋己,不可得也。
>
> ⋯⋯⋯⋯⋯⋯
>
> 故取于民有度,用之有止,国虽小必安;取于民无度,用之不止,国虽大必危。

管子的薄税主张与其对人性的认识也有关系。管子认识到"民予则喜,夺则怒,民情皆然"是人性的根本特点,由此主张在征收赋税上应做到"见予之形,不见夺之理"。[2] 具体操作办法是通过控制粮食、盐、铁等人们的生活

---

[1]《管子·权修》。
[2]《管子·国蓄》。

必需品来保证国家的财政收入,这就是所谓的寓税于利、以利代税的收税办法。

那么,何种税率才算薄税呢?《管子》并非一时一人之作,各处的记载自然也不尽相同,但所载的田赋基本上都在"什取一""二十取一"左右浮动,灾荒之年还会适当减免,"田租百取五,市赋百取二,关赋百取一"①。"桓公践位十九年,弛关市之征,五十而取一。赋禄以粟,案田而税。二岁而税一,上年什取三,中年什取二,下年什取一;岁饥不税,岁饥弛而税。"②管子主张的关市之征就更轻了,达到了五十取一甚至一百取一的程度。为了更好地落实其盐、铁政策,管子甚至主张彻底放弃关市之征:"通齐国之鱼盐东莱,使关市几而不征,廛而不税。"③这样的低税标准在先秦诸子中是很少见的,甚至比以倡导仁政著称的孟子所提的什一之税还要低很多。

如果说薄税是管子的基本主张的话,那么公平便是管子赋税政策的基本理念。在《乘马》篇中,管子对不同土地的生产能力进行了详细的评估:"地之不可食者,山之无木者,百而当一……泽,网罟得入焉,五而当一。命之曰地均,以实数。"④在赋税的征收方式方面,尤其是在田赋的征收上,管子特别推崇按土地的贫瘠程度和生产能力纳税,即所谓的"案田而税"⑤和"相地而衰其政"⑥。除了土地生产能力外,管子还充分考虑水旱年份等自然气候因素,主张根据自然天象与降水情况合理减少农民的赋税,这也是《管子》合理分担赋税思想的重要内容。《乘马·士农工商》言:

> 十仞见水不大潦,五尺见水不大旱。十一仞见水,轻征,十分去二三,二则去三四,四则去四,五则去半,比之于山。五尺见水,十分去一,四则去三,三则去二,二则去一。三尺而见水,比之于泽。

在山林池泽等产品的赋税征收上,为了保障富人与穷人均能根据其财力选择适合自己消费的产品,管子主张以林木粗细程度决定赋税高低。这

---

① 《管子·幼官》。
② 《管子·大匡》。
③ 《管子·小匡》。
④ 《管子·乘马·士农工商》。
⑤ 《管子·大匡》。
⑥ 《管子·小匡》。

种赋税征收方式在最大程度上避免了剥削者转嫁赋税负担的可能,更加凸显了政策的公平。《山国轨》篇言:

> 君立三等之租于山,曰:握以下者为柴楂,把以上者为室奉,三围以上为棺椁之奉。柴楂之租若干,室奉之租若干,棺椁之租若干……巨家重葬其亲者服重租,小家菲葬其亲者服小租;巨家美修其宫室者服重租,小家为室庐者服小租。

在微观经济方面,管子主张政府积极介入。管子非常重视农业生产,为此他提出了设置官员督促生产以保证生产顺利进行的主张:"官不理则事不治,事不治则货不多。"①管子对官员分工作了非常明晰的规定。《立政·省官》言:

> 修火宪,敬山泽林薮积草,天财之所出,以时禁发焉,使民足于宫室之用,薪蒸之所积,虞师之事也。决水潦,通沟渎,修障防,安水藏,使时水虽过度,无害于五谷,岁虽凶旱,有所秒获,司空之事也。相高下,视肥硗,观地宜,明诏期,前后农夫,以时均修焉,使五谷桑麻皆安其处,由田之事也。行乡里,视宫室,观树艺,简六畜,以时钧修焉,劝勉百姓,使力作毋偷,怀乐家室,重去乡里,乡师之事也。论百工,审时事,辨功苦,上完利,监壹五乡,以时钧修焉,使刻镂文采毋敢造于乡,工师之事也。

管子还提出了资源节约观。尧之时,百姓从事农业生产时可以做到"山不童而用赡,泽不弊而养足"②,这让管子特别向往。为了不误农时,保证粮食生产的可持续进行,管子也提出了类似的主张:"非私草木爱鱼鳖也,恶废民于生谷也。"③为了使这种保障更为巩固与坚实,管子又从制度层面采取了一系列措施,主要是设立了专门的管理机构,由专业的管理人员对自然资源进行细致有效的管理。《小匡》篇谈到"工立三族,泽立三虞,山立三衡",其中的"三虞""三衡",以及《立政》篇所提到的"虞师"就是专门负责管理山泽资源的官员。

---

① 《管子·乘马·阴阳》。
② 《管子·侈靡》。
③ 《管子·八观》。

　　无论是宏观还是微观管理思想,均有一定的伦理理念贯穿其中。管子对民既有价值高度的伦理认识,也有对利民的管理目标的伦理设定。管子提出并实践的基本理念是"以民为本""任人唯贤"。在我国的管理思想史上,一般认为最早清楚明确地提出这一思想的就是管子。在管子看来,老百姓是决定国家兴衰、王霸之业成败的关键所在,绝不能随意对待,更不能粗暴对待;国家管理者只要真心爱护百姓、善待百姓,最终必然会"民归之如流水",国家兴盛的局面必然会出现。《霸形》篇中有这样一段对话:

　　　　管子对曰:"君若将欲霸王举大事乎? 则必从其本事矣。"桓公变躬迁席,拱手而问曰:"敢问何谓其本?"管子对曰:"齐国百姓,公之本也。人甚忧饥,而税敛重;人甚惧死,而刑政险;人甚伤劳,而上举事不时。公轻其税敛,则人不忧饥;缓其刑政,则人不惧死;举事以时,则人不伤劳。"桓公曰:"寡人闻仲父之言此三者,闻命矣,不敢擅也,将荐之先君。"于是令百官有司,削方墨笔。明日,皆朝于太庙之门朝,定令于百吏。使税者百一钟,孤幼不刑,泽梁时纵,关讥而不征,市书而不赋。近者示之以忠信,远者示之以礼义。行此数年,而民归之如流水。

　　从这段对话可见,管子的政治经济大目标是"富上而足下",最后王霸天下。利民则是管子经济管理思想实践的基本出发点和重要的管理目标。管子施行均地分力、与民分货、减轻老百姓负担、振济贫弱等管理措施,目的就是要对百姓"输之以财""遗之以利"①、"以天下之财,利天下之人"②。这些主张使得管子的宏观管理思想的人本色彩尤其鲜明。

　　管子提出用人唯贤是确保人本管理顺利实施的关键。用人唯贤的前提是做好推荐与培养人才的工作。关于荐人,《牧民·六亲五法》言:

　　　　天下不患无臣,患无君以使之;天下不患无财,患无人以分之。故知时者可立以为长;无私者可置以为政;审于时而察于用而能备官者,可奉以为君也。

　　关于培养人才,管子提出百年大计,人才为本。《权修》篇言:

①《管子·五辅》。
②《管子·霸言》。

一年之计，莫如树谷；十年之计，莫如树木；终身之计，莫如树人。一树一获者，谷也；一树十获者，木也；一树百获者，人也。我苟种之，如神用之，举事如神，唯王之门。

二、"务本饰末"的产业伦理思想

"务本饰末"是管子产业伦理思想的基本主张，《管子》一书反复出现"务本饰末""重本抑末"和"严禁文巧、末作"的说法便是证明。何谓"本"，何谓"末"？《权修》篇解释说："故上不好本事，则末产不禁；末产不禁，则民缓于时事而轻地利；轻地利而求田野之辟，仓廪之实，不可得也。"《重令》篇论述得更为详细：

菽粟不足，末生不禁，民必有饥饿之色，而工以雕文刻镂相稚也，谓之逆。布帛不足，衣服毋度，民必有冻寒之伤，而女以美衣锦绣綦组相稚也，谓之逆……畜长树艺，务时殖谷，力农垦草，禁止末事者，民之经产也。

可见管子所谓的"本"就是农业；"末"则与"文巧"并提，主要指奢侈品的制作。"重本"和"务本"即以农为本；"饰末"就是对"末产"进行治理整顿，主要指整顿治理奢侈品市场。管子之所以高度重视"本"，首要原因当然在于农业生产是民生之本。《牧民·国颂》："不务天时则财不生，不务地利则仓廪不盈。"《揆度》篇："一农不耕，民有为之饥者；一女不织，民有为之寒者。"《权修》篇："一年之计，莫如树谷；十年之计，莫如树木；终身之计，莫如树人。"

在管子看来，生产不仅是民生之本，更是富国、强国之本；只有不断地发展生产，财货才会源源不断，府藏才会取之不尽，才可能民与国共富。"务五谷，则食足；养桑麻，育六畜，则民富。"[1]在《立政·五事》中，管子的这种观点表达得更是淋漓尽致：

君之所务者五：一曰山泽不救于火，草木不植成，国之贫也；二曰沟

---

[1] 《管子·牧民·士经》。

渎不遂于隘,障水不安其藏,国之贫也;三曰桑麻不植于野,五谷不宜其地,国之贫也;四曰六畜不育于家,瓜瓠荤菜百果不备具,国之贫也;五曰工事竞于刻镂,女事繁于文章,国之贫也。故曰:山泽救于火,草木植成,国之富也;沟渎遂于隘,障水安其藏,国之富也;桑麻植于野,五谷宜其地,国之富也;六畜育于家,瓜瓠荤菜百果备具,国之富也;工事无刻镂,女事无文章,国之富也。

管子还强调农业生产是成就王霸事业之本。《管子》首篇《牧民》开头便谈到,只有国家富裕了,才能吸引远方人士来此生产生活;只有土地得到充分开发,老百姓才会安居乐业、不愿离去:"国多财则远者来,地辟举则民留处。"[①]《霸言》篇便说:"其君如明而非明也,其将如贤而非贤也,其人如耕者而非耕也,三守既失,国非其国也。"《治国》篇则说:"民事农则田垦,田垦则粟多,粟多则国富。国富者兵强,兵强者战胜,战胜者地广。"

生产的主体是劳动者,这是生产必不可少的要素,务本首先就得重视生产者。管子对生产者饱含关爱之情,《管子》的《问》篇像是一份调查纲要,内容广泛涉及各个方面,但问得最多的还是老百姓的生活情况:"问独夫、寡妇、孤寡、疾病者几何人也? ……问理园圃而食者几何家? 人之开田而耕者几何家? 士之身耕者几何家?"

管子关爱生产者的另一表现是提出应努力减轻生产者的负担。《霸言》篇便说:"公轻其税敛,则人不忧饥;缓其刑政,则人不惧死;举事以时,则人不伤劳。"管子还在物质生产条件方面给生产者以支持,如提供农贷。《臣乘马》篇曰:"百亩之夫,予之策:率二十七日为子之春事,资子之币。"管子还提出应注意引导百姓进行生产劳动。《轻重己》篇言:

> 以冬日至始,数九十二日,谓之春至。天子东出其国九十二里而坛,朝诸侯卿大夫列士,循于百姓,号曰祭星。十日之内,室无处女,路无行人。苟不树艺者,谓之贼人。下作之地,上作之天,谓之不服之民。处里为下陈,处师为下通,谓之役夫。三不树而主使之。天子之春令也。

---

① 《管子·牧民·国颂》。

对那些不事耕作、扰乱百姓生活的人，管子称其为害群之马，主张绳之以法。"从令者不辑，则百事无功；百姓不安其居，则轻民处而重民散。"①"发号出令，罚而勿赏，夺而勿予。罪狱诛而勿生，终岁之罪，毋有所赦。"②管子认识到人才是发展生产的根本，应对有特殊才干的生产能手进行适当的物质奖励。《山权数》篇言：

> 民之能明于农事者，置之黄金一斤，直食八石。民之能蓄育六畜者，置之黄金一斤，直食八石。民之能树艺者，置之黄金一斤，直食八石。民之能树瓜瓠荤菜百果使蕃育者，置之黄金一斤，直食八石。民之能已民疾病者，置之黄金一斤，直食八石。民之知时，曰岁且厄，曰某谷不登，曰某谷丰者，置之黄金一斤，直食八石。民之通于蚕桑，使蚕不疾病者，皆置之黄金一斤，直食八石。谨听其言而藏之官，使师旅之事无所与，此国策之大者也。

掌握生产资料是生产得以进行的根本前提，生产资料主要指生产工具和土地。管子高度重视生产工具和土地的作用，为此提出了独具特色的生产资料伦理观：一是努力发展生产工具的生产。《管子》中所说的"四民分业"，其中之一为手工业者。考虑到贫穷百姓可能因为购置不起生产工具而误了农事，管子提出可以将农具租用给广大农民，以保障"无赀之家皆假之械器"③。二是充分发挥土地效能。管子强调要充分发挥已有土地资源的潜力，所谓"地大而不为，命曰土满"④。所以，要"辟地""垦田"，还得充分调动生产者的积极性，为此应"均地分力""与之分货"；同时，反对乱砍滥伐、破坏生态平衡的行为。《禁藏》篇云："毋杀畜生，毋拊卵，毋伐木，毋夭英，毋拊竿，所以息百长也。"

管子对农业生产的季节性尤为重视，指出误了农时必然造成直接的农业经济损失。《禁藏》篇指出："夫为国之本，得天之时而为经。"《乘马·失时》指出："今日不为，明日亡货。"另外，《臣乘马》篇载有桓公与管仲的一段对话：

---

① 《管子·七法·百匿》。
② 《管子·轻重己》。
③ 《管子·山国轨》。
④ 《管子·霸言》。

　　桓公曰:"何谓国无储在令?"管子对曰:"一农之量壤百亩也,春事二十五日之内。"桓公曰:"何谓春事二十五日之内?"管子对曰:"日至六十日而阳冻释,七十日而阴冻释。阴冻释而秇稷,百日不秇稷,故春事二十五日之内耳也。今君立扶台,五衢之众皆作。君过春而不止,民失其二十五日,则五衢之内阻弃之地也。"

　　管子所谓"重本"主要指重视粮食生产,但管子并非孤立的粮食论者,而是强调在保证粮食的前提下,应追求多种经营综合发展。《立政》篇明确提出,除粮食生产外,农牧渔等副业也是国家富裕的途径,均应大力发展:"桑麻植于野,五谷宜其地,国之富也;六畜育于家,瓜瓠荤菜百果备具,国之富也。"①

　　在管子的产业伦理思想中,"务本"与"饰末"两者常常是放在一处来谈的,二者并行不悖、相辅相成:没有"务本",也就无须"饰末";欲要"务本",又必须"饰末"。《治国》篇言:

　　今为末作奇巧者,一日作而五日食。农夫终岁之作,不足以自食也。然则民舍本事而事末作。舍本事而事末作,则田荒而国贫矣。

　　管子的意思是说,"文巧""末作"之类的奢侈品没有任何实用价值,市场又严重过剩,实在是对劳动力的浪费,但其产生的超额利润却会吸引人们弃农从之。国家若不发出号令对市场进行整顿,很多人都会趋之若鹜,很容易导致农田荒废、农业衰颓。

　　至于"饰末"的措施,管子的基本主张有二:一是提倡"崇俭黜奢",实行消费的等级制,以限制奢侈品的消费量。《八观》篇指出,大力提倡节俭,使社会盛行节俭之风,可使奢侈品没有市场,从而抑制其生产,进而控制社会的侈靡之风,达到重本抑末的目的:"国侈则用费,用费则民贫,民贫则奸智生,奸智生则邪巧作。"管子所谓的等级消费就是主张对不同等级的人提出不同的消费标准:"度爵而制服,量禄而用财……虽有贤身贵体,毋其爵不敢服其服;虽有富家多资,毋其禄不敢用其财。"②当人们内化了等级消费理念

---

① 《管子·立政·五事》。
② 《管子·立政·服制》。

时,广大老百姓就会自觉进行低档消费,统治阶级仍然进行适度的高消费;这样,整个社会奢侈品的消费便不会太严重,从而达到"饰末"的目的。

二是通过法律手段销禁非法奢侈品。基本做法是通过对已有的奢侈品进行消除其奢侈工艺的再"加工",使其回复到简朴的面貌;设置执法人员清查市场内外,遇到这些"无用之物"便及时处理,不让它继续流通。同时,通过禁止民间"良工"非法从事奢侈品的生产,确保从源头上封杀奢侈品。通过这种种努力,便可保证民间不再有这类东西了。《五辅》篇言:

> 是故博带梨,大袂列,文绣染,刻镂削,雕琢采,关几而不征,市廛而不税。古之良工,不劳其知巧以为玩好。是故无用之物,守法者不失。

对于那些既非本亦非末的普通工商业,管子的基本态度是既不重点扶持也不刻意打击。在管子看来,合理的社会经济结构是以农为本,以工商为辅,工商业本身是值得发展的;只是强调工商业主不能非法牟取暴利,手工业者不能非法制作奢侈品。《轻重乙》篇载桓公曰:"吾欲杀正商贾之利而益农夫之事,为此有道乎?"说的便是要扼制商贾的利润以保障农民从事农业能够获益。《轻重乙》篇又载管子对曰:"请以令与大夫城藏,使卿诸侯藏千钟,令大夫藏五百钟,列大夫藏百钟,富商蓄贾藏五十钟。内可以为国委,外可以益农夫之事。"这些话说明了管子对商贾获得过多利润的不满。桓公采纳了管子的建议,"则正商失其事,而农夫有百倍之利矣"①。

管子高度重视市场交换的作用,提出通过交换人人可获得所需,大家互相有利。管子把市场比作观察经济社会发展的镜子,通过市场的物产情况可以了解社会治乱情况:市场物产匮乏,物价波动幅度大,市场气氛紧张,说明人民生活艰困,社会必定动荡不安;相反,市场物产丰盛,物价平稳,人民生活富庶、安居乐业,交易能轻松合理地进行,说明社会必定太平。在对市场交换进行伦理肯定的同时,管子指出市场只是手段而不是目的,交换的根本目的是要满足老百姓的生活需要,即保障"民用足"。因此,管子反对把市场发展成为囤积居奇、牟取暴利的场所,更反对百姓放弃以农为本而把主要精力投到市场上去逐利。

对于商人的地位和作用,管子高度肯定,提出"士农工商四民者,国之石

---

① 《管子·轻重乙》。

民也"①。《小匡》篇言：

> 今夫商群萃而州处,观凶饥,审国变,察其四时而监其乡之货,以知
> 其市之贾。负任担荷,服牛辂马,以周四方。料多少,计贵贱,以其所有,
> 易其所无,买贱鬻贵。是以羽旄不求而至,竹箭有余于国,奇怪时来,珍
> 异物聚。

但是管子非常反对商人获得暴利。在管子看来,"商贾之利"与"国家之利"本就存在冲突,特别是商人对老百姓盘剥过多会导致民生凋敝、社会不稳定;更严重的是,商人势力如果过大,在妨碍国家经济正常运行的同时,还会危害国家其他利益。基于这些考虑,管子建议统治者想方设法地防备、控制巨商大贾们,确保"大贾蓄家不得豪夺吾民"②。

管子还提出了诚信为本的商业伦理观。一是强调经商须"诚"。《乘马·士农工商》云:"非诚贾不得食于贾,非诚工不得食于工,非诚农不得食于农,非信士不得立于朝。"二是经商应专业化。《小匡》篇指出,商人"少而习焉,其心安焉,不见异物而迁焉。是故其父兄之教不肃而成,其子弟之学不劳而能。夫是故商之子常为商"。

随着商品经济的发展,作为交换媒介和流通手段的货币的作用愈来愈显著。在这种背景下,管子对货币问题展开了一些论述。管子不把黄金刀币看作代表贵族身份的专利品,而是视其为民间普通的交换用品,在我国经济思想史上首先提出了"通货"的说法:"黄金刀币,民之通施也。"③"刀币者,沟渎也。"④这意味着他已经认识到货币作为流通手段的职能。管子还看到了货币是影响老百姓生活的重要经济因素,希望通过货币政策的施行迫使老百姓努力劳作,创造出更多的社会财富。《国蓄》篇便云:"黄金刀币,民之通施也。故善者执其通施,以御其司命,故民力可得而尽也。"

商品价值通过货币表现便是价格,管子对价格问题进行了深入的思考,这种思考渗透着一种追求公平的伦理精神。管子提出政府应该防止谷价太

---

① 《管子·小匡》。
② 《管子·国蓄》。
③ 《管子·国蓄》。
④ 《管子·揆度》。

贵或太贱，以防富商大贾囤积居奇，使"君必有什倍之利"①，即努力使"大贾蓄家不得豪夺吾民"②。他还特别针对富商蓄贾设计了"平价"政策："迁封食邑、富商蓄贾、积余藏羡跱蓄之家，此吾国之豪也。"③考虑到"世且并兼而无止，蓄余藏羡而不息"④，管子要求富商们将"五谷菽粟布帛文采"⑤按规定价格售给国家。管子的这种体现公平的税收政策打击了民间豪商巨贾们的经济势力，与现代社会对高收入者征收所得税的政策非常相似，取得了较好的实施效果。

三、均富济民的分配观与顺民因俗的消费观

管子分配思想的根本宗旨是"富上而足下"，《小问》篇将其定性为"圣王之至事"。"富上而足下"，用现代语言解释便是兼顾统治阶级和被统治阶级的利益，确保彼此都能得到相对充足的生产生活资料。管子力倡"富上而足下"的分配观，主要出自两方面的考虑：一是"贫富无度"不利于国家法令的畅达与落实；二是"贫富无度"容易引发民众违背礼仪的行为，导致社会动乱，甚至最终致使国家灭亡。管子还解答了这一思想的伦理依据。《五辅》篇载管子言：

> 上下有义，贵贱有分，长幼有等，贫富有度。凡此八者，礼之经也。故上下无义则乱，贵贱无分则争，长幼无等则倍，贫富无度则失。上下乱，贵贱争，长幼倍，贫富失，而国不乱者，未之尝闻也。

需要说明的是，管子反对"甚富"与追求"仓廪实""衣食足"并不矛盾。管子强调"仓廪实"，肯定的是人民拥有适度的财富便可"知礼节""知荣辱"。一旦超过了这一界限，达到以利诱民的"甚富"程度，那就是管子不愿看到的现象了。

至于贯彻"富上而足下"这一宗旨的根本措施，管子的基本主张有二，即"能夺""能予"。管子认识到能否实现公平分配是直接关系到民心归顺的大问题，所以他特别强调"公平"和"论功计劳"是应坚持的根本原则；其基本内

---

① 《管子·国蓄》。
② 《管子·国蓄》。
③ 《管子·轻重甲》。
④ 《管子·轻重甲》。
⑤ 《管子·轻重丁》。

涵是根据人们各自的贡献分配相应的财物,该赏则赏、该罚则罚,赏罚分明。《七法·百匿》言:

> 论功计劳,未尝失法律也。便辟、左右、大族、尊贵、大臣,不得增其功焉;疏远、卑贱、隐不知之人,不忘其劳。故有罪者不怨上,爱赏者无贪心,则列陈之士皆轻其死而安难,以要上事,本兵之极也。

与此同时,为了解决社会上业已存在的"贫富不齐"现象,管子主张充分利用国家权力进行"夺"和"予"的二次分配。管子所谓的"夺"并非强取豪夺,而是利用封建国家的权力,通过价格政策、贷放政策和财政政策的实施限制富商大贾、特权阶层与政府争利。管子所谓的"予"也并非无条件给予,而是给人民提供比高利贷利率低一些的贷款,根本目的在于使"长者断之,短者续之,满者洫之,虚者实之"①。管子的这种分配观与其国家伦理观也有一定的关系。管子视"衣冻寒,食饥渴,匡贫窭,振疲露,资乏绝,此谓赈其穷"②为"君德"的六种体现之一;视"散积聚,钧羡不足,分并财利而调民事"③为政府的基本职能。也正是因为有这样的看法,管子才得出如下论断:"故予之在君,夺之在君,贫之在君,富之在君。"④"夫富能夺,贫能予,乃可以为天下。"⑤

在管子的经济伦理思想中,消费历来是一个颇有争议的领域,主要是因为《侈靡》篇的存在使得不少人将管子与"侈靡消费"的主张联系起来,却忽视了管子实际上只是在荒年"凶旱水泆,民失本则"⑥时才鼓励富人们进行侈靡消费以刺激经济恢复。也就是说,管子的消费伦理思想是常态下"节俭",异态下"侈靡"。在当时的生产生活条件下,一般百姓能够维持生活已算不错,不得不非常节俭。管子的节俭消费主张主要是针对君主、士大夫等上层统治者的。《七臣七主》篇载管子将"节用"列为明君六务之首;《重令》篇载,在"国虽富"的情况下,管子仍提倡国君应主动节制消费欲望,做到"不侈泰,不纵欲";《四称》篇则载有管子对"无道之君""大其宫室,高其台榭……

---

① 《管子·小称》。
② 《管子·五辅》。
③ 《管子·国蓄》。
④ 《管子·国蓄》。
⑤ 《管子·揆度》。
⑥ 《管子·乘马数》。

繁其钟鼓……獠猎毕弋，暴遇诸父。驰骋无度，戏乐笑语"等诸多奢侈行为的批判。另外，《法法》篇载管子想通过"明君制宗庙，足以设宾祀，不求其美。……故曰：俭其道乎"来说服国君实行节俭的消费方式。管子还将节俭消费的正面效应和奢侈消费的反面后果进行对比说明。《禁藏》篇言：

> 故圣人之制事也，能节宫室、适车舆以实藏，则国必富、位必尊；能适衣服、去玩好以奉本，而用必赡、身必安矣；能移无益之事、无补之费，通币行礼，而党必多、交必亲矣。

《权修》篇言：

> 舟舆饰，台榭广也；赏罚信而兵弱者，轻用众，使民劳也。舟车饰，台榭广，则赋敛厚矣；轻用众，使民劳，则民力竭矣。赋敛厚，则下怨上矣；民力竭，则令不行矣。下怨上，令不行，而求敌之勿谋己，不可得也。

管子之所以将消费伦理的关注点集中在统治者身上，主要是因为他看到国君节俭消费会在整个国家产生示范作用。《牧民·六亲五法》言：

> 召民之路，在上之所好恶。故君求之则臣得之，君嗜之则臣食之，君好之则臣服之，君恶之则臣匿之。

《法法》篇言：

> 故上之所好，民必甚焉。

《七臣七主》篇言：

> 主好本则民好垦草莱，主好货则人贾市，主好宫室则工匠巧，主好文采则女工靡。

当然，管子的节俭思想也没有忽略对普通百姓的关注。《形势解》篇便言："人惰而侈则贫，力而俭则富。"《五辅》篇则言："纤啬省用，以备饥馑。"这些就是针对普通民众而言的。

总之，一般情况下，管子是持"节俭"消费的态度的。但在灾荒之年，管子的消费主张似乎有了根本性改变，将原来提倡节俭消费转变为鼓励奢侈消费。《侈靡》《任法》篇集中论述了相关内容：

> 兴时化若何？莫善于侈靡。

· · · · · · · · · · ·

故尝至味而，罢至乐而。雕卵然后瀹之，雕燎然后爨之。①

圣君则不然，守道要，处佚乐，驰骋弋猎，钟鼓竽瑟，宫中之乐，无禁围也。不思不虑，不忧不图，利身体，便形躯，养寿命，垂拱而天下治。②

管子何以提倡侈靡消费呢？仔细通读《侈靡》全篇再结合其他篇的论述就不难找到答案：

饮食者也，侈乐者也，民之所愿也。足其所欲，赡其所愿，则能用之耳。今使衣皮而冠角，食野草，饮野水，孰能用之？伤心者不可以致功……富者靡之，贫者为之，此百姓之怠生，百振而食，非独自为也，为之畜化。③

如以予人财者，不如毋夺时；如以予人食者，不如毋夺其事，此谓无外内之患。④

巨瘞培，所以使贫民也；美垄墓，所以使文明也；巨棺椁，所以起木工也；多衣衾，所以起女工也。犹不尽，故有次浮也，有差樊，有瘞藏。作此相食，然后民相利，守战之备合矣。⑤

故上侈而下靡，而君臣上下相亲，则君臣之财不私藏，然则贫动肢而得食矣。⑥

国贫而鄙富，莫美于市国；国富而鄙贫，莫尽如市。市也者，劝也。劝者，所以起本事而末事起。不侈，本事不得立。⑦

圣君任法而不任智，任数而不任说，任公而不任私，任大道而不任小物，然后身佚而天下治。⑧

若岁凶旱水泆，民失本，则修宫室台榭，以前无狗后无彘者为庸。故修宫室台榭，非丽其乐也，以平国策也。⑨

①《管子·侈靡》。
②《管子·任法》。
③《管子·侈靡》。
④《管子·侈靡》。
⑤《管子·侈靡》。
⑥《管子·侈靡》。
⑦《管子·侈靡》。
⑧《管子·任法》。
⑨《管子·乘马数》。

此时管子为奢侈消费主张提供的人性依据是人人都有极力满足自己感官享受的一面，为了实现"能用之"的管理目的，国君应因顺人性的这一特点。可见，管子的奢侈消费主张就根本而言依然是服务于治国需要的。管子提出，当生产不振、经济疲软时，侈靡消费可以起到以工代赈的特殊作用。管子以富人的厚葬为例：富人在丧葬方面的奢侈消费，使得"贫民""文萌（工匠）"和"木工""女工"等相关劳动者有了赚钱的机会。同样，在荒年大兴土木，由国家搞一些"宫室台榭"之类的大型工程，也会给众多百姓提供劳动的机会。管子的这些思想与凯恩斯主张通过国家投资摆脱经济危机的思想非常类似，只是管子的这种主张似乎忽视了在灾荒之年民众生活艰难困苦时，富有者奢侈消费必然造成不良影响。

管子"俭侈并重"的消费观并非绝对僵化不变的，因为过分地"俭"和过分地"侈"都不理性，太俭会妨碍生产活动，太侈又会使财物匮乏，所谓"俭则伤事，侈则伤货"[1]。管子认为，要避免过奢和过俭，就要根据等级身份确定各自的消费标准，做到适度消费。《禁藏》篇言：

> 故立身于中，养有节。宫室足以避燥湿，食饮足以和血气，衣服足以适寒温，礼仪足以别贵贱，游虞足以发欢欣，棺椁足以朽骨，衣衾足以朽肉，坟墓足以道记。不作无补之功，不为无益之事。

《立政·服制》言：

> 度爵而制服，量禄而用财。……虽有贤身贵体，毋其爵不敢服其服；虽有富家多资，毋其禄不敢用其财。天子服文有章，而夫人不敢以燕以飨庙。将军大夫以朝，官吏以命，士止于带缘。散民不敢服杂采，百工商贾不得服长鬈貂。刑余戮民不敢服丝，不敢畜连乘车。

在我国先秦经济伦理思想中，管子的经济伦理思想体系最完备、观点最深刻，极具有创新精神。《管子》一书兼从宏观和微观两个层面进行了深刻的经济伦理阐释和论述，这在我国古代乃至全世界都是十分罕见的。"国家本位"是管子经济伦理思想的根本原则。管子要求所有的经济活动必须以国家利益为重，强调大力发展国民经济，通过国家机器的积极干预使国家走

[1]《管子·乘马·士农工商》。

向民富国强,最终实现称霸于诸侯的理想。梁启超视管子为国民经济学的奠基性人物,指出:"善言经济者,必合全国民而盈虚消长之,此国民经济学所为可贵也。此义也,直至最近二三十年间,始大昌于天下。然吾国有人焉于二千年前导其先河者,则管子也。……管子之言经济也,以一国为一经济单位,合君民上下皆为此经济单位中之一员,而各应其分戮其力,以助一国经济之发达,而挟之以与他国竞。管子一切政治之妙用,皆基于是。"[①]梁启超还谈到,亚当·斯密以个人为本位的自由主义经济学忽视了对国家经济的研究,有其自身的偏弊,故引致后世的诸多批评。真正的经济学不能"举个人而遗群",因此国民经济学当为经济学之大宗。在确立"国家本位"的经济伦理原则的基础上,管子主张建立良好的经济秩序,以达到国民经济生活"富上而足下""贫富有度"的目的。管子"务本饰末"的产业伦理主张的根本目的是保证社会经济的正常发展,提升国民的实际生活质量。管子的经济伦理思想经过漫长历史的考验,在今天依然闪烁着真理的光芒,是我国乃至世界历史上最为宝贵的思想财富之一。我们应当以马克思主义基本原理为指导,在肯定其现代价值的基础上,拓展深化其伦理意涵,为现代中国经济伦理学的理论探索及现实经济社会问题的解决提供有益的理论参考。

第二节　子产经济伦理思想

　　子产(约前583—前522),名侨,字子产,又字子美,是我国春秋时期著名的政治家,郑贵族子国之子。少时受到了良好的贵族教育,长大博学多才。郑简公十二年(前554)立为卿,任少正,开始了从政生涯。郑简公二十三年(前543)为正卿,执政二十余年。子产在郑国进行了"作封洫""作丘赋""铸刑书"等一系列重大的政治经济改革。郑国立国于西周晚期,国势在春秋早期较为强盛,后即逐渐衰微。子产任政时,郑国国内公族跋扈,内乱迭生:

---

① 梁启超:《管子传》,载《梁启超全集》第3册,北京:北京出版社1999年版,第1883页。

"国小而逼，族大宠多，不可为也。"①加以此地居南北要冲，夹处晋、楚两个大国之间，穷于应付，国家治理十分困难。在这种局面下，子产凭借卓越的政治才干，内理国政，外旋晋楚之间，使郑国社会安宁。史书记载，在其治理下，国家做到了"门不夜关，路不拾遗"，"田器不归"，郑国在诸侯国间的地位也得到了提升。② 子产深受当时人们的爱戴，及至子产卒，"丁壮号哭，老人儿啼"③，"郑人耕者辍耒，妇人捐其佩珠也"④。孔子闻子产卒，亦泣曰："古之遗爱也。"⑤子产的思想及生平事迹主要见于《左传》。

一、"天道远，人道迩"的民本理念

在天道认识方面，子产留下了流传千古的名言："天道远，人道迩。"⑥在这里，子产没有简单地认为天道和人道只是两个不同的概念，而是强调天道与人道各有其运行的范围和特点：人的意志无法转移天道的发展变化，更无法准确地预知天道的未来；人道则是人们自己活动的路径、规律，确保国家有序发展的前提是充分了解人道变化的特点，并加以正确运用。子产此话据说源于一事：郑定公六年（前 524），宋、卫、陈、郑四国发生大火，懂天文的裨灶警告子产说："不听我的话，郑国将再次发生火灾。"借此劝说子产一定要举行禳火仪式。子产坚持认为禳火是迷信之举，因此说了上面这些话。不过子产虽然没有听从裨灶禳火的建议，却加强了防火措施，郑国也未发生第二次大火。第二年，郑国又发生大水，在时门外的洧渊中发现二龙相斗，国人都要求去祭祀，子产又不允许，说："我斗，龙不我觌也；龙斗，我独何觌焉？禳之，则彼其室也。吾无求于龙，龙亦无求于我。"⑦这些记述充分说明了子产重人事、反迷信态度的坚决性。

秉持"天道远，人道迩"理念的子产，无神论的倾向是非常鲜明的，而且

---

① 《左传·襄公三十年》。
② 《史记·循吏列传》。
③ 《史记·循吏列传》。
④ 《史记·循吏列传》"《索隐》案"。
⑤ 《左传·昭公二十年》。
⑥ 《左传·昭公十八年》。
⑦ 《左传·昭公十九年》。

他的无神论思想与经济活动特别是生产活动密切相关。子产并不乏关于天、命、鬼、神存在的言辞："人谁不死？凶人不终，命也。……不助天，其助凶人乎？"①"人生始化曰魄，既生魄，阳曰魂。""鬼有所归，乃不为厉。"②据记载：郑国发生旱灾，子产委派屠击、祝款、竖柎三人到桑山祭祀求雨。但三人到了桑山，却大肆砍伐树木。深知水土保持重要性的子产知道后非常气恼，说："有事于山，艺山林也；而斩其木，其罪大矣。"③于是剥夺了这些人的官爵和封邑。此行为并不意味着子产违背了"天道远"的信念，而是说明子产努力将"天道远"拉进"人道迩"，从而使"天道"变"迩"、"人道"致"远"，要连接"天道"与"人道"就要求人们在生产活动中秉持生态经济伦理理念。

与"天道远"相对应的是"人道迩"，子产的"人道迩"精神主要表现在将重人事、爱人民视为施政理念，将重视民意、亲近民心作为治理国家经济的基础。子产接受了然明"视民如子"的主张④，以"众怒难犯，专欲难成"⑤来劝诫统治者不要焚载书。最大的佳话是"子产不毁乡校"，即保留乡校作为国人议政、谤政的舆论场所：

> 其所善者，吾则行之；其所恶者，吾则改之。是吾师也，若之何毁之？我闻忠善以损怨，不闻作威以防怨。岂不遽止？然犹防川。大决所犯，伤人必多，吾不克救也。不如小决使道，不如吾闻而药之也。⑥

乡校在郑国主要是教导国人的学校，教学内容主要是射、御、礼、乐等技能，同时乡校也是国人相聚议论国政的场所。子产吸取厉王弭谤却终见流彘的历史教训，主张不毁乡校，对民众采取"决之使导""宣之使言"⑦的方法，以获取国人的意见、考察人心的向背，作为理政治国的资鉴。子产强调统治者不应犯众怒、毁乡校的根本原因在于人民是稳固统治的基础，统治者应视

---

① 《左传·昭公二年》。
② 《左传·昭公七年》。
③ 《左传·昭公十六年》。
④ 《左传·襄公二十五年》。
⑤ 《左传·襄公十年》。
⑥ 《左传·襄公三十一年》。
⑦ 《国语·周语上》。

民如子,尽量予人以利、给人之欲,以成其事。从本质上看,子产是民本主义者。

子产不仅重视民意,而且要求为政者努力实现民意,即满足人们的欲望、利益:"人之爱人,求利之也。"①但是子产反对无条件地满足人的欲望,无原则地不犯众怒:"求逞于人,不可;与人同欲,尽济。"②子产主持国政之初,因有政事需要伯石(公孙段)办理,就先用城邑作为赏赂。对此,子大叔(游吉)曰:"国皆其国也,奚独赂焉?"子产曰:"无欲实难。皆得其欲,以从其事,而要其成。非我有成,其在人乎?何爱于邑,邑将焉往?"③相反,如果是为了国家的利益,那么即使遭到国人的一致反对,子产也坚持自己的立场:"吾闻:'为善者不改其度,故能有济也。'民不可逞,度不可改。"④总之,子产对待人的欲望,并非无原则地满足,一切以德、礼为准则。子产说:

> 侨闻君子长国家者,非无贿之患,而无令名之难。……夫令名,德之舆也。德,国家之基也。有基无坏,无亦是务乎?……象有齿以焚其身,贿也。⑤

> 侨闻君子非无贿之难,立而无令名之患。侨闻为国非不能事大字小之难,无礼以定其位之患。夫大国之人,令于小国,而皆获其求,将何以给之?⑥

子产主张同欲,反对专欲,自己首先做到了以身作则。郑伯(郑简公)为了犒赏他战胜陈国的功劳,曾要赏赐给他六个城邑,子产却辞谢不受。子产说:

> 自上以下,降杀以两,礼也。臣之位在四,且子展之功也。臣不敢及赏礼,请辞邑。⑦

子产还从财用丰匮、国运兴衰的高度论述统治阶级王公贵族应该节俭。如郑国伯有(良霄)"侈而愎",子产就预见到他难以善终。子产于陈国莅盟,

---

① 《左传·襄公三十一年》。
② 《左传·昭公四年》。
③ 《左传·襄公三十年》。
④ 《左传·昭公四年》。
⑤ 《左传·襄公二十四年》。
⑥ 《左传·昭公十六年》。
⑦ 《左传·襄公二十六年》。

看到陈国聚禾栗、缮城郭，不抚其民，诸公子多侈，归国后便对郑国大夫们说："陈，亡国也。"①另一次，子产到楚国参加盟会，见"楚子示诸侯侈"，便对宋左师向戌说："吾不患楚矣。汏而愎谏，不过十年！"②鉴于此，子产主持郑国国政后，厉行崇俭黜侈政策："大人之忠俭者，从而与之；泰侈者，因而毙之。"③这一做法对郑国的经济发展起到了积极的作用。

　　但是子产的民本思想又具有法家的色彩。大夫然明曾向子产讲过，视民如子、见不仁者诛之是为政之道的核心内容。子产在执政期间忠实地奉行过这一原则，即后人所谓的子产行的"猛政"。其实子产的"猛政"中贯串了一种精神，即在弱肉强食的时代，德已失去了维系人心的作用，行"猛政"是不得已而为之的事，因为只有诛杀不仁者，仁者才能安居乐业。所以子产行"猛政"，就根本而言，也是对弱小者的保护。子产弥留之际对子大叔说：

　　　　我死，子必为政。唯有德者能以宽服民，其次莫如猛。夫火烈，民望而畏之，故鲜死焉。水懦弱，民狎而玩之，则多死焉，故宽难。④

　　子产"天道远，人道迩"的民本思想及其施政业绩受到了世人的高度评价，孔子对子产几乎进行了全方位的赞颂："有君子之道四焉：其行己也恭，其事上也敬，其养民也惠，其使民也义。"⑤在称扬中，孔子不自觉地把子产的思想纳入自己的思想体系中。如孔子接受了子产"天道远，人道迩"的思想，对神鬼，态度便是"不语怪、力、乱、神"⑥，"敬鬼神而远之"⑦。当子贡再三要求时，孔子才说："天何言哉？四时行焉，百物生焉，天何言哉？"⑧

二、富国强兵的改革政策

　　子产开始执政时，摆在他面前的是一个满目疮痍、内外交困的郑国。为

---

① 《左传·襄公三十年》。
② 《左传·昭公四年》。
③ 《左传·襄公三十年》。
④ 《左传·昭公二十年》。
⑤ 《论语·公冶长》。
⑥ 《论语·述而》。
⑦ 《论语·雍也》。
⑧ 《论语·阳货》。

了救国救民,子产力图通过改革使人民休养生息、发展生产。改革的根本目的是促进农业生产发展。子产对农业生产发展非常重视,在论及为政之道时便提出:

> 子大叔问政于子产,子产曰:"政如农功,日夜思之,思其始而成其终,朝夕而行之。行无越思,如农之有畔,其过鲜矣。"①

为了促进农业生产发展,子产在执政后,进行了一次重大的社会经济政策改革。核心内容是对土地的改革;基本内容是通过开掘沟洫,把同井居住的五家改编为伍来整顿国野的划分,并以服饰来区分上下贵贱:"子产使都鄙有章,上下有服,田有封洫,庐井有伍。"②从形式上看,子产此次改革不过是依"礼"整顿都城与边鄙,区分上下贵贱的服饰,重新划定田地的疆界沟洫,但实际的后果却是使一些逾制占田过多的贵族的利益受到伤害,众多居于边鄙的"野人"(农人)因为可以编入"伍"而有了一定土地。

实际上,在先秦,此类田制改革始自公元前563年"子驷为田洫"③,而非子产,子产的父亲是这一改革的主要参与者。事情的经过大致如下:当时的司氏、堵氏、侯氏、子师氏因"子驷为田洫"皆丧其田,本就与子驷有隙的尉止借机联合这四族作乱,杀死了当时秉政的子驷、子国和子耳,这就是所谓的"西宫之难"。事变发生后,子产及子西(子驷之子)等率领族人,联合国人平定了这次变乱。二十年后,子产成为郑国的执政,继承了子驷、子国"为田洫"的事业,于是有了比较彻底的"封洫"制度改革。子产的改革在初期遇到了很大的阻力,史书对此记述说:"从政一年,舆人诵之曰:'取我衣冠而褚之,取我田畴而伍之。孰杀子产?吾其与之!'"④这里所谓的"舆人"既指具有独立身份的一般国人,也包括地位比较低下的下层贵族。子产"作封洫"主观上是维护贵族领主制度;但客观上对贵族领主制下的土地制度进行了一次整顿,促进了土地私有的发展,因而有利于封建地主制度的发展。同时,模糊了自由民与奴隶的阶级界限,是对森严的等级制度的动摇,加速了

---

① 《左传·襄公二十五年》。
② 《左传·襄公三十年》。
③ 《左传·襄公十年》。
④ 《左传·襄公三十年》。

宗法贵族统治的衰亡进程。其好处与积极作用很快便呈现出来了："及三年，又诵之曰：'我有子弟，子产诲之；我有田畴，子产殖之。子产而死，谁其嗣之？'"①

子产对商业发展也非常重视。郑国建国之初，郑桓公曾得到商人的协助，他们一同除草开荒、并肩耕作。郑桓公与商人订有盟誓，承诺取得政权便保护商人的利益，不干涉商人的商业经营活动。自此，郑国形成了重视商业、保护商人资本的传统。春秋时期，一些有名的大商人，如矫命犒师的弦高、试图营救荀罃的贾人都是郑国人。子产在执政后承袭这一传统，致力于推行保护商人的政策。《左传·昭公十六年》所载子产不允韩宣子（起）强买玉环之事，就是突出的例子。晋国的韩起有玉工琢成的双环中的一枚，另一枚在郑国。郑定公四年（前526），韩起到郑国向郑定公请求获得商人手中的另一枚玉环，子产却不答应，说："非官府之守器也，寡君不知。"此等小事，子产也如此严肃对待，当时不少人难以理解，子产为此特意向子大叔、子羽解释：

> 侨闻为国非不能事大字小之难，无礼以定其位之患。夫大国之人，令于小国，而皆获其求，将何以给之？一共一否，为罪滋大。大国之求，无礼以斥之，何餍之有？吾且为鄙邑，则失位矣。若韩子奉命以使，而求玉焉，贪淫甚矣，独非罪乎？出一玉以起二罪，吾又失位。韩子成贪，将焉用之？且吾以玉贾罪，不亦锐乎？②

韩起只好向商人购买玉环，价钱都讲妥了，商人说此事还须告知作为执政大臣的子产。韩起便又请子产允许成就这笔交易，但子产劝阻了这桩买卖。最后，韩起只好不再要求购买玉环了。

> 子产对曰："昔我先君桓公与商人皆出自周，庸次比耦以艾杀此地，斩之蓬蒿藜藋而共处之。世有盟誓，以相信也，曰：'尔无我叛，我无强贾，毋或匄夺。而有利市宝贿，我勿与知。'"恃此质誓，故能相保以至于今。今吾子以好来辱，而谓敝邑强夺商人，是教敝邑背盟誓也，毋乃不

---

① 《左传·襄公三十年》。
② 《左传·昭公十六年》。

可乎？吾子得玉而失诸侯，必不为也。若大国令，而共无艺，郑敝邑也，亦弗为也。侨若献玉，不知所成。敢私布之。①

与保护商人、不干涉商人经营活动的态度相关，子产施行了官府不定价或不问价格，而由市场供求决定的"市不豫贾"②政策。这一维护商业资本活动自由、维护商人利益的政策，客观上促进了贵族领主制的瓦解，对新兴地主经济的发展非常有利。

在强调富国的同时，子产还十分注重强兵。郑定公六年（前524），子产"作丘赋"。"作丘赋"是一种按"丘"出车马兵甲的法规，实际上是为壮大经济实力，向国人耕种的井田之外的"丘"收取贡赋；同时，为扩充兵源，把野人也作为征兵对象。《周礼·地官·小司徒》载子产之"作丘赋"，"四井为邑，四邑为丘"。春秋时期的"丘"指野人居住的区域，是被征服部落的地区。"赋"是指军赋，包括车乘、兵甲等军备物资，也指兵役、徭役等。春秋以前，居住在都城中的国人承担缴纳军赋和尽服兵役的义务；住在"丘"地的人们原本既无服兵役的资格，也无作甲的义务。但春秋以后，战争愈演愈烈，不少诸侯国逐渐扩大了征兵征赋的数量和范围，野人不准当兵的惯例遂逐渐动摇。国人阶层也逐渐分化瓦解，不少国人贫困化，乃至沦为奴隶。国野分治的情形不再适应现实需求，国野的界限随即也日渐模糊，终为历史洪流所冲决。

春秋之世，兼并战争极其频繁，正如子产所言："且昔天子之地一圻，列国一同，自是以衰。今大国多数圻矣！若无侵小，何以至焉。"③郑国又"介于大国，诛求无时"④。"国小而逼"的郑国要想存在下去，必须增强军事实力和综合国力，扩军备战是必要的，这就是子产进行"作丘赋"改革的根本动因。而且，子产通过"作丘赋"的确成功地扩充了兵员，使郑国成为一个有相当实力的二等强国。子产"作丘赋"使原来无权当兵服役的"野人"也加入国家军队的行列，实际上赋予了"野人"人格尊严。因为在国野分治的周代社会中，"野人"全无政治上的权利，也无资格尽政治义务，甚至"亡其氏姓"⑤，更不要

138

① 《左传·昭公十六年》。
② 《史记·循吏列传》。
③ 《左传·襄公二十五年》。
④ 《左传·襄公三十一年》。
⑤ 《国语·周语下》。

说可以参军服役了。《穀梁传·成公元年》便言：“丘甲，国之事也，丘作甲，非正也。……夫甲非人人之所能为也。”子产的这一改革在当时遭到一些人的反对，这是必然的；对此，子产毫不动摇。其意志之坚定，在春秋时期的政治家中极其少见，这便是子产改革成功的重要原因。

> 国人谤之，曰：“其父死于路，己为虿尾，以令于国，国将若之何？”子宽以告，子产曰：“何害？苟利社稷，死生以之。且吾闻：‘为善者不改其度，故能有济也。’民不可逞，度不可改。诗曰：‘礼义不愆，何恤于人言？’吾不迁矣。”[1]

子产执政后还大胆进行了人事制度改革，主要是摈弃用人上的世袭制度，在广开言路、倾听民众呼声的同时，举贤能之士，委之以重任。郑国的元老重臣子皮对子产既有知遇之恩，又是他的坚定支持者。可是当子皮想让自己的亲信尹何当采邑长官时，子产却以尹何年幼无知难堪此任为由坚决地拒绝了。对于有才之士，子产则不拘一格、择能而用，使他们为国出力。《左传·襄公三十一年》载，子产执政后遇上外交方面的事情，会向子羽询问四方诸侯的政令，让子羽草拟几份外交辞令稿，和裨谌一起坐车到野外去与他商议是否可行，再把商议的结果告知冯简子供其决断，最后计划完成才交由子大叔执行。之所以这样做，是因为冯简子能决断大事；子大叔美秀而有文；子羽善于辞令而又了解四方诸侯的政令，同时清楚各官员的才能高低；裨谌则善于出谋划策。子产用人原则的阶级与时代局限虽然明显，但无疑开创了我国唯才是举的先河，强烈冲击了奴隶制社会的世卿世禄制度。

三、礼法兼用保障经济和谐发展

子产和谐经济观的基本内涵包括三个层面，即人自身、人与人、人与自然。关于人自身的和谐，子产提出身心和谐是身体健康的根本前提，饮食起居、两性生活、思想情绪不当是导致人患病的根本原因，而与鬼神并无关系。《左传·昭公元年》载晋平公有疾，子产前往询问，叔向问是何神作祟而致，

---

[1]《左传·昭公四年》。

子产回答说：

> 山川之神，则水旱疠疫之灾，于是乎禜之。日月星辰之神，则雪霜风雨之不时，于是乎禜之。若君身，则亦出入、饮食、哀乐之事也，山川星辰之神又何为焉？侨闻之，君子有四时：朝以听政，昼以访问，夕以修令，夜以安身。于是乎节宣其气，勿使有所壅闭湫底，以露其体。兹心不爽，而昏乱百度。今无乃壹之，则生疾矣。侨又闻之，内官不及同姓，其生不殖。美先尽矣，则相生疾，君子是以恶之。……男女辨姓，礼之大司也。

关于人际和谐，子产指出人人均有欲，统治者也不例外。为了施政顺利，执政者要努力减少内部矛盾，争取和团结大多数人，化消极因素为积极因素，为此要适当考虑统治集团内部成员的利益需求，能满足的尽可能满足。《左传·襄公三十年》载子产为政时曾赂伯石以邑，并解释说："无欲实难，皆得其欲，以从其事，而要其成。非我有成，其在人乎？何爱于邑，邑将焉往？"又载郑简公二十三年（前543），子产陪同郑简公到晋国聘问，叔向询问郑国的政局，子产答道："驷、良方争，未知所成。若有所成，吾得见，乃可知也。"叔向又问："不既和矣乎？"子产又答："伯有侈而愎，子晳好在人上，莫能相下也。虽其和也，犹相积恶也，恶至无日矣。"[1]

关于人与自然和谐，子产提出天人合一，即人与自然和谐是"和"的最高境界，人类在经济活动中做到人法自然是实现人与自然和谐的根本途径。郑定公四年（前526）九月，郑国大旱，使屠击、祝款、竖柎到桑山祈雨，三人到了桑山却大肆砍伐。子产大怒，认为祈雨的目的在于保护山林，屠击等人却破坏山林，是谓大罪，必须予以惩罚。此事反映出子产意识到了在生产、生活中保护生态环境的重要性。

在子产看来，礼与法是实现经济和谐发展的根本保障。何为礼？游吉在与赵简子谈礼时曾引用子产的说法：

> 吉也闻诸先大夫子产曰："夫礼，天之经也，地之义也，民之行也。"天地之经，而民实则之。则天之明，因地之性，生其六气，用其五行。气为五

---

① 《左传·襄公三十年》。

味,发为五色,章为五声。淫则昏乱,民失其性。是故为礼以奉之:为六畜、五牲、三牺,以奉五味;为九文、六采、五章,以奉五色;为九歌、八风、七音、六律,以奉五声;为君臣、上下,以则地义;为夫妇、外内,以经二物;为父子、兄弟、姑姊、甥舅、昏媾、姻亚,以象天明;为政事、庸力、行务,以从四时;为刑罚、威狱,使民畏忌,以类其震曜杀戮;为温慈、惠和,以效天之生殖长育。民有好、恶、喜、怒、哀、乐,生于六气。是故审则宜类,以制六志。哀有哭泣,乐有歌舞,喜有施舍,怒有战斗;喜生于好,怒生于恶。是故审行信令,祸福赏罚,以制死生。生,好物也;死,恶物也。好物,乐也;恶物,哀也。哀乐不失,乃能协于天地之性,是以长久。①

子产重视礼的根本目的在于,力图从思想意识、行为规范上改变当时"上下不亲,父子不和"②的社会状况,恢复旧日"父慈、子孝、兄良、弟悌、夫义、妇听、长惠、幼顺、君仁、臣忠"③的宗法等级秩序。因此子产明确反对把礼当作一种表面的形式即仪来加以履行,特别反对失去礼之内在精神的虚礼。可见,子产视礼为维护宗法等级制度的重要手段,将礼的内在精神置于外在形式之上。春秋时期,礼已遭到严重践踏,"君君、臣臣、父父、子子"④的传统伦理纲常早已失去了曾经的约束力,臣弑其君、子弑其父的事情也常常发生。在旧的礼乐制度已风光不再,新的道德规范有待建立的危难之秋,稳固郑国政局以刑罚为主、礼治为辅,可以说是子产为政的必然选择。正如子产在回答叔向责难时所说的:"侨不才,不能及子孙。吾以救世也。"⑤郑简公三十年(前536),子产制定了成文法,将刑法条文铭铸在金属制造的大鼎上,这就是《左传·昭公六年》记载的"三月,郑人铸刑书"。这一成文法的公布,在事实上巩固了"作封洫"田制改革的成果,从法律上保护了土地私有的权利,因而客观上促进了封建贵族领主制的瓦解,有利于新兴地主经济的发展。子产铸刑书的意义已超越了礼治的范围,开启了法治之端,所以子产往往被人们视为法家学派的先驱。《左传·昭公六年》载:

---

① 《左传·昭公二十五年》。
② 《史记·循吏列传》。
③ 《礼记·礼运》。
④ 《论语·颜渊》。
⑤ 《左传·昭公六年》。

始吾有虞于子,今则已矣。昔先王议事以制,不为刑辟,惧民之有争心也。犹不可禁御,是故闲之以义,纠之以政,行之以礼,守之以信,奉之以仁。制为禄位,以劝其从;严断刑罚,以威其淫。惧其未也,故诲之以忠,耸之以行,教之以务,使之以和,临之以敬,莅之以强,断之以刚,犹求圣哲之上、明察之官、忠信之长、慈惠之师。民于是乎可任使也,而不生祸乱。民知有辟,则不忌于上;并有争心,以征于书,而徼幸以成之,弗可为矣。夏有乱政而作《禹刑》,商有乱政而作《汤刑》,周有乱政而作《九刑》,三辟之兴,皆叔世矣。今吾子相郑国,作封洫,立谤政,制参辟,铸刑书,将以靖民,不亦难乎?

子产这一触及宗法制度根基的重大改革自然会遭到维护礼法合一的理想主义者的反对。如叔向坚持按照《夏书》"昏、墨、贼、杀"的皋陶之刑来执法,认为子产铸刑书会导致犯上作乱之事,即"民知有辟,则不忌于上;并有争心,以征于书"①。他惊呼:"民知争端矣,将弃礼而征于书。锥刀之末,将尽争之。乱狱滋丰,贿赂并行。终子之世,郑其败乎!"②这种批判恰恰说明子产铸刑书是对传统等级秩序的否定,敲响了宗法贵族阶级统治的丧钟。

将子产的礼法兼用思想与孔子"宽猛相济,德刑相参"的主张稍作对比可以发现,在孔子那里,礼治是经济治理思想的核心,主张"道之以德,齐之以礼,有耻且格"③;子产则清醒地认识到礼义廉耻的道德教条在礼崩乐坏的社会现实中已部分地丧失功用,现实的选择只能是礼法并重。一方面,"则天之明,因地之性"要求重礼,因为礼是"天之经也,地之义也,民之行也";④另一方面,应建立一种法与礼互补的为政方略,以法约束国人,匡正因礼乐制度被破坏而造成的社会无序状态。实际上,二者的思想虽各有侧重,在总体理路上还是一致的。

在我国古代,礼可以说是法的母体,法逐渐从礼中独立出来的标志是子产铸刑书、晋国铸刑鼎等一系列法制改革活动的推进。至战国时期,法作为规范人们行为的强制性规范得到了多数社会成员的认可。《管子·七臣七

---

① 《左传·昭公六年》。
② 《左传·昭公六年》。
③ 《论语·为政》。
④ 《左传·昭公二十五年》。

主》曰："法律政令者,吏民规矩绳墨也。"《商君书·修权》曰："法者,国之权衡也。""先王悬权衡,立尺寸,而至今法之,其分明也。"《韩非子·外储说右下》曰："椎锻者,所以平不夷也;榜檠者,所以矫不直也。圣人之为法也,所以平不夷、矫不直也。"由此更可见子产制法的重要意义。

子产的经济伦理思想既具有天人相分的现实主义精神,又体现了与时偕行、因势利导的变通内涵,这种精神与内涵在革故鼎新的改革实践及其现实功用上有着充分的表现。在天与人的关系上,子产重人事,讲求实际功效。在利益与欲望问题上,子产并不纠结于欲望的有无,而是更多地强调通过合理利用人的欲望以实现为政的目的。在"救世"伦理的指导下,子产进行了一系列改革。在子产的治理下,郑国门不夜关、道不拾遗,确保了"国小而逼,族大宠多"的郑国在春秋乱世中长时间存在。这些政绩得到了广泛的好评,郑国出现了"舆人诵之"的现象,同时代的政治家、思想家们对子产更是给予了高度的评价。可以认为,在我国经济伦理思想史上,子产"救世"的实用主义经济伦理观已经留下了浓墨重彩的一笔,对于当代中国实践以人民为中心的发展思想,实行全面依法治国也不乏启示意义。

第三节 晏婴经济伦理思想

晏婴(约前585—前500),字仲,谥平,世称晏平仲,齐大夫晏弱之子,齐国夷维(今山东高密)人。齐灵公二十六年(前556),晏婴袭父爵为齐国大夫,历事齐灵公、齐庄公、齐景公三代国君,到齐景公时终为国相,辅政长达四十余年,是齐国历史上可与管仲并称的一代名相。晏婴为政期间,形成了较为明晰而又颇为系统的礼治经济伦理思想。

一、以礼治国的管理伦理

晏婴继父亲晏弱任为卿(执政的高级长官)时已是齐公末年。当时的齐国早已失去管仲为相的齐桓公时代的中原霸主地位,公室日益衰微,大夫专权日益严重,屡屡发生子弑父、臣弑君、兄弟相残的混乱政治现象。在这礼崩乐坏、国运靡常的形势下,为了使国家稳定、社会安宁,晏婴提出了以礼治国的主张并在实践上积极推进。晏婴认为,礼是一种维系社会秩序的行为规范。坚持以礼治国,就会出现君正、臣忠、父慈、子孝、兄爱、弟敬、夫和、妻柔的良好社会秩序。如果国君不用礼,就不能很好地治理国家;大夫不讲礼,就会弑君欺国;儿子不讲礼,就会弑父败家;兄弟之间不讲礼,就会上演互相残杀的悲剧。因此,以礼治国是治国理政的必然要求。晏婴说:

> 礼之可以为国也久矣,与天地并。君令臣共,父慈子孝,兄爱弟敬,夫和妻柔,姑慈妇听,礼也。君令而不违,臣共而不贰;父慈而教,子孝而箴;兄爱而友,弟敬而顺;夫和而义,妻柔而正;姑慈而从,妇听而婉,礼之善物也。①
>
> 夫礼者,民之纪,纪乱则民失,乱纪失民,危道也。②
>
> 无礼而能治国者,婴未之闻也。③

晏婴认为,为了推进以礼治国,君王必须带头守礼。当时,淳于国人献一美女给景公作妾,生了个儿子叫荼,景公很宠爱他。有些大臣想让景公废掉公子阳生而立荼为太子。晏婴认为立太子有一定的礼法制度,庶子僭越嫡长是违反礼制的举动,不可行;若长少能各按其道行事,则嫡庶长幼有序不乱,这才合乎伦理。因此,晏婴规劝景公说:"不可。夫以贱匹贵,国之害也;置大立小,乱之本也。夫阳生长而国人戴之,君其勿易!夫服位有等,故贱不陵贵;立子有礼,故孽不乱宗。愿君教荼以礼而勿陷于邪,导之以义而勿湛于利。长少行其道,宗孽得其伦。"④晏婴希望景公能够用礼来教导荼,使他不要陷入邪恶;用大义引导他,使他不要贪于私利。可是齐景公不听晏婴的劝告,还是执意立荼为太子。结果(景公死后),田氏杀死太子荼,立阳生为国君;后又杀了阳生,立了简公;最后又杀了简公将齐国据为己有。齐国朝政,乱象丛生。

---

① 《左传 • 昭公二十六年》。
② 《晏子春秋 • 内篇谏下第十二》。
③ 《晏子春秋 • 内篇谏下第二十五》。
④ 《晏子春秋 • 内篇谏上第十一》。

晏婴为政期间，十分重视运用礼义来抑制私门的发展。景公十六年（前532），齐国发生了陈、鲍氏与栾、高氏的激烈战斗。据《左传·昭公十年》载：五月，庚辰日，齐景公、陈、鲍之军和栾、高之军在齐都的稷里作战，栾、高之军败北，接着又在齐都庄里被打败，齐都人民追击栾、高，结果又在鹿门打败了他们，最后栾、高氏亡命鲁国。陈、鲍二氏乘机瓜分栾、高两家的财产。晏婴坚决认为这是违背礼义的行为，义正词严地斥责陈无宇说：

> 必致诸公。让，德之主也。让之谓懿德。凡有血气，皆有争心，故利不可强，思义为愈。义，利之本也。蕴利生孽。姑使无蕴乎，可以滋长。①

在晏婴看来，义和利相比，义是根本，只有用义御利才能克制私欲，避免违礼的行为；否则，见利忘义，必然招来祸患。晏婴强硬地指出，必须把栾、高的财产献给君王。陈无宇听从晏婴的话，把栾、高的财产都献给了齐景公，然后自请退隐莒国以养天年。就这样，晏婴依据礼制的观念遏制了卿大夫的利欲，维护了齐国公室的利益。

面对齐国田氏势力的膨胀，齐景公担心齐国的前途和命运，请晏婴帮助想办法来遏制田氏势力的增长。晏婴提出的遏制田氏势力的手段就是礼制："唯礼可以已之。在礼，家施不及国，民不迁，农不移，工贾不变，士不滥，官不滔，大夫不收公利。"②即根据礼的规定和要求，大夫不能对国人妄施恩惠，百姓不能懈怠劳作，财货不能迁移，工商不能改行，士人不能失职，百官不能怠慢，大夫不能聚收国家的赋税。这样，文武百官和天下百姓就会一心为国，避免了私人势力的强大。为了使臣民懂礼、守礼，保持社会稳定，抑制私人势力的发展，晏婴劝谏君主在守礼方面要为文武百官和天下百姓做表率。只有这样，天下有礼之士才会簇拥在齐侯的左右，为治国安邦打下良好的基础。正是由于晏婴重视礼义，强调以礼治国，才使当时的齐国能够在一定程度上维持桓、管霸业的余绪，晏婴自己也因此身显于诸侯。

---

① 《左传·昭公十年》。
② 《左传·昭公二十六年》。

二、宽政惠民的民本伦理

史称在晏婴为相前,齐景公奢侈无度,以致赋敛严苛,百姓生活难以为继,上下矛盾异常尖锐。对于齐国百姓的赋敛之重,晏婴早有觉察。《左传·昭公三年》记载,晏婴在出使晋国,与叔向谈到齐国的状况时指出:

> 此季世也,吾弗知齐其为陈氏矣。公弃其民,而归于陈氏。……民参其力,二入于公,而衣食其一。公聚朽蠹,而三老冻馁。国之诸市,屦贱踊贵。民人痛疾……

此处意思是,齐国统治者为了满足他们骄奢淫逸的生活需求,无限度地加重对人民的剥削,把老百姓收获的三分之二都纳入公室,只留下三分之一让其维持最低的衣食之用。结果是公室所积聚的粮食、财物都腐朽生虫,而百姓们却饥寒交迫。对于这种情况,晏婴忧心如焚,决心为扭转这一状况而努力。他为相后大胆采取薄敛省刑、宽政惠民的改良措施,以缓和矛盾、稳定局面。

《左传·昭公二十年》载,齐景公因久病不愈而欲诛祝、史,晏婴趁机劝说景公行仁政、薄赋敛:

> 不可为也:山林之木,衡鹿守之;泽之萑蒲,舟鲛守之;薮之薪蒸,虞候守之;海之盐蜃,祈望守之。县鄙之人,入从其政。逼介之关,暴征其私。承嗣大夫,强易其贿。布常无艺,征敛无度;宫室日更,淫乐不违。内宠之妾,肆夺于市;外宠之臣,僭令于鄙。私欲养求,不给则应。民人苦病,夫妇皆诅。祝有益也,诅亦有损。聊、摄以东,姑、尤以西,其为人也多矣。虽其善祝,岂能胜亿兆人之诅?君若欲诛于祝、史,修德而后可。

此处所引主要意思是说,在晏婴看来,处死祝、史解决不了问题,因为山中的木材由衡鹿看守着,沼泽的水草由舟鲛看守着,荒野的柴由虞候看守着,海洋的鱼由祈望看守着,人民均无法取用。偏远乡野之人也都来到齐都服役,靠近齐都的关卡还向商旅横征暴敛,世袭大夫也强行向商人索贿。处理政务不遵守法律,对人民谋求无度;可是宫殿却每天都在兴建,靡靡之音日夜不停。后宫的宠妃在市场上巧取豪夺,朝廷上的宠臣到各地去任意勒索。淫欲一天天强烈，如果不给，就诬陷人民入罪，人民痛苦不堪。祷告是有益处的，诅咒却有坏处。然而从聊城、摄城以东算起，到姑水、尤水以西，齐国境内的人民很多。不论祝、史如何善于祭祀，又怎能胜过千万愤怒人民的诅咒呢？贤君假若要诛杀祝、史，还不如修好自己的品德而行仁政。齐景公听了晏婴这番话，觉得很有道理，于是立刻命令各级官吏推行仁政，撤销各处关卡，重新开放禁止百姓进入的场所，最后减免租税、轻赋薄敛。景公自己也下罪己诏，向国人谢罪，从而使民受惠而国以安。《晏子春秋·内篇问上第十一》载：

> 景公问晏子曰："古之盛君，其行如何？"晏子对曰："薄于身而厚于民，约于身而广于世：其处上也，足以明政行教，不以威天下；其取财也，权有无，均贫富，不以养嗜欲。诛不避贵，赏不遗贱；不淫于乐，不遁于哀；尽智导民，而不伐焉；劳力岁事，而不责焉。为政尚相利，故下不以相害；行教尚相爱，故民不以相恶为名。刑罚中于法，废罪顺于民。是以贤者处上而不华，不肖者处下而不怨，四海之内，社稷之中，粒食之民，一意同欲。若夫私家之政，生有遗教，此盛君之行也。"公不图。晏子曰："臣闻问道者更正，闻道者更容。今君税敛重，故民心离；市买悖，故商旅绝；玩好充，故家货殚。积邪在于上，蓄怨藏于民，嗜欲备于侧，毁非满于国，而公不图。"公曰："善。"于是令玩好不御，公市不豫，宫室不饰，业土不成，止役轻税，上下行之，而百姓相亲。

在回答景公古代圣明之君德行如何时，晏子指出，古代的圣明之君自身节俭又厚待百姓，对自身严格，对世人宽容。他们心系百姓，身居君位却从不以权势来威迫天下，总是能用清明的政治来感化百姓。他们取用财物总是权衡有无、均衡贫富，而不只是考虑自己的嗜好与欲望。他们诛责而不回避权贵，奖赏而不遗弃贫贱。他们不过度欢乐，也不沉溺于哀伤；相反，竭尽自己的智慧引导人民而不夸功，勤于政事而不责求于民。晏子进而由此进谏景公说，现在君王的赋税繁重，所以百姓离心离德；市场上的贸易多遇欺诈诳骗，所以商旅断绝；玩好充斥市场，所以日常家用匮乏。您的身旁满是嗜欲贪婪之人，全国一片非议责骂声，您必须好好考虑如何来改进这一状况，赢得百姓的肯定或好评。齐景公听了晏婴的话，感到晏婴说得很对，于是下令不要再进献玩好；市场贸易要公平，不准欺诈；宫室不要再修饰，没有完工的建筑停止修建；停止劳役，减轻赋税。实施这一政策后，上下一致行动，百姓相互亲爱。

《淮南子·要略》载齐景公生活极其奢侈腐化："齐景公内好声色，外好狗马，猎射亡归，好色无辩，作为路寝之台，族铸大钟，撞之庭下，郊雉皆响，一朝用三千钟赣。"景公如此奢侈腐化，齐国百姓却衣不蔽体、食不果腹。为了国家政局的稳定，晏婴一次次进谏景公止奢侈、行廉政。有一年，齐国大雨连绵，一连下了十七天，景公却仍然夜以继日地饮酒作乐，并且派人巡视国中，罗致善歌之人。在晏婴看来，自己身为国家大臣，忝居百官之列，却让百姓受冻挨饿，而君主仍贪恋饮酒作乐，已失去民心而不知忧虑，自己的罪过实在太大了！于是他愤然去见景公，劝诫说：

> 霖雨十有七日矣！坏室乡有数十，饥氓里有数家，百姓老弱冻寒不得短褐，饥饿不得糟糠，敝撤无走，四顾无告。而君不恤，日夜饮酒，令国致乐不已。马食府粟，狗餍刍豢，三保之妾，俱足粱肉。狗马保妾，不已厚乎？民氓百姓，不亦薄乎？故里穷而无告，无乐有上矣；饥饿而无告，无乐有君矣。①

齐景公采纳了晏婴的建议，授权晏子赈济灾民。三日期满，官吏赈灾完毕。晏子上报说：受灾贫民一万七千家，用去赈灾粮九十七万钟、柴薪一万三千车；房屋毁坏的有两千七百家，用去修缮费用三千金。景公听完，回到宫内就降低了自己的饮食标准，不再击鼓奏乐。晏婴又请求景公裁减侍从和使君主移情丧志的歌儿舞女，结果三千歌儿舞女被辞退。

三、节制奢欲的消费伦理

在消费方面，总体而言，晏子是主张节俭的。《晏子春秋》中多有景公听闻晏子家中生活拮据，屡屡赐金、赐田产、赐封地，晏子每每推辞封赏的记载。如《内篇杂下第十八》载：

> 晏子方食，景公使使者至。分食食之，使者不饱，晏子亦不饱。使

---

① 《晏子春秋·内篇谏上第五》。

者反,言之公。公曰:"嘻! 晏子之家,若是其贫也。寡人不知,是寡人之过也。"使吏致千金与市租,请以奉宾客。晏子辞。三致之,终再拜而辞曰:"婴之家不贫。以君之赐,泽覆三族,延及交游,以振百姓,君之赐也厚矣! 婴之家不贫也。婴闻之,夫厚取之君而施之民,是臣代君君民也,忠臣不为也。厚取之君而不施于民,是为筐箧之藏也,仁人不为也。进取于君,退得罪于士,身死而财迁于它人,是为宰藏也,智者不为也。夫十总之布,一豆之食,足于中免矣。"景公谓晏子曰:"昔吾先君桓公,以书社五百封管仲,不辞而受,子辞之何也?"晏子曰:"婴闻之,圣人千虑,必有一失;愚人千虑,必有一得。意者管仲之失,而婴之得者耶? 故再拜而不敢受命。"

在晏子看来,躬行节俭不仅是俭朴生活的内在要求,也是君子洁身自持的行为和伦理美德,还是事关社会财富积累和人民富裕的重要途径。那种生活奢侈、铺张浪费的行为不仅无助于财富的积累,而且会败坏社会的风气,甚或导致国破家亡的历史悲剧。《内篇杂下第十九》载:

> 晏子相齐,衣十升之布,脱粟之食,五卵、苔菜而已。左右以告公,公为之封邑,使田无宇致台与无盐。晏子对曰:"昔吾先君太公受之营丘,为地五百里,为世国长。自太公至于公之身,有数十公矣。苟能说其君以取邑,不至公之身,趣齐搏以求升土,不得容足而寓焉。婴闻之,臣有德益禄,无德退禄,恶有不肖父为不肖子为封邑以败其君之政者乎?"遂不受。

晏子位至中卿,田七十万,何以如此俭朴? 这是因为在晏子看来,保持生活居处的俭朴是君子的应为之事:"节受于上者,宠长于君;俭居于处者,名广于外。夫长宠广名,君子之事也。"[1]同时,晏子还把节俭与富民安众联系起来,强调"节欲则民富,中听则民安"[2],"慢听厚敛则民散。……谨听节俭,众民之术也"[3]。

《内篇杂下第二十五》载:

---

[1] 《晏子春秋·内篇杂下第二十》。
[2] 《晏子春秋·内篇问下第七》。
[3] 《晏子春秋·内篇问下第十四》。

> 晏子朝,乘弊车,驾驽马。景公见之曰:"嘻! 夫子之禄寡耶? 何乘不任之甚也?"晏子对曰:"赖君之赐,得以寿三族,及国游士,皆得生焉。臣得暖衣饱食,弊车驽马,以奉其身,于臣足矣。"
>
> 晏子出,公使梁丘据遗之辂车乘马,三返不受。公不说,趣召晏子。晏子至,公曰:"夫子不受,寡人亦不乘。"晏子对曰:"君使臣临百官之吏,臣节其衣服饮食之养,以先国之民,然犹恐其侈靡而不顾其行也。今辂车乘马,君乘之上,而臣亦乘之下,民之无义,侈其衣服饮食而不顾其行者,臣无以禁之。"遂让不受。

这里说的是晏子入朝的时候总是乘坐破旧的车子,用劣马拉车。齐景公发现了这种情况,惊讶而又自责地说:"哎呀,先生的俸禄太少了吗? 为什么乘坐这么破旧不堪的车子呢?"晏子回答说:"倚仗国君的恩赐,我得以保全父、母及妻三族的衣食,还能周济国内的游士,使他们得以生存,国家给我的俸禄很多啊。我能够穿暖吃饱,还有车马可以自己用,我已经很满足了。"晏子出宫后,景公派大夫梁丘据给晏子送去四匹马拉的豪华大车,结果来回送了好多次,晏子都不肯接受。景公很不高兴,立即召见晏子。晏子到后,景公说:"先生不接受我的馈赠,那我也不乘车了。"晏子回答说:"国君派我管理百官,我应该节省衣食,朴素勤俭,给百官和百姓做个榜样。我努力地廉洁节俭,还恐怕他们奢侈浪费而不顾自己的品行。现在,国君在上乘豪华大车,我在下也乘豪华大车,这样,我就没有理由去禁止百姓不讲礼义、追求奢华、铺张浪费的行为了。"最后,晏子还是辞谢了景公的好意,没有接受豪华的车马。

在财富伦理观上晏子求取的是衣食上不求享受,够用即为满足:"夫十总之布,一豆之食,足于中免矣。"①在回答叔向之问时,晏子对于人在财物上啬、吝、爱的行为作了细致的区分与释义,指出量财节用为"啬",是君子之道,应当受到肯定;多财用于自养,或厚或薄,不能分财于他人,则为"吝"与"爱",是小人之行,理应予以否定。对个人而言,多聚财而不施与他人,也是仕途中绝、安身无处的灾殃之端。晏子曰:

> 称财多寡而节用之,富无金藏,贫不假贷,谓之啬;积多不能分人,

---

① 《晏子春秋·内篇杂下第十八》。

而厚自养,谓之吝;不能分人,又不能自养,谓之爱。故夫啬者,君子之道;吝、爱者,小人之行也。①

晏子虽在齐国为高官,生活却非常节俭。《史记·管晏列传》记,其"事齐灵公、庄公、景公,以节俭力行重于齐。既相齐,食不重肉,妾不衣帛"。《晏子春秋·内篇杂下第十七》记晏子相齐,家中食肉不足,景公闻知割地以封晏子,晏子推辞言:"富而不骄者,未尝闻之。贫而不恨者,婴是也。所以贫而不恨者,以若为师也。""贫而不恨"表现的是一种生活态度和伦理价值观,说明晏子能够安贫乐道、知足常乐。

晏子还以身作则,不为子孙谋产业,不为家中聚敛储藏钱财,认为这是不符合仁道的。晏子曰:

> 婴闻之,夫厚取之君,而施之民,是臣代君君民也,忠臣不为也。厚取之君,而不施于民,是为筐箧之藏也,仁人不为也。进取于君,退得罪于士,身死而财迁于它人,是为宰藏也,智者不为也。②

晏子之所以能做到生活俭朴,是因为他认识到清廉则为福,贪欲则为祸,为官者应自觉做到以德抑欲、以义御利。《左传·襄公二十八年》载,齐国平定崔庆之乱后,功臣都受到封赏。景公曾赏赐给晏子邶殿(今山东昌邑西)附近六十邑,晏子不肯接受。子尾问晏子:"富,人之所欲也,何独弗欲?"晏子说:"庆氏之邑足欲,故亡。吾邑不足欲也,益之以邶殿乃足欲。足欲,亡无日矣。"意思是说我晏婴之所以有今天,就是控制欲望的结果,增加邶殿的封土固然可以满足我的欲望,然而欲望满足了,死亡的日子也就快到了。我并不是讨厌财富,而是生怕因此丧失财富。况且,富有正如布帛的宽度,最好是加以适当限制,而不让它任意变化。人都想在富裕中生活,因为只有如此才能随心所欲地享用财富,但是要想保持财富以过上富裕的生活,必须用道德来规范和调节,千万不能富而无德。财富过多、欲望太大就会惹祸,因此我才不敢贪恋太多的财富。

晏子是一位出色的政治家,在治理齐国期间将思想和行为有机地结合

---

① 《晏子春秋·内篇问下第二十三》。
② 《晏子春秋·内篇杂下第十八》。

起来，用拳拳之心和具体行为支撑了齐国，为齐国的百姓做了一些实实在在的事情，因此受到人们的称赞。孔子称赞晏子："救民之姓而不夸，行补三君而不有，晏子果君子也！"①孟子赞之曰："管仲以其君霸，晏子以其君显。"②司马迁撰写《史记》，将晏婴与管仲放在一起而作《管晏列传》，并对两人进行了如下不同的评价："晏子俭矣，夷吾则奢；齐桓以霸，景公以治。"③晏子"其在朝，君语及之，即危言；语不及之，即危行。国有道，即顺命；无道，即衡命。以此三世显名于诸侯"④。司马迁对晏婴敬佩仰慕有加："假令晏子而在，余虽为之执鞭，所忻慕焉。"⑤现代中国的经济管理者可以从晏子治国理政、发展经济的思想及其实践，特别是从其当官不发财的高尚人格中受到启发。

---

① 《晏子春秋·外篇重而异者第二十七》。
② 《孟子·公孙丑上》。
③ 《史记·太史公自序》。
④ 《史记·管晏列传》。
⑤ 《史记·管晏列传》。

第三章
儒家经济伦理思想(一)

儒家经济伦理思想是先秦时期我国传统经济伦理思想的重要组成部分。当时被称为"显学"的儒家在后来获得了"独尊"的地位，成为主流或占主导地位的思想或意识形态。以孔孟荀为代表的儒家着眼于"务为治"的价值目标，提出了"志于道，据于德，依于仁，游于艺"等一系列理论主张，将道德置于治理天下的首要地位。所谓"朝闻道，夕死可矣"，"君子谋道不谋食"，"君子忧道不忧贫"，"志士仁人，无求生以害仁，有杀身以成仁"，即儒家基本的价值设定和道德追求。儒家作为我国古代知识分子群体的代表，既着眼于建立君臣父子尊卑贵贱的等差秩序，又着眼于国家的长治久安，将为现实政治服务与建立"天下有道"的社会秩序统一于自己的理论致思之中，彰显出现实主义与理想主义的双重关怀。儒家学者"既具有一定的社会地位即具有一定的名分和与其相适应的财产，又和社会权贵阶层及庶民世俗社会保持了一定的距离，这种特定的社会地位决定了儒家学派及其文化价值既存在一些有产阶级的阶级烙印，也同时具有一定的理论上和思想上的超越性"①。儒家思想的超越性是与其道德理想紧密联系在一起的，其核心是彰显了"道"的最高统率和宰制意义，以及德、仁、义、礼及其恭宽信敏惠、温良恭俭让莫不是道的呈现形态或德目。基于对道的无比推崇和真诚向往，儒家提出了"以道抗势"以及"善养吾浩然之气"的伦理主张，并通过义利之辨、仁富之辨、德财之辨、君子小人之辨进一步强化了道义或仁义的伦理价值，初步建构起自己的经济伦理价值观。孟子继承并发展了孔子的经济伦理思想，创造性地提出了"制民之产"的仁政学说，以及"得天下有道：得其民，斯得天下矣"的民本理论。荀子从不同的方面发展了孔子的学说，特别强调"制礼义以分之"，"养人之欲，给人之求"，从而实现天下有道。整体上看，先秦儒家经济伦理思想关心和思考的重心是经济秩序的合理建构和经济运行的有效保障，既要正名分、讲礼仪和建立一整套切实有效的等差秩序，又要重个体精神的自觉，在克制个体欲望、见得思义中建立人的伦理价值体系，从而使人成为有修养的君子。儒家有着对庶民百姓生存权益和物质利益的充分认可与尊重，其对道的特别推崇和对义的普遍尊崇是建立在利益关系的协调及其均等化发展基础之上的，所以儒家不同于代表统治阶级和权贵阶层利益的法家，它有比较明显的民本情怀和富民为本的思想倾向。同时，儒家也不同于要求取消一切差别的墨家，它主张维护尊卑贵贱的等差秩序并以此为天下有道的表现。就此而论，儒家的理想性和超越

---

① 张鸿翼：《儒家经济伦理及其时代命运》，北京：北京大学出版社 2010 年版，第 38 页。

性又不及墨家那么纯粹。儒家亦不同于道家那么超然于世俗的利益关系之外，而是始终渴望在世俗生活中建立既现实又理想的伦理秩序。可见，儒家在经济伦理思想上表现出一种着眼于中道的伦理价值追求，不偏不倚、无过无不及是儒家伦理思维的基本特点。

第一节　孔子经济伦理思想

　　孔子(前551—前479)，名丘，字仲尼，我国古代伟大的思想家和教育家，儒家学派创始人，春秋时期鲁国陬邑(今山东曲阜)人。孔子出身于没落的贵族家庭，年少时多磨难，3岁丧父，自幼随母亲过着孤苦伶仃的生活。鲁哀公十六年(前479)，73岁的孔子因病不愈而亡。孔子经历过短暂的仕途生涯，做过"委吏"(管理仓廪的官员)和"乘田"(管理放牧牛羊的官员)，以及鲁国的司寇(司法官)。其一生的大部分时间实际上用在从事教育事业和整理文献上。相传孔子序《周易》，作《春秋》，订《礼》《乐》，修《诗》《书》。70岁时，孔子对自己的一生盖棺论定："吾十有五而志于学，三十而立，四十而不惑，五十而知天命，六十而耳顺，七十而从心所欲不逾矩。"[①]孔子提出了仁、礼、恭、宽、信、敏、惠、刚、毅、中庸等一系列道德概念。其中，仁是核心概念和统领范畴。大概由于孔子"罕言利"，后世的人们比较注重的是他的哲学思想、伦理思想、政治思想、教育思想，而不甚注重他的经济伦理思想。实际上，孔子不仅有非常丰富的经济伦理思想，而且经济伦理思想还是他整个思想体系的重要组成部分，只不过孔子是以一种理性、缓和又通俗的话语展示其经济伦理思想的。"孔子之言论，有时乃就伦理方面而言，并非自经济一方面立论，彼之见解，乃'不外乎为道德而谋经济，决非为经济而设道德'。"[②]孔子经济伦理思想整体上是从属于其政治思想的，是以巩固和加强政治统治为目标的，这就决定了孔子经济伦理思想大多思考宏观而不是微观经济问题，

---

① 《论语·为政》。
② 唐庆增：《中国经济思想史》，北京：商务印书馆2010年版，第76页。

而且多与其政治思想、哲学思想融为一体。

一、仁民爱物的根本精神

在孔子经济伦理思想中,仁民爱物可谓是根本精神。仁的本质是爱人:"樊迟问仁。子曰:'爱人。'"①仁是人之为人的根本:"仁者,人也。"②孔子所谓的"爱人"是"爱亲""爱众"的统一,是一种始于"爱亲"推至"爱众"的爱。子曰:"弟子入则孝,出则弟,谨而信,泛爱众而亲仁。"③所谓"孝弟",就是仁的基础。需要说明的是,孔子所谓的"爱众"并没有超出血缘氏族宗法关系范围,主要指爱父兄以外的氏族其他成员。就此而言,孔子所谓的爱不同于基督教博爱思想中的"爱人",也与近代资产阶级所谓的平等之爱有别。但"爱众"不仅涉及氏族成员间的普遍关系,所谓"博施于民而能济众"④"四海之内皆兄弟也"⑤,推而广之,也涉及氏族间的关系:"樊迟问仁。子曰:'居处恭,执事敬,与人忠。虽之夷狄,不可弃也。'"⑥这种爱的视野不可不谓十分开阔。这就是孔子虽然多次对管仲的"僭越"行为表示不满,却仍然称许其行为合仁的重要原因。子曰:"桓公九合诸侯,不以兵车,管仲之力也。如其仁!如其仁!"⑦

孔子的"爱人"之事迹,《论语》多有记载,如孔子言:"食于有丧者之侧,未尝饱也。"⑧孔子痛恨殉葬制度,对以俑陪葬,斥之曰:"始作俑者,其无后乎!"⑨对生活中的鳏、寡、孤、独、废疾等不幸者,孔子更是强烈主张应保障他们皆有所养。尤为可贵的是,在那个等级非常森严的时代,孔子能从仁爱精神出发,推仁爱之情于下层劳动者。《论语·乡党》载一事:"厩焚。子退朝,曰:'伤人乎?'不问马。"这里所谓的人就是天天跟马打交道的养马者,是真

---

① 《论语·颜渊》。
② 《礼记·中庸》。
③ 《论语·学而》。
④ 《论语·雍也》。
⑤ 《论语·颜渊》。
⑥ 《论语·子路》。
⑦ 《论语·宪问》。
⑧ 《论语·述而》。
⑨ 《孟子·梁惠王上》。

正的下层劳动者。如此爱人,是孔子富有同情心和怜悯心的本性使然。然而孔子所谓的爱是有等级的,这是当时血缘家族社会结构的重要反映。

任何时代,劳动者都是财富的生产者,也是最需要关爱的人,而且这种"民"才是"人"的根本主体。孔子倡导"爱人"的直接意图就是希望统治者能"爱民"。因《论语》载有孔子斥樊迟问种植之事,历史上常常有人将孔子视为轻视体力劳动者的思想家,甚至认定孔子对劳动人民缺乏爱心,其所谓的仁爱不过是剥削阶级的虚伪之爱。其实,细读《论语·子路》前后文不难发现,孔子只是反对处于上位的知识分子学习种菜种庄稼之类的,因为从社会有效分工的角度来看,他们的主要职责是管理好国家、社会;只要他们能够很好地完成这些职责,那就用不着自己种菜种庄稼了。"上好礼,则民莫敢不敬;上好义,则民莫敢不服;上好信,则民莫敢不用情。夫如是,则四方之民襁负其子而至矣,焉用稼?"①此言论同时也表明,在孔子看来,君子为官出仕与百姓耕种庄稼均是尽己所长效力于国家,我们不能以此证明孔子是轻视体力劳动与体力劳动者的。

孔子不轻视体力劳动与体力劳动者还可以从《论语》其他章节的有关记载中找到验证:其一,孔子本人很坦然地谈到自己从事过体力劳动:"吾少也贱,故多能鄙事。"②其二,荷蓧丈人批评他"四体不勤,五谷不分",孔子不但没有生气,反而让子路返回去再拜访。③ 其三,孔子的学生子夏将"百工"与"君子"所事之事并提:"百工居肆以成其事,君子学以致其道。"④这与孔子关于君子为官出仕与百姓耕种庄稼均是尽己所长效力于国家的思想实际上一脉相承。其四,孔子曾说过:"富而可求也,虽执鞭之士,吾亦为之。"⑤这里所谓的"执鞭之士"指的是那些为天子、诸侯和官员执皮鞭开路的人,是社会地位甚低的体力劳动者。孔子却称,只要符合道义,自己愿意以此谋生,看来孔子并不是看不起他们。可见,"孔子不仅承认在一定的名分限定之内追求富贵利达是完全道德的、合理的,而且他还进一步指出,如果一个人的富有

---

① 《论语·子路》。
② 《论语·子罕》。
③ 《论语·微子》。
④ 《论语·子张》。
⑤ 《论语·述而》。

程度和经济状况不称其位也是不应该的,甚至是可耻的"①。凡此种种,均说明孔子的确没有轻视体力劳动与体力劳动者,由此可以认为孔子的爱民思想算是比较彻底的。

孔子爱民思想的基本主张是安民与富民。安民的关键是以德治民:一是要取信于民。孔子认为取信于民是为政以德的根本前提:"人而无信,不知其可也。大车无輗,小车无軏,其何以行之哉?"②二是反对暴政。"道之以政,齐之以刑,民免而无耻;道之以德,齐之以礼,有耻且格。"③三是提倡薄赋敛。孔子听到其弟子冉求做季氏宰却替季氏聚敛时,非常生气地骂道:"非吾徒也。小子鸣鼓而攻之可也。"④四是使民有时。孔子不反对使民,但提出了使民有时的原则要求,即"择可劳而劳之"⑤。

在孔子看来,富民应在安民之先。孔子肯定求富求贵是人之本性,"富与贵,是人之所欲也";"贫与贱,是人之所恶也"。⑥当子贡向其询问治国之道时,孔子说:"足食、足兵,民信之矣。"⑦又说:"百姓足,君孰与不足? 百姓不足,君孰与足?"⑧至于富民之策,孔子的根本主张:一是发展生产,增加财富。孔子清醒地认识到生产劳动得有对象方能进行,主张"废山泽之禁"⑨,这是有效扩大劳动对象、保障人民有创造更多的物质财富的机会的制度基础,为的是做到"财用于是乎出""衣食于是乎生""其所以阜财用衣食者也"⑩。二是减少统治者对人民的剥削。孔子明确提出统治者既应"因民之所利而利之"⑪"博施于民而能济众"⑫,也应"敛从其薄"⑬,还应废关卡,便利商贾,"弛关市之税,以惠百姓"⑭。

---

① 张鸿翼:《儒家经济伦理及其时代命运》,北京:北京大学出版社 2010 年版,第 50 页。
② 《论语·为政》。
③ 《论语·为政》。
④ 《论语·先进》。
⑤ 《论语·尧曰》。
⑥ 《论语·里仁》。
⑦ 《论语·颜渊》。
⑧ 《论语·颜渊》。
⑨ 《孔子家语·五仪解第七》。
⑩ 《国语·周语上》。
⑪ 《论语·尧曰》。
⑫ 《论语·雍也》。
⑬ 《左传·哀公十一年》。
⑭ 《孔子家语·五仪解第七》。

孔子爱民情怀如此浓厚,与其生活的时代背景和特殊的人生经历有较大关系。一方面,春秋时期,民众的力量日益彰显,先进的人们逐渐形成了民本思想。另一方面,孔子少年时代家境贫苦,一生中大部分的政治活动又是在民间实干,对劳动人民的悲惨生活自然有所感受。此外,孔子之前的政治家,如晏婴,显然对孔子的爱民思想也产生过重要影响。晏婴曾经对齐景公说,对人民要"爱之如父母,而归之如流水"①。孔子非常敬重晏子,还提出了"子庶民"的类似主张,并把它作为实现"善政"的根本途径。

人类经济活动,特别是农业生产活动,总是离不开自然力的作用,在生产力不够发达、靠天吃饭的情况下尤其如此,这是我国古代社会形成天人合一思想的根本原因。孔子指出自然有其自身规律:"天何言哉,四时行焉,百物生焉,天何言哉?"②所以农业生产不能违农时。《论语·卫灵公》载,孔子主张"行夏之时"。孔子如此强调,主要是因为这样做便于顺应节令变化进行农事活动,体现了孔子对自然规律的自觉遵守与严格因循。这也是孔子仁爱观的重要表现:要求统治者不要让劳动者违了农时,这是对劳动者施行爱意;劳动者不违农时有利于生物生长,这是对自然施行仁爱。孔子还明确提出爱物是爱人之心的必然延伸,真正有仁爱之心的人既爱人也爱物。孔子主张见到春天刚能行动的小虫不要弄死,正在生长的东西不要折断:"启蛰不杀则顺人道,方长不折则恕仁也。"③在生产活动中,人们应做到"钓而不纲,弋不射宿"④。

在孔子伦理思想中,践行仁爱精神的根本思维方式是忠恕。曾子便总结曰:"夫子之道,忠恕而已矣。"⑤作为一种道德思维方式,忠恕之道实际是指将心比心,推己及人。其中,"忠"是从积极方面讲,指真心诚意、积极助人,讲的是"己欲立而立人,己欲达而达人"⑥。"恕"是从消极方面讲,将心比心、宽恕待人便为"恕",讲的是"己所不欲,勿施于人"⑦。与西方理性思维方

①《左传·昭公三年》。
②《论语·阳货》。
③《孔子家语·弟子行第十二》。
④《论语·述而》。
⑤《论语·里仁》。
⑥《论语·雍也》。
⑦《论语·卫灵公》。

法相比,孔子的忠恕之道以对人的尊重为前提,在人际关系中强调普遍的人性,强调人与人之间的心意感通,具有较强的人情特点与人性气息。例如,在论述孝与敬时,孔子指出:"今之孝者,是谓能养。至于犬马,皆能有养;不敬,何以别乎?"①孔子主张爱物的同时强调人是有德性的,动物是缺德的存在物,所以并不将人与人的关系和人与动物的关系等同视之:"鸟兽不可与同群,吾非斯人之徒与而谁与?"②由此看来,孔子的这些思想实际上阐析了人类经济活动的伦理属性与伦理法则,揭示了仁爱经济的人性依据。这种从道德上把握人与人关系的特有方法,其合理性显而易见,这也是"忠恕"成为"行仁"根本思维方式的重要原因。但"推己及人"终究以"己"为核心、为本位,这就意味着,"己"不同,"推"的过程与结果便不相同,即人们的道德选择必然不同。这种思维方式影响到人们的经济行为,消极方面比较明显。在小农经济时代,这是人们的道德停留在私德的范围而不能提升为公德的重要原因,是不利于经济交往,特别是商品经济发展的。因为它会使经济法则与人情法则相互干扰、相互贯通,从而使经济活动法则显得不很经济,人情法则变得不很纯洁。

二、富而好礼的终极目标

在孔子思想中,求仁的根本之道在克己复礼。孔子对"礼"的阐析是对西周以来的传统的礼的继承。在《论语》中,"礼"的含义主要有三:其一,尊敬,有礼貌,即讲礼的样子。其二,泛指西周以来的社会制度。《论语·为政》:"殷因于夏礼,所损益,可知也;周因于殷礼,所损益,可知也。"其三,各种礼节仪式。《论语·为政》:"生,事之以礼;死,葬之以礼,祭之以礼。"由此看来,孔子透过个体道德的外在要求,实际上已经把礼作为整个民族伦理实体设计的基本原则。

至于"仁"与"礼"的关系,孔子指出,礼是外在的,仁是内在的。在人们的具体行为中,二者应该密切配合、融为一体。"克己复礼为仁。一日克己

① 《论语·为政》。
② 《论语·微子》。

复礼,天下归仁焉。为仁由己,而由人乎哉?"①"非礼勿视,非礼勿听,非礼勿言,非礼勿动。"②在孔子看来,"礼"本身具有的"和"的结构性功能和价值属性,是"礼"能够维系宗法关系的根本原因。用伦理学术语来讲,"礼"就是规范人们行为的制度伦理。孔子弟子有子的一段话说透了这层含义:

> 有子曰:"礼之用,和为贵。先王之道,斯为美;小大由之。有所不行,知和而和,不以礼节之,亦不可行也。"③

也就是说,"礼"的作用在于节制各等级人们的身份及其行为,使其符合"礼"的规定,既不"过",也不"不及",即"中节"。但现实情况往往是"礼崩乐坏"。孔子斥之为"天下无道",感到强烈不满。至于越"礼"的原因,孔子认为主要是一些人不具备仁的品德:"人而不仁,如礼何? 人而不仁,如乐何?"④可是要实行"爱人"原则从而成为仁者,又必须节之以礼,这就是孔子强调克己复礼的原因。

孔子的求仁之道是克己复礼,终极目标便是富而好礼。这里的"富",只是经济活动的初级价值追求,"好礼"才能保证富裕的生活在道德的约束之下向更高尚的层面升华。孔子是真诚希望人民生活富足的,因为富贵是人们出自本性的追求;但孔子同时认识到,在人的需要中,道德需要是比物质利益需要更高的需要。人若不能提高自身的道德修养,富了之后,一定会产生一种"富而骄奢"的不良道德状态,反过来会影响经济发展、社会稳定,所以应坚决反对"不以其道得之"的富贵,所谓"不以其道得之,不处也"。⑤"子贡曰:贫而无谄,富而无骄,何如? 子曰:可也,未若贫而乐,富而好礼者也。"⑥

关于"富而好礼"的实现途径,孔子的基本主张是先富而后教。关于受教育对象,孔子的基本主张是"礼下庶人""有教无类",这实际上肯定了"庶人"有成为"士君子"的可能性,其中已经具有现代平等思想的意蕴了。教育内容则主要不是指技术知识,而是以礼仪为核心的道德知识。《论语》载孔

---

① 《论语·颜渊》。
② 《论语·颜渊》。
③ 《论语·学而》。
④ 《论语·八佾》。
⑤ 《论语·里仁》。
⑥ 《论语·学而》。

子与冉有关于治国之道的对话：

> 子适卫，冉有仆。子曰："庶矣哉。"冉有曰："既庶矣，又何加焉？"曰："富之。"曰："既富矣，又何加焉？"曰："教之。"①

统观"富而好礼"与"富而教"，既可见孔子的"富民"思想并没有局限于经济领域，以培育唯利是图的"经济人"为根本目标，也可见孔子已充分认识到道德与物质的关系并不必然同步：物质财富是道德思想意识、道德水平的基础，但道德并不是物质财富的自然延伸。相对于管子"仓廪实则知礼节，衣食足则知荣辱"②之言，孔子的思想无疑很辩证。

在经济生活中，消费无疑是人们最容易违礼的领域，这就是孔子强调消费应依礼而行，奢不伤义、俭不违礼的重要原因。从整体上讲，孔子是一个低消费主义者，在当时生产力水平低下的情况下，这是必然且应当的。孔子所谓的低消费含义有二：其一，消费要量力而行。《论语》载：颜回死后，其父颜路希望作为恩师的孔子卖掉自己的车子为其子置椁，但出乎颜路意料的是，孔子拒绝了此请求。孔子当时提出的理由是"以吾从大夫之后，不可徒行也"③。颜路之请，孔子没有接受，并非吝财，主要是因为这种请求已经超出了他的经济承受能力。其二，消费要依礼而行。孔子指出，消费水平不仅要以个人经济条件为基础，还得与消费者的社会地位和身份相合。实际上，当时用椁是有礼的标准的：一是依据个人的经济条件。若家中有人亡故，"毋过礼。苟亡矣，敛首足形，还葬，悬棺而封"④。二是木质、尺寸大小与社会地位相称。"君松椁，大夫柏椁，士杂木椁。"⑤且孔子认为自己作为大夫，理应是体面的人士，卖了车子，便只能"徒行"，会有失身份。晏婴是孔子很尊重的人，但孔子对于晏婴一件狐裘穿了30年、祭祖所用的猪腿分量连盘子都放不满的行为也不认可，认为这与晏婴的宰相身份不符，说这不是节俭而是吝啬。孔子这种依礼消费的消费观得到了后世儒家学者的继承，并最终演变为"适度消费"的思想。

①《论语·子路》。
②《管子·牧民·国颂》。
③《论语·先进》。
④《礼记·檀弓上》。
⑤《礼记·丧大记》。

孔子的"礼"是由西周的礼直接演化而来的。一般认为,周礼是在原始巫术礼仪基础上,对晚期氏族统治体系的规范化和系统化,是对周初确定的一整套典章制度、规矩礼节的继承,实质是以血缘为基础确定远近、贵贱、上下等级,形成严格的社会秩序,是一种制度化的伦理。孔子强调礼突出了伦理对人们的行为包括经济行为的调控力:"夫礼者,所以定亲疏、决嫌疑、别同异、明是非也。"①"君子之行也,度于礼。施取其厚,事举其中,敛从其薄。如是则丘亦足矣。"②这种礼的历史局限性很明显,但是"道之以政,齐之以刑,民免而无耻;道之以德,齐之以礼,有耻且格"③。孔子的"礼"论实际上已经说明,片面依赖于法治,未必能够天下大治,反而可能导致人性尤其是人的主体性的丧失,所以,人治固不可取,法治亦有其弊,建设礼法结合、情理法协调的社会控制体系,才是建立正常经济秩序的人间之正道。

三、以义制利的价值原则

关于推动人类经济社会发展的原始动力,恩格斯早就指出:"自从阶级对立产生以来,正是人的恶劣的情欲——贪欲和权势欲成了历史发展的杠杆,关于这方面,例如封建制度的和资产阶级的历史就是一个独一无二的持续不断的证明。"④事实上,正是这种"恶劣的情欲"推动着春秋时期的社会变革,成为导致该时期礼崩乐坏的内在驱动力。孔子对这种状况忧心忡忡,叹曰:"德之不修,学之不讲,闻义不能徙,不善不能改,是吾忧也。"⑤这就是孔子义利观产生的基本时代背景。

在《论语》中,"义"字出现有 20 处,其中多处"义利"对举。"义"的内涵非常丰富,主要作"道义"解。相对而言,"利"的内涵比"义"简单。"利"可分为"公利"和"私利"两大类。孔子所谓"公利",即国家、社会和民族的整体利益、根本利益和长远利益。出于公心,维护公利的行为,即"义"。"私利"即

① 《礼记·曲礼上》。
② 《左传·哀公十一年》。
③ 《论语·为政》。
④ [德]恩格斯:《路德维希·费尔巴哈和德国古典哲学的终结》,载《马克思恩格斯文集》第 4 卷,北京:人民出版社 2009 年版,第 291 页。
⑤ 《论语·述而》。

个体之利,这是与"义"相对的"利"。关于义与利的关系,孔子的基本态度是义主利从、见利思义。首先,孔子认为追求利益是人的本能行为,但人之为人恰在于能够超越本能。孔子坚决反对见利忘义、唯利是图,主张"不义而富且贵,于我如浮云"①。其次,当义、利相矛盾而不能兼得时,孔子主张舍利取义:"志士仁人,无求生以害仁,有杀身以成仁。"②最后,孔子所谓的"公利",其中"民利"占有相当的分量,重民利、不与民争利,对统治者而言便是重要的义。在子张请教如何理政时,孔子回答说,关键是要做到两点,即"其养民也惠,其使民也义"③和"因民之所利而利之,斯不亦惠而不费乎?"④

孔子还阐析了正确处理义利关系的主体实践原则。孔子提出了道德领域内划分"君子"与"小人"的价值标准,那就是"君子喻于义,小人喻于利"⑤,"君子义以为质"⑥。这种似乎有些轻视个人利益的观点恰好表明了孔子(包括后世的儒家)在义利观上的个性特色,即能称为"君子"者不会只固定亲近天下之某些人,而是会与有义之人亲近:"君子之于天下也,无适也,无莫也,义之与比。"⑦在孔子看来,以义自律,特别是约束自己的求利行为,是人成为完美的人的基本途径:"见利思义,见危授命,久要不忘平生之言,亦可以为成人矣。"⑧否则,"群居终日,言不及义,好行小慧,难矣哉!"⑨可见,孔子处理义利关系的主体实践原则,就是修身正心、见利思义。只有使"义"的概念具体化、制度化,成为可以施行的实践标准,才能使以义制利真正成为社会实践中的行动准则。而这一原则的具体表现便是孔子所谓的"礼"。所谓合乎礼的行为谓之义,合乎义的利是君子所求之利,礼、义、利均得到明确的判定。孔子进而把义利关系与礼义判断相结合,提出了礼、义、利三者统一的实践原则:"礼以行义,义以生利,利以平民,政之大节也。"⑩

---

① 《论语·述而》。
② 《论语·卫灵公》。
③ 《论语·公冶长》。
④ 《论语·尧曰》。
⑤ 《论语·里仁》。
⑥ 《论语·卫灵公》。
⑦ 《论语·里仁》。
⑧ 《论语·宪问》。
⑨ 《论语·卫灵公》。
⑩ 《左传·成公二年》。

　　经济利益当然不是孔子所指的"利"的全部,但其所指显然主要是经济利益,而且主要指财富。财富从何而来? 当然主要是通过产业发展创造而来。在孔子所处的时代,产业基本就是农业、手工业与商业。孔子对这些产业的发展都很重视,多有论述,这是孔子义利思想中"重利"一面的重要表现。孔子对农业生产发展特别重视,为此还提出了"使民以时"①和改进生产技术的基本主张"工欲善其事,必先利其器"②。对待商业,可以认为孔子总体上是持肯定态度的,"在《论语》中我们找不出一点孔子反对儒者经营商业的痕迹"③。例如,其弟子子贡通过经商发财,孔子对此毫无指责之意,反而是有些赞美之言。孔子主张"游于艺",这里的"艺"包括娱乐意义上的"艺",但主要是指手工生产的技艺。就财富获取而言,分配是除交换外,商品流通的又一主要环节。孔子非常重视财富分配问题,为了实现国家、社会的和谐与稳定,特别提出了"不患寡而患不均"④的财富分配思想。消费是人类生产及获取财富的最终目的,是人类经济行为的最根本动力。在消费方面,节俭是孔子的基本主张。孔子所谓的节俭实际是以"爱人"为前提的适度消费。孔子深知奢侈和过于节俭均是不当消费:奢侈致人骄纵,过于节俭则难免寒碜、鄙陋。孔子举例说,即便是那种有周公之才能美德者,若骄傲、吝啬,所谓才能等方面也都不必考察了:"如有周公之才之美,使骄且吝,其余不足观已。"⑤

　　孔子虽然肯定求富是人皆有之的本能欲望,却并不主张对君子与小人的求利活动平等对待。恰恰相反,在孔子看来,人们应各安其分,主要表现便是社会地位不同者在各自阶级所属的范围内以合乎自己身份的方式求利,如"君子谋道不谋食"⑥。对于这种主张可能带来的不平之怨,孔子强调,对小人,在给"利"施"惠"的同时,还应该"教之"。教的主要内容便是仁义之道,主要目的便是使人们在求利活动中自觉秉持与实践心中的道义精神。就财富获取而言,在分配方面孔子提出了"先富后教"的主张,在交换方面孔

① 《论语·学而》。
② 《论语·卫灵公》。
③ 胡寄窗:《中国经济思想史》上,上海:上海财经大学出版社1998年版,第91页。
④ 《论语·季氏》。
⑤ 《论语·泰伯》。
⑥ 《论语·卫灵公》。

子反对强取豪夺而来的不义之财。《论语·学而》载有孔子"信近于义"之论,提醒商人诚信经营方能互利共赢,否则只会自断财路。"人而无信,不知其可也。大车无𫐐,小车无𫐄,其何以行之哉!"①在消费方面,针对统治阶级,孔子提出了治国以俭的思想:"道千乘之国,敬事而信,节用而爱人,使民以时。"②对社会大众,孔子提出从经济实力出发的节用观。《论语·先进》载:颜渊死,门人欲厚葬之,孔子认为厚葬超出了颜渊家的经济承受能力,因而坚决反对。孔子特别注重人的精神培养,认为只有精神的满足才能带给人更多的快乐和持久的幸福,因此,消费不能局限于物质生活的享受,而是要有更高级的精神消费追求:"饭疏食饮水,曲肱而枕之,乐亦在其中矣。不义而富且贵,于我如浮云。"③

在孔子伦理思想中,中庸之道是人们认识世界、实现仁德的枢纽,因而也是一种高尚的美德,被称为"至德":"中庸之为德也,其至矣乎!民鲜久矣。"④行中庸针对的是极端,过犹不及。子曰:"不得中行而与之,必也狂狷乎!狂者进取,狷者有所不为也。"⑤中庸不是折中,而是追求对立两端的统一与中和。孔子之所以称尧、舜是圣贤的典范,主要是因为他们做到了"允执厥中"⑥,"用其中于民"⑦。中庸讲究的是"时中":"君子之中庸也,君子而时中。小人之中庸也,小人而无忌惮也。"⑧孔子"义利兼求""以义统利",充分显示了其"允执厥中"的中庸处事原则。在义利关系的处理方面,孔子认识到义与利的矛盾,提出了"见利思义"或"见得思义"的主张。见利思义,就是把守义视为取利的保障。实际上此观点同时说明了义与利是可以统一起来的,是可以兼收的。这种义利兼收,正是孔子中庸之道的具体体现,所以孔子对"义然后取,人不厌其取"⑨的观点表示赞赏。当必须在义利二者之间作出非此即彼的选择时,孔子主张选择义。孔子的这一思想,在《论语》中一

---

① 《论语·为政》。
② 《论语·学而》。
③ 《论语·述而》。
④ 《论语·雍也》。
⑤ 《论语·子路》。
⑥ 《尚书·大禹谟》。
⑦ 《礼记·中庸》。
⑧ 《礼记·中庸》。
⑨ 《论语·宪问》。

般是以"与其……宁……"的句法结构来表现的,这是《论语》的一大语言特色,如"礼,与其奢也,宁俭;丧,与其易也,宁戚"①。

四、重均平的分配伦理观

在孔子经济伦理思想中,财富分配是最大问题。孔子认为,春秋时期社会动荡不安局面形成的深层根源是人们对财富的贪婪,直接原因是财富分配不均。为此,孔子特别提出,为了天下安宁、社会和谐,应在见利思义的基础上实行不患寡而患不均的分配主张。

一次历史事件集中体现了孔子的分配伦理思想:季氏准备攻打颛臾。事前,冉有、子路二人去拜见孔子,作为季氏之臣的冉求对此并不加以劝阻,这让孔子很生气,提出:"丘也闻有国有家者,不患寡而患不均,不患贫而患不安。盖均无贫,和无寡,安无倾。"②意指治国或治封地者,最大的担忧并非贫困而是分配不均,不是人口少而是社会不安定,因为"均"便无所谓贫穷,"和"便不会感到人口稀少,"安"则政权无倾覆之危。这段被视为孔子分配思想最权威表达的话常常引发争论:"均"的基本内涵是平均,孔子所谓"患不均"的"均"也是这个意思,那孔子是平均主义的代表人物吗? 朱熹在解释"均无贫"这句话时说:

> 寡,谓民少。贫,谓财乏。均,谓各得其分。安,谓上下相安。季氏之欲取颛臾,患寡与贫耳。然是时季氏据国,而鲁公无民,则不均矣。君弱臣强,互生嫌隙,则不安矣。均则不患于贫而和,和则不患于寡而安,安则不相疑忌而无倾覆之患。③

由如上所引可见,孔子所谓的"均无贫"之"均"在朱子看来乃"各得其分"的意思,强调的是要确保整个社会"和无寡,安无倾",就必须保障不同阶层的人们根据其所处的地位得到相对均等的财富。这说明孔子绝非平均主义者。对朱熹的这一注解我国古代思想界大多是承认的。遗憾的是,近现代

---

① 《论语·八佾》。
② 《论语·季氏》。
③ 〔南宋〕朱熹:《四书章句集注·论语集注》,北京:中华书局 1983 年版,第 170 页。

以来,倒有一些人认为孔子的"均无贫"思想是平均主义。如唐庆增便说,孔子强调通过财富分配均平化,解决社会上的贫富不均问题。

关于"均无贫"的具体策略,孔子的基本主张有三:其一,反对统治阶级横征暴敛。对统治阶级的横征暴敛,孔子是极其反感的,而且态度极其鲜明强硬,主要是因为他清醒地认识到"放于利而行,多怨"①。孔子号召弟子对冉求"鸣鼓而攻之"②,原因就在于他帮季氏聚敛财富,这让孔子极为生气。对于管仲拥有"三归",即三处豪华的藏金府库,孔子也严肃地批判道:"管氏有三归,官事不摄,焉得俭?"③其二,对被统治阶级,孔子提倡应"因民之所利而利之"④,在财富分配方面应稍作倾斜。孔子认识到"君子固穷,小人穷斯滥矣"⑤,意思是说道德高尚的君子固然可以安贫乐道,一般百姓就难有此种操持了。此时,若贫困百姓"好勇疾贫",那就必然会天下大乱:"好勇疾贫,乱也。人而不仁,疾之已甚,乱也。"⑥其三,大力肯定乐善好施行为。子贡问孔子,给老百姓很多好处,特别是能周济大众之人可算是仁人否? 孔子回答说:"何事于仁? 必也圣乎! 尧舜其犹病诸。"⑦需要强调的是,孔子倡导的周济是雪中送炭式地周济急需帮助的人,而不是锦上添花式地送与富人,这就是所谓的周急而不济富。《论语·雍也》:"赤之适齐也,乘肥马,衣轻裘。吾闻之也,君子周急不济富。"

在强调"均无贫"的同时,孔子还提出"不患贫",这是否意味着孔子真的不怕贫,真的主张安贫乐困呢? 当然不是。实际上,孔子视"均富"与"和睦"为维护统治阶级长远利益、安邦定国的两大基本国策,认为"不均"和"不和"是危及国家发展和社会稳定的两大因素。首先,孔子爱民思想的重要本义之一是均富。孔子重"民食"、"轻徭薄赋"、"节用爱人"的思想无一不闪耀着"均富"的光辉。孔子的理想社会是大同世界,孔子所谓的道就是指大同。《礼记·礼运》:"大道之行也,天下为公。"公不公? 重要的当然

---

① 《论语·里仁》。
② 《论语·先进》。
③ 《论语·八佾》。
④ 《论语·尧曰》。
⑤ 《论语·卫灵公》。
⑥ 《论语·泰伯》。
⑦ 《论语·雍也》。

是看财富均否。孔子很想把这种理想付诸实践。孔子曾说："齐一变至于鲁,鲁一变至于道。"①在周初,鲁是礼仪之邦的代表,象征小康。孔子说,齐国一经变革可以达到鲁国的水平,鲁国社会一经变革可以进入仁政的大道。其次,在孔子伦理思想中,一国之民可分为君子和小人两类。对于"喻于利"的小人,要富而教之;对于"喻于义"的君子,孔子认为当求诸道义,但社会也应该保障他们有足以体面生活的俸禄:"君子谋道不谋食。耕也,馁在其中矣。学也,禄在其中矣。君子忧道不忧贫。"②最后,孔子所谓"不患贫"不是他真的不担心贫穷的后患,而是相对于贫穷而言,"不均"的后果更为可怕。因为这不仅容易生怨,而且容易生乱,甚至会导致政权倾覆。相反,若财富分配相对均等——主要表现是富者"让"出部分财富给穷者,让穷者的贫穷状况得到一定的改善,相对缩小大家在财富拥有方面的差别——人们也就无所谓贫富了,心态自然会比较平和。可见,"均无贫"不但有收入分配应均等之意,而且还内含了通过收入均等化分配实现国民"均无贫"的目的。

任何社会,贫困都并不只是物质上的贫困,往往也是甚至更是精神上的贫困。这种贫困实际上是一种对现有物质生活状态相对不满足的感觉。如果社会上精神贫困者甚多,那么社会即使富裕也不会安宁。孔子"均无贫"的主张也绝非只是物质财富分配意义上的"均无贫"。显然,解决精神贫困单靠制度层面的变革必然不够。孔子为此提出了两大基本主张:一是统治者"道之以德",即力践仁政;二是主体加强道德修养,"乐道安贫"。行仁政可使社会"和无寡","乐道安贫"可使人心"安无倾"。颜回安贫乐道得到孔子的高度赞扬,根本原因是这种精神正是儒家理想人格在消费问题上的重要体现。可见,在孔子看来,实践分配正义宜从制度安排和道德建设双向互动的层面进行。孔子这种将主体道德修养与分配正义问题相关联的思想,在我国传统经济伦理思想史上十分独特、非常高明。

孔子的分配伦理思想是与西周以来的等级分配方式相联系的,这就从根本上决定了其所谓的均富并不是共富,更不是同等的共富。《国语·晋语

---

①《论语·雍也》。
②《论语·卫灵公》。

四》曰："公食贡,大夫食邑,士食田,庶人食力,工商食官,皂隶食职,官宰食加。"说的是,在西周,不同阶级与阶层依据各自的社会地位占有的经济利益应该多寡不等。孔子向来倾慕周公,推崇周代制度:"周监于二代,郁郁乎文哉! 吾从周。"①克己复礼,维护和宣扬等级分配制度,是孔子"见利思义""见得思义"思想的重要内容。但是孔子毕竟深刻认识到了财富分配不均必然引起社会矛盾和社会冲突,并因此努力提出了解决问题的根本原则。这在当时具有重要的进步意义,对后世更是产生了积极影响。之后的许多进步思想家在反对贫富不均时,常从孔子那里取得滋养,甚至把孔子作为均富的鼻祖。至于历代农民起义的领袖往往祭起"均贫富"的大旗,这倒是孔子始料未及的。

　　孔子的经济伦理思想从属于其政治思想,以巩固和加强封建宗法统治为根本目标。其中,仁民爱物是孔子经济伦理思想的根本精神,富而好礼是孔子经济伦理思想的终极目标,重义制利是孔子经济伦理思想的关系原则,不患寡而患不均是孔子在分配问题上的根本伦理主张,"寡"与"均"是孔子经济伦理思想的核心命题。孔子经济伦理思想影响巨大,对于现代人揭示经济的伦理属性、树立正确的义利观、构建合理的分配关系不乏启示。其一,孔子强调德化与礼治,既正面肯定人性,又可有防患于未然之效,达到"有耻且格"。现代社会强调法治,然而,孤立的法治只能使"民免而无耻",并导致人性,尤其是人的主体性的丧失。人治固不可取,完全的法治亦有其弊,正常经济秩序的建立要求形成一个情理法结合的社会控制体系,礼法结合才是有中国特色的道路。其二,孔子从人的欲望出发论证义利内涵,实际上揭示了欲望是人类经济行为的起点,是人类经济得以运行的动力所在。但是人的欲望未必是人的真正的需要,有时二者甚至正好对立,所以应对欲望进行理性的节制和引导。孔子强调义主利从、见利思义,显然是因为他对此有深刻的认识。由孔子义利观可以得出如此启示:在义利关系方面,既不能贬利崇义,也不能以利背义,而只能是以义制利。其三,孔子主张的"均无贫"本身具有"共同富裕"的意蕴。孔子并不主张平均主义,而是强调分配应做到"各得其分"。虽然我们今天提倡的是根据贡献

————————

① 《论语·八佾》。

"各得其分",这一点与孔子思想有着根本区别,但是我们还是可以从孔子那里得到重要的启示:建构合理分配关系既要反对平均主义,也要反对两极分化。

第二节　孟子经济伦理思想

孟子(前372—前289),实名孟轲,字子舆,战国中期邹国(今山东邹县)人,先秦时期著名的思想家、教育家。孟子生活的战国中期,社会极端动荡、斗争极其激烈,人们谋安定幸福、求统一天下的愿望愈益强烈。百家争鸣中,道、墨学说一时成为显学。孟子批道、驳墨,继承光大了儒学,为以孔孟之道而著称的儒学演变成为我国封建社会的治国圣典奠定了理论基石。孔孟之道规范了封建社会的道德伦理,强化了封建社会政治经济制度。到了封建社会的中期,孟子思想为封建统治者及多数知识分子尊崇,此为根本原因。朱熹便称:"自尧舜以下,若不生个孔子,后人去何处讨分晓? 孔子后若无个孟子,也未有分晓。"[1]经济伦理思想是孟子思想的重要组成部分。但古往今来,卷帙浩繁、蔚为大观的孟子思想研究文献中,研究其经济、政治、哲学、伦理、教育、文学方面的居多,研究其经济伦理思想的则寥若晨星。实际上,孟子以"五伦""四德"为核心的人伦和谐思想既是我国古代和谐思想的精致表达,也是对经济和谐之道的伦理揭示。保民、养民、教民的王道主张是孟子经济伦理思想的核心。崇尚道义、公私兼顾是孟子义利观的基本内容,肯定社会分工与商品交换是孟子义利观的鲜明特征。孟子经济伦理思想的创见性、预见性和远见性非常鲜明,体现了深刻的伦理关怀精神,对于我国人民重道义、尚气节、克自我、顾大局的经济德性的形成和发展,以及传统经济伦理思想的发展与实践起到了积极的推动作用。时至今日,仍足以启迪人的心灵和智慧,值得研究和借鉴。

----

[1]〔南宋〕黎靖德编:《朱子语类》卷第九十三,北京:中华书局1986年版,第2350页。

一、以民为本的王道精神

在我国古代,"王道"与"霸道"是两个不同的政治范畴,"王"指统一的君主,"霸"指"挟天子以令诸侯"的准君主,但二者最初只是在政治身份和政治功能上有些区别而无政治路线不同的含义。一般认为,是孟子最先把"王"与"霸"作为不同政治路线的概念提出来的。孟子所谓的霸道是一种"以力假仁",即以暴力为主导的政治之道;王道则是一种以仁道和德治教化为根本途径的德治之道。在孟子看来,以霸道治天下者只是一种虚假的王天下,王道才是使人们心悦诚服的为政之道。孟子曰:

> 地方百里而可以王。王如施仁政于民,省刑罚,薄税敛,深耕易耨;壮者以暇日修其孝悌忠信,入以事其父兄,出以事其长上,可使制梃以挞秦楚之坚甲利兵矣!彼夺其民时,使不得耕耨以养其父母,父母冻饿,兄弟妻子离散。彼陷溺其民,王往而征之,夫谁与王敌!故曰:"仁者无敌。"王请勿疑。①

王道不仅是孟子的政治主张,实际上也是孟子经济伦理思想的根本主张,即以王道的理念指导经济发展。孟子经济伦理思想的根本精神是民贵君轻的民本精神。民本精神在我国古代的最早观念形态是"重民"。《尚书·盘庚上》首先提出"重民"观念:"重我民,无尽刘。"《尚书·五子之歌》载:"民惟邦本,本固邦宁。"《春秋穀梁传》中有"民为君之本也"等语。《晏子春秋》多次提到以民为本的观念。春秋以来,以民为本的提法已比较流行。孔子深化了西周至春秋的民本思想。孟子站在新兴地主阶级的立场上进一步阐发了民本精神,明确提出了"民为贵,社稷次之,君为轻"的基本主张;也就是说,在人民、国家、国君三者中,人民是最主要的,是国家的基础,统治者只有珍视人民才能保全国家。

> 民为贵,社稷次之,君为轻。是故得乎丘民而为天子,得乎天子为诸侯,得乎诸侯为大夫。诸侯危社稷,则变置。牺牲既成,粢盛既洁,祭

---

① 《孟子·梁惠王上》。

祀以时,然而旱干水溢,则变置社稷。①

三代之得天下也以仁,其失天下也以不仁。国之所以废兴存亡者亦然。天子不仁,不保四海;诸侯不仁,不保社稷;卿大夫不仁,不保宗庙;士庶人不仁,不保四体。今恶死亡而乐不仁,是犹恶醉而强酒。②

在孟子看来,得天下的关键是得民心。那么,怎样得民心呢? 孟子提出了三大方面的要求。一是切实保障人民的基本生活。孟子认为"制民恒产"是保障人民基本生活的关键。

无恒产而有恒心者,惟士为能。若民,则无恒产,因无恒心。苟无恒心,放辟邪侈,无不为已。及陷于罪,然后从而刑之,是罔民也。焉有仁人在位,罔民而可为也! 是故明君制民之产,必使仰足以事父母,俯足以畜妻子,乐岁终身饱,凶年免于死亡。然后驱而之善,故民之从之也轻。③

土地被孟子理解为恒产,原因很简单——它是农业生产的根本,是农民赖以长期维持安定生活的根本基础,也是保持社会稳定和维护人心善良的必要条件。"民之为道也:有恒产者有恒心,无恒产者无恒心;苟无恒心,放辟邪侈,无不为已。"④孟子充分认识到,在现实社会中即使给人民以土地,土地仍可兼并,这样一来贫富分化便可能产生,所以应把土地政策法定化。这就是孟子极力主张恢复井田制的根本原因。孟子说:

夫仁政必自经界始。经界不正,井地不均,谷禄不平,是故暴君污吏必慢其经界。经界既正,分田制禄可坐而定也。⑤

孟子的意思是说只要准确地划好井田的经界,那么给百姓分配土地、为官吏制定俸禄,就都可以轻松地决定了。相反,经界不正、暴君污吏胡作非为的不合理社会现象必定会滋生,整个社会是非曲直的价值标准必将因此混乱。对于井田的具体方案,孟子的设计如下:

---

① 《孟子·尽心下》。
② 《孟子·离娄上》。
③ 《孟子·梁惠王上》。
④ 《孟子·滕文公上》。
⑤ 《孟子·滕文公上》。

方里而井，井九百亩；其中为公田，八家皆私百亩，同养公田。公事毕，然后敢治私事，所以别野人也。此其大略也。若夫润泽之，则在君与子矣。①

从现代经济的角度看，孟子设计的井田制是一种以一家一户小农生产为基础的小农经济制度，根本目的在于让庶民百姓牢牢扎根于土地，达到"死徙无出乡，乡田同井，出入相友，守望相助，疾病相扶持，则百姓亲睦"②的目的。由此看来，"孟子所要求恢复的井田制，绝非古井田制的简单重复，而是有了新的内容的新井田制"③。

孟子认为政府行薄税之策是保障人民基本生活的重要方式。为了使统治者做到这一点，孟子以利诱之：薄税，对内可使百姓富、国家足，对外可实现霸业。孟子说："易其田畴，薄其税敛，民可使富也。食之以时，用之以礼，财不可胜用也。"④

为此，孟子还提出了一些具体主张。例如，在税种的设置方面，主张农业单一税制。《孟子·公孙丑上》："市廛而不征，法而不廛，则天下之商，皆悦而愿藏于其市矣。关讥而不征，则天下之旅，皆悦而愿出于其路矣。"在赋税的征收标准方面，孟子主张征收十分之一的轻税。《孟子·滕文公上》："夏后氏五十而贡，殷人七十而助，周人百亩而彻，其实皆什一也。"孟子在论述夏、商、周三代赋税征收的基础上，提出十分之一的税率是理想的赋税征收标准。在赋税的征收方式方面，龙子关于赋税征收方式的评论"治地莫善于助，莫不善于贡"⑤得到了孟子的赞同。这里所谓的"贡"法主要是将数年的收成维持的平均数作为一个常数，此常数便成为以后每年交税额的参照标准。

二是要与民同乐。齐宣王与孟子谈人生之乐时，孟子说："乐民之乐者，民亦乐其乐；忧民之忧者，民亦忧其忧。乐以天下，忧以天下，然而不王者，

---

① 《孟子·滕文公上》。
② 《孟子·滕文公上》。
③ 岑明：《〈孟子〉经济思想研究》，载《中国社会科学院研究生院学报》1987 年第 6 期。
④ 《孟子·尽心上》。
⑤ 《孟子·滕文公上》。

未之有也。"①

孟子还通过对比说明来教育梁惠王：周文王之囿方圆七十里，老百姓嫌它小；齐宣王之囿方圆四十里，老百姓却嫌它大。这是因为周文王之囿老百姓可以共享，齐宣王之囿却禁止老百姓享用它，说明独乐乐不如众乐乐。正因为如此，当齐宣王说自己既"好货"又"好色"时，孟子并没有批评他，而是只要求他能与老百姓利害相连、忧乐相通，将这些"不良"爱好与老百姓共同分享；这样，"今王与百姓同乐，则王矣"②。

三是真正体察民意。孟子引用《尚书·泰誓中》的话说："天视自我民视，天听自我民听。"意思是说，百姓的所见所闻就是上天的所见所闻。孟子此言实际是提醒君主要注重民意，听取百姓心声。孟子说：

> 左右皆曰贤，未可也；诸大夫皆曰贤，未可也；国人皆曰贤，然后察之，见贤焉，然后用之。左右皆曰不可，勿听；诸大夫皆曰不可，勿听；国人皆曰不可，然后察之，见不可焉，然后去之。③

需要说明的是，宗法血缘的伦理法则是贯穿孟子王道经济思想的根本法则。其一，不忍人之心是起点。孟子认为有不忍人之心的君主才会行不忍人之政，行不忍人之政者才能顺利达到统治的目的："人皆有不忍人之心。先王有不忍人之心，斯有不忍人之政矣。以不忍人之心，行不忍人之政，治天下可运之掌上。"④其二，以德治人是根本途径。孟子强调："以力服人者，非心服也，力不赡也；以德服人者，中心悦而诚服也。"⑤其三，"正君心"是关键。孟子提出通过革除"君心之非"达到"一正君而国定矣"的目的："君仁莫不仁，君义莫不义，君正莫不正。一正君而国定矣。"⑥

孟子王道思想贯通于经济领域，主张用宗法血缘的伦理法则进行经济治理，以德化民，同时又从人性、人情的角度寻找经济的伦理原理。孟子这种把经济奠定在以血缘、宗法为基本内容的伦理之上的经济治理思想既具

---

① 《孟子·梁惠王下》。
② 《孟子·梁惠王下》。
③ 《孟子·梁惠王下》。
④ 《孟子·公孙丑上》。
⑤ 《孟子·公孙丑上》。
⑥ 《孟子·离娄上》。

有浓烈的人情味又具有很强的"人治"特点，同时也具有空想性和欺骗性。更重要的是，作为封建地主阶级的思想家，孟子只是出于封建统治者"保社稷""王天下"的根本目的提出王道经济主张的。孟子局限于道德认识和范围，幻想通过个别君主的不忍人之心来行不忍人之政，在理论上当然是片面的。至于孟子的王道经济思想，特别是他的一些具体主张大多难为当时的统治者接受，更不用说真正地实践了。究其原因：一是在战乱不断、多方博弈的时代，在短时期内能够富国强兵才是君主们最关心的事情，实施薄赋敛轻徭役政策的后果往往是使一国短期内军事实力下滑，不要说成就霸业，亡国都有可能。二是孟子在力倡德治的同时对于动用暴力手段处理现实社会紧迫问题关注并不多。在统治者看来，孟子的理论过于理想化，执行起来更是问题多多。这就不怪当时各国的统治者们对孟子的苦口婆心往往是"顾左右而言他"了。

二、遵循伦常的和谐之道

在我国传统文化中，人伦即指人与人之间的次序与辈分，这是儒家伦理思想的一个重要概念。秉承孔子仁爱思想精神，孟子将人伦关系划分为父子、君臣、夫妻、长幼、朋友五大类，称"五伦"，规定了人们在五伦关系中各自不同的义务。这是孟子在认知伦理关系方面的最大贡献。孟子曰：

> 人之有道也，饱食、暖衣、逸居而无教，则近于禽兽。圣人有忧之，使契为司徒，教以人伦：父子有亲，君臣有义，夫妇有别，长幼有叙，朋友有信。①

孟子的概括典型地体现了传统中国家国一体、由家及国的社会结构特征，同时意味着五伦关系的稳定是整个社会稳定和谐最可靠的基础。当然，这也为个体人性提升提供了一个由个体至家庭、由家庭至社会、由社会至国家的大脉络，从中可以读出鲜明的人性气息与人情特点。

---

① 《孟子·滕文公上》。

在划出传统中国五种基本伦理关系的同时,孟子还提出了四种基本道德规范——仁、义、礼、智,即后世人们常称的"四德"。道德规范从何而来?孟子的基本观点是"仁义礼智根于心",是人类与生俱来的心理体验。

> 今人乍见孺子将入于井,皆有怵惕恻隐之心。非所以内交于孺子之父母也,非所以要誉于乡党朋友也,非恶其声而然也。由是观之,无恻隐之心,非人也;无羞恶之心,非人也;无辞让之心,非人也;无是非之心,非人也。恻隐之心,仁之端也;羞恶之心,义之端也;辞让之心,礼之端也;是非之心,智之端也。人之有是四端也,犹其有四体也。①

那么,现实中为何不同人在仁、义、礼、智上的实际表现大有差别呢?孟子指出,这是因为不同人"尽其才"的努力不同,有人"尽其才",有人"不能尽其才":"'求则得之,舍则失之。'或相倍蓰而无算者,不能尽其才者也。"②

孟子"四德"是情感与理性的统一,其中情感是本体与主体。恻隐之心是情,作为"义""礼"根源的羞恶之心、辞让之心也是情;即便以是非之心为起点的"智"是理,也是情理之"理",而不是西方式的纯粹理性。孟子"四德"是中国血缘文化及对性善的认同的产物,这是一种以血缘为原型、以亲亲之爱为价值取向的文化价值体系。这种血缘关系的结构性内涵决定了"爱人"之情无法在扩充过程中一视同仁,必须按照宗法等级的秩序去爱人,这就需要循"义"而行,即所谓的"居仁由义"。在现实的道德生活中,要按照"仁""义"来行动就必须遵循"礼",是依"礼"以行"仁",最终把不同的人约束在一个严格而又和谐的秩序之中。其前提则是通过"智"形成对"仁""义"的认同,构成内心信念,使建立在血缘基础上的道德情感转化为日用理性,实现心的和谐、人伦和谐。

人伦和谐当然不等于人际关系和谐,更不等于经济和谐。但是人伦关系是人际关系的重要组成部分,人类经济活动是在一定关系中进行的经济活动,且必是形成一定关系的经济活动。所以人伦和谐必定是实现人际关系和谐,进而促进经济和谐的重要保障。孟子以"五伦""四德"为核心的人伦和谐思想是我国古代人伦和谐思想的精致表达,实际上也规定了经济和

---

① 《孟子·公孙丑上》。
② 《孟子·告子上》。

谐的基本伦理结构。

首先，爱亲是经济和谐的起点。"五伦"关系中，家庭伦理关系占了三伦，即父子、夫妻、长幼。孟子就是以此提出以家为中心，从小家庭推及整个国家，通过健全个体道德情感密切家庭成员间的血缘亲情，进而实现恩泽他人的"爱亲"，最终实现人与人、人与社会和谐之道："天下之本在国，国之本在家，家之本在身。"①在这条道路上，经济利益是绕不过去的，孟子对此也没有回避，并且作了一些明确的回答。如孟子提出在"制民之产"的同时要"谨庠序之教，申之以孝悌之义"，做到"入以事其父母，出以事其长上"。②这样，就能使"人人亲其亲，长其长，而天下平"③。孟子在批评"五不孝"时，其中四不孝指的便是纵欲行为：

> 惰其四肢，不顾父母之养，一不孝也；博弈好饮酒，不顾父母之养，二不孝也；好货财，私妻子，不顾父母之养，三不孝也；从耳目之欲，以为父母戮，四不孝也；好勇斗狠，以危父母，五不孝也。④

孟子反对这些纵欲行为的一个重要原因是，这样的行为违背了家庭伦理，损伤了家庭和谐，进而会破坏社会和谐，甚至会泯灭人的本性。孟子自己对此也是身体力行：孟子父亲去世时孟子的身份是士，孟子便以士之礼（陈列三鼎于大门之右）安葬了其父；孟子母亲去世时孟子已升为大夫，孟子便以大夫之礼（陈列五鼎于大门之右）厚葬其母。孟子的理由便是自己已经"贫富不同也"。

其次，行仁政是经济和谐的关键。孟子不断告诫统治者，利益关系处置不当，特别是君民利益关系处置不当，必定会导致整个社会经济不和谐："焉有仁人在位，罔民而可为也？"⑤保障人们行仁义的基本要求就是满足人民合理的物质利益需要，为此一定要制民之恒产："是故明君制民之产，必使仰足以事父母，俯足以畜妻子，乐岁终身饱，凶年免于死亡。"⑥对于弱势群体，孟

---

① 《孟子·离娄上》。
② 《孟子·梁惠王上》。
③ 《孟子·离娄上》。
④ 《孟子·离娄下》。
⑤ 《孟子·梁惠王上》。
⑥ 《孟子·梁惠王上》。

子主张应该行仁政,在财富分配方面给予特殊的照顾,可是当时的情况却是"凶年饥岁,君之民,老弱转乎沟壑,壮者散而之四方者,几千人矣。而君之仓廪实,府库充,有司莫以告,是上慢而残下也"①。这让孟子深感失望。

再次,天人和谐是经济和谐的重要方面。孟子充分认识到人与自然和谐是经济和谐的重要方面,所以他倡导人们在生产中应该热爱和尊重大自然:

> 不违农时,谷不可胜食也;数罟不入洿池,鱼鳖不可胜食也;斧斤以时入山林,材木不可胜用也。谷与鱼鳖不可胜食,材木不可胜用,是使民养生丧死无憾也。养生丧死无憾,王道之始也。②

孟子这里所谓的"时"实际说明了动植物发育成长有一定的规律,人们的生产活动应遵循这种规律。孟子将这种"时"与王道相联系,便使得这种经济规律也成为一种对人类生产活动的道德要求。孟子还特别反对"辟草莱、任土地"的行为,认为它们仅次于"善战""连诸侯":"善战者服上刑,连诸侯者次之,辟草莱、任土地者次之。"③这就使得反对"辟草莱、任土地"的主张具有了浓厚的伦理道德要求意味。孟子还反对"从兽无厌",即反对无节制、无满足的田猎行为,甚至提出要"恩及禽兽":"今恩足以及禽兽,而功不至于百姓者,独何与?"④"恩"本指的是父子之间的道德准则,现将它运用到禽兽上来,无疑是提出了一种特殊的生态伦理原则。

最后,心灵和谐是经济和谐的基础。孟子指出人之行为不同于禽兽处在于人是有德性的存在物:"人之有道也,饱食、暖衣、逸居而无教,则近于禽兽。"⑤这一思想落实到人的经济行为就是强调人应有高贵的精神追求,而不能成为纯粹的物质动物。当然,孟子也不否定人的物质追求,只是强调精神生活高于物质生活,前者是人的"小体",后者才是人的"大体"。孟子说:

> 体有贵贱,有小大。无以小害大,无以贱害贵。养其小者为小人,

① 《孟子·梁惠王下》。
② 《孟子·梁惠王上》。
③ 《孟子·离娄上》。
④ 《孟子·梁惠王上》。
⑤ 《孟子·滕文公上》。

养其大者为大人。……养其一指而失其肩背,而不知也,则为狼疾人也。饮食之人,则人贱之矣,为其养小以失大也。饮食之人无有失也,则口腹岂适为尺寸之肤哉?①

孟子所谓的"养小以失大",是指那些过分或单纯追求物质生活消费而不顾道德修养的人,是失去人之为人的本性的人。由此可见,孟子是以心灵和谐作为经济和谐的基础。至于如何保障心灵和谐,孟子的基本主张是修身为途。孟子提出上天已经赋予人道德意识和道德能力,即所谓的良知良能:"人之所不学而能者,其良能也;所不虑而知者,其良知也。"②如果人人都能扩大这种良知良能,心灵便可和谐。为此需要加强修养。《孟子·告子上》:"学问之道无他,求其放心而已矣。"所谓"放心"就是把丢掉的善良本心再重新找回来。

需要说明的是,孟子的和谐经济思想内含浓郁的血缘宗法观念。孟子所设想的经济关系主要依靠人与人之间的血缘人伦亲情来维系和把握,依靠族长、家长、父权、夫权等层层权威加以治理。孟子是非常认同这种等级分明的经济关系的,比如他高度肯定财产分配的等级性。《孟子·万章下》中孟子详细列举了西周的分配制度,这已清楚地表明了孟子的态度:

天子一位,公一位,侯一位,伯一位,子、男同一位,凡五等也。……小国地方五十里,君十倍禄,卿禄二大夫,大夫倍上士,上士倍中士,中士倍下士,下士与庶人在官者同禄,禄足以代其耕也。

这种由家庭关系向外逐步扩展的经济关系容易产生封建的人身依附关系,自然,由此形成的和谐经济也只能是一种封建等级制下的和谐经济。

三、以义制利的义利思想

"利"字在《孟子》一书中出现 38 次,其中有 24 次作名词,如"周于利者凶

---

① 《孟子·告子上》。
② 《孟子·尽心上》。

年不能杀"①"上下交征利而国危矣"②等。可见,在孟子思想中,利主要是指利益,且主要指物质需求、物质欲望。孟子指出,人人均有口、耳、目等生理感观欲望,追富求贵是人的一种本能,无可厚非,这一点决定了对利益的追求是人之为人的共性:

> 口之于味也,有同耆焉;耳之于声也,有同听焉;目之于色也,有同美焉。至于心,独无所同然乎? 心之所同然者何也? 谓理也,义也。圣人先得我心之所同然耳。故理义之悦我心,犹刍豢之悦我口。③

在欲望论的基础上,孟子提出,满足人们物质生活消费需要是"驱而之善",是可以"王天下"的根本基础:"养生丧死无憾,王道之始也。……老者衣帛食肉,黎民不饥不寒,然而不王者,未之有也。"④为此,孟子提出了一些具体的"富民"措施,主要有轻徭薄税、使民以时、反对战争、保护生态等。其中,孟子尤其强调"制民恒产",因为制恒产是有恒心的物质基础。孟子的恒产论虽然带着维护封建王权统治的先天缺陷,但在客观上无疑具有保护老百姓生存权和发展权的积极意义。

《孟子》一书中"义"字出现 108 次之多,足见孟子对义的重视。但孟子并未对"义"下过概念性定义,而只是做过一般性解释。孟子曰:"义,人路也,舍其路而弗由,放其心而不知求,哀哉!"⑤就是说"义"如同人们走的道路,是由此达彼的最佳途径,"舍其路而弗由"。孟子从人的生命价值的高度指出义的价值高于生命,二者不可得兼时,当舍生取义:"生,亦我所欲也;义,亦我所欲也。二者不可得兼,舍生而取义者也。"⑥义是比利更高的需求,但人们对利的追求却离不开义的规范:"一箪食,一豆羹,得之则生,弗得则死。呼尔而予之,行道之人弗受;蹴尔而予之,乞人不屑也。"⑦孟子同时反对抽象地谈论义与利的价值,主张先在不同的伦理境遇进行具体的比较思考,再根

---

① 《孟子·尽心下》。
② 《孟子·梁惠王上》。
③ 《孟子·告子上》。
④ 《孟子·梁惠王上》。
⑤ 《孟子·告子上》。
⑥ 《孟子·告子上》。
⑦ 《孟子·告子上》。

据仁义的根本原则作出道德选择。在孟子看来,不管具体情况如何不同,人们背义求利的根本原因是物欲过度,所以做到以义制利、去义怀利的关键是节欲。《孟子·告子下》:

> 任人有问屋庐子曰:"礼与食孰重?"曰:"礼重。""色与礼孰重?"曰:"礼重。"曰:"以礼食,则饥而死;不以礼食,则得食,必以礼乎? 亲迎,则不得妻;不亲迎,则得妻,必亲迎乎?"屋庐子不能对。明日之邹,以告孟子。孟子曰:"于答是也,何有? 不揣其本而齐其末,方寸之木可使高于岑楼。金重于羽者,岂谓一钩金与一舆羽之谓哉? 取食之重者与礼之轻者而比之,奚翅食重? 取色之重者与礼之轻者而比之,奚翅色重? 往应之曰:紾兄之臂而夺之食,则得食;不紾,则不得食,则将紾之乎? 逾东家墙而搂其处子,则得妻;不搂,则不得妻,则将搂之乎?"

孟子生活在奴隶社会向封建社会转型的时期,当时社会上重利轻义、见利忘义的风气极重,统治者如梁惠王等人更是一些急于称霸、唯利是图之人,这也是孟子当时极力游说他们的原因。一般百姓欲望过度主要表现在消费方面,所以孟子主张量入为出地进行消费,批判那种超出自身经济实力的虚荣式消费。为此,孟子讲了一个齐国人偷吃墓地的供品回家向妻妾炫耀的寓言故事。该如何节制呢? 孟子给出的基本答案是清心寡欲:"养心莫善于寡欲。其为人也寡欲,虽有不存焉者,寡矣;其为人也多欲,虽有存焉者,寡矣。"[1]可见,孟子将实行以义制利的希望主要寄托在人的自律上,主要依靠的是人的道德情操、学识修养和先天的善心。

孟子所谓的"情境伦理"主要表现为对不同道德主体提出不同的义利要求,特别强调的是统治阶级和士人们应追求精神的升华,淡泊物利享受,君主更应起表率作用。孟子曰:

> 堂高数仞,榱题数尺,我得志,弗为也;食前方丈,侍妾数百人,我得志,弗为也;般乐饮酒,驱骋田猎,我得志,弗为也。[2]
> 贤君必恭俭礼下,取于民有制。[3]

---

① 《孟子·尽心下》。
② 《孟子·尽心下》。
③ 《孟子·滕文公上》。

恭者不侮人，俭者不夺人。侮夺人之君，惟恐不顺焉，恶得为恭俭？恭俭岂可以声音笑貌为哉？①

孟子还将分工纳入"情境伦理"的思考。孟子认为从经世济民的政治高度尽可能地满足民众的欲望是统治者赢得民众支持的根本前提，因为"得其心有道，所欲与之聚之"②。那么，如何"与之聚之"呢？孟子提出了著名的社会分工说，即从道德——义的高度充分肯定分工、交换的意义。

首先，孟子指出人的天赋与能力不同，这是社会分工、社会阶级划分的根本依据。孟子关于分工与交换的论述主要在其与陈相及彭更的两次辩论中提出。孟子指出，到了他们生活的时代，社会分工早已实现"一人之身，而百工之所为备"③。此种情况下如还要求一个人独自生产出自己所需要的各种生活用品岂不是率领天下人疲于奔命，所谓"如必自为而后用之，是率天下而路也"④，而且会因为"农有余粟，女有余布"⑤造成废物堆积的后果。孟子认为，没有谁是万能之人，百工和农夫分工是必然的，他们应各司其长。孟子看到，就社会分工而言，劳心者和劳力者之间的分工是最大的分工，这种分工的合理标准应该是"劳心者治人，劳力者治于人"⑥，即劳心者统治天下，劳力者从事物质资料生产。其次，孟子从功利（效果）角度论述社会分工的必要性，认为通过商业交易方能"以羡补不足"："子不通功易事，以羡补不足，则农有余粟，女有余布。子如通之，则梓、匠、轮、舆皆得食于子。"⑦这些观点无疑非常正确，正如恩格斯所说："从分工的观点来看问题最容易理解。社会产生它不能缺少的某些共同职能。被指定执行这种职能的人，形成社会内部分工的一个新部门。这样，他们也获得了同授权给他们的人相对立的特殊利益。"⑧

孟子对分工与交换不只是出于经济学的分析，还上升到义的高度。孟

---

① 《孟子·离娄上》。
② 《孟子·离娄上》。
③ 《孟子·滕文公上》。
④ 《孟子·滕文公上》。
⑤ 《孟子·滕文公下》。
⑥ 《孟子·滕文公上》。
⑦ 《孟子·滕文公下》。
⑧ ［德］恩格斯：《恩格斯致康拉德·施米特》，载《马克思恩格斯文集》第10卷，北京：人民出版社2009年版，第596页。

子认为："以粟易械器者，不为厉陶冶；陶冶亦以其械器易粟者，岂为厉农夫哉？"①农民和手工业者之间进行交换是应该的。脑力劳动者与体力劳动者之间的分工与交换也是合乎道义的要求，这就是他所说的："有大人之事，有小人之事。……故曰或劳心，或劳力。劳心者治人，劳力者治于人；治于人者食人，治人者食于人：天下之通义也。"②分工不同，获利的方式自然也不应相同。君子应该追求道义，为国出仕应该坚守其道，并由此领取属于自己的俸禄："非其道，则一箪食不可受于人；如其道，则舜受尧之天下，不以为泰。"③至于那些从事体力劳动的"小人"，则应该以自己的劳动得到自己应得的回报，即使是"抱关击柝者"也不例外："抱关击柝者皆有常职以食于上。无常职而赐于上者，以为不恭也。"④孟子还批驳了许行的商品同量同价交换的理论。许行的基本主张是同一类商品（如布和帛、麻线和丝絮、大鞋和小鞋等）只要数量相同（指长短、轻重）就应该按同一价格出售。孟子则认为应该根据商品本身的质量和品种来规定不同的价格。更重要的是，孟子模糊地感觉到内在于商品的"情"才是商品价格的决定因素。他从天下安定的高度加以分析，指出不合理的商品价格规定会使天下受到扰乱，致使国家不能安定、难以治理。许行的主张是否不考虑商品的质量问题，现在无法查考，但仅就孟子转述的内容来看，的确非常荒谬。《孟子·滕文公上》：

> 夫物之不齐，物之情也。或相倍蓰，或相什百，或相千万，子比而同之，是乱天下也。巨屦小屦同价，人岂为之哉？从许子之道，相率而为伪者也，恶能治国家？

孟子提倡社会分工，拥护私有制，贯彻等价交换原则。从这些思想我们基本可以断定孟子是比较支持商业贸易自由的。不仅如此，孟子还提出了"关市讥而不征"，即在关口和市场，政府只稽查，不征税或少征税。在孟子看来，农业税征收太高，或征收了本不该征收的商业税（关税），和偷盗一样是不义之举。与此同时，孟子特别反对不法商人的市场垄断行为，称这样的

---

① 《孟子·滕文公上》。
② 《孟子·滕文公上》。
③ 《孟子·滕文公下》。
④ 《孟子·万章下》。

商人是“贱丈夫”：“古之为市也，以其所有易其所无者，有司者治之耳。有贱丈夫焉，必求龙断而登之，以左右望而罔市利。”[①]在我国，一般认为是孟子最早提出“垄断”一词。虽然孟子所谓的“垄断”不如现代经济学中的“垄断”概念那样科学、精确，但无疑具有开拓性的理论意义。孟子这一思想传到西方，成为以魁奈为代表的法国重农学派税收理论的重要思想渊源。

孟子是儒家继孔子之后的代表人物。在战国时期的百家争鸣中，儒家的显学地位主要通过孟子的努力而得以确立。孟子思想具有创见性、预见性和远见性，体现出深厚的伦理关怀精神，在当代人类社会的发展中也具有一定的现实意义。经济伦理思想是孟子伦理思想的重要内容，民重君轻、分田制禄、制民恒产是孟子王道经济伦理思想的根本主张。孟子经济伦理思想以“性善论”为理论预设。在孟子看来，人先天具有善的本性，这是一切伦理规范的前提和出发点，也是调节个人与他人经济伦理关系的根本基础。孟子义利观的主要目的在于解决公利与私利、精神价值与物质价值的关系问题。孟子的义利观既有原则性，又有灵活性，强调提升利益主体的人格。这种义利观对我国人民重道义、尚气节、克自我、顾大局等优秀品质的形成和发展起了推动作用。孟子民本思想中制民恒产的思想反映了劳动人民在实现社会变革与统一天下中的伟大作用。后世的民本思想家大都把土地问题视为民生根本，这显然是对孟子思想的继承。清代知名学者张英在其《恒产琐言》中便认为“田产”历久而常新，又不畏水火盗贼，兼具无覆蹶之事，实乃持家、兴家的最可靠、最恒久的产业。为此，他进一步明确提出了“守田不饥”的恒产思想。孟子经济伦理思想对中华民族经济伦理精神的发展起过巨大的作用，且早已远播海外，惠及多个国家和地区，时至今日，仍足以启迪人的心灵和智慧。但是，孟子毕竟是战国中期新兴地主阶级的代表人物，小农经济是其经济伦理思想产生的根本基础，其经济伦理思想的阶级局限性和历史局限性不可避免。在建构现代中国经济伦理理论时，对孟子经济伦理思想的这些局限，我们应加以扬弃，并努力完成其现代转换。

① 《孟子·公孙丑下》。

第三节　荀子经济伦理思想

荀子(约前298—前238),名况,字卿,亦称孙卿,赵国人。先秦儒家思想代表人物之一,人生经历与孔、孟有些相似。荀子希望在政治上有所建树,曾满怀抱负地周游列国,三任祭酒,还做过楚国兰陵令,可算当时杰出的政治家。但荀子更是伟大的思想家、教育家。史载荀子曾在齐国稷下学宫授学,学生云集,影响甚大。荀子的思想广泛涉及政治、经济、伦理等诸多方面,内涵丰富且深刻。荀子经济伦理思想是在战国时期社会政治、经济、文化发生巨大变化的历史条件下形成的,是荀子思想的重要组成部分。儒家思想在荀子经济伦理思想中有充分体现,但荀子同时吸纳了其他诸子思想的精髓。在荀子经济伦理思想中,人性理论是基本理论依据和哲学前提。这种人性论是在结合当时的社会现实,批判吸收、整合各家人性说的基础上提出的。荀子以"人之性恶"为理论依据,继承、发展我国传统的"礼"的思想,进而系统、全面地提出"礼治"经济秩序观。荀子的"礼治"经济秩序观为汉以后的封建王朝所采用,在我国历史上产生了巨大的影响。钱穆先生便称:"汉代以后的儒家学者对经济的见解,基本上由此而来。"①

一、富国裕民的经济发展目标

荀子以前的先秦诸子不少已有富国之主张,但关注的焦点是国家以何种方针发展生产和解决财政问题,如早期儒家的薄赋敛论、法家的重农抑工商论、墨家的生财密而用之节论。荀子对这些思想进行了综合提升,且明确提出了富国主张;更重要的是,荀况的富国论与富民相联系,甚至可以认为富民思想是荀子富国论的核心。荀子之所以强调富民,根本原因在于他认为富民是安民的基础,不可不用心对待:

---

① 钱穆:《中国文化史导论》,北京:商务印书馆1994年版,第120页。

故有社稷者,而不能爱民,不能利民,而求民之亲爱己,不可得也。民不亲不爱,而求其为己用,为己死,不可得也。民不为己用,不为己死,而求兵之劲,城之固,不可得也。……故人主欲强固安乐,则莫若反之民;欲附下一民,则莫若反之政;欲修政美国,则莫若求其人。……故君人者,爱民而安,好士而荣,两者无一焉而亡。①

富民是安民的根本基础,自然也应成为经济发展的根本目标。只有秉持、实践此目标,经济才能获得良性发展。"裕民则民富,民富则田肥以易,田肥以易则出食百倍";如相反,"民贫则田瘠以秽,田瘠以秽则出食不半,上虽好取侵夺,犹将寡获也",结果只能是"下贫则上贫"。② 如此一论,荀子便把富国与富民统一起来了。为了打动统治者使其自觉接受这种富国安民思想,荀子以不能裕民必然导致灾难性后果警示统治者:

故修礼者王,为政者强,取民者安,聚敛者亡。故王者富民,霸者富士,仅存之国富大夫,亡国富筐箧,实府库。筐箧已富,府库已实,而百姓贫;夫是之谓上溢而下漏。入不可以守,出不可以战,则倾覆灭亡可立而待也。③

荀子认为民本身是有等级的,民之富也应该有等级之分。《礼论》篇中,贵贱有等、长幼有差、贫富轻重皆有称的必要性和重要性是荀子讨论的基本问题。在荀子看来,贫富贵贱等现象的存在是"天数",不同等级者享有财富不均是十分正常的社会现象。在社会产品的分配上,士庶两大等级应该有贫富之分。庶人在分配中的所得应满足在扣除生产费用、满足生活必需后还略有剩余,即"皆使衣食百用出入相掩,必时藏余"④,"愿悫之民完衣食"⑤。对于士以上的统治阶级则应"赏以富厚"⑥,使他们过上"重色而成文章,重味而备珍怪"⑦的奢侈生活,使其"足欲"。至于政府官员,要先根据德才标准确

---

① 《荀子·君道》。
② 《荀子·富国》。
③ 《荀子·王制》。
④ 《荀子·富国》。
⑤ 《荀子·正论》。
⑥ 《荀子·正论》。
⑦ 《荀子·君道》。

定官职等级的高低,然后根据官职等级的高低来确定俸禄的多少,做到"德必称位,位必称禄,禄必称月"①。总之,荀子在分配方面的基本主张是使每一个人都得到大致满意的财富,保证各等级的人相安无事,即"皆使人载其事,而各得其宜"②,从而杜绝社会纷乱的产生,使整个社会能够实现"维齐非齐"。显然,这种观点是对孔子"均无贫,和无寡,安无倾"和孟子"与百姓同之"观点的继承,但又有所细化。荀子说:

> 分均则不偏,势齐则不壹,众齐则不使。有天有地,而上下有差;明王始立,而处国有制。夫两贵之不能相事,两贱之不能相使,是天数也。势位齐而欲恶同,物不能澹则必争,争则必乱,乱则穷矣。先王恶其乱也,故制礼义以分之,使有贫富贵贱之等,足以相兼临者,是养天下之本也。书曰:"维齐非齐。"此之谓也。③

在如何实现富国裕民目标方面,荀子的基本主张有三,即强本扬末、鼓励消费、以政裕民。荀子所谓的"强本"就是努力发展农业。荀子认为富国裕民的基础就是发展农业:"不富无以养民情,不教无以理民性。故家五亩宅,百亩田,务其业而勿夺其时,所以富之也。"④在农业发展方面,荀子提出了极具现代意识的大农业、大粮食的生产观点:既特别重视谷物生产,主张通过"一岁而再获"增加产量,又同时指出可供人们食用的并非只有谷物,还有"瓜桃枣李""荤菜百疏""六畜禽兽""鼋鼍鱼鳖鳅鳣""飞鸟凫雁""昆虫万物""麻葛茧丝"等。⑤荀子提出的农业发展基本原则是"计利而畜民":"量地而立国,计利而畜民,度人力而授事;使民必胜事,事必出利,利足以生民,皆使衣食百用出入相掩,必时藏余,谓之称数。"⑥为贯彻此原则,荀子提出:一是实行国家授田制度,规定一夫百亩,如此既可为"养民情"提供基本条件,还可稳定农民,所谓"百亩一守,事业穷,无所移之也"⑦;二是国家确保"罕举

---

① 《荀子·富国》。
② 《荀子·荣辱》。
③ 《荀子·王制》。
④ 《荀子·大略》。
⑤ 《荀子·富国》。
⑥ 《荀子·富国》。
⑦ 《荀子·王霸》。

力役,无夺农时"①,使农民能"务其业"②;三是使民有时,做到"夏不宛暍,冬不冻寒,急不伤力,缓不后时"③;四是设置专门官吏,如设置"司空",负责水利事业的管理;五是减轻农民的负担,"轻田野之税,省刀布之敛"④,"以时禁发而不税"⑤;六是救济受灾的农民,以确保"岁虽凶败水旱,使百姓无冻馁之患,则是圣君贤相之事也"⑥。显然,荀子"计利而畜民"的主张是对早期儒家"因民之所利而利之"观点的继承,但更强调在农业发展过程中国家应该发挥积极的作用。

农业生产与自然环境关系极为密切,荀子对此特别关注,提出在农业生产中天、地、人是三种基本要素,即所谓的"三才":"天有其时,地有其财,人有其治。"⑦荀子还提出了实践这种思想的三点具体要求:一是既要因时制宜,"春耕、夏耘、秋收、冬藏,四者不失时,故五谷不绝,而百姓有余食也"⑧,也要因地制宜,"所志于地者,已其见宜之可以息者矣"⑨,"相高下,视硗肥,序五种"⑩。二是在切实保护自然资源的基础上,注重经济可持续发展:"圣王之制也!草木荣华滋硕之时,则斧斤不入山林,不夭其生,不绝其长也,鼋鼍鱼鳖鳅鳣孕别之时,罔罟毒药不入泽,不夭其生,不绝其长也。"⑪三是加强农田水利建设:"修堤梁,通沟浍,行水潦,安水藏,以时决塞;岁虽凶败水旱,使民有所耘艾。"⑫"掩地表亩,刺草殖谷,多粪肥田,是农夫众庶之事也。"⑬

荀子重农但并不轻商,更不反商;正相反,荀子对儒家商业伦理思想还多有充实和深化:一是高度认可商业在整个社会经济中的重要地位,明确提

---

① 《荀子·王霸》。
② 《荀子·大略》。
③ 《荀子·富国》。
④ 《荀子·王霸》。
⑤ 《荀子·王制》。
⑥ 《荀子·富国》。
⑦ 《荀子·天论》。
⑧ 《荀子·王制》。
⑨ 《荀子·天论》。
⑩ 《荀子·儒效》。
⑪ 《荀子·王制》。
⑫ 《荀子·王制》。
⑬ 《荀子·富国》。

出土农工商分工分职的理论,视商业是社会分工必有的、重要的组成部分。二是突出商业的流通功能:"通流财物粟米,无有滞留,使相归移也。四海之内若一家。故近者不隐其能,远者不疾其劳。无幽闲隐僻之国,莫不趋使而安乐之。"①正是因为有如此认识,荀子要求统治者大力发展商品流通,并尊称商业为"王者之法"。为此,荀子还提出了一系列有利于商业发展的惠商主张,如"修采清,易道路"②,促进交通事业的发展;"谨盗贼"使"宾旅安"③,为商人贸易往来提供一个安定有序的社会政治环境;"平室肆"④,提供旅居和经营方便;按"关市几而不征,质律禁止而不偏"⑤,合理评定价格,减轻甚至免除关市税收。

在消费主张方面,荀子批判吸取了墨子的节用论思想。荀子对生产力发展抱乐观态度,反对墨子"昭昭然为天下忧不足"的思想,认为只要努力发展生产,社会的物质产品不仅能够满足社会全体成员的衣食需要,甚至还能有节余。荀子早已认识到自然资源就其存在与潜在的绝对性而言是无限的,人类需要无法得到满足的根源在于人的能力与欲望之间存在矛盾,亦即人力资源的稀缺性:

> 夫天地之生万物也,固有余足以食人矣;麻葛、茧丝、鸟兽之羽毛齿革也,固有余足以衣人矣。夫不足,非天下之公患也,特墨子之私忧过计也。⑥

荀子又从欲望论和明分论出发批判墨子节用论会打乱士庶之间的分工分职制度,使得"能不能不可得而官也",致使为官者的俸养太薄而无法用心于政治事务,从而削弱统治阶级的权威、破坏赏罚制度,最终危害社会的生产和安定,造成"天下贫""天下乱"。荀子说:

> 墨子大有天下,小有一国,将蹙然衣粗食恶,忧戚而非乐。若是则瘠,瘠则不足欲,不足欲则赏不行。墨子大有天下,小有一国,将少人徒,省官职,上功劳苦,与百姓均事业,齐功劳。若是则不威,不威则罚

① 《荀子·王制》。
② 《荀子·王制》。
③ 《荀子·王制》。
④ 《荀子·王制》。
⑤ 《荀子·王霸》。
⑥ 《荀子·富国》。

不行。赏不行,则贤者不可得而进也;罚不行,则不肖者不可得而退也。贤者不可得而进也,不肖者不可得而退也,则能不能不可得而官也。①

荀子还明确主张"足国之道,节用裕民而善藏其余"②,"务本节用财无极"③。但是荀子所谓的节用并不是单纯地崇俭,而是指对消费进行适当的限制,做到"使欲必不穷乎物,物必不屈于欲,两者相持而长"④。实现适当的限制当然需要国家制度这一根本保障,所谓"无制数度量则国贫"⑤,"知明制度权物称用之为不泥也"⑥,"使群臣百姓皆以制度行,则财物积,国家案自富矣"⑦。荀子的消费观局限于等级制度,没有认识到真正需要改善消费状况、提升消费力的是劳动大众,这就必然会大大降低其消费主张在实现富国目标方面的功效。当然,这也可理解为荀子清醒地认识到,在当时的社会,只有统治者保持较高的消费水平才能为经济发展提供一定的消费驱动,这无疑也是一种实事求是的态度。

荀子反对统治者为自己聚敛财富,主张藏富于民。荀子认为:"下贫则上贫,下富则上富。……如是则上下俱富,交无所藏之,是知国计之极也。"⑧荀子尤其反对那些剥削人民过甚,使人民无法维持生计的敛财政策,称其为"伐其本,竭其源"⑨。与此同时,荀子特别强调轻税是富民的主要方法。荀子坚持儒家传统的什一税率,接受管仲"相地而衰征"的主张。一般认为,儒家思想家中接受此政策主张者,荀子是第一人。荀子不但反对统治者为自己聚敛财富,还要求他们适当地捐财富给需要帮助的人。在《非十二子》篇中,荀子号召富人效法古人行乐善好施之道:

> 古之所谓士仕者,厚敦者也,合群者也,乐富贵者也,乐分施者也,远罪过者也,务事理者也,羞独富者也。今之所谓士仕者,污漫者也,贼

---

① 《荀子·富国》。
② 《荀子·富国》。
③ 《荀子·成相》。
④ 《荀子·礼论》。
⑤ 《荀子·富国》。
⑥ 《荀子·君道》。
⑦ 《荀子·王制》。
⑧ 《荀子·富国》。
⑨ 《荀子·富国》。

乱者也，恣睢者也，贪利者也，触抵者也，无礼义而唯权势之嗜者也。

对于那些反其道而行之的人，荀子斥其为愚蠢的人，指出他们迟早会面临潜在的危险："愚者反是。……虽欲无危，得乎哉！"①为证明这一点，在《尧问》篇中，荀子举例说孙叔敖"每益禄而施愈博"，即每增加一次俸禄，他分给其他人的也就越多。因为怀有卑谦之心、仁爱之心与恭敬之心，孙叔敖赢得了君臣的欣赏及百姓的爱戴。

二、明分使群的经济秩序

在礼与法的关系方面，荀子认为礼治高于法治，高度认可礼的作用。荀子从"国命"的高度提出："人之命在天，国之命在礼。"②"礼者，治辨之极，强国之本也，威行之道也，功名之总也。"③"由之，所以一天下；不由，所以陨社稷也。"④荀子甚至把礼夸大为天地万物皆应遵行的普遍法则：

> 天地以合，日月以明，四时以序，星辰以行，江河以流，万物以昌，好恶以节，喜怒以当，以为下则顺，以为上则明，万变不乱，贰之则丧也。礼岂不至矣哉！⑤

经荀子这样一论证，封建等级制度和等级道德便成了"与天地同理，与万世同久"⑥的永恒的、绝对的东西了，"法礼""足礼"也就成为对人们行为的最高要求。当然，荀子也不否定法治，只是强调法必须以礼为纲："礼者，法之大分，类之纲纪也。"⑦提倡的是隆礼重法："隆礼尊贤而王，重法爱民而霸。"⑧

人性论是荀子礼治论的基础。荀子所谓的人性包括人的生理本能与心理本能两大方面，指人的自然属性，"心好利"或"好利而恶害"是人性的基本

---

① 《荀子·仲尼》。
② 《荀子·强国》。
③ 《荀子·议兵》。
④ 《荀子·议兵》。
⑤ 《荀子·礼论》。
⑥ 《荀子·王制》。
⑦ 《荀子·劝学》。
⑧ 《荀子·强国》。

内容。荀子的这种人性论具有自然人性论的特点,与告子的人性论可谓一脉相承,但同时受到法家思想的一些影响。荀子说:

> 若夫目好色,耳好声,口好味,心好利,骨体肤理好愉佚,是皆生于人之情性者也;感而自然,不待事而后生之者也。夫感而不能然,必且待事而后然者,谓之生于伪。是性伪之所生,其不同之征也。①

> 凡人有所一同:饥而欲食,寒而欲暖,劳而欲息,好利而恶害,是人之所生而有也,是无待而然者也。②

不过,荀子对人性的论述并不止步于此,而是进而对人的自然属性进行了道德评价。这一点与告子和商鞅(包括以后的韩非)有较大区别。荀子论证曰:

> 今人之性,生而有好利焉,顺是,故争夺生而辞让亡焉;生而有疾恶焉,顺是,故残贼生而忠信亡焉;生而有耳目之欲,有好声色焉,顺是,故淫乱生而礼义文理亡焉。然则从人之性,顺人之情,必出于争夺,合于犯分乱理而归于暴。故必将有师法之化,礼义之道,然后出于辞让,合于文理,而归于治。用此观之,然则人之性恶明矣,其善者伪也。③

显然,荀子并没有视人的自然本能为恶,而是认为如果听任这种自然本能张扬,不加以节制,就会产生恶;反过来讲,若对人性施以有效的限制,人性就会朝善的方向发展。这种限制,荀子称其为礼义法度。也就是说,在荀子看来,富民是必要的,以礼义法度规范人们的求富行为也是必要的。至于如何以礼义法度解决这些问题,荀子提出基本方式是通过规定等级差别,保障"群居和一":"使有贵贱之等,长幼之差,知愚、能不能之分,皆使人载其事而各得其宜,然后使悫禄多少厚薄之称,是夫群居和一之道也。"④如果不如此,结果只能是"群而无分则争,争则乱,乱则穷矣。故无分者,人之大害也;有分者,天下之本利也"⑤。可见,荀子的"礼"论强调了伦理道德的价值并不

---

① 《荀子·性恶》。
② 《荀子·荣辱》
③ 《荀子·性恶》。
④ 《荀子·荣辱》。
⑤ 《荀子·富国》。

在于压制人的欲望,而在于引导人的欲望,确保欲望得到正当满足;这也意味着,在荀子看来,伦理道德应与人的生理欲求不相矛盾。在此基础上,荀子明确提出"以心制欲"说,即以理性节制、指导欲望,决定求利行为的选择、取舍:"先王恶其乱也,故制礼义以分之,以养人之欲,给人之求,使欲必不穷于物,物必不屈于欲,两者相持而长,是礼之所起也。"①

需要指出的是,荀子的导欲、节欲思想是以不违背宗法等级秩序为根本前提的。这一点在荀子的等级消费观中表现得最为突出,荀子强调应根据"礼"实行有等级差别的消费:"礼者,以财物为用,以贵贱为文,以多少为异,以隆杀为要。"②荀子还以衣着为例,指出不同等级的人应着不同服装:"为人主上者不美不饰之不足以一民也,不富不厚之不足以管下也,不威不强之不足以禁暴胜悍也。"③荀子还明确提出,统治阶级生活豪华些对于赏行罚威和推动生产发展具有实际意义:"财货浑浑如泉源,沒沒如河海,暴暴如丘山,不时焚烧,无所藏之。"④这种说法为贵族、富豪们骄奢淫逸的生活制造了理论根据,虽然未必出于荀子的本意。不过荀子在认同等级制的同时扬弃了世袭制等观点,主张"尚贤使能":"故尚贤使能,等贵贱,分亲疏,序长幼,此先王之道也。"⑤这是荀子思想历史进步性的一面。

荀子所谓的明分包括"明于天人之分"⑥,指的是自然界和人类各有其作用范围和职分,那些期望自己与天、地并列的人"则惑矣"。但当"分"与"使群"相联系时,荀子的"分"更指人与人之间的社会分工。这里所谓的社会分工,首先指生产分工。在先秦思想家中,荀子对分工意义的论述比较详尽:分工有助于形成联合生产力,即"故义以分则和。和则一,一则多力,多力则强,强则胜物"⑦;容易使人的能力得到最大限度发挥,即"职分而民不慢"⑧;有助于提高劳动者的生产技能和产品质量,改进生产工具,即"自古及今,未

---

① 《荀子·礼论》。
② 《荀子·礼论》。
③ 《荀子·富国》。
④ 《荀子·富国》。
⑤ 《荀子·君子》。
⑥ 《荀子·天论》。
⑦ 《荀子·王制》。
⑧ 《荀子·君道》。

尝有两而能精者也"①;有助于培养专业的工作能力,即"人积耨耕而为农夫,积斫削而为工匠,积贩货而为商贾"②;有助于消除人们在物质利益方面的争夺,安定社会秩序,即"事业所恶也,功利所好也,职业无分,如是,则人有树事之患,而有争功之祸矣"③,"救患除祸,则莫若明分使群矣"④。

荀子所谓的分工也指士农工商的职业分化。荀子提出"农农、士士、工工,商商一也"⑤。这里的"一"指的是士农工商各尽其职是个一贯的原则。与先秦多数思想家一样,荀子称农业为"本",这是因为农业为人们提供了食物等生活必需品,是"生养人"的部门。关于百工和手工业在社会分工中的地位,荀子的基本观点是"百工忠信而不楛,则器用巧便而财不匮矣"⑥。关于商贾和商业在社会分工中的作用,荀子指出商业发展使社会各部门、各地区的物质产品相互流通,"货财通,而国求给矣"⑦。这里所谓的"国求给",是说商业使社会各部门、各地区的物质需求得到了满足。

荀子所谓的"分"还指士庶之间的分工以及通过分配而实现的财富占有不等。荀子指出欲多而物寡是人类经济生活的基本矛盾。明分,即合理分配是解决这一问题的重要途径。荀子提出,任何生产都得有人承担领导者和监督者的责任,这些人在当时被称为"士",庶民处于执行者和被役使者的地位是当然的,否则必然产生"则人有树事之患,而有争功之祸矣"⑧的矛盾。在财富分配中,士庶分配所得自然应该有贫富之分。荀子的上述认识是封建生产方式,特别是封建分配关系的反映,同时也表明荀子对于封建经济制度实质的认识有独到之处。荀子还称此种"明分"为"至平",并认为它是永恒不变的天数;任何社会要实现"至平","明分"是根本前提。但具体的"明分"不会是永恒不变的天数,荀子的观点显然有历史局限性。那么,"分"如何进行呢? 荀子提出以义:

---

① 《荀子·解蔽》。
② 《荀子·儒效》。
③ 《荀子·富国》。
④ 《荀子·富国》。
⑤ 《荀子·王制》。
⑥ 《荀子·王霸》。
⑦ 《荀子·王霸》。
⑧ 《荀子·富国》。

力不若牛，走不若马，而牛马为用，何也？曰：人能群，彼不能群也。人何以能群？曰：分。分何以能行？曰：义。故义以分则和，和则一，一则多力，多力则强，强则胜物，故宫室可得而居也。故序四时，裁万物，兼利天下，无它故焉，得之分义也。故人生不能无群，群而无分则争，争则乱，乱则离，离则弱，弱则不能胜物，故宫室不可得而居也，不可少顷舍礼义之谓也。①

"义"者宜也，即适当之谓。"义以分"意谓上下贵贱等级分得适当。"义以分则和"的意思是说适当或合宜的分能够达到等级之间的和谐，其实质是要构建一个以礼为根本精神的和谐社会。荀子说：

故尚贤使能，则主尊下安；贵贱有等，则令行而不流；亲疏有分，则施行而不悖；长幼有序，则事业捷成而有所休。②

荀子所谓的义，具体表现为各等级的行为规范，主要用来调节君臣上下的关系。以义分，关键是要循礼而分，确保各等级各安其分、各得其宜。荀子说：

夫义者，内节于人而外节于万物者也，上安于主而下调于民者也。内外上下节者，义之情也。然则凡为天下之要，义为本而信次之。古者禹、汤本义务信而天下治，桀、纣弃义倍信而天下乱。故为人上者必将慎礼义、务忠信，然后可。此君人者之大本也。③

荀子用"群居和一"解释礼的起源，实际上是从人的社会性解释伦理实体设计与道德规范的起源。这种将伦理道德诉诸人类社会生活，包括经济生活的需要的思想是我国伦理思想的大突破。但是荀子提出"群居和一"之说的根本目的是论证等级制度的合理性，是为封建"礼治"秩序服务的。更重要的是，"分"肯定要依"义"而行；这种"义"既指分工的道义要求，也指分工的经济规律。荀子却把礼看成分的原理、规范与内在需要，从而使礼既具有职业之分的合理性，又具有尊卑上下之分的等级性，并且以前者比附、诠释后者，如此一来便把礼的阶级实质掩盖了。例如，荀子在《王霸》篇中提出

① 《荀子·王制》。
② 《荀子·君子》。
③ 《荀子·强国》。

士农工商的分工分职是贯通一切经济领域的根本原则,是"百王之所同也,而礼法之大分也"。这实际上是把士农工商的分工分职说成是"礼法之大分"了。

荀子的礼法关系论既阐析了礼是法的精神内核,又论述了礼是规范经济秩序的最基本原则。这种认识无疑是非常科学的,因为即便是在现代社会,法律也只是规范对社会产生重大影响的行为。某种公共强权的存在,社会的充分分化,独立个人的出现,德规与法规对人类存在的价值意义差别及人类对这种规范意义价值差别的自觉意识,是礼法分流的根本前提。强有力的道德和伦理规范是使现存社会秩序稳定的要素,这一观点应该说适用于各个社会形态。当然,各个社会形态有着各自不同的道德和伦理规范内容。

三、先义后利的经济价值观

义利观是荀子经济伦理思想的重要内容。荀子所谓的"义",主要内涵有三:一谓大众普遍接受的道理,如言"少事长,贱事贵,不肖事贤,是天下之通义也"[①];二谓道德规范与行为准则,常与礼连用,也就是礼义,如言"君子大心则敬天而道,小心则畏义而节"[②];三谓人区别于动物的根本属性,如言"人有气、有生、有知,亦且有义,故最为天下贵也"[③]。关于"利",荀子实际上有本义与引申义两种定义。荀子言"故木受绳则直,金就砺则利"[④],这里的"利"意为锋利、锐利,是"利"的本义。"利"还可以解释为利益、功利。"故无分者,人之大害也;有分者,天下之本利也。"[⑤]"众庶百姓皆以贪利争夺为俗,曷若是而可以持国乎?"[⑥]这两处的"利"指的均是现实的物质利益。

在荀子义利思想中,以义制利是处理义利关系的基本原则。这一点与孔子的见利思义思想基本一致,与孟子的去利怀义却有重大区别。但在道

---

① 《荀子·仲尼》。
② 《荀子·不苟》。
③ 《荀子·王制》。
④ 《荀子·劝学》。
⑤ 《荀子·富国》。
⑥ 《荀子·强国》。

德价值追求上,孔、孟、荀三者实际上并无多大区别。荀子从人性高度揭示以义制利原则实施的根本依据。荀子指出,性的实质是情,情的发作是欲,欲的对象是利,人有求利欲望是性情之必然,人性必有好利的一面。人的利欲之求实际上是不可能完全得到满足的,即使是天子,也只能"近尽"而已,因为利欲是无止境的,社会财富却是有限的。荀子说:

> 性者,天之就也;情者,性之质也;欲者,情之应也。以所欲为可得而求之,情之所必不免也;以为可而道之,知所必出也。故虽为守门,欲不可去,性之具也。虽为天子,欲不可尽。欲虽不可尽,可以近尽也;欲虽不可去,求可节也。所欲虽不可尽,求者犹近尽;欲虽不可去,所求不得,虑者欲节求也。道者,进则近尽,退则节求,天下莫之若也。[①]

由此可见,将人的欲利之心纳入人性范畴,承认并正视欲利在人性中存在的客观合理性是荀子与孟子在利的认识上的最大不同。在荀子看来,任何人的物质欲望都值得重视,应努力满足人们正当的物质需要:"虽为守门,欲不可去。"[②]盲目、极端地灭绝人欲只会适得其反:"暗其天君,乱其天官,弃其天养,逆其天政,背其天情,以丧天功,夫是之谓大凶。"[③]这一点充分体现了荀子义利观的务实性。

荀子同时指出,人之为人,其本质在于人是"有义"的,而不在于人是"求利"的。荀子此思想与康德的人性论非常类似:人是感性的存在物,但人之所以区别于动物在于人是有道德理性的存在物。荀子认识到人的"好利"之欲是无法根除的,且是人为恶的根源,因此要使人类"群居和一",达至社会安治,就必须使人的"好义"之心胜过人的"欲利"之情。荀子说:

> 义与利者,人之所两有也。虽尧舜不能去民之欲利,然而能使其欲利不克其好义也。虽桀纣亦不能去民之好义,然而能使其好义不胜其欲利也。故义胜利者为治世,利克义者为乱世[④]

可见荀子主张在以义制利或以礼节欲的前提下义利两得,这一点既与

---

① 《荀子·正名》。
② 《荀子·正名》。
③ 《荀子·天论》。
④ 《荀子·大略》。

纵欲主义相区别,又不同于寡欲主义与禁欲主义。"凡人之盗也,必以有为,不以备不足,足则以重有余也。而圣王之生民也,皆使当厚优犹知足,而不得以有余过度。"①荀子之所以严肃批判它嚣、魏牟"纵情性,安恣睢"的主张,就是因为在他看来,恣意放纵情欲的行为实与禽兽求食无异:"争饮食,无廉耻,不知是非,不辟死伤,不畏众强,恈恈然唯利饮食之见,是狗彘之勇也。"②荀子之所以批判墨子的节用思想,也是因为在他看来,这种观点已近禁欲主义了。

在荀子的义利观中,关于经济制度和道德规范之间辩证关系的认识是重要内容。荀子认识到经济对于道德的决定作用,所谓"义以分则和"③。这里的"分"包括了分工制度、分配制度以及封建等级制度。由此看来,荀子是主张以包括经济制度在内的"分"作为"义"的标准。"分何以能行? 曰:义。"④这实际是在强调伦理规范是实行封建经济制度的根本保证。

荀子"义"的实质内容是封建等级制度和等级道德,维护的是封建统治的整体利益、根本利益,所以荀子所谓"义"常为"公义""公道"之意。与此相对应,"利"实际指"私欲""私事"。这样,公与私便成为荀子"义利观"的实质内容,所谓以义制利或以礼节欲就是以"公义胜私欲"⑤。这实际是要求人们只能取得与自己等级地位相适应的利益,用等级道德来限制自己对利欲的追求。这不奇怪,在荀子义利观中,求利的自然合理性虽然得到承认,获利的平等权利却被否定,甚至死人享受的葬礼也有等级之别:"君子贱野而羞瘠,故天子棺椁七重,诸侯五重,大夫三重,士再重。"⑥这些论述充分暴露了荀子以义制利思想的封建主义实质。不过,也正是出于维护封建统治整体利益的目的,荀子所谓"制利"的主要内容还在于规劝在上者以义克利,不要与民争利:"上重义则义克利,上重利则利克义。……从士以

① 《荀子·正论》。
② 《荀子·荣辱》。
③ 《荀子·王制》。
④ 《荀子·王制》。
⑤ 《荀子·修身》。
⑥ 《荀子·礼论》。

上皆羞利而不与民争业,乐分施而耻积臧;然故民不困财,贫窭者有所窜其手。"①

荀子的义利观与荣辱观密切联系。在荀子伦理思想中,荣辱既是一个人应有的最基本道德观念,也是人们为人处事应遵循的基本道德要求,所谓"凡人莫不欲安荣而恶危辱"②,"欲安而恶危,欲荣而恶辱,是禹桀之所同也"③。荣辱主要用来表达社会或个体对某一行为或肯定或否定的评价,以及个体因此产生的主观感受,常常用于道德评价。

人人都有荣辱之心,然而关于何为荣、何为辱,不同人的认识却有不同。荀子把为义与为利作为区分荣辱的界线,提出"先义而后利者荣,先利而后义者辱"④。荀子将荣辱分为"义荣"和"势荣"、"义辱"和"势辱"。因义而荣即义荣,主要指因道德淳厚、行为端庄、明辨是非、修行得体而得到的荣誉;反之,"流淫、污漫、犯分、乱理、骄暴、贪利,是辱之由中出者也,夫是谓之义辱"⑤。凡是由地位尊贵、俸禄丰厚、势位胜人、名声显赫而形成的光荣便是势荣;反之,詈侮、搏、捶笞、膑脚、斩断等形体上的耻辱便为势辱。⑥ 也就是说,"义荣""义辱"和"势荣""势辱",一由人们自身德行原因造成,一由外力强加所致。

由此看来,在荀子荣辱观中,"义"是"荣"的本质规定性,"不义"则是"辱"的本质规定性。据此,荀子提出"先义而后利者荣,先利而后义者辱"⑦的观点。先义而后利何以能荣呢? 这要从"义"的含义及荀子对"义"的理解和规定说起。在传统伦理思想中,"义"有许多的含义,基本含义是"宜",这也是荀子对"义"的基本理解。但是荀子赋予"义"自己的规定:义是社会的人伦法则,因而也是社会存在发展的普通法则,循义而行才能无不适宜。社会、他人对循义而行者当然应该作出"荣"的评价——赋予行为主体荣誉、奖励等。这样一来,"义"就成为"荣"的本质规定性了;与此相对应,"辱"的本

---

① 《荀子·大略》。
② 《荀子·儒效》。
③ 《荀子·君道》。
④ 《荀子·荣辱》。
⑤ 《荀子·正论》。
⑥ 《荀子·正论》。
⑦ 《荀子·荣辱》。

质规定性则在于"不义","不义"的行为成为"辱"的现实原因。荀子说：

> 体恭敬而心忠信，术礼义而情爱人，横行天下，虽困四夷，人莫不贵；劳苦之事则争先，饶乐之事则能让，端悫诚信，拘守而详，横行天下，虽困四夷，人莫不任。体倨固而心势诈，术顺墨而精杂污，横行天下，虽达四方，人莫不贱；劳苦之事则偷儒转脱，饶乐之事则佞兑而不曲，辟违而不悫，程役而不录，横行天下，虽达四方，人莫不弃。[1]

荀子认为好荣恶辱是人之本性，荣与辱之别与求、避方法之异密切关联：以义求之则荣，以不义求之则辱。不知这种道理的小人只求利于自己而不顾对他人是否有利，这种以不义求荣的行为自然常常会因求荣而招辱、恶辱而致恶。不仅个体荣辱如此，国家荣辱也如此。荀子说：

> 凡主相臣下百吏之属，其于货财取与计数也，须孰尽察；其礼义节奏也，芒轫僈楛，是辱国已。……凡主相臣下百吏之属，其于货财取与计数也，宽饶简易；其于礼义节奏也，陵谨尽察，是荣国已。[2]

那么，为什么小人好荣恶辱，坚持以不义的行为求荣呢？荀子认为这是因小人浅陋无知。小人浅陋无知，主要是因为缺乏足够的道德教化，又没有相应的法度约束；这样的人在混乱的社会中，接触到让人不安的习俗，往往只见财利而不知礼义："人之生固小人，无师无法则唯利之见耳。人之生固小人，又以遇乱世、得乱俗，是以小重小也，以乱得乱也。"[3]

荀子主张先义后利者荣，当然不是要否定利；相反，他明确提出了"义利两有"的观点："义与利者，人之所两有也。"[4]不过荀子敏锐地体察到人作为不能独存的存在物，蕴含了一个深刻的矛盾：生命是以个体为存在单位，以自身的发展为终极目的的，但独立存在的个体必须在社会中才能实现。因为"人能群"，群则胜物，不群则不能胜物，不能胜物则"宫室不可得而居也"。[5]"人何以能群？曰：分。分何以能行？曰：义。"[6]这些论述实际说明了

---

① 《荀子·修身》。
② 《荀子·富国》。
③ 《荀子·荣辱》。
④ 《荀子·大略》。
⑤ 《荀子·王制》。
⑥ 《荀子·王制》。

个体生命的价值既表现为对自身生命存在的价值,也表现为对社会存在的价值。"先利后义"的主旨是对利的强调。持此种价值观的人,当义利冲突时,会以利而不是以义作为行为的最终依据,会以利否定义、主宰义。由此一来,对利的追求必然导致社会祸乱,求利便成为作恶的源头了。也就是说,在荀子看来,义作为人之所以为人的本质属性,还是社会与个体存在发展的基本法则。与此相应,对义的背反也就是人的本质属性的自我泯灭,是人的主体性存在地位的自我丧失,故"不义"则为"辱"的本质规定,先利后义者辱。

如何解决无限欲望与有限资源之间的矛盾,是现代经济学的核心问题。在如何解决资源稀缺问题方面,现代经济学选择了发展物质生产的方式,以期望通过最大限度地开发资源潜力来不断适应欲望的要求。在荀子看来,单纯地追逐物质财富不仅不能解决资源稀缺问题,反而会带来灾祸。因为"自利"的人在面对稀缺时,不会首选劳动去主动地创造财富,而是会千方百计地从他人手中争夺财富;一个争夺肆虐的世界里,再富庶的物质财富也会被消耗殆尽。因此,经济学在研究生产问题之前首先必须考虑如何避免人与人的争斗。荀子义利观强调只要逐利行为受到义的制约即礼的约束,就可以做到"欲利而不为所非"[1],从而保持一种有序的格局使"欲必不穷乎物,物必不屈于欲,两者相持而长"[2]。这无疑是一个有中国特色的好办法。

荀子是儒家学派的代表人物,也是先秦诸子思想的集大成者,历史地位甚高。冯友兰先生曾高度评价他:"孟子以后,儒者无杰出之士,至荀卿儒家壁垒始又一新。"[3]战国时期封建统治阶级和农民(国家佃农)之间的阶级关系是荀子经济伦理思想关注的重点。在荀子经济伦理思想中,"人性恶"是哲学基础,欲望论是出发点,明分论是核心,富国论是归宿。和先秦其他思想家相比,荀子经济伦理思想较鲜明地代表了封建统治阶级的根本利益,对封建社会内部的阶级矛盾也作了较深刻的揭示,在漫长的中国封建社会里影响甚大、地位重要。特别是荀子创造性地提出了真正的富国应是国民富

---

① 《荀子·不苟》。
② 《荀子·礼论》。
③ 冯友兰:《中国哲学史》,北京:中华书局 1961 年版,第 668 页。

裕、国家富强，开源节流是实现"国富"的根本途径；指出既"好利"也"好义"的"二重"人性决定了实现"国富"目标的根本保障是隆礼重法建构良好的经济秩序，逻辑起点是培育经济主体以义制利的价值理性。这种"极高明而道中庸"的"富国论"具有超越性和包容性，对于构建中国特色社会主义"国富论"颇有启迪。

第四章
儒家经济伦理思想(二)

先秦儒家经济伦理思想,不仅体现在以孔子、孟子和荀子为代表的思想家身上,而且也渗透在《周易》《尚书》《诗经》《周礼》《春秋》等儒家经典中。这些儒家经典著作蕴含的经济伦理思想很难完全归结到孔子或孟子、荀子那里,有单独研究的必要。巫宝三主编的《先秦经济思想史》就辟专章专门论述《尚书》《周易》《诗经》《周礼》等的经济思想。我们认为,这样的归类对儒家经典经济思想的研究是十分必要且重要的。舍弃了这一研究,儒家经济思想就缺失了一大块。就先秦时期儒家经济伦理思想的研究而言亦是如此。《周易》《尚书》《诗经》《周礼》《春秋》等先秦儒家经典蕴含着丰富的经济伦理思想,具有"经天地、纬阴阳、正纪纲、弘道德,显仁足以利物,藏用足以独善"①的独特功能。所以,在阐释先秦儒家代表人物的经济伦理思想后,对《周易》《尚书》《诗经》《周礼》《春秋》等儒家经典著作中的经济伦理思想予以研究,有助于全面理解儒家经济伦理思想的整体精神和价值建构。

第一节 《周易》的经济伦理思想

《周易》由《易经》和《易传》组成,二者成书时代不同,内容主旨也有较大差异。《易经》最初称为《易》,和《书》《诗》《礼》《乐》《春秋》合称为"六经"。汉代以后,人们才把《易经》和《易传》编写在一起,称为《周易》。《易经》是西周时期的人们为适应占卦问卜需要而编写的筮书,由六十四卦的卦辞和三百八十四爻的爻辞组成。《易经》的卦辞和爻辞与甲骨卜辞颇类似,均是文字古简、文意隐晦。《易传》由《彖》《象》《系辞》《文言》《说卦》《序卦》《杂卦》七个部分组成,是战国时期一些学者以阐释《易经》为名阐述自己政治主张和经济观点的哲学著作。《易传》的前三个部分各分上、下两篇,加在一起共为十篇,俗称"十翼"。根据《易传》的思想内容和行文特点,可以大体看出其中有些篇章是假托"圣贤"之名的后人之作,主要是战国时期的儒者将其加以修饰和改作而成的孔子之言。这是我国学术界对《易传》的作者是谁、何

---

① 《隋书·经籍志》。

时成书产生争议的根本原因。实际上,《易传》各篇虽非一时之作,亦非一人所就,但不同作者的基本立场和思想倾向还是多有共同之处,这一点在经济伦理思想方面表现得尤其突出。

一、"天地之大德曰生"的价值理念

《周易》源于对天地万物的认识及其规律的把握。大自然的运转变化,是卦爻演化的蓝本和赖以形成的基因,而卦爻与象辞则是混沌初开之时远古先民对于自然、社会早期认识的记录。"易有太极,是生两仪,两仪生四象,四象生八卦,八卦定吉凶,吉凶生大业。是故,法象莫大乎天地,变通莫大乎四时,悬象著明莫大乎日月,崇高莫大乎富贵。备物致用,立成器以为天下利,莫大乎圣人。探赜索隐,钩深致远,以定天下之吉凶,成天下之亹亹者,莫大乎蓍龟。是故,天生神物,圣人则之;天地变化,圣人效之。天垂象,见吉凶,圣人象之;河出图,洛出书,圣人则之。"[①]太极是天地未分的统一体和世界的始基与本原,即太初、太一。两仪指阴阳二气,它们是天地万物变化发展的根源。太极内包阴阳,而阴阳又化生出四象。四象指老阴、少阴、老阳、少阳四种现象,也有将其解说为"金木水火"的。孔颖达《周易正义》有言:"两仪生四象者,谓金木水火,禀天地而有,故云两仪生四象,土则分王四季,又地中之别,故唯云四象也。四象生八卦者,若谓震木、离火、兑金、坎水各主一时,又巽同震木,乾同兑金,加以坤、艮之土为八卦也。"圣人用八卦来断定吉凶祸福。天地万物包括人在内,皆由阴阳二气交感而成。阴阳,化为物质,即天地;而其象征表现,即乾坤;体现在人类身上,则为男女。其核心理念,是阴阳和合,独阴不生,孤阳不成,"一阴一阳之谓道"[②]。《周易》对这种自然的宇宙生成论作出了比较系统的揭示:"有天地然后有万物,有万物然后有男女,有男女然后有夫妇,有夫妇然后有父子,有父子然后有君臣,有君臣然后有上下,有上下然后礼义有所错。"[③]乾主阳,坤主阴,"乾道成男,坤

---

① 《周易·系辞上》。
② 《周易·系辞上》。
③ 《周易·序卦》。

道成女"①。"天地氤氲,万物化醇。男女构精,万物化生。"②《周易》六十四卦,分为上下两篇:上篇三十,阴阳之本始、万物之祖宗;下篇三十四,男女之始、夫妇之道也。而无分阴阳与男女,均以"生生"为第一要义。

《周易》描述"生生"这种"天地之道"及其运用:"显诸仁,藏诸用,鼓万物而不与圣人同忧,盛德大业,至矣哉!富有之谓大业,日新之谓盛德。生生之谓易,成像之谓乾,效法之谓坤,极数知来之谓占,通变之谓事,阴阳不测之谓神。"③天地万物在不断变化之中,时时有新的东西产生,此即"日新之谓盛德"。"生生之谓易"是《周易·系辞》的一个核心概念。"生生"也者,乃生命繁衍、孳育不绝之谓也。《周易》的实质是揭示生命"大化流行""生生不息"的道理。"夫乾,其静也专,其动也直,是以大生焉。夫坤,其静也翕,其动也辟,是以广生焉。"④天体高远,故乾云大生。地体广博,故坤云广生。

从本体论角度来看,中国传统哲学讲的是"万物一体",即人与自然、人与物、物与物都是同根同源,这个"源"就是"一体",离开这个"一体"就谈不上有任何人和任何物的存在。《周易》古经最关心的是人类和自然界的生命现象,卦爻辞所提出的根本问题就是人类生命如何产生、发展和实现的问题。在它看来,生命来源于自然界,并且一刻也没有脱离自然界,二者处在相互感应、相互作用的统一过程中,是一个双向交流的有机整体。因此,在《周易》的视野中,宇宙是一个生命的整体,其目的是"生";它把天地看作生命的来源,认为万物是由天地产生的,人类则是由天地万物产生的。人和天地万物有着内在的有机联系,这种联系以生命现象与生命活动为其轴心,从不同角度、不同方面来加以表现。易道作为《周易》之核心,是以阴阳统贯天、地、人三者来构成其宇宙的生成模式。《周易》认为,天体运动变化的规律为天道,地上万物生长变化的规律为地道,人类社会活动的规则和伦常为人道。天、地、人之道在具体内容所指上虽有区别,本质上却是一致的。《周易》古经六十四卦象囊括天、地、人三才之道,其实就是易道整体思维模式的

---

① 《周易·系辞上》。
② 《周易·系辞下》。
③ 《周易·系辞上》。
④ 《周易·系辞上》。

体现:"易与天地准,故能弥纶天地之道。"①这里所说的"天地之道"实际上就包含了人之道,故有"兼三才而两之,故易六画而成卦"②,表明天与人不仅是"同构"关系,而且是"合一"关系。这种"合一"关系主要从形而上的意义上来阐发。《易传》以乾坤阴阳的相互作用为其宇宙生成论的基础,但它似乎更强调乾阳的作用。这一点在《彖》中表现十分明显。《乾·彖》曰:"大哉乾元,万物资始,乃统天。"《坤·彖》与此相应:"至哉坤元,万物资生,乃顺承天。"乾元是产生万物的基元,坤元配合乾元而生物。在"乾坤定位"的宇宙论中,阴阳各化,生乎万物,乾道"成男""大始""易知",坤道"成女""成物""易从",乾与坤相互依存、彼此感应,由此孕育出"山泽""风雷""水火"相荡的动态八卦宇宙图式。③《说卦》以八卦配四时、配八方,论述万物的时序与空间条件,表明万物从春雷震动、万物萌发生机的震卦开始,于时为春;到巽卦万物长齐,于时为春末夏初;离卦彼此见面、相互接触,于时为正夏;坤卦日益繁茂,于时为夏末秋初;兑卦万物皆成熟而喜悦,于时为正秋;乾卦由成熟而步入枯老,生死搏斗,于时为秋末冬初;坎卦异常衰老疲惫,于时为正冬,进入冬藏阶段。直到艮卦万物新陈代谢终始相因,旧生命停止,新生命开始,于时为冬末春初,表示一年伊始。这样,八个卦象所代表的方位、季节与八个各自的属性便有机地结合在一起,形成了一个时空一体的自然宇宙图景,这便是八卦与八节相配应的"八卦气说"。

虽然《周易》所言的"生生之谓易"整体上是在哲学本体论和宇宙演化论意义上提出来的,但落实到人类社会还是具有一定的经济伦理思想意义,具有敬畏生命、珍惜生命和尊重人的生命价值的精神要义。天地阴阳之道,显现在它生育万物的仁德中,隐藏在它使万物生长的作用中。《系辞》有言:"天地之大德曰生。""夫《易》,圣人所以崇德而广业也。"这个"德"集中体现在"合""和"二字上。合、和的外在表现,即孔子所谓的"仁者爱人""仁者,生生之德也"。在天覆地载之中,体现着"万物并育而不相害"的一体之仁,反映出我国古代先民敬天重德、仁慈博爱的思想精神。它是覆盖于整个社会、自然与人生的。在《周易》中,没有任何一卦是只讲物象而与人的生命无关的,也没

---

① 《周易·系辞上》。
② 《周易·说卦》。
③ 《周易·系辞上》。

有任何一卦是只讲人的活动而与自然无关的。不管某卦所指示的物象是什么，其实际意义都是在讲天人关系，这种关系是以生命现象与生命活动为其轴心的。

二、"利者义之和也"的义利观

随着社会经济制度的全面改革和兼并战争的不断升级，战国时期，我国思想文化界的百家争鸣更为激烈，其中"义利"之争是最引人注意的话题。在这场"义利"之争中，《周易》基本上坚持儒家的根本立场，从形而上的高度对义、利的含义及如何对待其关系进行了论证。

关于《周易》的卦爻辞，后人常言："《周易》卦辞爻辞中，元、亨、利、贞四字，为数甚多。此四字之义不明，则全书莫能通晓。"[①]其中，"利"字在这四个字中出现的频率最高，共出现 113 次，平均每卦就有近两个"利"字，可见"利"字最为重要。这也说明利与不利是当时人们占卦问卜的核心问题，也是人们行为弃取的主要根据。《周易》中所讲的利与不利，包括经济方面的损益得失，政治军事方面的欲求欲取，人们在从事选地定居、改邑迁徙、田猎捕鱼、经商出旅、畜牧农耕、祈天求雨、兴师动众、婚姻嫁娶等活动时实现预期目标的效果好坏，等等，内容非常广泛。但毕竟社会的物质生活才是政治生活和精神生活的基础，所以归根结底，《周易》中所讲的利与不利主要仍指经济方面的利与不利，人们进行占卜的最终目的多是获得最大限度的物质利益。这种情况表明，尽管《周易》作者的基本倾向是崇拜上帝、迷信神权，但人们行为进退取舍的根本出发点依然是经济上的利害得失。

利主要指经济利益，经济利益主要指财富，财富因生产而成。《周易》卦爻辞中相当大的比重涉及人们的财富生产活动，其中关于农业生产的记述尤多。《周易》的重农思想主要体现在两点：一是特别重视对土地的开垦和利用，这种记述主要集中于《无妄》卦。所谓"无妄"，意思是说不要轻举妄动，否则，将会遭受灾难有所不利。初九爻辞便说："无妄往，吉。"上九爻辞则说："无妄行，有眚，无攸利。""无妄"实践于农业生产便是为了促进农业生

---

① 高亨：《周易古经今注》，北京：中华书局 1984 年版，第 110 页。

产,不是"不行",而是不要妄行。六二爻辞说:"不耕获,不菑畬,则利有攸往。"大意是说,当原来耕种的土地不能再收获,就近又无法再菑再畬时,迁往别处,另选新地,才有利。二是重视求雨。为了取得农业生产丰收,在无力进行引水抗旱的情况下,古人常常祈祷上天降雨。这种行为,表面上看是占筮者在祈祷"天"和"上帝"施恩于民,实际上反映了人们盼望丰收的急切心情。这方面的情况,《周易》中的《需》卦作了详细的记述。本卦爻辞"需于血"说的是求雨之后,雨下得很大,沟洫里都积了水;而"需于酒食"说的是人们向天求雨,天遂人愿,人们具酒食欢饮表示喜庆,故曰"贞吉"。这些记述,实际上也体现了当时人们已经形成了朴素的天人合一的自然观。

人类重视和关心物质利益问题,从根本上讲,是因为物质生活条件对于人类生存、发展极其重要。在生产力水平很低的情况下,要摆脱饥寒之苦,重中之重是解决衣食之需,所以利在当时特指粮食等农产品。《周易》同时强调求利不得违义,否则定然无法获利。这里所谓的义对普通劳动民众而言,主要指辛勤耕耘;对统治者来说,主要指爱惜财富。

关于"义"的基本含义,《周易》作者主要是从"崇德向善""广业济世"等方面加以阐释的。《系辞上》称《易》是人们尊崇道德、广大事业之根本指导:"夫《易》,圣人所以崇德而广业也。知崇礼卑,崇效天,卑法地。天地设位,而《易》行乎其中矣。成性存存,道义之门。"由此也可看出,在《周易》中,"崇德"与"广业"本就联系紧密。一方面,崇德是为了实现以利众生的广大功业。所谓圣人之业便在于使天下百姓富有:"富有之谓大业,日新之谓盛德。"①另一方面,建功立业不能脱离道德目标,并且应不断增进美德。"广业"并不指做大自己的事业,而在于兴利以济世,即"圣人所以崇德而广业也"。以天下之利为义,逻辑上必定要肯定个体追求物质利益的正当性。道理很简单,圣人也是人,从"自己"的利益来讲,也需要必不可少的物质基础。只要求百姓弃利取义,圣人济天下的理想便会成为一句空话。

关于利,《乾·文言》说,"利者,义之和也","利物足以和义"。《系辞下》说:"小人不耻不仁,不畏不义,不见利不劝,不威不惩。"《说卦》说:"立天之道曰阴与阳,立地之道曰柔与刚,立人之道曰仁与义。"《序卦》说:"物畜然后有礼,故受

---

① 《周易·系辞上》。

之以履。履者,礼也。"《大壮·象》说:"君子以非礼弗履。"从《周易》的这些说法可以归纳出几个基本观点:一是义是人之为人的根本,居仁行义是人的美德;二是必须以仁义为准则去制约人们对物质利益的追求;三是依礼行事才算得上是践行了仁和义,非礼不行、非义不取才是真君子,不懂仁义、不知廉耻、不畏刑罚、不见利则不尽力者为小人。显然,这些观点同儒家经典著作《论语》《孟子》的义利思想是一脉相承的,同时又有所补充和发展。

在如何对待义利关系问题上,《周易》的基本主张是义以为上、以义制利。《周易》以《乾》《坤》两卦为始,说明万物源于阴阳。《周易》第五卦为《需》卦,解释了何谓"需"。《序卦》曰:"《需》者饮食之道也。"司马光《易说》明确指出:"饮食者何? 福禄之位也。"这一卦说明了人类的生存、发展总离不开物质利益。《周易》同时指出,物质利益分配不均衡必将引发不同利益集团或个人之间的斗争,所谓"饮食必有讼"①。解决的办法便是构建尊卑有序、上下井然的社会秩序,"然后礼义有所错"②。可见,《周易》所谓的"义"是保障社会秩序稳定和发展的重要力量。《说卦》曰:

> 和顺于道德而理于义,穷理尽性以至于命。昔者圣人之作《易》也,将以顺性命之理,是以立天之道曰阴与阳,立地之道曰柔与刚,立人之道曰仁与义。

这里表明了仁义既是衡量人之为人的道德标准,也是人们立身行事的基础,仁德爱物的行为才是合义之行为。《系辞下》还提出善于理财又用度不溃者方可聚人(仁),方能完成圣人之大业:"圣人之大宝曰位。何以守位? 曰仁。何以聚人? 曰财。理财正辞,禁民为非,曰义。"《周易》在强调以义制利的同时,还分析了利的各种情况其实均有义的动机;反过来讲,合于义才有利的存在。《系辞上》便曰:"谦也者,致恭以存其位者也。"位者,圣人之大宝。行谦合于义,义则生利;反之,无德之人只能处于不利地位:"德薄而位尊,知小而谋大,力小而任重,鲜不及矣。"③《系辞下》还引孔子之语进一步说明此意:

---

① 《周易·序卦》。
② 《周易·序卦》。
③ 《周易·系辞下》。

君子安其身而后动，易其心而后语，定其交而后求。君子修此三者，故全也。危以动，则民不与也。惧以语，则民不应也。无交而求，则民不与也。莫之与，则伤之者至矣。

《周易》在视阴阳和谐为"天地之大义"的同时，又肯定遵循此道行事便会利从中生，由此提高人们行义的积极性。《乾·象》云："乾道变化，各正性命，保合大和，乃利贞。首出庶物，万国咸宁。"《乾·文言》曰："《乾》元者，始而亨者也；利贞者，性情也。乾始能以美利利天下，不言所利，大矣哉！"《系辞下》曰："往者屈也，来者信也，屈信相感而利生焉。"《泰》《否》两卦则从正反两面阐析了阴阳和谐则利，否则不利。《泰》卦曰："小往大来。吉，亨。"《否·象》指出："'否之匪人。不利君子贞，大往小来。'则是天地不交而万物不通也，上下不交天下无邦也。""乾道"即天道，"大和"即太和，这些言辞要表达的意思便是万物生成，天下尽享安宁之益，全赖天道变化使万物各得性命之正，天地阴阳达到高度和谐。可见《周易》重视义并不意味着不重视或忽视物质利益。

实际上《周易》主要将人们的行为是否能产生吉、利的效果作为判断义实现程度的标准。在《周易》中，阳实象征富，阴虚象征贫，强调扶阳抑阴，这是视富有为利。《蹇·象》曰："'利见大人'，以从贵也。"说的是追随贵人便有利。《鼎·象》则曰："'利出否'，以从贵也。"这里说的是，那些能从"否"境中摆脱出来的人是因为"从贵"。《周易》同时明确提出义的作用在于"理财正辞，禁民为非"①，即义是关于利益取予及分配的根本原则。当时土地私有制确立，商品经济发展，整个社会贫富两极分化的过程迅速加快，大量农民流离失所、家破人亡，"庖有肥肉，厩有肥马，民有饥色，野有饿莩"②的情况一天比一天严重。《周易》"裒多益寡，称物平施"③的主张就是在这种经济背景下提出来的。除此之外，《周易》中还有一种"损上益下，民说无疆。自上下下，其道大光"④的说法。战国时期"上"指国君，"下"指庶民。显然，这种说法和"裒多益寡，称物平施"之说相互补充。不过，为何"裒多"，怎样"益寡"，以什么为标准，用何物、对何人进行"平施"……这些问题，《周易》并没有作

① 《周易·系辞下》。
② 《孟子·梁惠王上》。
③ 《谦·象》。
④ 《益·象》。

出明确说明。总体而言,《周易》无论乾刚阴柔皆以中正为有利。《既济·象》曰:"'利贞',刚柔正而位当也。"这里所谓的"刚柔正"意指阴阳和谐,各居正位,行事才利。《乾·文言》曰:"'见龙在田,利见大人',君德也。"这里所谓的"君德"指阳居中位,象征有中正之德的大人对社会大有利。《讼·象》指出,处于争讼之时,有中正之大人出现才是有利的:"'利见大人',尚中正也。"《需·象》指出,阳刚居正中者才能得位,才能度危难而建功立业:"位乎天位,以正中也。'利涉大川',往有功也。"《大有·象》指出,富有犹如车载斗量,但要确保居位中正,行为不偏方能"不败":"'大车以载',积中不败也。"《中孚·象》论曰:

> 《中孚》,柔在内而刚得中。说而巽,孚乃化邦也。"豚鱼吉",信及豚鱼也。"利涉大川",乘木舟虚也。中孚以"利贞",乃应乎天也。

"中孚"即中心诚信。意思是说,只有人人心存诚信,才能下悦上顺。心诚之至,豚鱼之类的薄物亦可祭神。这里说明了"中孚"的道德意义主要在于应乎天意,持有者虽涉险也能通,有利且正。

三、尚中正、贵节制的经济伦理德性

《周易》尚中正,并把中正和合视为社会人事的根本法则。清人钱大昕说:"彖传之言'中'者三十三,象传之言'中'者三十。其言'中'也,曰'正中',曰'时中',曰'大中',曰'中道',曰'中行',曰'行中',曰'刚中',曰'柔中'。刚、柔非中也,而得中者无咎,故尝谓易六十四卦、三百八十四爻,一言以蔽之,曰'中'而已矣。"①《乾·文言》有"龙德而正中者也"的断言;《需·象》有"位乎天位,以正中也"的议论,《需·象》有"'酒食贞吉',以中正也"的论说;《讼·象》有"'利见大人',尚中正也"的观点;《观·象》有"大观在上,顺而巽,中正以观天下"等论断。中正,即恰到好处,亦即无过无不及。在《周易》中,二五两中爻阴阳相应叫作"和";二五两中爻阴阳既当位,又相应,称为"中和"——"中和"又叫"太和"。《乾·象》说:"乾道变化,各正性命,保

---

① 〔清〕钱大昕:《潜研堂文集》卷三,南京:凤凰出版社 2016 年版,第 60 页。

合大和,乃利贞。"大和"即"太和"。《既济》下离上坎,初、三、五为阳,二、四、上为阴。各爻及各爻之间当位、中正、比应,无所不具。所以《既济·象》说:"'利贞',刚柔正而位当也。"

与对中正和合的推崇相关,《周易》十分崇尚对物质欲望的节制。《节》卦是《周易》六十四卦的第六十卦。这个卦是异卦(下兑上坎)相叠。兑为泽,坎为水。泽上有水,是为《节》卦。泽有水而流有限,多必溢于泽外。因此要有节度,故称节。《节》卦与《涣》卦相反,互为综卦,交相使用。天地有节度才能常新,国家有节度才能安稳,个人有节度才能完美。这种观点与当时物质生活不充裕、生产力不发达的状况密切相关。渔猎时代,人们所获猎物时多时少、时有时无,难以保障日常生活的需要。这就迫使人们注意蓄积的问题,在捕获的猎物一时消费不完时,设法将其储备起来。由此,人们逐步形成了蓄积生活消费观,形成了崇尚节俭、反对奢侈浪费的消费伦理理念。《周易》中有很多这方面的记述,其中《节》卦文字虽少,讲得却最为全面,阐述得颇为周详。《节》卦的卦辞说:"亨。苦节,不可贞。"六三爻辞说:"不节若,则嗟若,无咎。"六四爻辞说:"安节。亨。"九五爻辞说:"甘节,吉,往有尚。"上六爻辞说:"苦节,贞凶。悔亡。"安于节制,以节俭为乐、俭朴为荣的人是好品格的人,这样的人才能够得到他人的崇尚和社会的援助,是"吉"。反之,贪图享乐、行为放纵的人必然会招来祸事,其活动必然受阻并遭到责罚,是为"凶""悔亡"。这便是《节》卦所说的"安节。亨。""甘节,吉,往有尚。""不节若,则嗟若,无咎。"这里的卦爻辞要说明的是坚持节俭方可万事亨通,不应该视节俭为苦而追求奢侈享受。实际上,这是从一般道理上论述了节俭的意义。后来的思想家和政治家继承了这种节俭的观念,并逐步将其发展成为"黜奢崇俭"的经济伦理观。

《谦》卦,象征谦虚。其卦辞"亨",指谦虚待物,必致亨通。孔颖达所撰《周易正义》对卦辞作了如下解释:"'谦'者,屈躬下物,先人后己;以此待物,则所在皆通,故曰'亨'也。小人行谦则不能长久,唯'君子有终'也。"《周易》明确提出为人应该豁达、谦逊。《谦·象》曰:"地中有山,《谦》。"是指上坤为地,下艮为山,因此"地中有山"。山本尊高,地本卑下,今山在地中,高者为下,卑者为上,推类出人应有的美德。朱熹在《周易本义》中以卦象推类方法对《谦》作了解释:"'谦'者,有而不居之义。止乎内而顺乎外,谦之意也。山至高而地至卑,乃屈而止于其下,谦之象也。"《谦·彖》曰:"天道下济而光明,地道卑而上行。天道亏盈而益谦,地道变盈而流谦,鬼神害盈而福谦,人道恶盈而好谦。谦,尊而光,卑而不可逾:君子之终也。"天应高高在上,地应卑微在下,但天道下济以见光明,地道正是因为卑微才地气上升,这是自然界的规律;由此类推出人道应该恶盈而好谦,以谦虚为本是不可逾越的道德准则,也是社会应该遵循的一般规律。《周易》的《履》卦提出,为人豁达、胸怀坦荡者,即便有牢狱之灾最终也可以平安无事。初九爻辞曰:"素履往,无咎。"九二爻辞曰:"履道坦坦,幽人贞吉。"《谦》卦指出,谦逊是人的重要美德,更应该成为贵族必备的做人品德,这样的贵族方能善终,大吉。《谦》卦卦辞曰:"亨。君子有终。"初六爻辞曰:"谦谦君子,用涉大川,吉。"在肯定谦逊是一种美德之后,《谦》卦指出明智、勤劳是谦逊的前提。六二爻辞曰:"鸣谦,贞吉。"九三爻辞曰:"劳谦君子,有终,吉。"六四爻辞曰:"无不利,为谦。"纵欲极乐、不思勤奋上进者,必然会招来祸患。《豫》卦初六爻辞曰:"鸣豫,凶。"六三爻辞曰:"盱豫,悔,迟有悔。"上六爻辞曰:"冥豫,成有渝。无咎。"这里的"豫"意指娱乐嬉戏、放纵;"盱"同"旭",言日初出之状,比喻人处于上升之时境;"冥",日暮晦暗之时,比喻人处于穷途末路或不惑之年。这些卦爻辞要说明的是,贪图享乐嬉戏而不思发愤者会招来"凶"运;风华正茂之年仍肆于游乐者,不幸之事更会接踵而至;日暮西山之人,若因此弃德放纵,将前功尽弃,必无法善终。显然,《豫》卦在这里已经作出了对放纵享乐行为的道德评价。

《周易》对社会物质生产比较重视,对劳动者在创造财富过程中所起的作用却多有贬低。其中一个重要原因是,在它看来,人类的生存、生产和发展,百谷的养育,万物的生长,一是在于天地相交、阴阳和顺等自然因素互相作用,二是在于"先王"和"圣人"能够"辅相天地之宜"①"以茂对时育万物"②,归根到底都是"天"造福于人的产物。《乾·彖》曰:"万物资始,乃统天。"《坤·彖》曰:"万物资生,乃顺承天。"《离·彖》曰:"日月丽乎天,百谷草木丽乎土。"《颐·彖》曰:"天地养万物,圣人养贤以及万民。"《泰·彖》曰:"天地

---

① 《泰·彖》。
② 《无妄·彖》。

交,《泰》。后以财成天地之道,辅相天地之宜,以左右民。"《无妄·象》曰:"先王以茂对时育万物。"《系辞上》曰:"乾知大始,坤作成物。"

关于商品经济发展,《周易》也有所描述,《旅》卦讲的就是古代氏族部落之间进行商品交换活动的情况。《周易》虽然没有像孟子那样详细阐述商品交换的意义和作用,但基本思想十分明确,且同孟子的"通工易事"之主张颇有相似之处。《系辞上》曰:"备物致用,立功成器,以为天下利。"这是歌颂圣人遵循天地、四时、日月规律制造器物以利天下的功德。《系辞下》曰:"日中为市,致天下之民,聚天下之货,交易而退,各得其所。"这是在称赞神农氏对于发展商品交换所做的贡献。

《周易》的上述观点常常被后世一些政治家和思想家所引用,成为他们主张发展商品经济的理论根据。《系辞上》言"天之所助者,顺也;人之所助者,信也",强调诚信原则,认为以诚待人者可以拉近人与人之间的心理距离,使人们更愿意在经济交往中互通有无,实现共赢共利。《中孚》卦九二爻辞曰:"鸣鹤在阴,其子和之。我有好爵,吾与尔靡之。"对此,《系辞上》引孔子之言解释:"君子居其室,出其言善,则千里之外应之,况其迩者乎? 居其室,出其言不善,则千里之外违之,况其迩者乎?"《周易》还明确提出了"诚召天下客"的观点,说的是践行"诚""信",事业才容易兴旺发达,才能在市场竞争中立于不败之地。《中孚》卦六四爻辞进而指出:"月几望,马匹亡。无咎。"这是告诫商人们应当专心致志行诚信之举。唯有如此,才不会出现任何让人悔恨不已的局面。《兑》卦九二爻辞曰:"孚兑,吉,悔亡。"

《周易》关于消费问题的伦理主张是对早期儒家的消费思想的补充和发展,突出特点是主张生活消费要符合伦理规范和个人所处的社会地位。如果说"俭不违礼""用不伤义"是早期儒家消费思想的核心内容的话,那么,衡量一个人是节俭还是奢侈,就应该以他在社会经济关系中的地位为依据去考察其消费行为是否符合中正之道和通行之理,即所谓"当位以节,中正以通"和"节以制度,不伤财,不害民"①。实际上,这是要求社会全体成员都要以自己的地位为依据去掌握生活消费的尺度。在这个前提下,希望"君子"

---

① 《节·象》。

们——主要指统治者,都能"以俭德辟难,不可荣以禄"①,即以节俭为美德,而不以追求利禄为荣。这种消费主张产生的根本原因是,在新的历史条件下,一些思想家既想维护封建社会的等级制度,又想反对统治阶级的穷奢极欲。

在我国古代经济伦理思想发展过程中,《周易》经济伦理思想的地位非常重要,是先秦诸子经济伦理思想的渊源之一,儒、道、墨、法诸子的经济伦理思想无不从其获得了有益的滋养。《周易》主张将维护统治阶级的经济利益和政治统治作为经济伦理思想的核心与着眼点,提倡节欲,强调主体自我修养、反省内求的重要作用。自《周易》起,历代思想家都重视加强人自身的道德修养,提高人的道德自律性。孔子提出守道必先修德,孟子极力主张采取"反身而诚",道家讲求不动心的修养之道,韩非讲不以物欲累心,直至朱熹讲存天理灭人欲,这些均透射出《周易》道德思想的影子。由此可见《周易》是一部融合儒道思想、吸纳百家之长的哲学典籍,这一思想整合的特点,不仅使其成为先秦时期经济伦理思想的集大成之论著,而且为秦汉之初建立的大一统社会奠定了理论基础。探讨《周易》的经济伦理思想,对于研究我国经济伦理思想的历史发展及现代经济伦理建设无疑具有重要意义。

第二节 《尚书》的经济伦理思想

《尚书》,原称《书》,是我国现存最早的一部政治和历史文献集,内容包括君主训令、政府公告、出征誓词及君臣之间谈话纪要等,涉及自唐虞到春秋前期一千三百多年间的一些重大政治、军事活动及历史传说,对我国古代历史和社会生活研究有重要意义。相传《尚书》为孔子整理编辑而成,但留有今古文之公案。春秋时代,《尚书》被儒家尊奉为最重要的经典之一,统治者对其高度重视,视为治国理政的必读课本。秦汉以降,《尚书》所述更成为历代统治阶级进行社会政治活动时经常引用的重要理论和历史依据。《尚

---

① 《否·象》。

书》的经济伦理思想精到且丰富,我国古代许多重要的经济理论范畴都可溯源于《尚书》,如我国传统食货思想便首见于《尚书·洪范》。《汉书》直接根据"食"与"货"的概念,设立专篇《食货志》。嗣后的历代史书,才多有"食货"专篇。又如体现赋税公平原则的贡赋等级和土壤丰度等级的思想始见于《尚书·禹贡》,这对我国历史上赋税思想的形成和发展有深远的影响。总之,《尚书》对我国古代的社会经济生活曾有过广泛、深远的影响。研究我国古代的经济伦理思想,《尚书》是一部值得重视的著作。

一、"正德、利用、厚生"的伦理价值理念

在我国早期道德文化发展中,"德"字的出现及"德"的观念的发展意义重大。一般认为"德"字在出土的商朝甲骨文中就有了。这也是不少学者,如张岱年先生认为"德"的观念起源于殷商的重要依据。《尚书》中"德"的思想极为丰富。《尧典》提出"克明俊德,以亲九族",说的是良好的道德具有亲睦九族、协和万邦的重要功能。《舜典》提出了"玄德升闻""舜让于德"之说,这里的"德"指人的意志品质,道德价值倾向性已经非常明显了。《盘庚上》则言:"汝克黜乃心,施实德于民,至于婚友,丕乃敢大言,汝有积德。"这里的"德"与利民紧密联系在一起,反对聚敛钱财、骄奢淫逸,强调只有把实实在在的好处施与民,方能与民同心。

《尚书·大禹谟》记录了禹和舜关于治理天下万民并使天下安定和谐的对话与思考。禹曰:"於!帝念哉!德惟善政,政在养民。水、火、金、木、土、谷,惟修;正德、利用、厚生,惟和。九功惟叙,九叙惟歌。戒之用休,董之用威,劝之以九歌,俾勿坏。"水火金木土谷,称为"六府";正德、利用、厚生,称为"三事"。六府三事合起来称为"九功"。孔《传》曰:"言六府三事之功有次叙。"即九功各顺其理,皆有次序,为"九叙"。在大禹看来,真正的德总是同建立美善的政治联系在一起的,治政的根本目的在于养民。因此,应当管理好水、火、金、木、土、谷六种生活资源,把正德、利用、厚生三件大事抓住不放。这九件事功如果抓好了,天下就会太平,政事就不会败坏。水、火、金、木、土、谷实际上是生产力要素,是创造物质财富所必须重视的;正德、利用、厚生则彰显出制度层面或国家治理中根本性的价值目标和价值追求。

《尚书正义》孔颖达疏："正德者，自正其德，居上位者正己以治民，故所以率下人。利用者，谓在上节俭，不为靡费，以利而用，使财物殷富，利民之用。为民兴利除害，使民不匮乏，故所以阜财，阜财谓财丰大也。厚生者，谓薄征徭、轻赋税，不夺农时，令民生计温厚、衣食丰足，故所以养民也。"德，指事物的属性；正，指使事物的属性平正、不偏斜。利用，指开发利用各种自然资源。厚生，指使生民的生活富足、充裕。孔《传》云："正德以率下，利用以阜财，厚生以养民。"晏子曰："夫民生厚而用利，于是乎正德以幅之。"①

《尚书》将正德、利用、厚生三事的协调运行视为平治天下的价值旨归和首要谋略。正德是利用、厚生的前提。既正人德，又正物德，方能利用自然资源，以达使人们生活富足之目的。

二、"敬德保民"的伦理价值理念

《尚书》不仅提出了"正德、利用、厚生"这种总体性的经济伦理理念，而且提出了"敬德保民"的德政和民本思想，为贯彻"正德、利用、厚生"的伦理价值理念作出了治政伦理或制度伦理层面的安排。"敬德保民"是《尚书》的一个基本伦理价值观念，是对统治者的伦理要求。成汤灭夏，传至太甲。伊尹教导嗣王太甲："惟上帝不常，作善，降之百祥；作不善，降之百殃。尔惟德罔小，万邦惟庆；尔惟不德罔大，坠厥宗。"②但太甲即位后，不遵汤法、不理国政，被伊尹放逐。三年后悔过，才接回复位。伊尹把政权归还给太甲，将要告老还乡时，最后一次告诫太甲："天难谌，命靡常。常厥德，保厥位。厥德匪常，九有以亡。……今嗣王新服厥命，惟新厥德。终始惟一，时乃日新。任官惟贤材，左右惟其人。臣为上为德，为下为民。其难其慎，惟和惟一。德无常师，主善为师。善无常主，协于克一。"③箕子认为治国理政应当奉行"三德"，即"一曰正直，二曰刚克，三曰柔克。平康正直。强弗友刚克，燮友柔克。沉潜刚克，高明柔克"④。以周公、召公为代表的周初统治者总结夏商

---

① 《左传·襄公二十八年》。
② 《尚书·伊训》。
③ 《尚书·咸有一德》。
④ 《尚书·洪范》。

两朝兴衰成败的经验教训,旗帜鲜明地提出了"敬德保民"的治国理念,并使之成为制度伦理建构的重要基石。《康诰》记载:"惟乃丕显考文王,克明德慎罚,不敢侮鳏寡,庸庸,祗祗,威威,显民。"召公在总结了殷商的灭亡教训后,告诫成王:"天亦哀于四方民,其眷命用懋,王其疾敬德。"①上天是哀怜天下民的,它眷顾天下,选择努力敬德保民者作为民的君主,王应当赶快敬重德行。召公于是提出了对后世影响深远的"殷鉴"论,指出:"我不可不鉴于有夏,亦不可不鉴于有殷。我不敢知曰,有夏服天命,惟有历年;我不敢知曰,不其延,惟不敬厥德,乃早坠厥命。我不敢知曰,有殷服天命,惟有历年;我不敢知曰,不其延,惟不敬厥德,乃早坠厥命。今王嗣受厥命,我亦惟兹二国命,嗣若功。"②夏商相继亡国的教训,使周初统治者意识到执政的地位取决于"敬厥德",敬畏道德、崇奉道德是确保江山永续的根本性基石和决定性力量。"德"是上天意志的体现,行"德"政者才可保天下。《尚书》将"德"与"天"相联系,又将"天"与"民"联系;由此一来,"保民"也就成了"敬德"的核心内容,而且有了"天"这个形而上的保障。从根本而言,这是当时的社会历史发展情势决定的。夏桀、商纣的亡国及周初的动乱使周朝统治者认识到人民力量的巨大,意识到为所欲为地压迫剥削人民必然导致人们的反抗,由此他们提出"惟命不于常"的政治律。

"敬德保民"思想首先表现在养小民。《无逸》载,"先知稼穑之艰难,乃逸,则知小人之依","知小人之依,能保惠于庶民"。这就是要求统治者要懂得耕田的艰辛、知道小民的苦衷,要爱护民、保护民,要发展农业来保障民的基本生活。《康诰》载:"汝亦罔不克敬典,乃由裕民。"意在告诫权力继承者行事一定要行裕民之道,敬谨于法规。"裕民"含有富民和让人民丰衣足食、安居乐业之意。《洛诰》则言,行政若能做到惠民裕民,不要说本国民众会拥戴,连远方之民也会来归附的:"彼裕我民,无远用戾。"其次是怜小民。《无逸》提出,"能保惠于庶民,不敢侮鳏寡","怀保小民,惠鲜鳏寡"。民指所有的庶民,应做到连孤苦无依的人也不敢欺侮。《梓材》言:"无胥戕,无胥虐,至于敬寡,至于属妇,合由以容。"意思是不能残害民、虐待民,对于鳏寡孤独

---

① 《尚书·召诰》。
② 《尚书·召诰》。

之人、对于那些微贱的妇人也要爱护。并且,《尚书》反复强调"不敢侮鳏寡",即要把那些鳏寡孤独放到重要的位置,加以怜悯,施以恩惠爱护。西周统治者大力宣扬的"裕民""惠民"主张,基本内容便是关注民众的物质利益,确保民众具有实行道德行为的实力。例如,《酒诰》言:"纯其艺黍稷,奔走事厥考厥长。肇牵车牛,远服贾,用孝养厥父母。"意思是说保障老百姓能够安心地从事农业生产,勤勉地侍奉他们的父母和尊长;农事完毕后,还可以常常驾着车、牵着牛到远处去经商,赚取更多的金钱来奉养他们的父母。其中特别谈到在不没收原殷民田宅财产的情况下,鼓励他们从事农业、商业以牟取利益,充实物质财富。

这些裕民、惠民政策的提出,说明周初统治者意识到只有真正关注民生并赢得民心才能有效地巩固自己的统治。这是他们从商纣王"暴殄天物,害虐烝民"[1]以致国破身亡的教训中得出的结论。事实上,周初统治者的确将裕民、惠民作为怀柔殷民的统治手段从而达到巩固其统治的目的。《蔡仲之命》明确提出,上天并无私亲,只是辅佐有德行的人;民众亦非永恒不变的,只是归附能施恩惠于庶民的人:"皇天无亲,惟德是辅;民心无常,惟惠之怀。"《文侯之命》进而说,应该行德政保障居远处和居近处的百姓得到一样的安定,小民也能得到恩惠和安乐:"柔远能迩,惠康小民。"《尚书》的利民保民思想并不是一种实践层面的权宜之计,而是统治者追求长治久安愿望的表达。这种思想体现出当时的统治理念已从自然宗教性质的神祇为本转变为宗族崇拜的伦理为本。《尚书》甚至祈望统治者将这种德治思想升华为形而上的哲学本体论,强调聪明的帝王要以人民为重,如此才能作民父母:"惟天地万物父母,惟人万物之灵。亶聪明,作元后,元后作民父母。"[2]

那么,如何才能做到利民保民呢?《尚书》首先强调的是统治者要加强自我修养,这是根本前提。《尚书》所谓的自我修养,一是强调以前人为榜样,向前人学习,特别是认真借鉴殷代圣明君王的德政。《康诰》便云:"封,爽惟民迪吉康。我时其惟殷先哲王德,用康乂民作求。"二是要"自省

---

① 《尚书·武成》。
② 《尚书·泰誓上》。

吾身",即统治者面临小人们的怨骂时,应多多审查自己的行为;面临有人举过时,应虚心接受。《无逸》特别记载了周公是一个倡导自省精神、重视自省的优秀政治家:"自殷王中宗及高宗及祖甲及我周文王,兹四人迪哲。厥或告之曰:'小人怨汝詈汝。'则皇自敬德。厥愆,曰:'朕之愆。'允若时,不啻不敢含怒。"三是强调为人要"诚"。《康诰》云:"无作怨,勿用非谋、非彝,蔽时忱。"这里的"忱"为"诚"之意,说的是为政者应效法敏德使民心安康,而不能让埋怨的情绪、错误的办法、不合国家大法的措施隐蔽了诚心,以至于行政不当。

《尚书》视天命为重要的道德奖惩力量。远古时期,低下的生产力水平决定了人们低下的认识能力。当人们对诸多自然现象无法解释时,往往会把天看成世间的主宰,迷信天威,常用占卜预测吉凶。正如郭沫若所言:"由卜辞看来,可知殷人的至上神是有意志的一种人格神,上帝能够命令,上帝有好恶,一切天时上的风雨晦冥,人事上的吉凶祸福,如年岁的丰啬,战争的胜败,城邑的建筑,官吏的黜陟,都是由天所主宰,这和以色列民族的神是完全一致的。"[1]夏商的统治者认识到这一神秘力量对于维护统治的意义,因而强调天是最高主宰,天子作出的决定就是天意的体现,臣民理应服从。如"先王有服,恪谨天命","罔知天之断命","天其永我命于兹新邑"。[2] 同时,统治者还以天命论证获取统治权力的合理性。《汤誓》载有"有夏多罪,天命殛之","予畏上帝,不敢不正","尔尚辅予一人,致天之罚"之言。意思是说,夏桀暴政触怒上天,商取代夏,不过是顺天之意、替天行道而已。到了周朝,人们实际上已经明确地赋予天道德意义,使其成为人世的最高主宰。这样,"天"实际上是与德相联系了,由是出现了"作善,降之百祥;作不善,降之百殃"[3]的说法。周公更是明确地把明德慎罚与受天命联系起来,提出行德政才能顺天意,才能固政权,否则会"惟命不于常"[4]。《康诰》载:"用康保民,弘于天。若德裕乃身,不废在王命。"

---

① 郭沫若:《中国古代社会研究》,石家庄:河北教育出版社 2004 年版,第 251 页。

②《尚书·盘庚上》。

③《尚书·伊训》。

④《尚书·康诰》。

三、"慎乃俭德"的消费伦理思想

财富伦理首先关注的问题是财富应该是什么样的财富，这也是对财富性质的分析。在我国古代，"食"与"货"是最早概括物质财富的两个概念，其中"食"是五谷等食物财富的总称，"货"是贝、玉、刀布等实物财富的总称。在《尚书》中，"食"的概念初见于《舜典》所言的"食哉惟时"。《洪范》把"食"与"货"列为"八政"的第一位和第二位。《洪范》系殷遗臣箕子对周武王陈述的治国大法，近人多认为是战国时儒家学者伪托之作，但"食""货"的概念可以认为是在商代就已经形成并通行的概念。显然，"食""货"财富观是农耕时代以农业为中心的财富观的反映。

商朝时期，人们所珍视的物质财富主要的就是食与货。在《尚书》中，"货"作为财富的观念，首见于《盘庚》所载的盘庚之言，如"朕不肩好货"①，"无总于货宝"②，"兹予有乱政同位，具乃贝玉"③。意思是说，我不会任用贪好财货的人，也不会去聚敛财货宝物，可是现今在位的大臣们却贪图贝玉，实在让人忧心。从盘庚谴责臣僚贪图贝玉可见，贝玉已经成为当时财富的主要形式。在商代社会中，物质财富的占有众寡悬殊。商纣王"厚赋税以实鹿台之钱，而盈钜桥之粟"④，聚敛了大量财富，过着酒池肉林的侈靡生活；一般平民则十分贫穷。《微子》记载了当时的殷民竟然偷窃祭祀用的"牺牷牲"："今殷民乃攘窃神祇之牺牷牲。"现实生活中的贫富悬殊致使殷人的贫富观念十分强烈。《洪范》把"富"列为五福之一，"贫"列为六极之一，便是殷人喜富恶贫思想的充分表现："五福：一曰寿，二曰富，三曰康宁，四曰攸好德，五曰考终命。六极：一曰凶、短、折，二曰疾，三曰忧，四曰贫，五曰恶，六曰弱。"

商代的农业已有一定的发展，根据对甲骨卜辞、金文和出土文物的考证，当时已出现了铜制刀、斧、镢、铲等生产工具，栽培了黍、稷、麦、稻、菽等农

---

① 《尚书·盘庚下》。
② 《尚书·盘庚下》。
③ 《尚书·盘庚中》。
④ 《史记·殷本纪》。

作物。卜辞中记载了商王"观耤""观黍""省田""告麦"等农事活动和卜雨祈丰年等宗教活动。《盘庚上》论述说，怠惰的农夫，不努力耕作，自然不会有谷物可收获了："若农服田力穑，乃亦有秋。……惰农自安，不昏作劳，不服田亩，越其罔有黍稷。"这些记载表明，商汤以来，统治阶级和民众都很重视农业生产，特别是粮食生产，粮食已成为商代经济生活中不可缺少的生活资料；对于统治阶级来说，当然也是重要的财富了。

但是《尚书》关于殷人视土地为重要物质财富的论述并不明显，商王亦无将土田作为财物赐赠臣下的事例。这种情况在西周有了根本改变。《尚书》记载周天子和各级贵族领主常常将土田作为最重要的财产封赐臣下。如《康诰》说："肆汝小子封，在兹东土。"意思是说把你小子封，封置在东方国土。《诗经》中亦有许多封赐土田的记述。如《大雅·韩奕》载："王赐韩侯，其追其貊，奄受北国，因以其伯，实墉实壑，实亩实籍。"武王克商后，不但没有剥夺殷遗民的田宅财产，反而是以此作为对殷遗民实行怀柔统治的重要政策措施。《多士》记载周公旦说：

> 尔乃尚有尔土，尔乃尚宁干止。尔克敬，天惟畀矜尔。尔不克敬，尔不啻不有尔土，予亦致天之罚于尔躬。今尔惟时宅尔邑，继尔居。

意思是，保障你们的土地，保障你们的安全，你们还是居住在你们的城邑里，继续住着你们的住处。只要谨慎从事，老天会赐福你们的；否则，你们不但不能保有土地，我还要把老天的惩罚施加到你们身上。但是一些商殷遗民并不甘心于此，甚至进行了一些反叛。周公旦在镇压他们之后，对他们进行了谴责。《多方》记载说："今尔尚宅尔宅，畋尔田，尔曷不惠王熙天之命？"意思是，现在你们仍住着你们的住宅、耕着你们的田地，为什么不顺从周王朝，发扬光大上天的命令？这些记载一方面反映了周人作为农业民族所具有的土地财富的传统观念，另一方面也反映出这种统治的封建主义特点。

《尚书》在肯定人们追求财富的合理性的同时，阐析了以法律维护财富并对非法获取的财富予以道义及法律约束的主张。《吕刑》指出，保障人们的财富安全而不是惩罚人们，这才是设置法典和牢狱的最终目的："典狱非讫于威，惟讫于富。"并且强调，仗权势、报私仇、走内线、行贿赂、徇私情是官员们的五种过失,这五种过失的罪罚应该相等:"五过之疵,惟官、惟反、惟内、惟货、惟来。其罪惟钧,其审克之。"《吕刑》特别提到,从审讯狱案中受贿这样的犯罪之事,必然会受到众人的怨恨和报复:"狱货非宝,惟府辜功,报以庶尤。"这种以法律和道义来约束人们获取财富的思想是我国传统义利观的重要发端。

另一方面,《尚书》却提出了"以财赎刑"的思想,在《尧典》中已有"金作赎刑"的说法。《吕刑》是吕侯奉周穆王之命训刑以告四方而作,其中提出了用钱币赎买刑罪的具体内容:"墨辟疑赦,其罚百锾,阅实其罪;劓辟疑赦,其罚惟倍,阅实其罪;剕辟疑赦,其罚倍差,阅实其罪;宫辟疑赦,其罚六百锾,阅实其罪;大辟疑赦,其罚千锾,阅实其罪。"意思是,犯了墨刑罪而可赦免的,罚款一百锾,并核实其罪过;犯了劓刑罪而可赦免的,罚款两百锾,并核实其罪过;犯了剕刑罪而可赦免的,罚款五百锾,并核实其罪过;犯了宫刑罪而可赦免的,罚款六百锾,并核实其罪过;犯了死刑罪而可赦免的,罚款一千锾,并核实其罪过。以财赎刑依法而行,这表明"当时的被支配阶级已经到了有钱可以买赎刑戮的地步,……是奴隶解放的表现"[1]。

《尚书》同时强调,用财应依道。这种道,实际是我国古代的血缘宗法之道。不同于西方,古代中国进入文明社会时氏族社会血缘纽带解体并不充分,由此形成了独特的血缘宗法制度。至西周,这种宗法制度已发展成为庞大、复杂却又井然有序的血缘政治社会体系。[2] 在这种制度下,父子兄弟的伦理关系尤为人们所重视。《尚书》为此提出了专门处理这种关系的"孝友"原则,并且论述实践这种原则要有一定的物质财富基础,并且以此为财富活动的伦理动因。《尚书》所谓的"孝"主要指奉养父母、发扬祖业、追孝先人等。在奉养父母方面,《酒诰》指出"孝"的重要内容之一是在物质上奉养父母。其中记述了周公告诫臣民,农忙时要专心致农,多产粮食;农闲时便可以牵着牛车到外地进行贸易以获取更多财富,这样便可以更好地孝敬赡养父母了:"妹土,嗣尔股肱,纯其艺黍稷,奔走事厥考厥长。肇牵车牛,远服贾,用孝养厥父母。"在继承发扬父辈事业方面,《尚书》把不恭敬地遵循父亲要求从业的人看成不孝之人。《康诰》言:"元恶大憝,矧惟不孝不友。子弗

---

[1] 郭沫若:《中国古代社会研究》,石家庄:河北教育出版社 2004 年版,第 149 页。
[2] 参见游唤民《尚书思想研究》,长沙:湖南教育出版社 2001 年版,第 164 页。

祗服厥父事,大伤厥考心。"《大诰》则以建房、种地作比喻说,父亲打了建房的地基,儿子就要把房梁架好;父亲开垦出了荒地,儿子就应继之播种收获,否则就是不孝:"若考作室,既定法,厥子乃弗肯堂,矧肯构? 厥父菑,厥子乃弗肯播,矧肯获? 厥考翼其肯曰:'予有后,弗弃基。'"在追孝先人方面,《尚书》主要记述了应祭祀已故父、祖辈,以表示常怀祖先之念。《盘庚上》载:"兹予大享于先王,尔祖其从与享之。"《多士》载:"自成汤至于帝乙,罔不明德恤祀。"《文侯之命》载:"父义和,汝克绍乃显祖。汝肇刑文武,用会绍乃辟,追孝于前文人。"可见孝的范围已经扩展到父母之外的祖先了。

消费是人类获取财富的根本目的,这是消费伦理产生的根本原因。《尚书》的许多篇章都含有批判奢侈、崇尚勤俭的内容。《太甲上》提出了"慎乃俭德,惟怀永图"的主张。《皋陶谟》提出"无教逸欲有邦",意思是不要让贪图安逸享乐的人治理国家。《益稷》举例说,丹朱傲慢不敬,怠情戏谑,寻欢游乐,淫乐至极,结果被剥夺了继承帝位的权利:"无若丹朱傲,惟慢游是好,傲虐是作。罔昼夜额额,罔水行舟,朋淫于家,用殄厥世。"在《康诰》中,周公强调要以文王为表率,学习他克勤克俭的思想:"惟乃丕显考文王,克明德慎罚,不敢侮鳏寡,庸庸,祗祗,威威,显民。"这些记述表明西周统治者是我国历史上崇俭黜奢思想最早的积极倡导者。但在当时,崇俭黜奢思想只是作为统治者阶级行为规范的一般原则被提出来,并没有形成明确的奢俭标准。直到春秋战国时代,思想理论界才在继承西周奢俭思想的基础上,进一步探讨了奢俭标准及其伦理义务等,从而使黜奢崇俭思想逐步发展成为我国古代经济伦理思想的重要内容。

《尚书》在中华民族历史文化发展中具有重要的价值。《尚书》中的"大一统""人本""殷鉴""先王"观念、"忧患"意识等功用主义思想都给我国古代经济伦理思想以重要而深远的影响。人类能从历史中汲取经验教训的根本前提是有道德判断存在,正义总是受到尊崇,邪恶必然遭到谴责,这是体悟历史时人们特有的"人同此心、心同此理"的心理现象。《尚书》经济伦理思想体现了古代中国人对崇高道德的追求,对"人心"的相似性、相通性已经有了深刻的体察。《尚书》经济伦理思想是先秦儒家经济伦理思想的重要源头,经先秦儒家的继承和发展及后世思想家们的继续改造和创新,逐渐成为在我国封建社会占统治地位的经济伦理思想。不仅为先秦经济伦理思想的形成起了引领作用,也影响了我国两千多年来封建社会经济伦理思想的发展脉络。在给历代政治家、思想家提供丰富启迪的同时,也为历代统治者提供了治国之道、理国之方,对现代社会的治国理政观念及其实践也不乏现实的指导意义。

第三节　《诗经》的经济伦理思想

《诗经》是先秦时期最重要的典籍之一,是我国第一部诗歌总集。在被汉代儒家尊为经典之前,人们多统称其为《诗》。《诗经》产生在今陕西、山西、河南、河北、山东及湖北一带,大抵是西周初年(公元前 11 世纪)至春秋中期(公元前 6 世纪)的作品,编成于春秋时代,分为"风""雅""颂"三大类,共三百零五篇,反映了约五百年间的中国古代社会经济生活状况,蕴含了丰富的经济伦理思想。最早称《诗经》为儒家经典的并非儒家人士,而是《庄子·天运》:"丘治诗、书、礼、乐、易、春秋六经。"到了汉代,传授《诗经》的主要有燕人韩婴所传之《韩诗》,鲁人申培所传之《鲁诗》,赵人毛亨、毛苌所传的《毛诗》,齐人辕固所传之《齐诗》。魏晋以后,《毛诗》一直盛行,鲁、齐、韩三家之《诗》则逐渐衰微。后来历代流传的《诗经》实际即《毛诗》。唐庆增有言:"文学著作若散文诗歌等,有时亦含有重要之经济思想史料,而为吾人所忽略者,例如我国之《诗经》,各诗皆有含蓄,更可藉该书以观察当时之经济情形,盖诗词固能代表某时代人民胸中所蕴藏之情感也。"①《诗经》的诗有的采自民间,有的来自贵族,来源比较全面,内容相当丰富,反映了当时社会生活的诸多方面,有多篇是描述社会经济关系及社会经济生活的,其中蕴含了深刻的伦理意蕴。

一、"有物有则"的经济伦理观念

生产力的发展程度及生产关系状况始终是人类社会经济基本且重要的内

---

① 唐庆增:《中国经济思想史》,北京:商务印书馆 2010 年版,第 49 页。

容。《诗经》中有不少篇幅描述了当时的生产力发展水平和生产关系状况,如描述耒耜已经广泛应用于农业生产,以至于后来的人们将"耒耜"作为古代农具的总称。《小雅·北山》在描述当时的土地所有制形式时说周天子是西周的最高统治者,是全国土地的所有者:"溥天之下,莫非王土;率土之滨,莫非王臣。"当时农奴是主要劳动者,这一点在《诗经》中有充分体现。他们有自己的妻子儿女、家室茅屋,"嗟我妇子,曰为改岁,入此室处"①;有一定的生产工具,"以我覃耜"②,"有略其耜"③;有些人甚至有了自己的家庭副业,"八月载绩,载玄载黄"④。《小雅·大田》载:"雨我公田,遂及我私。"这里所谓的公田是属于领主的土地,私田是领主分给农奴的份地,农奴在种完领主的公田后可以去耕种自己的小块土地。这就是封建土地制度下的劳役地租。这种劳役制度下,农奴的生产积极性肯定要比奴隶高。

表达对祖先追思之情的一个重要内容是赞颂先民们开荒创业、发展农业生产的贡献。较之于商,周人更加注重农业生产。《大雅·公刘》中有"乃觏于京""于京斯依""涉渭为乱"之言,记载了周族最初发祥地在今陕西一带。在那里,周人"相地之宜,宜谷者稼穑焉"⑤,开辟了农业繁荣区。《诗经》盛赞周族的先人们把经营农业的风尚传给后代,称后稷推广农业技术的功德可与上苍媲美:"思文后稷,克配彼天。立我烝民,莫匪尔极。贻我来牟,帝命率育。无此疆尔界,陈常于时夏。"⑥《大雅·生民》对后稷在农业方面的贡献予以深情礼赞:"诞实匍匐,克岐克嶷,以就口食。蓺之荏菽,荏菽旆旆。禾役穟穟,麻麦幪幪,瓜瓞唪唪。诞后稷之穑,有相之道。茀厥丰草,种之黄茂。实方实苞,实种实褎,实发实秀,实坚实好,实颖实栗,即有邰家室。"聪明懂事的后稷年幼时就在觅食方面有独特的本领,长大后不仅能种大豆、禾粟,而且能种麻麦以及诸多瓜果,较好地满足了族人生存的需要,受到后人发自内心的称赞。此外,后稷还在辨明土质、挑选好的谷种方面有特别的功劳,能使禾苗长势很好、谷粒饱满,促成了粮食的丰收,解决了

---

① 《诗经·豳风·七月》。
② 《诗经·小雅·大田》。
③ 《诗经·周颂·载芟》。
④ 《诗经·豳风·七月》。
⑤ 《史记·周本纪》。
⑥ 《诗经·周颂·思文》。

人们的温饱。

《诗经》描述先民们对大自然的热爱与友善，绝非只是出于人们审美活动的需求，毕竟在当时生产力极其落后的情况下，劳动是非常艰苦的。《小雅·黍苗》是宣王时徒役赞美召伯营治谢邑之功的作品。诗载召伯为官时修治平整了土地，疏理清澈了井泉河流，营造了谢邑良好的生态环境："原隰既平，泉流既清。召伯有成，王心则宁。"《周南·麟之趾》云："麟之趾，振振公子，于嗟麟兮！"此诗用麒麟不践踏幼虫小草比喻贵族公子的仁厚与贤能，其实也是赞美其精心保护自然生态的行为。

《诗经》这种热爱自然、与物为友、保护环境、取用有度的伦理观念与当时人们已经形成天人合一的精神信仰有关。《大雅·烝民》云："天生烝民，有物有则。民之秉彝，好是懿德。"这些诗句蕴含着人"法天""则天""因地"观念，要求人们遵循自然规律办事，建立人与自然和谐统一的经济秩序。当时的人们甚至将人与自然和谐、建设良好的生态环境视为国家富饶的标志。《大雅·韩奕》便记载司马蹶父之所以愿意把女儿嫁给韩侯，主要是因为韩国自然生态环境好，其他地方有的虽富有却"莫如韩乐"，即能给他女儿带来莫大的欢乐。诗中写道：

> 蹶父孔武，靡国不到。为韩姞相攸，莫如韩乐。孔乐韩土，川泽訏訏，鲂鱮甫甫，麀鹿噳噳，有熊有罴，有猫有虎。庆既令居，韩姞燕誉。

在长期的农业生产生活实践中，先民们已逐渐认识到经济发展与自然环境有着密切的依存关系，初步形成了环境友好的生态伦理观念。《诗经》广泛运用赋、比、兴的手法描述天地自然的生命与生机，实际是先民们热爱自然、寄情自然的写照。如《周南·葛覃》是一首描写一女子准备回家探望父母的诗歌，诗中用兴、赋的艺术手法描写了山谷中清碧的葛藤、鸣啭的黄雀、繁茂的灌木丛，通过动植物和谐相依的美丽画面寄托女主人公将与父母团聚的喜悦之情："葛之覃兮，施于中谷，维叶萋萋。黄鸟于飞，集于灌木，其鸣喈喈……"《诗经》把自然万物纳入审美视野，用赋、比、兴的表现手法表述之，寄寓的是人们对大自然的热爱与友好之情，实际也是以朴素的方式表达了一种生态经济观。

二、"生我劬劳"的感恩伦理精神

经济活动总是在一定的社会关系中进行的,应该遵循一定的道德规范。春秋战国时期,我国正处于封建农业社会早期阶段,血亲关系是人们经济活动的基础性关系,血亲伦理关系原则是人们从事经济活动的根本原则。在生产力水平低下的情况下,天人合一的价值观是人们在经济活动中对待自然的基本观念。《诗经》对这些均有所描述。

《诗经》产生的时代,一夫一妻或一夫多妻成为主体型的婚姻关系,家庭伦理生活中父母与子女之间的伦理关系逐渐明晰化,关于父母与子女之间的道德规范的朦胧思考随之产生,且贯穿于经济生活中。血亲家庭的一个突出特点是父子、母子关系固定为以父、母为中心。这个时期的家庭不仅承担了繁衍后代的责任,而且还是生产物质资料及组织家庭消费的最基本社会单位。《诗经》的一些诗歌在描述父母在家庭中重要地位的同时,还抒发了远离父母的人们对父母的无尽思念之情和对父母辛勤劳作的无限感激之情。如《小雅·蓼莪》所描写的"蓼蓼者莪,匪莪伊蒿。哀哀父母,生我劬劳"和《邶风·凯风》中的"凯风自南,吹彼棘心。棘心夭夭,母氏劬劳"。这些诗句充分表达了人们心中对父母的敬仰、感激之情,从中可以读出家长是劳动者家庭的中心,读出一幅幅温馨和谐的家庭伦理生活图景。

在《诗经》产生的时代,祭祀祖先是血亲家庭生活图景在国家宗族活动中的重要展开。《诗经》中有不少文字详尽描述了祭祀祖先活动的隆重与整饬、祭祀气氛的庄重与肃穆。这些描述充分体现了当时社会对祭祀祖先活动的重视和人们对祖先的恭敬与追思之情。如《大雅·旱麓》中所描写的"清酒既载,骍牡既备。以享以祀,以介景福"的祭祀活动场景,便向我们展示了周人隆重的祭祖活动。

《诗经》有一些篇章刻画了血亲家庭生活中的兄弟手足之情,《小雅·常棣》就是一首歌颂兄弟团结友爱的诗篇:

　　　　常棣之华,鄂不韡韡。凡今之人,莫如兄弟。死丧之威,兄弟孔怀。原隰哀矣,兄弟求矣。脊令在原,兄弟急难。每有良朋,况也永叹。兄弟阋于墙,外御其务。每有良朋,烝也无戎。丧乱既平,既安且宁。虽有兄弟,不如友生。傧尔笾豆,饮酒之饫。兄弟既具,和乐且孺。妻子好合,如鼓瑟琴。兄弟既翕,和乐且湛。宜尔室家,乐尔妻孥。是究是图,亶其然乎!

这首诗歌详尽刻画了兄弟们团结一致、共御外侮的精神风貌以及他们的宴饮之乐、室家之乐,从正面论证了兄弟、宗族的强大对个人的帮助:一是"死丧之威,兄弟孔怀",丧葬之礼在上古时代倍受重视,而操办丧礼的人是有血缘关系的宗亲兄弟;二是"原隰裒矣,兄弟求矣。脊令在原,兄弟急难",说的是患难之中足见兄弟之情;三是"兄弟阋于墙,外御其务",说的是内部即使有矛盾,外敌当前,也应该同仇敌忾;四是"宜尔室家,乐尔妻孥",说的是只有家族强大,弱小的女性和孩子才能有良好的生存环境。总之,面对生死、荣显、否泰、繁衍等人生大事,均须依靠兄弟、宗族的力量,这就凸显了兄弟、宗族的重要性。

稳定的夫妻关系是血亲家庭形成的根本基础。《诗经》有些诗句刻画并讴歌了夫妻间坚贞与融洽的感情生活,描绘了我国古代小农阶级理想的夫妻生活图景。如《邶风·击鼓》:"死生契阔,与子成说。执子之手,与子偕老。"《郑风·女曰鸡鸣》:"琴瑟在御,莫不静好。"《小雅·常棣》:"妻子好合,如鼓瑟琴。"

稳定的夫妻关系同时也是家庭生产的基础。《诗经》便载,家庭中,男人主要从事农业生产,妇女以从事家庭纺织业为主。如《大雅·瞻卬》:"妇无公事,休其蚕织。"先秦时期商品经济的发展对夫妻关系、家庭关系产生了一些不良影响,《诗经》的一些诗句对此也有所描述。《邶风·谷风》载,怨妇在控诉丈夫喜新厌旧、不知其德时,以"贾不用售"说明自己不能如商品一样随意买卖。

三、对"不稼不穑"行为的控诉与批判

发展经济必然要重视保护农业劳动力,应该说这是周代统治者形成"敬天保民"政策的重要原因。刚从原始社会中脱胎而来的人类文明仍带有强

烈的原始色彩,《诗经》描述了"天"在当时人们心目中至高无上的地位,反映了这样的事实:在当时人们的心目中,"天"是无所不能、无所不知的,由"天"挑选出来的统治者不仅"天生烝民,有物有则"①,而且"皇矣上帝,临下有赫。监观四方,求民之莫"②。"天"会选择有道之君,把人民和疆土交给他,让他代天保民。文王为了证明自己统治的合法性,便自称是受天之命来保民,与此同时实行了施惠于民的政策。《诗经》对此歌颂说:"穆穆文王,於缉熙敬止。假哉天命,有商孙子。商之孙子,其丽不亿。上帝既命,侯于周服。"③这种代天保民的思想反映出封建统治者对劳动力的重视和保护,这对于促进生产力发展无疑是有积极意义的。

反对残杀劳动者是《诗经》保民思想的重要表现。在我国古代,直至商代,奴隶主还可以残杀奴隶用于祭祀或殉葬。到了春秋时期,杀人祭祀与杀人殉葬的风气遭到了社会广泛的非议,被视为悖礼妄为。公元前621年,秦穆公卒,康公立,康公等遵照穆公遗嘱杀人殉葬:"穆公卒,葬雍。从死者百七十七人,秦之良臣子舆氏三人名曰奄息、仲行、针虎,亦在从死之中。秦人哀之,为作歌《黄鸟》之诗。"④这里所指的《黄鸟》之诗即《秦风·黄鸟》。该篇表达了人民对子舆氏三兄弟为秦穆公殉葬的痛悼、惋惜之情,表达了对人殉制度的强烈不满:"彼苍者天,歼我良人! 如可赎兮,人百其身!"

当时劳动人民所受的经济剥削是非常严酷的,对此,《诗经》以大量篇幅进行了揭露。《诗经》刻画了领主阶级的贪得无厌,如《大雅·瞻卬》:"人有土田,女反有之。人有民人,女复夺之。"控诉他们总是贪图别人的好田地和别人田里的农奴。《小雅·甫田》对此揭露说,剥削者的粮食虽已堆积如山,但剥削的本性仍驱使他们奢望占有更多的剩余产品:"曾孙之稼,如茨如梁。曾孙之庾,如坻如京。乃求千斯仓,乃求万斯箱。"《小雅·大东》描写剥削者对人民的压榨时说:"维南有箕,载翕其舌;维北有斗,西柄之揭。"意思是,南方天上那颗箕星,伸出长舌只想吞你;北方那颗斗星,高举长柄正指向西。在这里,作者将统治者比作"箕"和"斗",说他们张大血口,要吞吃掉人们生

①《诗经·大雅·烝民》。
②《诗经·大雅·皇矣》。
③《诗经·大雅·文王》。
④《史记·秦本纪》。

产的粮食,要舀净人民的一切财富。

赋税和徭役是封建领主阶级剥削农奴的另一种重要形式。西周时期,农奴的主要负担是缴纳公田劳役地租和军赋。《国语·鲁语下》记载,季康子欲以田赋请冉有问于孔子,孔子私谓冉有曰:"其岁收,田一井,出稷禾、秉刍、缶米,不是过也,先王以为足。若子季孙欲其法也,则有周公之籍矣!"《诗经》中也有相关的批判内容,如《小雅·何草不黄》记载了当时凡是成年男子都逃脱不了要服兵役,少则数月,多则数年:"何草不黄,何日不行,何人不将,经营四方。"可见军赋徭役之重。繁重的军役给人民带来了巨大的悲痛。《豳风·东山》说,"我徂东山,慆慆不归","自我不见,于今三年"。《邶风·击鼓》描写卫国士兵远戍陈宋,与妻子久别,恐难生还的情形:"于嗟阔兮,不我活兮。"

除承受繁重的租赋和军役外,农奴还要缴纳各种供物,担负领主交给的徭役。《豳风·七月》把这种超经济剥削的内容揭露得淋漓尽致,诗中以平铺直叙的手法描述了西周农民一年到头无休止的劳动过程和他们的生活情况,鲜明反映了贵族与农民生活的悬殊:凛冽的寒冬,农民"无衣无褐",却要"取彼狐狸,为公于裘"。

如此残酷的剥削和压迫,劳动者实难忍受,他们发出了"王事靡监,不能艺稷黍。父母何怙? 悠悠苍天,曷其有所?"①的疑问。《魏风·伐檀》讽刺道:"不稼不穑,胡取禾三百廛兮? 不狩不猎,胡瞻尔庭有悬貆兮?"诗中严厉地斥责领主们:"彼君子兮,不素餐兮!"这些质问反映了劳动者对领主们不劳而获的寄生生活的不满。《魏风·硕鼠》中,作者把封建主比作大老鼠,并对此控诉说:"硕鼠硕鼠,无食我黍! 三年贯女,莫我肯顾。"并表达了想要摆脱剥削的强烈愿望:"逝将去女,适彼乐土。"《小雅·黄鸟》也将封建主比作啄粟之鸟,表达了类似的控诉与愿望。以上诗篇鞭笞了统治阶级的残酷剥削和社会极度贫富不均的现象,反映了广大劳动人民反抗压迫、追求公正的思想。

《诗经》是我国最早的一部诗歌总集。《诗经》中描写的经济活动,充满浓厚的田园情怀,充满了对劳动的赞美与尊重、对土地与自然的热爱,反映

---

① 《诗经·唐风·鸨羽》。

了周代社会人们经济生活的方方面面,充分展现了人们多姿多彩的内在情感世界,深刻体现了那个时代的经济伦理观念,蕴含了中国人对经济伦理最原始的思考。自汉代以来,《诗经》就一直被奉为儒学经典之一,孔子便说:"不学《诗》,无以言。"①《诗经》是经过艺术加工的劳苦大众发出的最原始、最直接的呼号,反映了劳苦大众的利益和愿望。其中有着对大自然和生态环境的热爱等原初情感,对农业劳动及其成果的肯定与维护,对种种不劳而获、强取豪夺现象的抨击与批判,以及对公平正义、共同富裕的孜孜追求。从一定意义上讲,《诗经》的经济伦理思想是形成儒家以人为本、仁政德治伦理思想的一股源头活水。

第四节　《周礼》的经济伦理思想

　　《周礼》原名《周官》,西汉末刘歆始称《周礼》。《周礼》与《仪礼》《礼记》合称"三礼",在"三礼"中居首。此书晚出,历来学者对其作者和成书年代说法不一。一派认为是西周初年周公所作;一派认为是战国以后的作品,近代学者多以为成书于战国时期。《周礼》一书,体大思精,是一部宏大的建国规划。全书分为《天官》《地官》《春官》《夏官》《秋官》《冬官》六篇,分述六个系统的职官,而皆统之于天官。《冬官》早佚,汉时补以《考工记》。从思想体系来看,《周礼》属于儒家经典,但法家、阴阳五行家的精神色彩也比较浓重,明显具有"多元一体"的特点。从道德意识来看,《周礼》主要继承和发展了荀子学派的伦理观。通过对官制的描述,《周礼》构筑了一个理想化的德治社会。《周礼》在保留了有关周代礼制的大量史料的同时也增加了作者自己的一些设想。

　　《周礼》自问世以来,影响极大。后世无论是崇拜西周制度的,还是托古改制的,以《周礼》为据者不乏其人。后代历史中,刘歆佐王莽、苏绰佐宇文氏均托《周礼》而改制;唐玄宗傍《周礼》修唐六典;王安石法《周礼》行新法且

---

① 《论语·季氏》。

自撰《周礼新义》，以《周礼》取士；甚至近代太平天国制定的《天朝田亩制度》也从《周礼》中吸取了不少思想资料。经济制度在《周礼》中占有相当大的比重，常为后人所引用，其中蕴含了不少值得珍视的经济伦理思想。

一、"任养万民"的制度伦理设计

《周礼》作为一部官职之书，有着鲜明的制度伦理设计色彩，其中的核心价值就是如何"任万民"和"养万民"；即既要调动百官管理政务的积极性，又要很好地使整个社会成员能够和谐共生，万民生存无虞。

《周礼》中涉及民本思想的重要内容与孟子类似，其中最重要的内容便是制民恒产。《周礼》记载的基本土地制度，一是王田，二是采地；其中王田用沟洫法，采地用井田法。两种方法都是将土地按一定的份额分给农民，并强制他们进行耕种。这种份地平均分配思想的重要特征之一是大致将土地按肥瘠程度不同分为上、中、下三个等级，据此确定授田数量。对此，《地官·大司徒》言：

> 凡造都鄙，制其地域而封沟之，以其室数制之。不易之地家百亩，一易之地家二百亩，再易之地家三百亩。

《地官·遂人》的记载更为详细：

> 辨其野之土，上地、中地、下地，以颁田里。上地，夫一廛，田百亩，莱五十亩；余夫亦如之。中地，夫一廛，田百亩，莱百亩；余夫亦如之。下地，夫一廛，田百亩，莱二百亩；余夫亦如之。

都之所居曰鄙。都鄙，公卿大夫之采邑，王子弟所食邑。年年能耕种的上等土地是"不易之地"，这样的土地，每家仅能授一百亩；种一年休一年的中等土地是"一易之地"，这样的土地，每家仅能授二百亩；种一年休耕两年的下等土地是"再易之地"，这样的土地，每家仅授三百亩。夫，指有家室的男子。廛，指宅地。莱，指休耕的土地或荒地。显然，上面的授田办法仅从土地的肥瘠出发，并未考虑家庭人口。此外，《周礼》还明确提出"均"的本义指土地分配的均平、均匀。《地官·小司徒》进一步考虑劳动力的强弱，提出按"可任也者"分配土地：

> 乃均土地,以稽其人民,而周知其数:上地家七人,可任也者家三人;中地家六人,可任也者二家五人;下地家五人,可任也者家二人。

所谓"可任也者"就是各家能够胜任农业生产劳动的人数,大体规定:上等土地授给七口之家,可以胜任农业生产劳动的一家有三人;中等土地授给六口之家,可以胜任农业生产劳动的两家有五人;下等土地授给五口之家,可以胜任农业生产劳动的一家有二人。

在这种分配方式的基础上,《周礼》设置了名为"土均""均人"的职官专门负责税赋、徭役,这实际属于财富的第二次分配。关于"土均",《地官·大司徒》说:"以土均之法,辨五物九等,制天下之地征,以作民职,以令地贡,以敛财赋,以均齐天下之政。"关于"均人",《地官·均人》说:"均人掌均地政,均地守,均地职,均人民、牛马、车辇之力政。"

《周礼》记载了当时的统治者已经认识到人民不但要有土地还要有职业;人民只有衣食无忧,才会安分守己,不致犯上作乱。由此,封建统治者才可能按照其意志,强制人民从事社会生产和其他经济活动。《天官·大宰》言:

> 以九职任万民:一曰三农,生九谷;二曰园圃,毓草木;三曰虞衡,作山泽之材;四曰薮牧,养蕃鸟兽;五曰百工,饬化八材;六曰商贾,阜通货贿;七曰嫔妇,化治丝枲;八曰臣妾,聚敛疏材;九曰闲民,无常职,转移执事。

这里所谓的"三农",即指上农、中农、下农,也即《地官·小司徒》中的"上地家七人""中地家六人""下地家五人";"园圃"指种植瓜果蔬菜的人;"虞衡"指在山林川泽从事生产的人;"薮牧"指从事畜牧的人;"百公"指各种工匠;"商贾"指从事商业的人;"嫔妇"指会女红的妇女;"臣妾"指厮役奴婢;"闲民"指无固定职业的人。如此安排使得人人都得从事一定的职业,即使是没有固定职业的人(闲民)也要去做可做的事情。

《周礼》还规定对人民要实施轻徭役、薄赋敛的原则。例如,田地的税率,高不过二十分之五,低不下三十分之一。为公事提供力役,每人每年征用一至三日。同时,《周礼》还制定了"荒政十有二"①,即拯灾救荒的十二项

---

① 《周礼·地官·大司徒》。

政策以减轻人民的负担、维持社会的稳定,具体包括贷给灾民种子和粮食,减轻赋税,宽缓刑罚,免除劳役,开放山泽的禁令,等等。在《周礼》作者看来,如十二"荒政"一一实行,就可以"聚万民"而使之不离散了。在十二"荒政"之后,《周礼》还提出了"养万民"之法和"安万民"之道,后人常简称其为"保息六"和"本俗六"。其具体内容包括:

> 以保息六养万民:一曰慈幼;二曰养老;三曰振穷;四曰恤贫;五曰宽疾;六曰安富。以本俗六安万民:一曰美宫室;二曰族坟墓;三曰联兄弟;四曰联师儒;五曰联朋友;六曰同衣服。[1]

"保息六"和"本俗六"以现代语言解释:免除残疾人的力役,均平徭役;建造坚固耐用的房屋;通过族葬表示同族之人;团结异姓兄弟,互相联系以增情谊;使乡间子弟皆相连合,同就师儒;等级相同的人穿同样的衣服;救济鳏、寡、孤、独等穷困之人。

《周礼》还论述了治民不仅要治民之身更要治民之心。《周礼》所谓的"八统""九两"等就是为治民之心而设计的。《天官·大宰》言:

> 以八统诏王驭万民:一曰亲亲;二曰敬故;三曰进贤;四曰使能;五曰保庸;六曰尊贵;七曰达吏;八曰礼宾。
>
> …………
>
> 以九两系邦国之民:一曰牧,以地得民;二曰长,以贵得民;三曰师,以贤得民;四曰儒,以道得民;五曰宗,以族得民;六曰主,以利得民;七曰吏,以治得民;八曰友,以任得民;九曰薮,以富得民。

概括起来说,"八统"就是要求天下万民互敬互爱、以礼待人,使贤能之士受重用、勤劳小吏受提拔、有功之人获奖励、居上位者受薄崇,从而使整个社会形成一种亲仁友爱的和谐气氛。

"九两"与"本俗六"所说的"联兄弟""联师儒""联朋友"一脉相承,主要是通过"牧地""长贵"等九组措施将整个"邦国之民"相连而合为一体:"九两"之中,"牧""长""主""吏"系民之身;"师""儒""宗""友"系民之心;"薮"则川泽所在,利之所生,民亦附之。"师,以贤得民",谓诸侯以下立教学之官为

---

[1]《周礼·地官·大司徒》。

师氏,以有"三德""三行"使学子归之。这说明,"亲亲"之心是"仁民""爱物"的基础,"仁民""爱物"之心则是"亲亲"的延伸与扩大。

二、无夺农时的生产伦理

《周礼》的生产伦理思想主要论及的是农业生产。《周礼》对农业生产非常重视,关涉增加农业人口、扩大耕地面积和增加六畜数量的论述不胜枚举。进行农业生产必定会涉及人与自然的关系,《周礼》总结了先秦社会生态伦理的基本认识和实践经验,以取法于天、以礼为治为思想根基,阐述了一套人与自然和谐的生产伦理思想。具体内涵有三:一是六官与天地四时相对应。《周礼》认可阴阳五行,认为这是自然界的纲纪,天地即阴阳,四时即五行,是天地四时化育了万物。《周礼》设官分职的理论构想与阴阳五行说一脉相承。天地四时化生六官,六官共三百六十职官,象征周天三百六十度,三百六十职官又统摄邦国万民。二是强调人与自然阴阳交互感应,人类社会统治应适应于生态环境。《地官·大司徒》云:"日至之景,尺有五寸,谓之地中。天地之所合也,四时之所交也,风雨之所会也,阴阳之所和也。然则百物阜安,乃建王国焉。"这里的所谓"合""交""会""和"无不体现天人之间阴阳交互感应的原则,强调的是只有遵循这样的原则才有可能"百物阜安",建国固国方有可能。三是用礼仪来治理一切、管理一切。在《周礼》设计的六官体制中,天官冢宰即大宰,"掌建邦之六典,以佐王治邦国",内容包括九项:"以八法治官府""以八则治都鄙""以八柄诏王驭群臣""以八统诏王驭万民""以九职任万民""以九赋敛财贿""以九式均节财用""以九贡致邦国之用""以九两系邦国之民"。①

《周礼》指出适宜是人与自然实现和谐的关键。综观《周礼》可以发现,"义"字仅出现 4 次,"宜"字则出现 49 次之多。"宜"首先指一般性的重视时宜、地宜的观念,如:

> 凡食齐视春时,羹齐视夏时,酱齐视秋时,饮齐视冬时。凡和,春多酸,夏多苦,秋多辛,冬多咸,调以滑甘。凡会膳食之宜,牛宜稌,羊宜

---

① 《周礼·天官·大宰》。

黍,豕宜稷,犬宜粱,雁宜麦,鱼宜苽。①

　　以土会之法,辨五地之物生:一曰山林,其动物宜毛物,其植物宜早物,其民毛而方。二曰川泽,其动物宜鳞物,其植物宜膏物,其民黑而津。三曰丘陵,其动物宜羽物,其植物宜核物,其民专而长。四曰坟衍,其动物宜介物,其植物宜荚物,其民皙而瘠。五曰原隰,其动物宜裸物,其植物宜丛物,其民丰肉而庳。②

这里所谓的适宜包括时宜性、地宜性两个方面。贾公彦疏"以土宜教氓稼穑"言:"高田种黍稷,下田种稻麦,是教之稼穑。"这里所谓"土宜"并非制度规范问题而是指耕种稼穑的土地所宜,但也体现了《周礼》地宜概念的一般理解。这种地宜观念体现在制度设计上,就是相关制度的制定与实施应合乎地宜原则。例如,司稼制度的设计:"司稼掌巡邦野之稼,而辨穜稑之种,周知其名,与其所宜地以为法,而悬于邑闾。"③这里所体现的原则性主要是"所宜地以为法",即以地宜性为法。

对于时宜性,《周礼》更加关注,全书"时"字共出现了131次。"时"本义指春夏秋冬四时;引申指一般意义的时间,如时辰、时日、时节、时令、时期、时代等。《周礼》许多制度规范的设计都充分考虑到时宜性问题。应该说这是儒家文化,甚至可以认为是整个中国传统文化的一个极突出的特点。如《地官·闾师》指出:"闾师掌国中及四郊之人民、六畜之数,以任其力,以待其政令,以时征其赋。"从这些记述可见,在周代职官制度设计中,"以时"始终是基本的考量原则。

三、"阜通货贿"的商业伦理导向

《周礼》作者虽重视农业但并不忽视商业在国民经济中的地位,其对商业地位、作用的认识非常深刻,对市场的组织管理及一些基本的商业管理原则也有丰富的论述。《周礼》的论述表明,当时商品交换已有一定的发展:

---

① 《周礼·天官·食医》。
② 《周礼·地官·大司徒》。
③ 《周礼·地官·司稼》。

《天官·大宰》载九职任万民，有"阜通货贿"的商贾；《考工记·总叙》也说"通四方之珍异以资之，谓之商旅"。可见当时专门以经商为业的人已不在少数，不仅独立手工业的产品投入市场，而且农民的经济生活也必须在不同程度上跟市场发生联系。对于不同情况的商品交换，《周礼》规定了不同的市，即所谓三市。《地官·司市》言：

> 大市，日昃而市，百族为主；朝市，朝时而市，商贾为主；夕市，夕时而市，贩夫贩妇为主。

大市，在中午开市，四方百姓有所交换的都来了，这是市最盛的时候。居于郊野的百姓赶到市场需要一定的时间，所以把"百族为主"的大市定在中午。朝市，在平旦至早饭这段时间开市，贩卖商品的主要是行商坐贾。夕市，在日西斜至黄昏这段时间开市，贩卖商品的主要是贩夫贩妇。这些人本钱不多，所贩货物不预为储备，也不在手头久停，通常是朝资夕卖，所以定在傍晚。

市场不单在城市有，《地官·遗人》载"凡国野之道，……五十里有市"，即交通要道上，每隔五十里有市，这也是固定的市。因为如果只在城中设市，距城较远的百姓要上市场几乎是不可能的。此外，若逢王与诸侯行会同之礼以及师役之事，则临时设市，因此时所聚人众，人们生活消费上有所需求；若无集市，势必带来很多不便，以致影响会同、师役的正常进行。其实，会同、师役所需物资是可通过官备或个人自备的办法来解决的，但《周礼》作者却主张充分依靠市场，足见《周礼》作者是重视商业的。与此同时，《周礼》严格规定了哪些货物可以入市，哪些货物禁止入市。《地官·司市》："凡市伪饰之禁：在民者十有二，在商者十有二，在贾者十有二，在工者十有二。"即总计有四十八项。《礼记·王制》言：

> 用器不中度，不粥于市；兵车不中度，不粥于市；布帛精粗不中数，幅广狭不中量，不粥于市；奸色乱正色，不粥于市；锦文珠玉成器，不粥于市；衣服饮食，不粥于市；五谷不时，果实不熟，不粥于市；木不中伐，不粥于市；禽兽鱼鳖不中杀，不粥于市。

这里指出用器、车辆、布帛是一般商品，只要合乎一定规格和颜色便能在民间买卖。锦文珠玉是贵族才享用的奢侈品，不准民间买卖，以此防止了人们有越出身份的装饰。成衣熟食不鬻于市，则反映了自然经济的要求。其他几项限制，出于保证生产的发展，是有其积极意义的。这些限制要求工、农、商、民一体遵守，《周礼》又在市场商品交换中再申此禁。

关于商品的陈列，《周礼》提出同类商品陈列在一个肆中不使混杂的原则，即"以陈肆辨物而平市"①。孙诒让案曰："陈肆辨物，谓列肆以物相从，不相杂厕，所以察良楛也。"《地官·肆长》："名相近者相远也，实相近者相迩也，而平正之。"郑司农云："谓若珠玉之属，俱名为珠，俱名为玉，而贾或百万或数万，恐农夫愚民见欺，故别异令相远。"上述规定就是要求按价格的大小将商品分等陈列于"平市"，使商人不致以次货冒充好货，欺骗买者。

买卖须有质剂和书契以讲求商业信用。《地官·司市》有"以质剂结信"的记载。质剂即券书，买卖双方各执一份。贾公彦疏曰："大市，人民、牛马之属，用长券；小市，兵器、珍异之物，用短剂。"质剂实际是所有权转移的证据，奴婢的卖身契、土地的田契就是这一类性质的券书。《地官·质人》又有"稽市之书契"的规定。郑玄注曰："书契，取予市场之券也。其券之象，书两札，刻其侧。"书契也相当于后来的合同或货物提单。书契主要用在期货交易或大宗交易上。零星交易当场取货就用不着书契了。如果发生纠纷，亦以质剂为断。《周礼》载官府对受理争讼的期限也作了规定："国中一旬，郊二旬，野三旬，都三月，邦国期。期内听，期外不听。"②有争议的，在规定期限呈诉，官府才予受理。

《周礼》还谈到统一度量衡。《地官·司市》提出"以量度成贾而征價"，意指使用度量衡计量后规定的商品价格才是公平合理的价格，才容易招徕买主。而这个度量衡又必须是有标准的，即《地官·质人》所谓"同其量度，一其淳制"。可见《周礼》明确提出了，统一度量衡是商品经济发展的一个重要条件。

商品出入市场以及运输，必须有凭证。《地官·司市》："凡通货贿，以玺节出入之。"即货物出入市场要有通行证。过境货物稽查更为严厉，其通行

---

① 《周礼·地官·司市》。
② 《周礼·地官·质人》。

证名为"节传"。外来货物,司关根据其所持节传,逐级上报,以达司市;司市批准后,才可放入。外出货物,必须有司市所发节传,司关才可放出。凡是违反各项市场管理规则的,要分别情节,予以处罚。处罚的主要方式有,"宪罚",即逐出市场;"旬罚",即示众;"扑罚",即鞭挞……。如偷渡关门,则没其货,而挞其人。这样严格的市场管理和监督反映了封建经济早期的特点,后来就不多见了。

为了确保交易公正,《周礼》规定商品价格是由贾师核定,只有在贾师分别货物等级、核定货物价格以后,才能开市:"辨其物而均平之,展其成而奠其贾,然后令市。"①甚至逢会同、师役所设的临时市场,司市也应"帅贾师而从"②,以便核定商品的价格。贾师如何核定价格?那就是"辨其物而均平之"③,"以陈肆辨物而平市"④。此两处经文皆言"辨物"和"均平",即谓区别货物的种类等级,以便于按工本定价,使货物价格不致随意抬高,双方能够公平交易,显然含有"公平价格"之意。在小商品交换中,商品主要是根据生产的工本出售的。但随着供求关系变化,市场价格时涨时落,现由官府按工本规定商品的价格,可使买卖双方利益不致受到损害。《地官·司市》又载:"凡治市之货贿、六畜、珍异,亡者使有,利者使阜,害者使亡,靡者使微。"即对人民有利且必需的,被允许充分上市;反之,则减少以至禁绝。用什么手段"使有""使阜""使亡""使微"呢?郑玄注曰:"使有、使阜,起其贾以征之;使亡、使微,抑其贾以却之也。"即国家运用价格政策来调整货源,使上市商品增加或减少,从而调整供求关系。至于"凡天患,禁贵儥者,使有恒贾"⑤,灾荒年月要禁止乘机抬高价格以求物价的稳定,这都是官定"公平价格"观念的表现,是封建经济的特点之一。

《周礼》还载有五种市场所征的税:一是絘布。市之屋税,市屋为官家所建,人民在此贩卖货物,因而征之以税,实际就是占用市屋的租金。二是總布。货物的正税,即《天官·大宰》所说的市赋,以出售的商品为征收的对

---

① 《周礼·地官·贾师》。
② 《周礼·地官·司市》。
③ 《周礼·地官·贾师》。
④ 《周礼·地官·司市》。
⑤ 《周礼·地官·贾师》。

象,相当于后来的营业税。三是质布。以质剂为征收对象。质剂由质人统一制作,人民买卖商品须用质剂时向质人购买。四是罚布。违犯市令时的罚款。五是廛布。仓库、堆栈也是官家所建,人民堆放货物要交税,实际就是仓库租金。以上五项,真正可以算作商业税的是總布,为数最多。"国凶荒札丧,则市无征。"①关税则只在国家有大灾荒、大丧事时才不征收,所谓"国凶札,则无关门之征,犹几"②。《礼记·王制》载:"古者关讥而不征。"官府可以货款给商人,但不随便行事,而是"辨而授之",包括贷与不贷及贷多少等;商人贷官款,是为了权子母之利,所以要收取利息,"以国服为之息"。③既然利率是以"于国服事之税"即地税为准,那么贷款给商人的利率也会有等差,不能一律都取二十而一,二十而一是地税之轻者,地税还有二十而三、十而二。商人用高利贷来充本金,为获利只好提高商品价格;抬价后的商品卖不出去,以至出现滞销现象,政府又动用官款低价收购。

《周礼》是搜集周王室官制和战国时各国制度,添附儒家政治理想,增减排比而成的汇编。但《周礼》最重要的遗产既不是"周礼",也不是具体的制度设计,而是体现于制度设计中的儒家经济伦理"仁—义—礼"的观念结构。《周礼》是对经济问题论述最多的儒家经典之一。对《周礼》经济伦理思想的探讨,不仅有助于人们研究西周时期的经济、社会制度及运行情况,对现代市场经济宏观调节与微观管理制度的设计与实施也不无借鉴意义。

第五节 《春秋》的经济伦理思想

《春秋》是我国现存的最早的编年体史书,相传由孔子据鲁国史书删定而成,所载史实按鲁国隐、桓、庄、闵、僖、文、宣、成、襄、昭、定、哀十二公次第编年,起自鲁隐公元年(前722),讫于鲁哀公十四年(前481)。为《春秋》经文作解释和说明的称为"传"。《汉书·艺文志》著录的《传》有五种,即《左氏

---

① 《周礼·地官·司市》。
② 《周礼·地官·司关》。
③ 《周礼·地官·泉府》。

传《公羊传》《穀梁传》《夹氏传》《邹氏传》。后两传已亡佚，今存前三传。《春秋》的"经"与"传"最初是分别成册的，后来合二为一，分别为《春秋左氏传》《春秋公羊传》和《春秋穀梁传》，《春秋》经文则不再单独印行。《春秋左氏传》，亦称《左传》《左氏春秋》，相传为左丘明所作。《左传》解经，以记载史事为主，并广泛"取各国史策"来补充、说明、订正《春秋》，叙事止于鲁悼公十四年（前454），较《春秋》多二十七年。《左传》不以空言论道，有若干条甚至是"无经之传"，或有经无传，不像《公羊传》《穀梁传》多为臆说。我们研究《春秋》的经济伦理思想，以《春秋左氏传》为蓝本，以《公羊传》和《穀梁传》为辅助，试图整体再现《春秋》这一经典的治政理想和人文史观。

一、重民轻神的民本主义思想

春秋时期，随着历史的进步和社会变革的广泛兴起，神的地位逐渐下降，人的地位逐步上升，一些进步的政治家已经理性地认识到人在社会变革中的重要意义。昭公十八年（前524），夏五月气候干燥，宋、卫、陈、郑等不少国家都发生了火灾。郑大夫裨灶主张用宝物祭祀神灵以祈求福佑，子大叔也认为宝物具有"保民""救亡"的作用；而郑相子产则提出"天道远，人道迩"的观点，认为靠"天道"无法解决人事的问题。结果郑国没有进行祭祀，而是加强了人的管理，也没有再发生火灾。桓公六年（前706），随国大夫季梁说："夫民，神之主也，是以圣王先成民而后致力于神。"庄公三十二年（前662），虢太史嚚说："国将兴，听于民；将亡，听于神。"《左传》集中反映了春秋以来日益兴起的民本思想。在社会变革中，人们逐渐认识到人的重要作用，商周以来占统治地位的天命、神权观念开始动摇。《左传》以肯定的态度记载了那些民重于天、民重于神的进步观点。通过大量史实，《左传》说明民心的向背关系到统治者的命运和国家的兴亡。书中所载的季梁、叔向、沈尹戌等人物，都深深懂得"民"关系着社稷的兴亡祸福。季梁认为"民馁而君逞欲"①是危险的。叔向说"有民"是"取国"的条件之一。② 沈尹戌说："民弃其上，不亡何待？"③

① 《左传·桓公六年》。
② 《左传·昭公十三年》。
③ 《左传·昭公二十三年》。

《左传》认为，"君"的作用应是"抚民"而不是"陵民"；并依照国君对民的态度，将国君分为"养民"的"良君"和"困民之君"两类。襄公十四年（前559），师旷对晋悼公谈论卫献公被国人驱逐一事，严责坏君，大胆地提出对"困民"的君主"弗去何为"的主张。晋侯曰："卫人出其君，不亦甚乎？"对曰："或者其君实甚。良君将赏善而刑淫，养民如子，盖之如天，容之如地。民奉其君，爱之如父母，仰之如日月，敬之如神明，畏之如雷霆，其可出乎？夫君，神之主而民之望也。若困民之主，匮神乏祀，百姓绝望，社稷无主，将安用之？弗去何为？"①齐庄公与崔杼之妻私通，后为崔杼所杀。齐国晏婴立于崔杼门外，有人劝他为君主去死。晏子说："君民者，岂以陵民？社稷是主。臣君者，岂为其口实，社稷是养。故君为社稷死，则死之；为社稷亡，则亡之。若为己死而为己亡，非其私昵，谁敢任之？"②君主应当是敬德保民的君主，而不是凌驾于民众之上的君主。君主的职责是治理国家，臣子的职责是保护国家。因此君主为国家社稷死时就该随他死，为国家社稷逃亡时就该随他逃亡。但如果君主是为他自己死为他自己逃亡，不是他的私朋昵友，谁去担这份责啊？君主违背了"养民"的责任，老百姓自然就要将他抛弃。昭公三十二年（前510），史墨针对鲁君为季氏所逐死于国外一事发表评论："鲁君世从其失，季氏世修其勤，民忘君矣。虽死于外，其谁矜之？社稷无常奉，君臣无常位，自古以然。"③鲁君世世代代放纵他们的过失，季氏世世代代勤政为民，所以季氏将鲁君驱逐出境，老百姓心悦诚服地服从季氏，诸侯也归附季氏。鲁君死在外面，却没有任何人怪罪季氏，其中的原因就是鲁君并没有尽到君主的责任，使得老百姓忘记了他的存在。所以国家没有固定不变的主事的人，君臣也没有固定不变的地位，自古以来都是这样发展的。僖公二十八年（前632），楚国在城濮被晋国打败，楚臣荣季说："非神败令尹，令尹其不勤民，实自败也。"④不是神要使令尹失败，而是因为令尹心中一点没有老百姓，他的失败是咎由自取。哀公元年（前494），吴师欲伐楚，楚令尹子西说："（吴王夫差）视民如仇，而

---

① 《左传·襄公十四年》。
② 《左传·襄公二十五年》。
③ 《左传·昭公三十二年》。
④ 《左传·僖公二十八年》。

用之日新。夫先自败也已,安能败我?"①陈国逢滑也说:"臣闻'国之兴也,视民如伤,是其福也;其亡也,以民为土芥,是其祸也。'……祸之适吴,其何日之有?"②果然,夫差不久便身死国灭。在此基础上,书中进一步宣扬了民为邦本、民重于君的思想。

从民本思想出发,作者把对民的态度作为评价人物的重要标准。书中多方面批判了"残民""困民"的统治者,赞扬了"恤民""用民"的政治家。例如,子产为政能够尊重舆论,并使百姓得到实惠,因而受到国人拥戴。《左传》引郑人的歌谣说:"我有子弟,子产诲之;我有田畴,子产殖之。子产而死,谁其嗣之?"③宣公二年(前607),宋国羊斟为泄私愤,故意使宋师败绩。《左传》在记载此事时,通过"君子"之口斥责他:"羊斟,非人也。以其私憾,败国殄民,于是刑孰大焉?……残民以逞。"④国家的败亡不仅使统治者的宗族社稷遭到毁灭,而且给下层人民带来灾难。《左传》把国与民联系起来,大力提倡爱国保民的思想和行为,并由此推动了民本主义伦理思想的确立和发展。

二、"正德以幅之"的义利论

《左传》承认人生而具有求富、求利和满足自己欲望的权利。追求物质生活的富裕,想要满足自己的欲望,实在是一件非常自然且合乎人性的事情。襄公三十年(前543),子产有事情要伯石即公孙段去办理,并赠送给他城邑作为奖励。子大叔感到不解,认为国家是大家的国家,为什么要送他财物? 子产回答说:"无欲实难。皆得其欲,以从其事,而要其成。非我有成,其在人乎? 何爱于邑,邑将焉往?"⑤人们的行为动机,人们所奋斗追求的一切,都与物质利益相关。只有比较好地满足了人们的物质生活欲望,才能够要求他们把该办的事情办好。每一个人都有自己的物质利益需求和欲望,

---

① 《左传·哀公元年》。
② 《左传·哀公元年》。
③ 《左传·襄公三十年》。
④ 《左传·宣公二年》。
⑤ 《左传·襄公三十年》。

在尊重与满足物质利益需求和欲望的问题上,应该秉持一种普遍主义的态度,反对建立在别人的痛苦基础上的贪欲、专欲。只有那些对别人物质生活欲望予以尊重和满足的人才能真正得到他人的拥护。《左传》用大量的历史事例论证了"众怒难犯,专欲难成"①的道理,以此警醒世人、告诫统治者:千万不能只考虑个人的欲望而不顾他人的欲望。昭公十三年(前529),叔向对韩宣子阐释成功的道理,认为只有齐桓公、晋文公那样与人同忧乐的国君才能真正得到成功:齐桓公"从善如流,下善齐肃,不藏贿,不从欲,施舍不倦,求善不厌,是以有国";晋文公在外流浪十九年,"守志弥笃,惠怀弃民,民从而与之"。② 相反,那些只顾自己个人欲望满足,丝毫不顾他人死活的人物,会受到舆论谴责,如"好田而嗜酒"③的齐庆封。

襄公二十八年(前545),晏子拒绝赏赐。子尾问曰:"富,人之所欲也,何独弗欲?"晏子回答说:"庆氏之邑足欲,故亡。吾邑不足欲也,益之以邶殿乃足欲。足欲,亡无日矣。在外,不得宰吾一邑。不受邶殿,非恶富也,恐失富也。且夫富,如布帛之有幅焉。为之制度,使无迁也。夫民生厚而用利,于是乎正德以幅之,使无黜嫚,谓之幅利。利过则为败。吾不敢贪多,所谓幅也。"④这是晏子关于欲利与义利观的一段经典之论,说到了物质欲望和个人利益的满足必须有个度;他称之为"正德以幅之"。晏子坦陈他不接受邶殿并不是厌恶富裕,而是害怕失去富有。在他看来,保持富有如同布帛一样要有个幅度,要给它规定一个宽度,使它不变动。百姓生活充裕也要有个幅度,要无过无不及。这个度就是"义"。将利保持或控制在义的范围内,利就是利;超过了义,利就变成害。昭公十年(前532),晏子对陈桓子说:"凡有血气,皆有争心。故利不可强,思义为愈。义,利之本也。蕴利生孽,姑使无蕴乎?可以滋长。"⑤晏子明确提出,见利思义,利不可强求,义为利之本。没有义起引领和宰制作用,就很难有真正意义上的利。

---

① 《左传·襄公十年》。
② 《左传·昭公十三年》。
③ 《左传·襄公二十八年》。
④ 《左传·襄公二十八年》。
⑤ 《左传·昭公十年》。

三、忠信为上的经济价值观

《春秋》除了对义利观作出深刻阐释外,还提出了忠信为上的伦理价值观。"君能制命为义,臣能承命为信,信载义而行之为利。谋不失利,以卫社稷,民之主也。义无二信,信无二命。"①君主发布的命令对于臣来说就是"义","信"是为了完成和实行这个"义";"义无二信"是说义要求承诺的唯一性。而"利"应当是由信守承诺的态度所完成的义,而不是脱离义的东西。

僖公七年(前 653),郑国太子想借助齐国的力量消灭郑国的三个氏族,并提出"以郑事齐"的条件。齐侯将许之,但管仲认为这样不好,于是说:"君以礼与信属诸侯,而以奸终之,无乃不可乎?子父不奸之谓礼,守命共时之谓信。违此二者,奸莫大焉。"②处理这类事情必须以礼、信为原则,管仲给信下的定义是"守命共时"。守与恭与信相通,敬守其承诺即信。齐国本来与诸侯合盟讨伐郑国,如果答应郑太子的条件而与郑单独媾和,就是不信了。

僖公二十五年(前 635)冬天,晋文公攻打原国,命令携带十天的粮草,与大夫约定在十天内收兵。十天期满,原国军民还是没有投降,晋文公于是下令撤去包围。这时,派往原国侦察的士兵回来说,原人准备投降了。军中的一些将士对晋文公说,还是等待一下吧。可是晋文公不以为然,并对下属说:"信,国之宝也,民之所庇也。得原失信,何以庇之?所亡滋多。"③晋文公以"信"为国之宝,把取信于民、取信于他国看作最可宝贵的财富。他认为,为了得到原国而失去信用,那还能用什么来庇佑百姓;如果这样的话,损失就更大了。在晋文公下达命令撤退三十里后,原国人有感于晋文公之信,投降了。

《左传》中关于忠信的议论还有许多。《左传·文公元年》:"忠,德之正也。信,德之固也。卑让,德之基也。"《左传·昭公元年》:"临患不忘国,忠

---

① 《左传·宣公十五年》。
② 《左传·僖公七年》。
③ 《左传·僖公二十五年》。

也;思难不越官,信也;图国忘死,贞也;谋主三者,义也。有是四者,又可戮乎?"

成公十五年(前576),楚将北师,子囊曰:"新与晋盟而背之,无乃不可乎?"子反曰:"敌利则进,何盟之有?"申叔时老矣,在申,闻之曰:"子反必不免,信以守礼,礼以庇身。信礼之亡,欲免,得乎?"①子反只考虑如何有利而不顾及盟约,申叔时对之加以批评。

叔孙豹代表鲁国出使至虢,与晋、楚等国执政相会。在他出使期间,鲁国伐莒,引起诸侯国的不满。楚国建议杀叔孙豹作为对鲁国违背盟约的惩罚。晋国的乐桓子派人向叔孙豹索要贿赂,作为为其求情的条件。叔孙豹不肯。他说,如果我以贿赂免于一死,则鲁国必将会受到各国的讨伐,我不仅没有完成保卫社稷的任务,反而会成为鲁国的罪人。赵孟知道以后,称赞叔孙豹具有忠、信、贞、义四德,并向楚国表示不能杀叔孙豹。

与此相关,《左传》还提出了"立德、立功、立言"的"三不朽"理论,在中华民族道德生活史和经济伦理思想史上产生了极为深远的影响。《左传·襄公二十四年》载:

> 春,穆叔如晋。范宣子逆之,问焉,曰:"古人有言曰:'死而不朽。'何谓也?"穆叔未对。宣子曰:"昔匄之祖,自虞以上为陶唐氏,在夏为御龙氏,在商为豕韦氏,在周为唐、杜氏,晋主夏盟为范氏,其是之谓乎?"穆叔曰:"以豹所闻,此之谓世禄,非不朽也。鲁有先大夫曰臧文仲,既没,其言立,其是之谓乎! 豹闻之:'太上有立德,其次有立功,其次有立言。'虽久不废,此之谓不朽。若夫保姓受氏,以守宗祊,世不绝祀,无国无之。禄之大者,不可谓不朽。"

孔颖达《春秋左传正义》中对德、功、言三者分别作了界定:"立德谓创制垂法,博施济众";"立功谓拯厄除难,功济于时";"立言谓言得其要,理足可传"。

此外,《春秋》还提出了尊王攘夷、尊夏贬夷的天下大一统论。春秋时代的中原一带已是文明繁盛、群英荟萃,其族以华夏族为主干,称"华""夏"或

251

---

① 《左传·成公十五年》。

"华夏",而泛称其四方外围异族为"夷狄";其国以周天子直接统治的王畿为核心,称"中国"。《公羊传》在解释《春秋》第一条经文"春,王正月"时重点论述了"大一统",即以"一统"为"大",以中原先进礼仪文明为标准统一政治、经济、文化和道德诸方面于华夏,进而认为王者无敌于天下。《春秋》期待的理想的统治者不仅可以制法、执法,统驭群伦,而且尚德行、重修养、行礼仪、安天下,以人文道德化成世界。从形式层面来看,《公羊传》的准则界限在于行为属于"夷狄之行"还是"中国之行";以此为据,既有属于中国之国而被称为"夷狄"的,也有属于夷狄之国而被称为"中国"的,其中体现了儒家正名思想的精义。从实质层面来看,《公羊传》秉承肇始于孔子的儒家正人必先正己的思想,以夷、夏之名分褒贬为天下立法、代王者执法,其用意在于以正夷、夏之名来责求人我、群己行为实现道德自律和伦理约束,以此规范社会、族群,使之趋于有序、安定、和谐。《公羊传》既鼓励夷狄慕化礼教、进善化俗以不断实现自己的文明化,也警诫已进入文明社会的中国善自珍重、日新其德。中国之所以为"中国",是因其已受礼仪文明之泽被而又优于夷狄的伦理道德;如果不能日新其德,强化礼仪教化,亦有可能堕入"新夷狄"的危险。《春秋》以鲁为中心,兼记诸夏及戎夷史事,要求我自正、自立、自治,然后正人、立人、治人;要求鲁国本身自正、自立、自治,使夷狄同于中国之礼仪教化,实现德化天下的太平治世。

《春秋》所蕴含的伦理道德,区别于以神的崇拜和信仰为中心的神本道德,外以人的礼仪、内以人的德性和修养的提升为重点,强调人应当认识自身在自然、宇宙中的地位,进而体会出天人之道,从而加强其对自我价值的珍视,形成人生处世、治事、待人、接物及其有为有守的要求,进而追求博爱群生、德泽万类、至公无私的品德境界。

第五章

道家经济伦理思想

　　道家是先秦时期以老子思想为宗脉的学术派别的总称。"道家"之名，最初见于汉代司马谈《论六家之要指》，称为"道德家"，简称为"道家"。《汉书·艺文志》将其列为"九流"之一，指出："道家者流，盖出于史官，历记成败存亡祸福古今之道，然后知秉要执本，清虚以自守，卑弱以自持，此君人南面之术也。"以老子为代表的道家崇尚自然无为，关注人性的自由与解放，认为天道变化本身无所谓是非善恶，真正值得重视的是在社会中谋生存、求发展的智慧原理。老子是道家学派的创始人，他是第一个把"道"作为哲学最高范畴、视为世间万物的总根源并给予系统哲学论证的思想家。道家学说到庄子才得以集大成。可以认为道家学派论述的许多问题，老子初步提出，庄子运用其生花妙笔予以广泛地发挥、精细地论证并赋予了更丰富生动的内容。所以后人大多"老庄"并提。先秦道家的代表性思想还有所谓的黄老之学。黄老之学大约产生于战国中期，一般分为三派，一是较多保存老子思想原貌的环渊一派；二是强调"以道变法"，比较接近法家的田骈、慎到一派；三是调和色彩明显、过渡色彩较强的宋钘、尹文一派。"道法自然"是道家思想的根本理论特征，这一点使得道家思想更显恢宏博大、气象高远。

　　道家经济伦理思想内涵丰富，精神实质是顺其自然、清静无为，特别强调对人类经济行为不要干涉，这也是道家经济伦理思想与主张"有为"的儒、法、墨诸家经济伦理思想的重大区别所在。道家经济伦理思想在历史上所起的作用和儒、法、墨诸家也有重要区别。从我国历史发展来看，当社会经济平稳发展时，儒家经济伦理思想在维护封建经济秩序方面起的稳定作用比较明显；而在社会经济动荡、萧条时，统治者往往被迫对被统治者实行休养生息的无为政策。此时，道家经济伦理思想对社会经济恢复发展的作用明显。道家经济伦理思想广泛涉及处世、养生、政治等方面的内容，对我们现代人正确处理人与人、人与自然、人与社会的关系和促进经济和谐发展具有重要的参考价值。

第一节　老子经济伦理思想

　　春秋战国是我国思想史的"轴心时代"，也是我国文化史的"英雄时代"。在这个"英雄时代"，老子是一位智慧深刻、光彩夺目的思想巨人。老子以"道""德"为核心范畴,对天地万物的存在、生长和归宿进行本原式的思考并提供了深邃的答案。这种解答也为理解人的生存、社会的发展提供了形而上的根据和原则。以此为基础,老子对既定的政治文化和思想传统进行批判,建构了一个以道为核心、尊道贵德的伦理思想体系。老子的思想集中于《老子》(亦称《道德经》)一书。这是我国先秦时期道家的主要经典,对整个中华民族思想史发展、社会经济发展影响深远。老子的经济伦理思想集中于此著,但两千多年来,研究、注释《老子》的文献繁多、观点纷呈,对此著蕴含的经济伦理思想的重视却明显不够。究其原因:一在于老子主张"寡欲",致使即使《老子》中有不少章节论述到经济问题,人们也往往认为其经济伦理思想稀少、简单且不甚重要;二在于不少近现代学者认为老子的"小国寡民"主张只是一种"乌托邦"的幻想,且有复古倒退、愚民之嫌,理应受到批判。我们认为,经济问题及相关伦理思考的确不是《老子》研究的根本主题,但也应看到正是因为有着深厚的伦理学基础,老子的经济伦理思想才具有极高的学术价值和实践意义,不能因老子的经济伦理思想存在历史局限性而否定其理论价值、历史影响与现代意义。

一、道法自然的伦理精神

尊道贵德是《老子》的基本主题。关于"道"与"德"的基本含义,《老子》理解有二:一是"道"指世界的本原、万物的根本,"德"指由此产生的万物的本性,即"道生之,德畜之,物形之,势成之,是以万物莫不尊道而贵德"[1]。这是自然观中使用的概念。二是"道"指人类生活的最高准则,"德"指人的本性或品德,基本内涵即"圣人之道,为而不争"[2]和"常德乃足,复归于朴"[3]。这是伦理学使用的概念。在老子看来,人类社会中,"先天地生""可以为天地母"[4]的"道"所显示的基本特征是人类生活准则;"德"则是形而上的"道"

---

[1]《老子》第五十一章。
[2]《老子》第八十一章。
[3]《老子》第二十八章。
[4]《老子》第二十五章。

逐渐下落,落实到生活层面成为人类行为的指南、生活的方式与处世的方法。从这个意义上讲,"道"与"德"又是体与用的关系。"道"指人的本然状态,"德"指向本然状态的复归;"道"是高高在上的可供效法的原则,"德"是"道"的凝结、内化、体验与复归。老子之前,人们往往把"道""德"概念当作习俗性概念加以使用,而没有在伦理思想中作出明确的界定。老子从天道角度论人道,指出人道由天道派生而出,人道应上升为天道,由此赋予了人道形而上的基础;同时,老子把"德"解释为"得道"(获得德性)与"得于人"。如此一来,我国伦理的德性主义、道德实用主义便有了完整的概念诠释。

在老子的宇宙观中,"道"是控制万物生存、发展、消亡过程的宇宙本原,是万物运行的原动力,自然也是贯穿天地的根本法则,即所谓"人法地,地法天,天法道,道法自然"①。应让事物按照本身的存在属性和发展规则去运行,这便是无为,最后效果则是"道常无为而无不为,侯王若能守之,万物将自化"②。老子所谓的自然并非单指大自然或自然界,而主要指人的一种生存状态,主要关心的是人类社会的生存状态,所以更应该称此种"自然"为"人文自然":"人文自然就不是天地自然,不是物理自然,不是生物自然,不是野蛮状态,不是原始阶段,不是反文化、反文明的概念。"③这与我们平常生活中或常识中所理解的"自然"概念还是有一定的差距。

老子人文自然观在经济方面的重要表现是强调农业生产应该尊重自然规律。老子非常重视农业生产,对于破坏农业生产以致"田甚芜,仓甚虚"④的行为进行了深刻的批判。在老子看来,这些行为与"服文采,带利剑,厌饮食,财货有余"⑤一样反映了社会生产活动已经受到了严重的破坏,生产资料受到了严重的浪费,最终必然会损害社会和谐,实在是违道之行,非道也哉!老子意识到农业生产活动必然会涉及更多的自然循环运动。一方面,农作物从其萌芽、生长发育、成熟到最后被收割再到新一轮的萌芽、生长发育、成熟、被收割本身就是一种"复归其根"的循环运动过程。另一方面,农作物生

①《老子》第二十五章。
②《老子》第三十七章。
③ 刘笑敢:《老子古今:五种对勘与析评引论》上,北京:中国社会科学出版社 2006 年版,第 49 页。
④《老子》第五十三章。
⑤《老子》第五十三章。

长所需的风霜雨露等本身就是自然在循环运动中的杰作:"天地相合,以降甘露,民莫之令而自均。"①"故飘风不终朝,骤雨不终日。孰为此者? 天地。"②所以农业生产当然应严格遵循"反者道之动"③这一自然规律,只有这样才会"功成事遂,百姓皆谓:我自然"④。

老子之所以不提倡工艺技巧,甚至反对在农业生产中使用工艺技巧,主要是因为在他看来工艺技巧违背了自然之道,会引发不道德的后果。老子特别担心的是技巧带来多余的产品,多余的产品培植了人民的贪欲引起他们的争夺,从而使得社会动乱、人们迷失本性:"绝圣弃智,民利百倍;绝伪弃诈,民复孝慈;绝巧弃利,盗贼无有。"⑤"人多利器,国家滋昏;人多伎巧,奇物滋起。"⑥老子的理想社会是小国寡民,在这个理想社会中很少用到工艺技巧。《老子》第八十章:

> 小国寡民。使有什伯之器而不用;使民重死而不远徙。虽有舟舆,无所乘之;虽有甲兵,无所陈之。使民复结绳而用之。
>
> 甘其食,美其服,安其居,乐其俗。邻国相望,鸡犬之声相闻,民至老死不相往来。

在这段论述中,老子表达了对理想社会的构想:在小国寡民的封闭环境中,人们不需要那些可以促进农业生产的"什伯之器"、方便人们出行的"舟舆"、防御敌人的"甲兵",人们可以过着"邻国相望,鸡犬之声相闻,民至老死不相往来"的惬意生活。这种情景实际刻画了人类社会发展初期一种比较低级的社会形态。"老子所理想的经济社会是社会发展历史上的氏族公社,……这幅小国寡民的社会画面,恰好是未进至农业生产阶段之氏族社会。"⑦

那么如果技巧带来了多余的产品,但多余的产品没有培养起人民的贪欲,也没有引起人们的争夺,更没有导致社会动乱、人们迷失本性,是否也应

---

① 《老子》第三十二章。
② 《老子》第二十三章。
③ 《老子》第四十章。
④ 《老子》第十七章。
⑤ 《老子》第十九章。
⑥ 《老子》第五十七章。
⑦ 侯外庐、赵纪彬、杜国庠:《中国思想通史》第 1 卷,北京:人民出版社 1957 年版,第 280 页。

该反对在农业生产中使用技巧呢？老子对此并没有明确说明。但老子非常明确地提出，理想的社会至少应该保障人们"甘食""美服""安居""乐俗"。显然，如果不运用、发展一定技巧，"甘食""美服""安居""乐俗"就根本不可能实现。由此看来，老子并不完全否定工艺技巧。

强调"均平"的分配是老子"道法自然"伦理精神的一个重要表现。老子从"天之道，损有余而补不足"中看到，万物在此消彼长的循环运动中保持某种均衡的发展，从而使自然界的一切欣欣向荣，这实际是抑高举下、损有余而补不足的自然之道在发挥作用："天之道，其犹张弓欤？高者抑之，下者举之，有余者损之，不足者补。天之道损有余而补不足。"①既然事物运动的客观规律是抑高举下、损有余而补不足，人世间的财富分配也应效法之；如此，方可做到"天地相合，以降甘露，民莫之令而自均"②。"损有余而补不足"则是践行此道的基本途径，吕惠卿释此曰："天之道，非故以抑高而举下也，无为则无私，无私则均。是故任物之自然，有余者不得不抑而损，不足者不得不举而益。"③可见，老子的主要用意是要求统治者不追求太富，而应使自己在财产占有方面处于"不盈"的状态："持而盈之，不如其已；揣而锐之，不可长保。金玉满堂，莫之能守；富贵而骄，自遗其咎。"④

现实生活中，人们在财富占有方面是极不均平的，统治者们"朱门酒肉臭"，老百姓"路有冻死骨"。老子敏锐地意识到，财富分配如此不公、不均的后果必定是统治阶层与被统治阶层之间的矛盾和对抗激化："和大怨，必有余怨，报怨以德，安可以为善？"⑤为此，他谆谆告诫统治阶层，他们应该明白，维系他们高贵身份与地位的恰是身处社会底层、从事着生产活动的卑微的老百姓："故贵以贱为本，高以下为基。"⑥圣明之举应是在财产分配方面充分考虑到老百姓的利益，尽量多分配些给劳动大众："圣人不积，既以为人己愈有，既以与人己愈多。"⑦

---

① 《老子》第七十七章。
② 《老子》第三十二章。
③ 〔北宋〕吕惠卿：《道德真经传·表》，载《道藏》第 12 册，上海：上海书店出版社 1988 年版，第 147 页。
④ 《老子》第九章。
⑤ 《老子》第七十九章。
⑥ 《老子》第三十九章。
⑦ 《老子》第八十一章。

老子的"均平"分配思想既保留了一些氏族公社时期平均分配劳动成果的痕迹,也与其自身的身份与地位不无关系——根本而言,老子是没落贵族知识分子。他深刻体会到礼乐文明分崩瓦解,社会生产资料重新分配必然会给各个阶层造成巨大的冲击;敏锐地指出在占有生产资料方面,统治阶级和被统治阶级的矛盾是无法调和的,分配不公必定会引起"大怨"。化解之道就是统治者能够效法天道,将"有余以奉天下"。多数情况下,统治者并不会真正实行这种主张,但为了维护统治、恢复经济发展,往往也会在一定程度上实施,这正是老子的"均平"分配思想的积极历史意义所在。

二、无为而治的伦理主张

老子心目中的理想社会模式是"小国寡民",在这样的社会中,人类的生产、生活非常自然:生产力水平极其低下,没有交换关系,没有交通关系,没有战争,不追求生产技巧,文明还处于无文字的阶段;人们固定在一定的地方自给自足,过着简陋却没有剥削的、甘美安乐的生活。老子"小国寡民"思想内涵的基本逻辑是,奸谋诡计、盗窃乱贼之事发生的根本原因在于人们欲望的增多与工艺技巧的发达。老子之所以主张"使有什伯之器而不用"①,是因为他认为智慧的进步与技巧的发展是社会祸乱之源:"大道废,有仁义;智慧出,有大伪。"②"民多利器,国家滋昏;人多伎巧,奇物滋起。"③只有把用于提高劳动生产率的生产工具和生产技能统统弃置不用,做到"绝圣弃智""绝伪弃诈""绝巧弃利"才能保障"民利百倍""民复孝慈""盗贼无有"。④

老子的"小国寡民"思想实际是对已逝去的原始社会经济生活的深情回忆。这样的社会是一个分工尚未成熟、交换关系尚不健全、交通条件相当落后、文字没有产生、人类知识相当贫瘠、人类认知自然与改造自然的能力比较低下和共同生产、共同分配劳动成果成为人们首选生活方式的社会。当然,这也是一种亲情浓厚、其乐融融的大家庭似的社会生活形态。《老子》一

---

① 《老子》第八十章。
② 《老子》第十八章。
③ 《老子》第五十七章。
④ 《老子》第十九章。

书多次对这种生活形态给予高度赞扬,称其为圣人之道的实现。老子曰:

> 是以圣人处无为之事,行不言之教。万物作焉而不辞,生而不有,为而不恃,功成而弗居。夫唯弗居,是以不去。①

> 大道泛兮,其可左右。万物恃之以生而不辞,功成而不有,爱养万物而不为主。常无欲,可名于小;万物归焉而不为主,可名为大。是以圣人终不为大,故能成其大。②

> 是以圣人为而不恃,功成而不处,其不欲见贤。③

不过从老子所处的时代背景来分析,不应该认为老子会设计一个类似原始社会翻版的小国寡民社会。大概也没有人会根据老子所言的"为天下溪,常德不离,复归于婴儿"④得出老子希望百姓都回到婴儿时代的荒谬结论。因为此言只是一种对淳朴生活的向往,体现的是一种精神境界。老子生活在一个诸侯相伐、宗室相戮、人类文明受到无情践踏的年代,十分痛心的他力图挽救逝去的辉煌,提出"小国寡民"的目的就在于此。

"小国寡民"的社会理想不能仅仅理解为对过去的回忆,它更是老子对现实社会的批判。在老子生活的时代,礼崩乐坏已成定局。面对乱局,儒家念念不忘恢复礼治,老子并不如此。他是反对循循守礼的:"夫礼者,忠信之薄,而乱之首。"⑤但是,老子反对礼治并不等于他一点也不讲礼。他的真正用意在于谴责统治阶级苛烦的法令给社会带来不安,给人民造成深重的不幸:"法令滋彰,盗贼多有。"⑥在老子看来,符合"天道"、演绎着"道"之本真的社会应该"其政闷闷,其民淳淳"⑦。韩非在评述老子思想时指出:"有道之君贵静,不重变法,故曰'治大国若烹小鲜'。""圣人在上则民少欲,民少欲则血气治而举动理,举动理则少祸害。"⑧应该说这些话已经道出了老子思想的实质所在。可见老子的本意绝非国越小、民越寡越好。至于老子主张退到"有

---

① 《老子》第二章。
② 《老子》第三十四章。
③ 《老子》第七十七章。
④ 《老子》第二十八章。
⑤ 《老子》第三十八章。
⑥ 《老子》第五十七章。
⑦ 《老子》第五十八章。
⑧ 《韩非子·解老》。

什伯之器而不用"①,我们认为这更多反映的是人类在文明面前的迷茫心态。"自从进入文明时代以来,财富的增长是如此巨大,……以致这种财富对人民说来已经变成了一种无法控制的力量。人类的智慧在自己的创造物前感到迷惘而不知所措了。"②但是老子毕竟是想通过否定生产力的发展进步来否定"物质手段"在实现理想社会方面的基础性意义,他没有看到"追求幸福的欲望只有极微小的一部分可以靠观念上的权利来满足,绝大部分却要靠物质的手段来实现"③。这就难怪老子自己也哀叹:"吾言甚易知,甚易行。天下莫能知,莫能行。"④老子不仅提出了"小国寡民"的理想社会模式,而且提出了"道法自然""无为而治"的经济秩序治理理念。这一理念的提出反映了老子对为政者"有为"统治的深深不满和对生活在水深火热中的百姓的深切同情。老子反复提醒和告诫当权者:"为者败之,执者失之。"⑤应效法"无为"的天道,顺其自然,清心寡欲,这样才能实现"我无为而民自化,我好静而民自正,我无事而民自富,我无欲而民自朴"⑥。但是在现实生活中,老子看到的却是当权者过着奢侈糜烂的生活,表现出急躁轻率的作风,造成社会动荡、人心不古。在统治者不可能不"有为"的情况下,老子退而希望统治者在享受豪华生活的同时,应保障人民不受伤害、平稳安定地生活,由此实现国家和社会的稳定,达到"圣人之治"的目的:"是以圣人终日行不离辎重;虽有荣观,燕处超然。奈何万乘之王,而以身轻天下? 轻则失本,躁则失君。"⑦

老子还提出了当权者少扰民的基本要求。其一,做到功成身退。这样,即使在政府的管理统治之下,老百姓也能自由自在地生活:"悠兮其贵言。功成事遂,百姓皆谓:我自然。"⑧其二,少说话。因为他们说的话就是政令,政令烦苛必会对人民造成危害:"希言自然。故飘风不终朝,骤雨不终日。"⑨

---

① 《老子》第八十章。
② [美]摩尔根:《古代社会》,转引自[德]恩格斯《家庭、私有制和国家的起源》,载《马克思恩格斯选集》第 4 卷,北京:人民出版社 1995 年版,第 178—179 页。
③ [德]恩格斯:《路德维希·费尔巴哈和德国古典哲学的终结》,载《马克思恩格斯选集》第 4 卷,北京:人民出版社 1995 年版,第 239 页。
④ 《老子》第七十章。
⑤ 《老子》第二十九章。
⑥ 《老子》第五十七章。
⑦ 《老子》第二十六章。
⑧ 《老子》第十七章。
⑨ 《老子》第二十三章。

其三,执政手段应该宽松,否则必会导致民风巧伪:"其政闷闷,其民淳淳;其政察察,其民缺缺。"①可见老子所强调的"自然""无为"主要还是要求统治者尽量不要侵犯、干扰百姓的正常生活,实际上蕴含着经济自由观的一些内容。

老子生活的时代,战争频发,民不聊生。老子反对战争,特别是反对把先进的技术用于战争。他从维持人类正常经济生活的角度论述道:

> 以道佐人主者,不以兵强天下。其事好远。师之所处,荆棘生焉。大军之后,必有凶年。②

> 夫兵者,不祥之器,物或恶之,故有道者不处。……兵者不祥之器,非君子之器,不得已而用之,恬淡为上。③

老子之所以反对战争,一在于战争是对人力、物力与财力的极大消耗,必定会影响生产的正常进行:"师之所处,荆棘生焉。大军之后,必有凶年。"在第四十六章中老子以农业生产工具为例说明了这一点:若无战争,马主要用于农业、骑猎活动等;一旦发生了战争,马就被更多地用于战场上,这势必影响到经济发展。为此,老子从"有道"和"无道"的角度,对"走马以粪"还是"戎马生于郊"进行评判:"天下有道,却走马以粪。天下无道,戎马生于郊。"二在于战争大多起因于统治者图取霸业的野心,奉行的根本法则是强者为王败者为寇,这与老子主张清心寡欲、反对以强凌弱的立场是根本背离的。由此看来,老子是从经济伦理的高度审视战争的。

需要说明的是,老子认为"无不为"才是"无为"的真正结果和效用:"道常无为而无不为,侯王若能守之,万物将自化。"④上层统治者越想有为越难有为:"天下多忌讳而民弥贫。"⑤因为统治者的有为会招来老百姓的坚决反抗:"民不畏威,则大威至。无狎其所居,无厌其所生。夫唯不厌,是以不

---

① 《老子》第五十八章。
② 《老子》第三十章。
③ 《老子》第三十一章。
④ 《老子》第三十七章。
⑤ 《老子》第五十七章。

厌。"①老子不由发出"民不畏死,奈何以死惧之"②的感叹。老子的这种"无为"思想落实到具体的实践和操作层面就是追求自由和有限政府。另外,在老子的"无为而治"思想中,人自然发展的权利是不容侵犯的,"自然"在这种情况下当然可以理解为"自由"。总之,虽然老子没有明确提出自由经济之说,但不能因此否定老子有丰富的自由主义经济思想。

老子之所以反对儒家提倡的道德治理,主要是因为他认为这种德治会造成对民众自由的极大伤害,是一种使人不自由的"有为之道",是"无为"之道丧失、社会关系混乱的产物:"大道废,有仁义;智慧出,有大伪;六亲不和,有孝慈;国家昏乱,有忠臣。"③老子批判儒家仁义之说的真正目的是解除这种强加给民众的枷锁,将民众从这种桎梏中解放出来,赋予民众平等、自由。正如王弼所注:"甚美之名生于大恶,所谓美恶同门。六亲,父子兄弟夫妇也。若六亲自和,国家自治,则孝慈、忠臣不知其所在矣。"在批判儒家思想的基础上,老子提出了自己的德性说:

> 上德不德,是以有德;下德不失德,是以无德。上德无为而无以为;下德为之而有以为。上仁为之而无以为;上义为之而有以为。上礼为之而莫之应,则攘臂而扔之。故失道而后德,失德而后仁,失仁而后义,失义而后礼。夫礼者,忠信之薄,而乱之首。前识者,道之华,而愚之始。是以大丈夫处其厚,不居其薄;处其实,不居其华。故去彼取此。④

在私有制社会中,道德上的"善"名往往直接影响,甚至决定着个人的名誉、地位和生活享受。源于此,仅求形式之"善"以欺世盗名可能成为剥削阶级社会道德生活的普遍现象。老子批判仁义道德,实际上提出了警惕伪善者对道德规范加以抽象利用的问题,而不是不要任何意义上的道德,其意义自然非常重要。老子提出的道德演变观点在一定程度上触及了宗法等级道德的内在本质,揭示了我国宗法等级道德规范产生、发展的原因和规律。相较于把仁义道德归于抽象的人性需要和神秘的"天意"启示,这样的思想要

---

① 《老子》第七十二章。
② 《老子》第七十四章。
③ 《老子》第十八章。
④ 《老子》第三十八章。

合理得多、深刻得多。但是道德毕竟标志着人类自身道德生活的自觉;道德规范毕竟体现了人类行为的共同要求,反映了人类道德认识的升华。老子在反对道德之名的同时,一定程度上否定了道德规范在道德生活中的积极作用:"始制有名,名亦既有,夫亦将知止,知止可以不殆。"①老子没有意识到,如果没有道德规范,人类生活,包括经济运行实际上是寸步难行的。

三、无欲、不争的生活原则

在老子思想中,"无"是最高境界,是天地之始。"无"的根本特征便是无意志、无目的、无欲望,天地之所以能长存正因为此:"天地所以能长且久者,以其不自生,故能长生。"②与"无"相对的是"有"。"有"是万物之母,是有意志、有目的、有欲望的,这是它能生成千姿百态的万物的根据,所以"无,名天地之始;有,名万物之母"③。在老子的欲望论中,"无欲"和"有欲"是两大基本方面,"无欲"是人生境界的最高追求。"常无欲,以观其妙"④,"常无欲,可名于小"⑤说的就是这个意思。需要说明的是,老子所谓"无"并非空虚,"无欲"也不是要取消一切欲望。事实上,人作为一种高级动物,动物性是人的自然本性;再苛刻的禁欲主义思想也不可能对抗人要活着的欲望,也无法否定欲望是人类改造世界、改造自己的内在驱动力。因而,欲望也是促进人类进化、社会发展与历史进步的源泉。事实上,老子虽然提倡人应该无欲,但也认识到人不可能无欲:"道可道,非常道;名可名,非常名。无,名天地之始;有,名万物之母。故常无欲,以观其妙;常有欲,以观其徼。"⑥

"无欲"的出发点是"贵生",其意在于强调人作为主体存在物,不应异化为物欲的工具。老子担忧的是,一旦如此,人就会以获取利益为人生的根本目标,这是各种阴谋诡诈行为、争执乃至灾祸产生的根源。老子为此而诘

① 《老子》第三十二章。
② 《老子》第七章。
③ 《老子》第一章。
④ 《老子》第一章。
⑤ 《老子》第三十四章。
⑥ 《老子》第一章。

问:"名与身孰亲？身与货孰多？得与亡孰病？"①那么,如何解决这一问题呢？《老子》提出的基本主张是"虚其心,实其腹,弱其志,强其骨"②。这里所谓的"实其腹""强其骨"说的是应该努力满足人的基本需求。"虚"指向的是人的贪欲之心,"弱"指向的是人的柔韧之志;"虚其心""弱其志"就是要淡化人的"占有"欲念,从而"使民无知无欲"③,使人们按照需要进行索求,过着无"占有"的生活。

问题是,除了死人,谁能无知无欲、完全"无为"呢？老子思想岂不是太荒唐了！其实,老子并非没有自己现实的人生追求。保全自身,即所谓的"身存""成私"就是他的最大欲望或人生目的,达此目的的根本方法就是"无为"。这意味着老子的"无为"主张一进入人生实践领域便会成为一种现实的个人的处世方法,基本内涵便是"见素抱朴,少私寡欲"④,"镇之以无名之朴,夫将不欲。不欲以静,天下将自正"⑤。因为唯有如此方能如天地一般长久而活:"天地所以能长且久者,以其不自生,故能长生。是以圣人后其身而身先,外其身而身存。非以其无私邪！故能成其私。"⑥而《老子》所谓"吾所以有大患者,为吾有身,及吾无身,吾有何患"⑦,其义亦如此。至于老子讲"无欲",其实是在强调"圣人欲不欲,不贵难得之货"⑧。这就是说,"无欲"是以"不贵难得之货"为基本内容的。

"无欲"集中体现于心态知足、欲望守中的生活消费观念。老子主要通过论述奢侈消费带给人的严重后果论证节俭消费的必要性。老子论述了奢侈消费对人的感官造成损伤,引发人的不轨行为:"五色令人目盲;五音令人耳聋;五味令人口爽;驰骋畋猎,令人心发狂;难得之货,令人行妨。是以圣人为腹不为目,故去彼取此。"⑨另外,统治阶层消费奢侈会导致整个社会民

---

① 《老子》第四十四章。
② 《老子》第三章。
③ 《老子》第三章。
④ 《老子》第十九章。
⑤ 《老子》第三十七章。
⑥ 《老子》第七章。
⑦ 《老子》第十三章。
⑧ 《老子》第六十四章。
⑨ 《老子》第十二章。

心涣散,最终引起大的动乱,所以统治阶层应该"去甚,去奢,去泰"①,即自觉放弃奢侈华靡的腐朽生活模式,做到清心寡欲。与此同时,老子又用较大篇幅从正面论述了节俭消费的积极意义:

> 我有三宝,持而保之。一曰慈,二曰俭,三曰不敢为天下先。慈故能勇;俭故能广;不敢为天下先,故能成器长。②

在此处,老子称慈爱、节俭、不争先是为人处世的三大法宝,这三大法宝定会带来三大效应——勇、广、成器长。第五十九章也有类似的论述:

> 治人事天,莫若啬。夫唯啬,是为早服。早服谓之重积德;重积德则无不克;无不克则莫知其极;莫知其极,可以有国;有国之母,可以长久。是谓深根固柢、长生久视之道。

关于消费的具体标准,老子并没有给出明确的答案。但从第十二章所述的"是以圣人为腹不为目"看,满足温饱的简朴生活是老子宣扬的基本标准。在剥削阶级社会,要求统治者自觉抵制自己的物欲,简朴地生活,显然只能是妄想,但这并不影响老子节俭消费观的理论与实践意义。

老子"无欲"思想的根本目的是实现社会和平。老子指出,要实现和平就不要争,但当时的人们却争得很厉害。老子认为争起于人的欲望,主要是统治者的欲望过强,统治者顺着自己的欲望强取豪夺只会造成民不聊生:"民之饥,以其上食税之多,是以饥。民之难治,以其上之有为,是以难治。民之轻死,以其上求生之厚,是以轻死。"③国家之间发生战争的根源也在于欲望引发的利益之争,所以"罪莫大于可欲,祸莫大于不知足,咎莫大于欲得"④。因此,那些能够承担管理百姓责任的人,也应该是将百姓与自身的生命价值等同视之的人:"故贵以身为天下,若可寄天下;爱以身为天下,若可托天下。"⑤老子认为,这也是统治者保持自己的统治地位的根本方法。老子曰:

---

① 《老子》第二十九章。
② 《老子》第六十七章。
③ 《老子》第七十五章。
④ 《老子》第四十六章。
⑤ 《老子》第十三章。

江海之所以能为百谷王者，以其善下之，故能为百谷王。是以欲上民，必以言下之；欲先民，必以身后之。是以圣人处上而民不重，处前而民不害。是以天下乐推而不厌。以其不争，故天下莫能与之争。①

老子还主张统治者应"自谓孤、寡、不觳"②，"受国之垢""受国之不祥"③，即主动地承受国家的屈辱和灾殃，以表示自己的谦下。这是统治者不争的重要表现。老子认为这样就能为"社稷主""天下王"了。

争，即争强好胜，与此对应的是贵柔尚弱。老子观察自然世界，发现至柔的水无坚不摧，人也是如此，如婴儿虽然柔弱却潜藏着至深强大的力量："专气致柔，能婴儿乎？"④王弼注之："任自然之气，致至柔之和，能若婴儿之无所欲乎？""老子最反对人运用心机、智巧和诈谋，他在自己的书中一再提及'婴儿'，希望人们都能够返朴归真。"⑤由是可得出结论："天下莫柔弱于水，而攻坚强者莫之能胜，以其无以易之。"⑥"强大处下，柔弱处上。"⑦弱之胜强、柔之胜刚是天下之至理。老子从自然界中"不争"的"大道"谈到人类社会中"不争"的"大德"，指出隐忍天下、谦卑柔弱和不妄为契合自然界和人类社会的潜规则，是一种生存哲理；这就是那些"不争"之人能够取得"天下莫能与之争"的崇高地位的根本原因。老子将"不争"之理贯彻于经济生活，主要是要求统治者不要与百姓争利。例如，老子谈到一定时期内人民生产的劳动产品是既定的，若赋税重，人民所获便少，这无疑是在与民争利。要得到人民的拥戴，实现长治久安的治国理想就应实施薄税政策。

老子经济伦理思想对后世产生了重大影响，特别是老子的"道法自然"思想是后世不少学者阐发经济思想的理论基础，不少政治家和思想家受这种思想的影响主张国家经济政策应以不干涉为根本原则。在我国封建社会，统治者往往将老子经济伦理思想用于指导发展生产、恢复经济，以图巩固封建地主阶级的统治，不少取得了成功。如汉代的"文景之治"、唐朝初年

---

① 《老子》第六十六章。
② 《老子》第三十九章。
③ 《老子》第七十八章。
④ 《老子》第十章。
⑤ 陈鼓应、白奚：《老子评传》，南京：南京大学出版社2001年版，第194页。
⑥ 《老子》第七十八章。
⑦ 《老子》第七十六章。

的"贞观之治"就与统治者在一定程度上实践老子的经济伦理思想有较大关联。值得注意的是,许多农民起义将实现老子均富思想作为他们斗争的目标。这时,老子的经济伦理思想又成为反对封建政权的理论依据。可见,老子经济伦理思想对我国古代社会经济发展的影响是多方面的。这一点也充分证明了老子经济伦理思想的丰富性、普适性。老子经济伦理思想对于现代社会经济发展也有很强的现实指导意义。如老子关于统治者收敛欲望是保障百姓安居乐业的重要基础的思想对于我们正确对待市场与政府的关系具有重要启示意义,对于解决现代社会日益严重的环境、发展等一系列问题也不啻为一剂精神良药。

第二节 杨朱经济伦理思想

先秦时代,杨朱之学是与儒、墨之学并称的显学,孟子本人就曾说过:"杨朱、墨翟之言盈天下。天下之言,不归杨,则归墨。"[①]杨朱是杨朱之学的代表人物,战国时期魏国人,字子居,生卒年代不详,但据史载应是生活在墨子(约前468—前376)与孟子(前372—前289)之间。杨朱之学的基本观点因被后世视为异端邪说没有完整地保留下来。后世许多讲哲学史、文化史、学术史的著作对杨朱的学说也多不提及,殊为遗憾。《列子》有一篇题为《杨朱》,是不可多得的代表杨朱思想的著述。此外,《吕氏春秋》《孟子》《庄子》《荀子》《韩非子》等文献中有零散的记载。从中可以窥见杨朱思想的基本倾向是追求自身的安逸,主张轻物重生、贵身、为我。战国时期,诸侯纷战、生灵涂炭,杨朱思想虽然难以实现却具有强大的道德感召力,对稍后的庄周思想也产生了较大的启发。

一、"为我""贵己"的个体本位论

杨朱思想的主旨,《吕氏春秋·不二》称其为"阳生贵己"。孟子称杨朱

---

① 《孟子·滕文公下》。

的"贵己"就是"为我"："杨子取为我,拔一毛而利天下,不为也。"①并斥之说:"杨氏为我,是无君也。"②《淮南子·泛论训》对"贵己"的解释是"全性保真,不以物累形"。《韩非子·显学》将其解释为"轻物重生":

> 今有人于此,义不入危城,不处军旅,不以天下大利易其胫一毛。世主必从而礼之,贵其智而高其行,以为轻物重生之士也。

由此看来,我国古代学者对杨朱"贵己"思想的理解并不一致。孟子认为杨朱"贵己"论的是利我与利他的关系,认为杨朱"为我"而反对利他,即便拔自己身上的一根毛可使天下人都得到利益,杨朱也不干。《淮南子》《韩非子》认为杨朱"贵己"论的是"生"与"物",即个人生命与个人利益的关系;认为杨朱看重的是生命本身,生命诚可贵,其他均不高。实际上,单就逻辑而言,从"轻物重生"原则出发也可以推出"拔一毛而利天下,不为也"的结论,虽然该原则本身并没有突出"利天下"的观点。《吕氏春秋》所载的有关杨朱一派的思想也是对"轻物重生"原则的发挥,却没有发挥孟子所说的观点,更不见所谓"杨氏为我,是无君也"的思想。据此,我们认为,杨朱"为我"意在"重生",这一点才是杨朱和杨朱一派思想的主旨。"拔一毛而利天下,不为也"很可能是孟子对杨朱思想进行贬斥的个人理解,这一点与孟子批评"墨氏兼爱,是无父也"一样,反映了其"距杨墨,放淫辞"的主观感情。③由于孟子后来成为封建社会的"亚圣",因而所谓"杨之道,不肯拔我一毛而利天下"④也就成了我国传统思想家对杨朱思想的主流评价了。

置之于现代伦理学话语体系,杨朱"损一毫利天下不与也"⑤之说是"纯粹理论性"而非"实然性"的论断,基本上可以认为杨朱的真实意图是以走"极端"的方式表达了一种"爱生"的思想。这一点从《列子·杨朱》所载孟孙阳对杨朱观点的论证过程可明了。孟孙阳问禽子:"有断若一节得一国,子为之乎?"禽子无法肯定回答。据此,孟孙阳作第二步论证:"一毛微于肌肤,

---

① 《孟子·尽心上》。
② 《孟子·滕文公下》。
③ 《孟子·滕文公下》。
④ 〔唐〕韩愈:《圬者王承福传》,载〔清〕马其昶校注《韩昌黎文集校注》,上海:上海古籍出版社 2014 年版,第61页。
⑤ 《列子·杨朱》。

肌肤微于一节,省矣。然则积一毛以成肌肤,积肌肤以成一节。一毛固一体万分中之一物,奈何轻之乎?"显然,孟孙阳论证的说服力是不够强的,因为其论的后一部分混淆了量变与质变的关系。不过杨朱之说的确容易招来非议。

面对社会上的众多非议,为了使思想表达更恰切、论证更有力,杨朱之学的后继者对杨朱学派的原初论点作了某些修正。这种修正和发展主要表现为两点:一是不再强调"一毛",而是云"一节"。《吕氏春秋·审为》中载有的子华子和韩昭厘侯的一段对话突出了此种意思:

> 子华子曰:"今使天下书铭于君之前,书之曰:'左手攫之则右手废,右手攫之则左手废,然而攫之必有天下。'君将攫之乎?亡其不与?"昭厘侯曰:"寡人不攫也。"子华子曰:"甚善。自是观之,两臂重于天下也,身又重于两臂。"

二是在理论表达上不再走极端,而是使用比较中庸的语言。《吕氏春秋·审为》便云:"身者所为也,天下者所以为也,审所以为而轻重得矣。"《吕氏春秋·贵生》则云:"凡圣人之动作也,必察其所以之与其所以为。"说的就是"个人是目的"。由此可以确认"个人是目的"的本位论便是杨朱学派的基本立场。这种"个人是目的"的理论定向与儒家、法家"君主是目的"的理论定向截然相反、针锋相对,必然会招来儒家、法家的严肃批判。《孟子·滕文公下》云:"杨氏为我,是无君也。"《韩非子·显学》批判杨朱学派的语气更重:

> 夫上所以陈良田大宅、设爵禄,所以易民死命也。今上尊贵轻物重生之士,而索民之出死而重殉上事,不可得也。

由此看来,杨朱重利,而最大和最可宝贵的利是人的生命。全生,即保全生命也就成了杨朱提倡的最高道德原则。《吕氏春秋·重己》对此说得更清楚明白:

> 今吾生之为我有,而利我亦大矣。论其贵贱,爵为天子,不足以比焉;论其轻重,富有天下,不可以易之;论其安危,一曙失之,终身不复得。此三者,有道者之所慎也。

意思是说，"爵为天子""富有天下"实际上仍然比不上"吾生"之贵，因为生命一旦丧失，人生的一切都完了。此言可以说是对"不以天下大利易其胫一毛"的"轻物重生"旨意的全面阐发。

杨朱还从"所为"与"所以为"关系的角度出发论证"轻物重生"原则。在他看来，生命是真正的主体，是"所为"者；"物"或"利"只是"所以为"者，是服务于"生"的："物也者，所以养性也，非以性养也。"①反之，如"以性养物"那就颠倒了"生"与"物"的关系，是不知轻重。由此推之可言："身者所为也，天下者所以为也，审所以为而轻重得矣。今有人于此，断首以易冠，杀身以易衣，世必惑之。"②这是从理论上对"轻物重生"进行了高度概括。总之，在杨朱看来，天下"莫贵于生"，保全个人的生命才是人生的最高目的，其他均是浮云。

谁都不会否定人的生命是宝贵的，但究竟贵到什么程度，不同阶级、不同境遇的人的认识不同，甚至可能根本对立，这也是不同人生价值观和人生理想的核心内容。杨朱和墨子在这个问题上的分歧也在于此，虽然二者的论证方法几乎无异。《墨子·贵义》：

> 今谓人曰："予子冠履，而断子之手足，子为之乎？"必不为。何故？则冠履不若手足之贵也。又曰："予子天下，而杀子之身，子为之乎？"必不为。何故？则天下不若身之贵也。

服务于"全性保真"的思想宗旨，杨朱提出了"为我"的限度，即人人均可以各种方法满足自己生存的欲求，但就是不可以自私地占有财富："不横私天下之身，不横私天下之物。"③在杨朱看来，"圣人""至人"是能够适当取用天下之物以全己身却不自私地去占有天下者。实际上，这也是杨朱本人所追求的图景。自保是人之天性，生逢乱世，既满足各人的基本欲求又不必要求人人去"兼善天下"可以说是解决问题的无奈之举。只不过这种为我主义容易发展成为纵欲主义罢了。《列子·杨朱》：

> 则人之生也奚为哉？奚乐哉？为美厚尔，为声色尔……故从心而动，不违自然所好；当身之娱非所去也，故不为名所劝。从性而游，不逆

---

① 《吕氏春秋·本生》。
② 《吕氏春秋·审为》。
③ 《列子·杨朱》。

万物所好；死后之名非所取也，故不为刑所及。

杨朱"贵已"说恰与墨子"兼爱"说鲜明对立。为了维护各自观点，两大学派进行了激烈而长期的辩论。这些争论持续到战国中期孟、庄之时，影响越来越大，以至于孟子、庄子对这两大学派进行了"无情"的批判。孟子说"杨朱、墨翟之言盈天下"，声称"杨墨之道不息，孔子之道不著"。① 庄子则说，(杨墨之学)"骈于辩者，累瓦结绳窜句棰辞，游心于坚白同异之间"②，声称要"钳杨、墨之口"③。

二、全生之道的享乐主义人生观

杨朱"全生之道"的基本内容涉及两点：一是充分肯定人的物质欲望的合理性，承认生须衣饰、命须物养；二是以如何处理全生与物欲的关系为理论核心，全面阐析实现"贵已""重生"人生理想的基本方式。一方面，杨朱一派认为人生而有欲，生来便追求欢乐，"尽一生之欢，穷当年之乐"④是人生的重要意义所在，人人均不例外："贵、贱、愚、智、贤、不肖欲之若一，虽神农、黄帝，其与桀、纣同。"⑤杨朱一派所指的欢乐主要是感官上的满足："恣耳之所欲听，恣目之所欲视，恣鼻之所欲向，恣口之所欲言，恣体之所欲安，恣意之所欲行。"⑥"丰屋美服，厚味姣色。有此四者，何求于外。"⑦公孙朝与公孙穆是《列子·杨朱》中描述的两个追求感官享乐到极致的代表。公孙朝好酒，藏酒甚多："聚酒千钟，积曲成封，望门百步，糟浆之气逆于人鼻。"其人酒足之后，放浪形骸，忘乎所以："不知世道之安危，人理之悔吝，室内之有亡，九族之亲疏，存亡之哀乐也。虽水火兵刃交于前，弗知也。"公孙穆好色，其"后庭比房数十，皆择稚齿婑媠者以盈之。方其耽于色也，屏亲昵，绝交游，逃于后庭，以昼足夜；三月一出，意犹未惬。"如此酒色之徒，我国历朝各代均不缺

---

① 《孟子·滕文公下》。
② 《庄子·骈拇》。
③ 《庄子·胠箧》。
④ 《列子·杨朱》。
⑤ 《吕氏春秋·情欲》。
⑥ 《列子·杨朱》。
⑦ 《列子·杨朱》。

乏,《尚书》等文献也有一些记载,但记载的目的是批判他们以警示后人;《列子·杨朱》却不但无贬责之意,反而想让他们"流芳百世",如此立意可真是让"众意所惊"了。

《列子·杨朱》感性主义享乐论的理论依据是所谓的"且趣当生,奚遑死后"。"且趣当生"讲的是人生短促应及时行乐,"奚遑死后"讲的是死后之事不必考虑。《列子·杨朱》指出,能活到一百岁的人微乎其微:"百年,寿之大齐。得百年者千无一焉。"况且即使活上百年,时间转瞬即逝、弹指而过,人生的一半属幼稚的少年和昏衰的老年,余下的时间又被夜晚的睡眠和白天的浪费所夺,其间"痛疾哀苦,亡失忧惧,又几居其半矣"。可以享受人生的有效时间不过十数年而已。另一方面,万物虽有别,人必各有异。"万物所异者生也……生则有贤愚、贵贱",终局却均是"臭腐、消灭",唯"所同者死也","生则尧舜,死则腐骨;生则桀纣,死则腐骨"。①人生苦短,不及时行乐,"则人之生也奚为哉?奚乐哉?为美厚尔,为声色尔"②。

从人生目的在于享乐的基本观点出发,杨朱进而表达了对世俗名利与道德追求关系的看法,这就是《列子·杨朱》名实论的主旨所在。"名"指生前死后的名誉,"实"指感性享乐的实惠,所以这种名实论并不是认识论意义上的概念与对象的关系,而是伦理学意义上的名誉与感性享乐的关系。在名与实二者的关系上,《列子·杨朱》强调去名求实、名中求实。杨朱举例说,虞舜、夏禹、周公、孔子四人可谓是尽享天下之美誉了,但也只是在死后才享有万世名声,活着时极尽艰难困苦。这些人或为一时之毁誉,或为死后的"余名",在生时劳形伤神,实在不值得:"矜一时之毁誉,以焦苦其神形,要死后数百年中余名,岂足润枯骨?何生之乐哉?"③杨朱还指出,对长寿、名誉、地位、钱财四事的追求使人们怕鬼、怕人、怕权势、怕刑罚,让生民不得休息。这样的追求是违反人的自然本性的,是把死活听任于外物的支配。人生价值主要在于肉体感官的快乐,"丰屋美服、厚味姣色"足够自己享乐就行了。

《列子·杨朱》的这些论述主要说明了追求名誉的人必然廉洁和懂得礼

---

① 《列子·杨朱》。
② 《列子·杨朱》。
③ 《列子·杨朱》。

让,廉洁和懂得礼让必然导致贫穷和卑贱,所以对人生极其有害:"凡为名者必廉,廉斯贫;为名者必让,让斯贱。"①杨朱说:

> 则人之生也奚为哉? 奚乐哉? 为美厚尔,为声色尔。而美厚复不可常厌足,声色不可常玩闻。乃复为刑赏之所禁劝,名法之所进退,遑遑尔竞一时之虚誉,规死后之余荣;踽踽尔顺耳目之观听,惜身意之是非。徒失当年之至乐,不能自肆于一时,重囚累梏,何以异哉?②

解脱这些苦恼的办法很简单,那就是去名求实,不要"遑遑尔竞一时之虚誉","以焦苦其形"。杨朱强调名誉不仅对生前有害对死后也无意义。杨朱举例说:舜禹周孔"彼四圣者,生无一日之欢,死有万世之名";桀纣"彼二凶也,生有纵欲之欢,死被愚暴之名"。可是人死身灭,"四圣"死后"称之弗知","二凶"死后"毁之不知"。事实证明,"名者,固非实之所取也";"实者,固非名之所与也"。追求名誉与享受人生是有矛盾的,正确的人生观是宁作"二凶","乐以至终";而不作"四圣","苦以至终"。③

杨朱反对人们追求名誉,但并不否定名誉能给人们带来物质享受,这是"名"不可去的重要原因:"今有名则尊荣,亡名则卑辱。尊荣则逸乐,卑辱则忧苦。忧苦,犯性者也;逸乐,顺性者也。斯实之所系矣。"④这一点使得杨朱认识到要想保全生命,必须在对声色滋味的欲望上有所节制:"是故圣人之于声色滋味也,利于性则取之,害于性则舍之,此全性之道也。"⑤这就是保障"生以寿长,声色滋味能久乐之"⑥,使"六欲皆得其宜也"⑦的全生之道。"生"与"欲"的统一和矛盾,杨朱一派均能认识;这就使得在对待情欲的态度上,杨朱一派虽可归于享乐主义,但称其为纵欲主义似乎也不妥。

无疑,杨朱一派在视保全生命为人生根本目的和最大意义这一点上与老、庄——尤其是庄子一致。这就是多数人视杨朱一派属于道家的重要原

---

① 《列子·杨朱》。
② 《列子·杨朱》。
③ 《列子·杨朱》。
④ 《列子·杨朱》。
⑤ 《吕氏春秋·本生》。
⑥ 《吕氏春秋·情欲》。
⑦ 《吕氏春秋·贵生》。

因。但老子提倡的是少私寡欲、无知无欲，强调"夫唯无以生为者，是贤于贵生"①；庄子企求在冥冥的精神虚幻中获得个人的绝对自由，主张"无己""丧我""离形去知""无人之情"。杨朱却视满足现实感性欲望为实现"全生"的基本途径，功利论特点非常鲜明，并不能简单地与老、庄的思想相提并论。这便是庄子批判过杨朱思想的重要原因。他认为杨朱以五色、五声、五味之满足"自以为得，非吾所谓得也"②，而是要"削曾、史之行，钳杨、墨之口"③。

杨朱的"莫贵于生"思想是春秋战国时期残酷政治斗争的反映。《吕氏春秋·贵生》载："越人三世杀其君，王子搜患之，逃乎丹穴。"《贵生》的作者评论说："王子搜非恶为君也，恶为君之患也。若王子搜者，可谓不以国伤其生矣。"意思是说，王子搜之所以弃君位而逃至山穴避世，主要是因为怕在权力争夺中招来杀身之祸，这就是"今吾生之为我有，而利我亦大矣。论其贵贱，爵为天子，不足以比焉"④的根本原因，"不以天下大利易其胫一毛"⑤正是由此推断而生。这一观点，不仅反映了如王子搜那样逃避君位之争而求"全生"的行为和思想，而且对当时政治斗争中某些势弱者、丧权者、失意者的处世态度和心理状态加以形象的概括。如春秋末期的政治家、思想家范蠡，在助越王勾践灭吴之后，"以为大名之下，难以久居，且勾践为人可与同患，难与处安"，功成后即身退，放弃了上将军之大名和"分国而有之"的大利，从事耕畜、商业经营，竟致赀累巨万，卒老死于陶。⑥ 这就是所谓"范蠡三徙"。从这一故事中可见，范蠡之所以"三徙"，考虑的就是尊名、大利会给自己带来"不祥"之灾。用杨朱的话来说，这就是"贵己""重生"。

三、朴素的自由主义经济治理观

杨朱一派的经济治理主张是从"为我"学说中衍生出来的，基本逻辑是

---

① 《老子》第七十五章。
② 《庄子·天地》。
③ 《庄子·胠箧》。
④ 《吕氏春秋·重己》。
⑤ 《韩非子·显学》。
⑥ 《史记·越王勾践世家》。

从"损一毫利天下不与也"衍生出"人人不损一毫,人人不利天下,天下治矣"。① 也就是说,"人人不损一毫,人人不利天下"是杨朱一派的理想社会。

在个人与社会关系的认知上,杨朱指出个人是社会的个人,社会由个人组成,个人并不属于自己而是属于"天下"。同样,资人以养的物也不属于任何一个人,个人在适当取物的时候是为了自己,也就是为了天下之身;若每一个人均能照管好自己,社会自然就会大治。所以社会善,完全是由各个人向善而致;但社会趋恶却不是因为人人"为我",而是人人不能"为我"造成的。在杨朱眼中,国与国之间的关系与人与人之间的关系类同。世界之所以有战乱,是因为有不能独立的国家和或威胁或想统治他国的国家;如果所有国家既有"为我"之动机又有"为我"之能力,野心家实施侵略的野心也就无法得逞,天下自然太平。由此看来,杨朱虽主张个人本位论,但并不是无政府主义者。《说苑·政理》对这一点说得更清楚:

> 杨朱见梁王,言治天下如运诸掌然。梁王曰:"先生有一妻一妾不能治,三亩之园不能芸,言治天下如运诸掌,何以?"杨朱曰:"臣有之。君不见夫羊乎? 百羊而群,使五尺童子荷杖而随之,欲东而东,欲西而西。君且使尧牵一羊,舜荷杖而随之,则乱之始也。臣闻之,夫吞舟之鱼不游渊,鸿鹄高飞不就污池,何则? 其志极远也。黄钟大吕,不可从繁奏之舞,何则? 其音疏也。将治大者不治细,成大功者不小苛,此之谓也。"

在这个"童子牧羊"的比喻中,"欲东而东,欲西而西"的羊群象征享有充分自由的民众,"荷杖随之"、不乱加干涉的"童子"则象征统治者、管理者。这一类比与亚当·斯密"看不见的手"及国家只应起"守夜人"作用的观点极其相似。

杨朱的"童子牧羊"论实际是"无为而治"思想的一种具体表现形式。杨朱认为,个人是人类社会的基本单位。不需要个人内在的驱动,也不需要如大禹般的贤士牺牲自我,更不需要有君王之治;只要个人和"外物"和谐相处便足以让社会平稳运行。社会混乱不治的原因恰在于取和与不对称,"损一

---

① 《列子·杨朱》。

毫利天下"者与"悉天下奉一身"者并存。"损一毫利天下"者在使自己"交苦"的同时还产生了"忠""义"等道德,这些是破坏自足、平稳社会系统的根本原因;而"悉天下奉一身"者(大多是指君王)更是一些横行天下、祸害天下之人。一般认为老子是我国古代自由主义理论的首倡者,其"无为论"可谓我国古代自由主义思想的基本形式;但显然,称杨朱的观点为我国古代朴素的自由主义经济治理思想的重要组成部分也不过分。

可是,在杨朱生活的时代之前,君王们早已出现,到杨朱生活的时代要想彻底颠覆"有为"之治已无可能。杨朱似乎"不服输",杨朱的后学者们便现实多了,他们结合现实对杨朱的至高理想进行了改造。但这样一来就使得杨朱一派的经济自由观表面上存在一些矛盾。一方面,承认君臣之道的存在:"以我之治内,可推之于天下,君臣之道息矣。"① 另一方面,主张"君臣之道息","安上不由于忠,而忠名灭焉;利物不由于义,而义名绝焉。君臣皆安,物我兼利,古之道也"。② 实际上,社会存在决定社会意识,"君臣皆安"是杨朱在"君臣之道息"这一至高理想下的现实选择,也即杨朱学派思想的发展必然。

杨朱"君臣皆安"治理模式思虑的基础是现实。在杨朱看来,当时的社会现状是"悠悠者趋名不已"③。求名者越来越多,社会必定会出现名实关系的危机:"今有名则尊荣,亡名则卑辱。尊荣则逸乐,卑辱则忧苦。"④ 最后的结果是"守名而累实,将恤危亡之不救"⑤。《列子·黄帝》载有更清楚表明杨朱这种担心的一则故事:

> 杨朱过宋,东之于逆旅。逆旅人有妾二人,其一人美,其一人恶,恶者贵而美者贱。杨子问其故。逆旅小子对曰:"其美者自美,吾不知其美也;其恶者自恶,吾不知其恶也。"杨子曰:"弟子记之!行贤而去自贤之行,安往而不爱哉?"

这则故事同样见于《庄子·山木》和《韩非子·说林上》。杨朱还提出了

---

① 《列子·杨朱》。
② 《列子·杨朱》。
③ 《列子·杨朱》。
④ 《列子·杨朱》。
⑤ 《列子·杨朱》。

"行贤而去自贤之行"的具体要求,那就是:

> 忠不足以安君,适足以危身;义不足以利物,适足以害生。安上不由于忠,而忠名灭焉;利物不由于义,而义名绝焉。君臣皆安,物我兼利,古之道也。①

杨朱这里强调的是忠义之名并不足以利物、利身。杨朱主张"行贤",还考虑"恤危亡",从这个角度看,杨朱一派的理论也绝非仅仅是"个人主义"。

杨朱一派既以"不取＋不与"为至高的治理设想,又主张"行贤而去自贤之行",逻辑上似乎矛盾,其实并不矛盾。杨朱一派所谓"行贤而去自贤之行"并非指诸如做好事不留名之类的高尚行为,也不是利人终利己的合理利己主义,而是人我均利的均等利己主义:"君臣皆安,物我兼利。"②另外,在杨朱一派看来,"无厌之性"不仅是"阴阳之蠹",而且会招来"横私天下之身",所以最简单也最根本最有效的治理方式是人人"不取""不与"、人人"公天下之身""公天下之物"。③ 可见杨朱"不取""不与"的治理主张与"贵己""重生"理论在本质上是紧密相连的。

当然,杨朱也认识到至高境界的"不取"与"不与"在社会层面上是难以达到的,往往只能退而求"不横私天下之身""不横私天下之物"。杨朱批判当时的"自贤"们是典型的求名、求荣的"横私"之人。假设全社会效法之,整个社会必然陷于华而不实、争而乱的局面。相反,若能"去自贤之行",使"贤行"成为个体的自然行为,则可实现"君臣皆安,物我兼利"。至于人们何以追求"自贤",杨朱指出,这归根到底源于人的欲望:"人不婚宦,情欲失半;人不衣食,君臣道息。"④

杨朱生活的时代,社会急剧动荡、快速变革,王权衰落、群雄崛起,旧有的伦理道德标准和价值体系瓦解、崩溃。任何社会,在新的伦理道德规范和价值标准建立以前,权威的消失都意味着人们要经历和忍受由此产生的种种精神上的痛苦与煎熬,信仰与理想的破灭会使人们在一时之间失去前进

---

① 《列子·杨朱》。
② 《列子·杨朱》。
③ 《列子·杨朱》。
④ 《列子·杨朱》。

的方向,精神家园的失落会使整个社会处于一种深深的沮丧之中。在动乱与不安之中,"我"才是最现实最可靠的。这种情形下,无法从外部获得精神满足的人们可能视自己的生命快乐为最高价值。所以,根本而言,杨朱的经济伦理思想是当时中国社会急剧转型的特殊产物,是人们思想和心理受到剧烈冲击并产生变化的一种特殊反映。杨朱把人看成不具有任何隶属关系的生命体,实际上强调了人在生命意义上的平等性,杨朱的"贵己"、"重生"、全性保真理论肯定了生命体至高无上的地位。这种观点实际上说明了,经济发展的根本目标不是财富最大化而是人的生命价值最大化。但是杨朱在发现个人的生命价值的同时忘记了人的社会价值,更幻想通过放纵人的物质欲望自然而然地实现人的生命价值,其危害性显而易见。在战国中前期,杨朱学派思想曾经兴盛,秦汉之际全面衰落,以至于竟无后传者。造成此种局面的主要原因有二。一是杨朱及其学派的思想缺乏系统性,其学说往往只有寥寥数语,让人很难理解且容易引起人们的误解,追随者自然很少。二是杨朱及其学派的思想不符合当时社会的需要。杨朱学派虽然也有其鲜明的政治主张,但是其主张的"为我""重生"思想在诸侯混战的时代,如认真采用必然会自取灭亡——道理很简单,人人"为我",谁为诸侯征战呢? 到了秦汉时期,国家统一,中央集权制度最终确立,统治者更需要稳固封建统治的思想,被孟子斥之为"无君"的杨朱思想显然不符合条件——道理亦很简单,如果人人"为我",还有谁会甘愿受统治者奴役和剥削呢?

第三节　庄子经济伦理思想

　　庄子(约前369—前286),名周,宋国蒙(今河南商丘)人,与孟子同时代而稍后。庄子家贫,靠打麻鞋维持生计,穿补丁衣、住陋巷,生活贫困得须常常向人借米下炊。庄子学问渊博、思想深刻,司马迁称"其学无所不窥"[①],对我国传统文化的发展影响深远。庄子的思想,载于今存的《庄子》一书。同

---

① 《史记·老子韩非列传》。

老子一样,庄子对当时社会存在的强凌弱、众暴寡现象持批判与抨击态度,同时指出礼与法破坏了人们的自由生活,形成了对人们生活的束缚,所以统治者应无为而治,保障个人有宁静而自得的生活。一般认为,庄子继承并发扬了老子的基本思想,所以后人常常"老庄"并论。实际上,较之于老子,庄子思想重在追求精神自由,思想表述方面浪漫主义色彩更为丰富。庄子思想自由色彩浓厚与根底深沉、充满浪漫激情、保留着远古传统的荆楚文化的熏陶有关。庄子伦理思想的主题是关注个体的真实存在而不是社会道德规范;基本内容是从个体生命存在的角度,以"道"为其本体论的基石和指导,探讨个人生存中的伦理问题。从庄子整个思想体系来看,关于经济问题的伦理思考并不是重点,但庄子对不少经济问题有过思考,而且大多提升到了伦理的高度。

一、全生求真的精神信念

在庄子丰富的伦理思想中,一以贯之的核心思想便是保身、全生、养亲(心)、尽年,说得简单一点,便是保身以尽天年。清代王先谦对此评价说:"彼庄子者,求其术而不得,将遂独立于廖阔之野,以幸全其身而乐其生,乌足及天下。"①《庚桑楚》中则说:"全汝形,抱汝生,无使汝思虑营营。"这种思想,在《逍遥游》的最后一段所载的庄子和惠施的对话表现得最为充分。庄子说:

> 今子有大树,患其无用,何不树之于无何有之乡,广莫之野,彷徨乎无为其侧,逍遥乎寝卧其下。不夭斤斧,物无害者,无所可用,安所困苦哉。

意思是说,你有一棵大树,担忧它没有什么用处,可以把它种在虚无的乡土里、广大无边的旷野里,保证它不遭受斧头砍伐,也没有东西来侵害它。然后,悠然自得地徘徊在它旁边,逍遥自在地躺卧在它下边。这样,虽然没有什么大用处,但也没有什么困苦。

那么,如何才能达到"保身""尽年"这个人生最大目标呢?庄子提出的

---

① 〔清〕王先谦:《〈庄子集释〉序》,载〔清〕郭庆藩《庄子集释》,北京:中华书局 2004 年版,第 1 页。

基本方法概括起来就一句话——"缘督以为经"①，即一切顺应自然和命运，主要原则是既不求名也不做会受处罚之事，要顺应自然以为常法（"缘督"，顺应自然之意）。《庄子·养生主》开篇即言：

> 为善无近名，为恶无近刑，缘督以为经，可以保身，可以全生，可以养身，可以尽年。

关于顺应自然而生活的道理，庄子用了一个非常著名的案例——"庖丁解牛"来说明：庖丁是文惠君手下一个有多年经验的宰牛者，他能够依从牛身的自然纹理，顺着牛身的自然结构，在宰牛时做到"动刀甚微，謋然已解"。文惠君对庖丁一番解牛之言颇为赞赏，曰："吾闻庖丁之言，得养生焉。"②

论贵身、养生，就不得不论物质生活，不得不论如何正确对待欲望和物质财富的问题。老子的基本态度是抨击、反对贪得无厌、伤身害体的过度欲求，力求在"少私寡欲"中知足常乐。庄子对此非常赞同，并作出了一些新的阐析：

> 吾闻诸夫子，圣人不从事于务，不就利，不违害，不喜求，不缘道；无谓有谓，有谓无谓，而游乎尘垢之外。③
>
> 吾所谓无情者，言人之不以好恶内伤其身，常因自然而不益生也。④
>
> 古之真人，不知说生，不知恶死；其出不欣，其入不距；翛然而往，翛然而来而已矣。⑤

这里，庄子所说的"不就利""不喜求""不益生""不知说生"等，并非要对"利""求""生"坚决说不，而是在追求一种身心自适不为物俗所累、顺应自然而寡欲快乐的生活。在《庄子》外篇中，庄子对这个道理进行了更多阐述。在《马蹄》篇中，庄子严肃地抨击贪欲横行的时弊，由此提出"同乎无欲，是谓素朴。素朴而民性得矣"的主张。在《山木》篇中，则有"其民愚而朴，少私而寡欲"之说。庄子这些思想与老子"少私寡欲"之说完全一脉相承。但需要

---

① 《庄子·养生主》。
② 《庄子·养生主》。
③ 《庄子·齐物论》。
④ 《庄子·德充符》。
⑤ 《庄子·大宗师》。

指出的是,"寡欲"与"无欲"在老庄学派中是不能相混淆的。前者强调要减少欲念,以满足生存需要为界限,主要是就个人生活而言;后者批判剥削争夺的欲念,主要是就社会现象而言的。这个区别,从《庄子》外篇中可以找到相关论述,如《达生》篇说:"养形必先之以物,物有余而形不养者有之矣。"说的是拥有必要的物质基础是保养人的形体(生命)的根本前提,但物质太多反而有损人的形体(生命)。《山木》篇对此有更深化的论述:"物物,而不物于物,则胡可得而累耶?"《天运》篇中,庄子则以远古时期的"至人"们在物质生活方面大多简单无华为据说明寡欲的重要性:"食于苟简之田,立于不贷之圃。逍遥,无为也;苟简,易养也;不贷,无出也。古者谓是采真之游。"这是说,圣人们在精神生活方面自由自在、无拘无束,在物质生活方面无奢无华,这恰是他们可以逍遥地立足于这个世界的重要原因。这样,庄子便把"寡欲"的内涵和"奢欲"的不必要性说得非常清楚了。

　　显然,对"圣人"的理想生活境界,庄子是高度肯定的,称其为"采真之游"。类似的论述还出现在其他篇章中。如在《山木》篇中,庄子说:"南越有邑焉,名为建德之国。其民愚而朴,少私而寡欲……吾愿君去国捐俗,与道相辅而行。"在《马蹄》篇中,庄子更直接点出民性之本在于无欲:"至德之世……同乎无欲,是谓素朴。素朴而民性得矣。"在庄子看来,智慧与技巧会迷乱人的心志,有欲会妨害人本来的素朴本性,只有无知又无欲才能力保人民生活在身心宽松的理想环境中,这才是人类最理想的生活状态。庄子极为迷恋的所谓"至德之世"就是人们无知无欲、与禽兽同游、与万物并存的生活状态。

　　在庄子思想中,回归"真我"是道德修养论的重要目标。《齐物论》中,庄子称人生如梦,只是人置身于梦中时不知是在梦中,往往是梦过之后,方知是梦:

　　　　方其梦也,不知其梦也。梦之中又占其梦焉,觉而后知其梦也。且有大觉而后知此其大梦也,而愚者自以为觉,窃窃然知之。

　　庄子此言的真正意思是,人生苦短,实际上是如梦如幻的"假我"驱使着人们在行动。只有那些置自身于无限时空之中,超脱物我、生死、是非等界限,物质虽贫乏内心却祥和,安贫乐道之人才能参透古往今来之变异、沉浮,体悟到永恒不变的"一";才能遨游于世俗之外,到达"天地与我并生,而万物与我为一"①的真我状态。可是这样的人生,若以众人世俗的"假我"的价值观视之,却是愚钝的、怪异的。

庄子所谓的"真我"同时也是一种循乎天道、与时俱化、与自然融为一体的人生状态。庄子认为,理想的人生应是与天地万物运行相合的人生,因为从道通为一的角度看,"天地一指也,万物一马也"②。这一思想,《列御寇》篇说得更明确:"夫造物者之报人也,不报其人而报其人之天。"意思是说,造物者赋予人,非赋予其人为的成就,而是人之为人的自然本性。《山木》篇对"人与天一"含义的解释是,人源于自然本性,自然也源于自然本性,人却会因为其天生的性分有所亏损而不能保持其自然天性:"有人,天也;有天,亦天也。人之不能有天,性也。"由此论证,道也只是一种天然性的存在,在现实社会中,世俗的东西会让人迷失这种天然的本性。这就意味着,在现实生活中只有少数得道的"真人"才能保持这种天性,达到"体道"的境界,而并非人人均能得到其"自然性"。至于回归"真我"的具体途径,庄子在《齐物论》中写道:

> 古之人,其知有所至矣。恶乎至? 有以为未始有物者,至矣,尽矣,不可以加矣! 其次以为有物矣,而未始有封也。其次以为有封焉,而未始有是非也。是非之彰也,道之所以亏也。道之所以亏,爱之所以成。

庄子在这里将人生境界分为四个层面:第一境界者是真人、至人,达此境界者体认到万物生于"无"(道之体);体认到万物生于"有",道之用无所不在者是第二境界者;体认到物必有限却不作是非判断是第三境界者;第四境界者是囿于人之偏爱,造成是非纷起,道之亏损者。这样,庄子提出一条特殊的人格修养之道:达到至人境界、回归"真我"是最高追求,须经过去偏爱(第四境界)—去是非(第三境界)—去有(第二境界)—体会"无"(第一境界)。就这样,庄子回归"真我"的思想实际上为其"道常无为""上德不德"的经济德性提供了思想根基。

庄子认为"是非"皆起于欲望,心灵被物欲充斥的人必然在患得患失中如秋冬的草木般日益衰败。这样的人,实际就是现代西方经济学所描述的

---

① 《庄子·齐物论》。
② 《庄子·齐物论》。

"经济人"。以庄子所言视之,不断地刺激经济人的利己追求只会使人的"假我"意识膨胀,最终迫使人在终生劳顿中走向死亡。相反,去成心、去是非、去假我,才是齐万物、齐生死、齐是非,达到豁达开朗、逍遥自在的"真我"和"本真"境界的基本途径。至于社会上有很多人不愿意如此行事,庄子认为这主要是因为人类智慧与文明致使人的心性迷乱:"凡事亦然:始乎谅,常卒乎鄙;其作始也简,其将毕也必巨。"①"故天下每每大乱,罪在于好知。"②

二、"自然无为"的生活态度

关于"道"与"德"的内涵,庄子在老子道德观的基础上,增添了一些新内容。庄子所谓的"道"指的是对事物的差别不加肯定的境界。这是庄子在《齐物论》中提出的重要观点,意思是说,人生境界有三:最高的智慧是未始有物,即对事物无所肯定;次之是对事物有所肯定,但不知道它们的界限与差别;再次之是肯定事物的差别,但不知其是非,这样,道就很亏损了。其中蕴含着道的生长过程,也是道由客观向主观、潜在向自在转化的过程,最后达到对事物的差别不加肯定的境界便为道:"故为是举莛与楹,厉与西施,恢诡谲怪,道通为一。其分也,成也;其成也,毁也。"③

何谓德? 德的本质就是成和之修:"德者,成和之修也。德不形者,物不能离也。"④庄子提出"德者,成和之修"的命题,意指内心要保持不辨差别、视万物皆一的思想境界。在庄子看来,古人那种无知无欲、不为万物差别所牵累的德性才是人的最高品德或真正的品德。如何达到这种境界呢? 庄子提出,万物本就没有什么差别,所谓的差别只是人的主观认知的结果,为了复归于混一的道,达到德"和"的境界,依"齐"而行便可:"物无非彼,物无非是。……是亦彼也,彼亦是也。"⑤庄子把老子的相对论思想极端化了。老子只是不承认有绝对的善恶标准,但毕竟肯定人有善良的本性,庄子连这一点

---

① 《庄子·人间世》。
② 《庄子·胠箧》。
③ 《庄子·齐物论》。
④ 《庄子·德充符》。
⑤ 《庄子·齐物论》。

也加以否定。庄子说:

> 以道观之,物无贵贱;以物观之,自贵而相贱;以俗观之,贵贱不在己。以差观之,因其所大而大之,则万物莫不大;因其所小而小之,则万物莫不小。知天地之为稊米也,知毫末之为丘山也,则差数等矣。以功观之,因其所有而有之,则万物莫不有;因其所无而无之,则万物莫不无。知东西之相反,而不可以相无,则功分定矣。以趣观之,因其所然而然之,则万物莫不然;因其所非而非之,则万物莫不非。知尧、桀之自然而相非,则趣操睹矣。①

与老子一样,庄子主张"自然无为"。在庄子看来,"无为"是顺其自然的行为:"玄古之君天下,无为也,天德而已矣。"②"无为"即如天地般自然而行,治世者无为而治便是一种"天德"之举。《庄子》一书在多处对此作了论述:"夫帝王之德,以天地为宗,以道德为主,以无为为常。"③"天不产而万物化,地不长而万物育,帝王无为而天下功。"④"圣人者,原天地之美而达万物之理。是故至人无为,大圣不作,观于天地之谓也。"⑤

但是很难因此认定庄子是个厌世、避世主义者,因为庄子也有表达积极的人生态度,如在《应帝王》篇中,庄子提出应该使"能其事者"以为治。当然,这里所谓的"能其事者",是以能"正而后行",即顺其自然为前提的,而不是儒、墨等之所谓"能者":"夫圣人之治也,治外乎? 正而后行,确乎能其事者而已矣。"⑥庄子还提出了"无容私",意指"为天下"者不能有私心,更不能强取暴夺。《应帝王》篇载有阳子居与老聃的一段对话,说明庄子是非常肯定明王治世的功绩和教化的:

> 阳子居蹴然曰:"敢问明王之治。"老聃曰:"明王之治,功盖天下而似不自己,化贷万物而民弗恃,有莫举名,使物自喜,立乎不测,而游于无有者也。"

---

① 《庄子·秋水》。
② 《庄子·天地》。
③ 《庄子·天道》。
④ 《庄子·天道》。
⑤ 《庄子·知北游》。
⑥ 《庄子·应帝王》。

实际上这是庄子依据老子的"道"述说自己的治世主张。在庄子看来，明王治理政事，功绩广被天下却像和自己不相干，教化施及万物而人民不觉得有所依恃。他虽有功德却不用名称说出来；他使万物各得其所，而自己立于不可测识的地位，行所无事。庄子肯定明王的功绩与教化，这种功德是指在顺应自然条件下的功绩和教化，也表明了庄子对社会问题的积极态度，其中当然包括经济生活。此外，庄子充分重视、高度评价处于自然状态的"不同"：

> 无为为之之谓天，无为言之之谓德，爱人利物之谓仁，不同同之之谓大，行不崖异之谓宽，有万不同之谓富。①

庄子明确地批判"立同禁异"，即反对违反自然本性的、人为的"同"，主张顺应人的自然本性带给人的"异"：

> 世俗之人，皆喜人之同乎己而恶人之异于己也。同于己而欲之，异于己而不欲者，以出乎众为心也。夫以出乎众为心者，曷常出乎众哉！②

关于庄子的无为主张，对我国传统文化颇有研究的英国人李约瑟便指出，庄子是人类历史上伟大的"原始科学家"，他主张"无为"的真正用意是不做违反自然的活动，即不固执地要违反事物的本性，强使物质材料具有它们所不适合的功能。李约瑟的这种理解反倒让人觉得庄子有反科学的一面，因为科学的意义恰在于发现规律从而改变自然，岂能不做违反自然的活动。其实，庄子提倡"自然无为"主要是针对统治者的经济政治实践活动而言，而且也不是要他们无所作为，只是要求他们顺自然而为。

如果说"自然无为"是庄子对统治者提出的德性要求，那么"上德不德"就是庄子批判儒家仁义道德的基本论点。庄子认为儒家提倡的仁义道德束缚了人的真心，诱发了人的爱利之心，最终会成为某些人沽名钓誉的工具："爱利出乎仁义，捐仁义者寡，利仁义者众。夫仁义之行，唯且无诚，且假夫禽贪者器。"③

---

① 《庄子·天地》。
② 《庄子·在宥》。
③ 《庄子·徐无鬼》。

庄子还指出，推行仁义破坏的是人的朴素天性，为仁义"残生损性"的行为与为货财而伤身的行为其实没有区别：

> 天下尽殉也。彼其所殉仁义也，则俗谓之君子；其所殉货财也，则俗谓之小人。其殉一也，则有君子焉，有小人焉；若其残生损性，则盗跖亦伯夷已，又恶取君子小人于其间哉！①

庄子批判儒家仁义观的一个重要原因还在于，在他看来，儒生是些不事生产劳动而热衷清谈、四处宣扬仁义之人。庄子认为，织布而后穿衣、耕种而后吃饭才是人类共有的德行和本能，劳动保障着天下民众的生活才是道德的行为："神农之世……民知其母，不知其父，与麋鹿共处，耕而食，织而衣，无有相害之心，此至德之隆也。"②而孔子及其门徒则"摇唇鼓舌，擅生是非，以迷天下之主，使天下学士不反其本，妄作孝弟而侥幸于封侯富贵者"③，这样的行为非但不合德，简直是有罪。

总之，在庄子看来，为物所役的人生，必为物所累。这样的人生虽"谓之不死，奚益"，岂不可悲、可哀，"人之生也，固若是芒乎"。④ 庄子以深沉的语调表达了探究人生真谛、摆脱世俗桎梏、实现人的自由的强烈愿望。《养生主》一则寓言说："泽雉十步一啄，百步一饮，不蕲畜乎樊中。"说的是生活在草丛里的野鸟，任于野性，饮啄自在，岂会祈求养在笼里。此寓言表明了庄子对现实人生的强烈不满和对理想人生——自由的强烈向往。当然，庄子所向往的自由实际是人的个体自由。现实中的人总要面临种种桎梏人生的世俗之"物"，庄子对此是无力抗衡的。他把人生的种种遭遇归结为"命"，把客观必然性抽象为至上的异己力量，并借孔子之口叹说："死生存亡，穷达贫富，贤与不肖毁誉，饥渴寒暑，是事之变，命之行也。"⑤这样一来，庄子对人生自由的设计和追求就无法存在于世俗的利益世界，而只能索诸冥冥的精神世界，这就是其逍遥游的本质所在："若夫乘天地之正，而御六气之辩，以游

---

① 《庄子·骈拇》。
② 《庄子·盗跖》。
③ 《庄子·盗跖》。
④ 《庄子·齐物论》。
⑤ 《庄子·德充符》。

无穷者,彼且恶乎待哉！故曰:至人无己,神人无功,圣人无名。"①

三、"不物于物"的财富伦理主张

庄子的人生理想是逍遥游,其自由观集中体现于此。庄子提出为外物所役、所累者是不可能获得逍遥自由的;与之相反,"恶乎待"者,即无待于世俗之物者才是不会为外物所累的"不物于物"者,方可"游无穷",达到逍遥游的人生境界。实际上,逍遥自由、"不物于物"既是庄子人生论的核心内容,也是庄子财富伦理思想的基本立场。庄子本身便是一个追求精神自由、视财富为粪土的高士。庄子宁愿乞食告贷也不愿入仕为官,一个重要原因就在于这样可能会使其身心为财富所羁、所累。

庄子的这一立场贯穿于其财富生产、分配、消费多方面思想中。庄子很少谈及生产,但这并不意味庄子在财富形成方面不重视生产活动;正相反,他实际上并不排斥物质生产活动在社会生活中的基础作用。道理很简单,要得到逍遥自由的物质基础,离开生产劳动肯定不行,庄子对此是有明确说明的,如《马蹄》篇:"夫赫胥氏之时,民居不知所为,行不知所之,含哺而熙,鼓腹而游,民能以此矣。"

另一方面,庄子虽然重视生产,却提出不要过度生产,生产只要能保证人民衣食充足、生活无忧即可。通过透支身体和束缚精神的方式来追求生产效率,庄子是坚决反对的:"事焉不借人,不多食乎力。"②庄子特别论述了过度劳动对人的有害性。过度劳动使人疲惫不堪,使人元气劳损,使人精力彻底枯竭、体力与精神不支,如此一来,人也就无法追求心中的自由了:"形劳而不休则弊,精用而不已则劳,劳则竭。"③庄子此论与马克思关于劳动有害性的阐析非常类似。

庄子同时看到人世间总有一些人过度地劳动着,而且很可能他们是自愿的,如无耕耘之事便觉得内心空虚的农夫、短时间内不做买卖便心神不安的商人、获得短暂劳作机会就勤勉劳动的民众、只要有器械技巧就努力追求

---

① 《庄子·逍遥游》。
② 《庄子·秋水》。
③ 《庄子·刻意》。

工效的工匠。对这些人，庄子充满同情。庄子说：

> 农夫无草莱之事则不比，商贾无市井之事则不比。庶人有旦暮之业则劝，百工有器械之巧则壮。……驰其形性，潜之万物，终身不反，悲夫！①

庄子反对在生产领域使用技巧与技艺，《天地》篇和《胠箧》篇集中体现了庄子这种立场。在《天地》篇中，庄子借一丈人之口表明了这一坚定立场：

> 有机械者必有机事，有机事者必有机心。机心存于胸中，则纯白不备……道之所不载也。吾非不知，羞而不为也。

庄子的这些思想很容易使人想到马克思反对的异化劳动。不仅如此，庄子还提出了与马克思的生态思想颇为相似的观点，那就是关于使用机械技巧会引发一系列生态恶果的思想：

> 夫弓、弩、毕、弋、机辟之知多，则鸟乱于上矣；钩饵、罔罟、罾笱之知多，则鱼乱于水矣；削格、罗落、罝罘之知多，则兽乱于泽矣……故天下每每大乱，罪在于好知。②

从以上两段材料可以看出，在庄子看来，运用人类文明智慧时若不顺应自然发展规律，必会在破坏生态环境、改变自然正常发展速度与轨道的同时造成人心迷乱的后果，甚至会导致天下大乱、万物失序。无疑，庄子这种思想的确产生了消极影响。但是，客观而言，道家这种自然观对于合理开发利用自然资源、建设现代生态文明有着深刻的启迪意义。

生产劳动必然要与自然发生关系，庄子强调生产应该遵循自然之道。从这个角度看，庄子又不是绝对的自由主义者，至少在财富形成的认识方面，庄子意识到了自由要以对必然的认识为根本基础。《庄子》对此举例作了说明。《则阳》篇载庄子借守护封疆人士之口从侧面说明了不同的生产态度导致迥然不同的生产成果的道理：

> 君为政焉勿卤莽，治民焉勿灭裂。昔予为禾，耕而卤莽之，则其实

---

① 《庄子·徐无鬼》。
② 《庄子·胠箧》。

亦卤莽而报予;芸而灭裂之,其实亦灭裂而报予。予来年变齐,深其耕而熟耰之,其禾蘩以滋,予终年厌飧。

在《逍遥游》中,庄子则借尧之口论述了一个道理,及时雨已经降落了,人们还在不停地浇水灌地,如此费力显然劳而无益,甚至有害:"时雨降矣,而犹浸灌;其于泽也,不亦劳乎!"从中可见庄子意识到灌溉是必要的,过度灌溉则是有害的。这两个例子说明,事农应符合自然之道,既要遵循庄稼自身的生长规律,也要遵循天道自然之律。

在财富分配方面,庄子和老子"损有余而补不足"的主张一脉相承,基本观点是反对聚敛,主张"富而使人分之"①,"以财分人"②。庄子特别反感聚敛财富者,斥责他们是无耻之徒:"无耻者富,多信者显。夫名利之大者,几在无耻而信。"③庄子反对聚敛的基本理由有二:其一,聚财敛富会诱发人们对财富的贪婪,贪心一旦形成,便发而难收。《则阳》篇中,庄子这样说道:

> 荣辱立,然后睹所病;货财聚,然后睹所争。今立人之所病,聚人之所争,穷困人之身使无休时,欲无至此,得乎!

其二,决意聚敛财富不只会激发人的贪婪,更严重的后果是贪婪之心付诸行会严重地伤身害体。庄子多次谈到这一点:

> 夫富者,苦身疾作,多积财而不得尽用,其为形也亦外矣……久忧不死,何苦也!④

> 今富人耳营于钟鼓管箫之声,口嗛于刍豢醪醴之味,以感其意,遗忘其业,可谓乱矣;侅溺于冯气,若负重行而上也,可谓苦矣;贪财而取慰,贪权而取竭,静居则溺,体泽则冯,可谓疾矣;为欲富就利,故满若堵耳而不知避,且冯而不舍,可谓辱矣;财积而无用,服膺而不舍,满心戚醮,求益而不止,可谓忧矣;内则疑劫请之贼,外则畏寇盗之害,内周楼疏,外不敢独行,可谓畏矣。此六者,天下之至害也,皆遗忘而不知察,及其患至,求尽性竭财,单以反一日之无故而不可得也。故观之名则不

① 《庄子·天地》。
② 《庄子·徐无鬼》。
③ 《庄子·盗跖》。
④ 《庄子·至乐》。

见,求之利则不得,缭意体而争此,不亦惑乎![①]

以富为是者,不能让禄……操之则栗,舍之则悲,而一无所鉴,以窥其所不休者,是天之戮民也。[②]

这几段材料从不同角度出发阐述了聚敛财富的危害性:生产方面,为财富拼命劳作者,等财富积累起来时身体必遭严重损毁;如此一来,劳作者反而因拥有却不能享受财富而痛苦不已。至于富有之人,财富越积越多,贪婪之心越发严重,更会因为不知收敛而招惹怨恨;而且,因为大量囤积财物而不知割舍,在家里总担忧遭到窃贼之害,在外面总怕寇盗残杀,以至于在外不敢独行,整日战战兢兢、畏惧不已,难求一日之安宁。那些把获取财物看作奋斗目标的人一旦发财便恐丧失财富,要他们放弃他们必会悲苦不堪。总之,贪财好利必会对人的身心修养会造成严重危害。

那么,对待财富的正确态度是什么呢?庄子的基本主张是顺其自然。《天地》篇有一段论述充分说明了庄子这一观点:

藏金于山,藏珠于渊,不利货财,不近贵富;不乐寿,不哀夭;不荣通,不丑穷;不拘一世之利以为己私分,不以王天下为己处显。

庄子此言的基本意思是说,别从大山中开采黄金,别从深渊中探取珍珠,让它们自然而然地存在吧。做人不要贪财图物,也不要追富求贵。人要乐观对待人生苦乐,寿不为乐,夭不为悲,通达不为荣耀,穷困不为羞耻;不以谋举世之利为职分,也不羡慕统治天下者的显赫地位。这段话反映的主题只有一个——顺其自然。

对于那些以顺其自然的态度对待财富却积攒起数量可观的财富者,庄子的主张便是以财分人。庄子认为均平原则是衡量一切事物适当与否的根本标准,均平即幸福,有余即祸害,万物概莫能外。这一标准,用在财物占有上,显得至关重要:"平为福,有余为害者,物莫不然,而财其甚者也。"[③]也正是出于这种观点,庄子对于"建德之国"人民"知作而不知藏"[④]和"德人"的

---

① 《庄子·盗跖》。
② 《庄子·天运》。
③ 《庄子·盗跖》。
④ 《庄子·山木》。

"四海之内共利之之谓悦,共给之之谓安"①的举动特别欣赏。很明显,庄子的均平思想中存在对原始社会的憧憬,这一点与老子是不谋而合的。

但是需要说明的是,庄子虽然赞成均平地分配多余的财物,却不主张甚至是反对目的性强与感情色彩浓厚的分配。在庄子看来,施与别人恩惠却希望别人回报的行为与天地对万物广泛而无私的赐予不能相比。这样做的人,可能连商人在内心都会对其非常鄙视,即使商人出于赚钱的目的也会与他交往:"施于人而不忘,非天布也。商贾不齿,虽以事齿之,神者弗齿。"②圣人追求的境界应该是脱离外物怡然自得的人生,这才是素朴之心的自然体现,可以泽被他人:"利泽施乎万世,不为爱人。""泽及万世而不为仁。"③

在消费方面,庄子坚决反对奢侈消费。庄子首先批判的是那些居于高位的统治者。庄子借徐无鬼之口指责魏武侯"独为万乘之主,以苦一国之民,以养耳目鼻口",并正告如此做法的严重后果只能是"君将盈欲,长好恶,则性命之情病矣"。④《盗跖》篇中,庄子将富人"耳营于钟鼓管籥之声,口嗛于刍豢醪醴之味,以感其意,遗忘其业"的奢侈消费习惯定义为"天下之至害也"。鉴于当时奢侈消费业已成为一种社会普遍消费心理,庄子称其是人类心智愚蠢的表现:

> 夫天下之所尊者,富贵寿善也;所乐者,身安厚味美服好色音声也;所下者,贫贱夭恶也;所苦者,身不得安逸,口不得厚味,形不得美服,目不得好色,耳不得音声。若不得者,则大忧以惧。其为形也亦愚哉!⑤

《天地》篇中,庄子的解释是:

> 且夫失性有五:一曰五色乱目,使目不明;二曰五声乱耳,使耳不聪;三曰五臭熏鼻,困惾中颡;四曰五味浊口,使口厉爽;五曰趣舍滑心,使性飞扬。此五者,皆生之害也。

庄子所要表达的是,过分注重感官享受的人,丧失的是其真性:过分追

---

① 《庄子·天地》。
② 《庄子·列御寇》。
③ 《庄子·大宗师》。
④ 《庄子·徐无鬼》。
⑤ 《庄子·至乐》。

求视觉享受的人,外物会模糊其眼睛;过分追求听觉享受的人,反而对美好的声音听不真切;过分追求嗅觉享受的人,可能鼻腔壅塞、脑昏;过分追求味觉享受的人,口舌反受严重伤害;过分放纵欲念的人,迷乱的是心神,心性便会轻浮躁动。以上这五种情况集中反映了一个不争的事实:奢侈消费妨害人的本性,严重伤害着人的身体。庄子的这些"危言耸听"与老子之言十分类似,只是较之于老子,庄子较少论及奢侈消费会造成社会动荡的危害。这一点与庄子的价值取向和精神追求不无关系。

在强调奢侈消费会造成严重后果的同时,庄子提出以清心寡欲为本质的节俭消费会在最大限度上解放人的身心。在《大宗师》篇中,庄子高度赞美"古之真人"所拥有的那种与世无争、节俭素朴、悠游自在的生活方式和逍遥无待的完美境界,对"其寝不梦,其觉无忧,其食不甘,其息深深。……喜怒通四时,与物有宜,而莫知其极"的生活极为羡慕。庄子特别强调统治者的节俭消费会在很大程度上对国人的消费行为产生引领作用,从而使得天下百姓人心安定;如此一来,国家的安定与和谐自然是意料之中的事情了。对于统治者而言,节俭消费所带来的最大的正面效应应当是政局稳定、国泰民安:"古之畜天下者,无欲而天下足,无为而万物化,渊静而百姓定。"①

庄子还正面提出了普通人的节俭消费要求。首先,庄子认为嗜好和欲望太深的人天慧本来就浅:"其耆欲深者,其天机浅。"②这样的人自然会经常作出一些与"真人"做法大相径庭的举动,并由此给自己的身心带来严重的危害,所以保持寡欲之心是节俭消费的前提。其次,庄子从物极必反的逻辑指出,盲目追求奢侈消费,必然会导致消费异化,人们要以"知止"之心自觉遏制其消费欲望张扬:"故知止其所不知,至矣。"③

需要说明的是,同样是提倡节俭,庄子与老子的形上基石还是有重要区别的。老子主要是在领悟自然界的博大和无私,即"万物恃之以生而不辞,功成而不有"④的基础上,告诫人类"祸莫大于不知足,咎莫大于欲得"⑤,提倡

① 《庄子·天地》。
② 《庄子·大宗师》。
③ 《庄子·齐物论》。
④ 《老子》第三十四章。
⑤ 《老子》第四十六章。

人类应"故知足之足,常足矣"①。庄子则是从精神与物质的对立性体悟到要超脱世俗、不为外物所累,强调过度消费妨害人的自然本性。

庄子从个体生命本体角度思考伦理道德问题,实际上是将本体论思想引入伦理思想中,无疑具有重要的开创性意义。关于经济问题,庄子便主要是从个体生命角度来考察的,从而把人道主义、自由主义带入了中国经济伦理思想史。庄子的经济伦理思想富有极高的人生智慧和生态智慧,对于我们发展和谐经济具有重要的借鉴意义。虽然庄子站在统治阶级的对立面上,以他特有的方式抨击了统治阶级经济伦理思想的虚伪性。但是任何一位思想家的思想都摆脱不了时代的局限,庄子经济伦理思想亦如此。庄子过分强调精神的"逍遥",忽视了物质是精神自由的基础;只看到了"机事"对"机心"的负面作用,而不能认识到"机事"给人类社会生活特别是经济生活带来的正向效应。

整体上看,道家经济伦理思想认识到了人类经济生活中的种种矛盾,并对之开出了整治的药方,但是他们不像儒家、墨家那样富有迎难而上、积极进取的思想特质,反倒否定物质生活的进步包括生产方式的改进,这就不能不使他们的经济伦理思想在具有一定可取因素的同时带有相当的消极性或颓废性。

---

① 《老子》第四十六章。

第六章

墨家经济伦理思想

墨家学派形成于战国初年,其活动贯穿于整个战国时期,在百家争鸣中独树一帜,是战国时期曾与儒家并立、有着重大社会影响的学派。不同于其他学派,墨家学派成员生活艰苦朴素、组织严格,成员对学派领袖绝对服从,为了学派的整体利益,可以做到"赴火蹈刃,死不还踵"①,并且把这种作风提炼为一种团体精神和巩固学派成员间团结的纽带。《庄子·天下》说墨者"以绳墨自矫":"使后世之墨者,多以裘褐为衣,以跂蹻为服,日夜不休,以自苦为极,曰:'不能为此,非禹之道也,不足谓墨。'"墨家学派具有"利天下"的伟大政治抱负,坚奉为民"兴利除害"的信念。《汉书·艺文志》指出:"墨家者流,盖出于清庙之守。茅屋采椽,是以贵俭;养三老五更,是以兼爱;选士大射,是以尚贤;宗祀严父,是以右鬼;顺四时而行,是以非命;以孝视天下,是以上同:此其所长也。及蔽者为之,见俭之利,因以非礼,推兼爱之意,而不知别亲疏。"墨子是墨家学派的创始人,春秋战国之际思想家、政治家。宋国人,后长期居于鲁国。墨子死后,"墨离为三"②,《庄子·天下》称他们为"别墨",史称"后期墨家"。后期墨家与墨子志趣有重要不同;虽"倍谲不同",却又"俱诵墨经""以巨子为圣人"。③ 后期墨家包括相里氏之墨、相夫氏之墨和邓陵氏之墨。三大"别墨"地域性非常明显,其中,相里氏之墨西走入秦,相夫氏之墨东奔入齐,邓陵氏之墨则南下入楚。

墨子本人是个手工业者,墨家思想主要代表了小生产者,特别是小手工业者的利益——他们没有世袭的权利,保障生存和谋求发展的基本途径只能是生产劳动。作为手工业者,墨子真切体会到以力谋生者的艰辛,也能正确理解物质生产的重要性,从而能对经济现象及其本质进行深刻的伦理思索,从道德高度论证农民和小生产者在社会生产力发展中的作用。当然,这也使得墨家经济伦理思想功利主义色彩浓厚。在分配方面,墨家主张推行"按劳分配",在强调"以力得富""以劳殿赏"的同时,用税收手段保护农民和小生产者利益,调节贫富之间的差距。在交换方面,墨家强调应确保交换主体彼此地位平等,应实践平等互利、诚实守信原则。在消费方面,墨家提倡勤俭节约,宣扬人与自然和谐的消费理念。"兼相爱,交相利"是墨家经济伦理思想的核心,这种经济伦理思想在理念设计上具有很强的超前性,在当时的历史条件下显然是无法实现的,但其影响却深

---

① 《淮南子·泰族训》。
② 《韩非子·显学》。
③ 《庄子·天下》。

远而广大。墨家经济伦理思想在实践中会产生一些矛盾,如"兼相爱"不一定增加利益总量,最终也就无法实现"交相利",而"交相利"也不一定能够换来"兼相爱",所以墨家经济伦理思想很大程度上只是生活在底层的小生产者的一种幻想罢了。墨家经济伦理思想具有重要的历史影响与现代意义,应本着"取其精华,弃其糟粕"的精神对其进行辩证扬弃。

第一节　墨子经济伦理思想

墨子(约前 468—前 376),名翟,春秋战国之际思想家、政治家,墨家学派创始人。宋国人,后长期居于鲁国。司马迁作《史记》,对墨子的事迹及言论载之甚简,只在《孟子荀卿列传》之后附带介绍说:"盖墨翟,宋之大夫,善守御,为节用,或曰并孔子时,或曰在其后。"但是自秦汉以来,关于墨子的记载亦散见于各种典籍,如《新序》《晏子春秋》《战国策》《吕氏春秋》《淮南子》《列子》等。起初墨子也是学儒的,后来觉得儒学礼仪过于烦琐才弃儒而自创一派。墨子思想集中记载于《墨子》一书。《墨子》是研究墨子和墨家学说的基本材料。纵观《墨子》一书,按其性质和内容,可分为三大类:第一类主要记述了墨子的政治、经济思想,由《尚贤》《尚同》《兼爱》《非攻》《节用》《节葬》《非乐》《非命》等篇组成。第二类记述了墨家在逻辑学、数学、物理学、天文学、光学等学科方面的研究成果,有《经》上、下篇、《经说》上、下篇和《大取》《小取》共六篇。由于体例与前者迥然不同,大多数学者认为这些系后期墨家之作。第三类是研究守城防御战术的文献,包括《备城门》《备高临》《备梯》《备水》等十一篇。

一、贵义尚利的义利观

在义利问题上,墨子高度崇义,明确提出了"万事莫贵于义""贵义于其身"的观点。墨子把义看成求利的形式与手段,指出行义就是求利;无利,义必空。对此,《墨子·耕柱》举例说:"所为贵良宝者,可以利民也,而义可以利人,故曰:义,天下之良宝也。"在这里,墨子明确说明了义之贵便在于它能利人,"利人"是判断义与不义的标准:"利人乎即为,不利人乎即止。"①墨子所谓"利人"首先指满足人的基本生理需求,这是人类生存的根本前提条件,是最基本的利:"凡五谷者,民之所仰也,君之所以为养也。"②"食之利也,以知饥而食之者,智也。"③"生为甚欲,死为甚憎。"④"我欲福禄而恶祸祟。"⑤"利人"也是践行仁义的根本基础:"故时年岁善,则民仁且良;时年岁凶,则民吝且恶。"⑥

墨子所谓"利人","人"指天下之人。这样,在墨子的义利观中,"兴天下之利"成为判断善的最高标准,基本内容便是富民安国。《墨子》一书谈到"利天下之人"的地方很多,观点十分鲜明,分析深刻透辟。例如,"爱利万民"⑦,"兼而爱之,从而利之"⑧,"众利之所自生,此胡自生?……必曰从爱人利人生"⑨,"夫爱人者,人必从而爱之;利人者,人必从而利之"⑩,"天必欲人之相爱相利"⑪,"兴天下之利,除天下之害"⑫。这一精神在《天志下》表达得最清楚:

> 若事上利天,中利鬼,下利人,三利而无所不利,是谓天德。故凡从事此者,圣知也,仁义也,忠惠也,慈孝也,是故聚敛天下之善名而加之。

墨子强调"利天下之人",主要是指应有利于天下百姓,这一点集中体现在墨子"劳而不伤""费而不病"等赋税主张上。《墨子》赋税观的内容相当丰富。墨子承认收税的必然性,但强调两个基本要求:一是收缴到国库的财物必须用之于民,只有这样才能保障赋税征收工作可持续地进行,这才是征收

① 《墨子·非乐上》。
② 《墨子·七患》。
③ 《墨子·三辨》。
④ 《墨子·尚贤中》。
⑤ 《墨子·天志上》。
⑥ 《墨子·七患》。
⑦ 《墨子·尚贤中》。
⑧ 《墨子·尚贤中》。
⑨ 《墨子·兼爱下》。
⑩ 《墨子·兼爱中》。
⑪ 《墨子·法仪》。
⑫ 《墨子·尚同中》。

赋税的根本宗旨;二是应由国家根据人民的生产能力和政府开支状况确定税收的税率、税种及税收时间等具体事宜,一旦确定下来就不应轻易改变,这就是墨子所谓不给老百姓造成沉重负担的"常征"。当然,饥荒之年还是应该适当减税或免税的,否则也是违反了"常征"的政策。

墨子强调"天下之利",重要原因有二:其一,他认识到只有在天下共利中个人之利才能得以实现,因此个人在求利时,必须在考虑天下之大利的前提下对自己的求利行为有所约束、有所限制;其二,他认为人应该有为利天下而献身的精神:"断指与断腕,利于天下相若,无择也;死生利若,一无择也。"①可见墨子所说的"利"虽然不排除个人私利,但更指天下之利,用墨子自己的话来说便是"今者王公大人为政于国家者,皆欲国家之富,人民之众,刑政之治"②。对此,张岱年先生曾评价说:"墨子所谓利,乃指公利而非私利,不是一个人的利,而是最大多数人的利。"③

墨家与儒家对"义""利"内涵理解的不同并不明显。孔子很少言利,在谈到利时多是以伦理规范为基础,孟子甚至明确提出:"何必曰利? 亦有仁义而已矣。"④这是因为儒家多视"利"为个人之私利,所以"利"本身不会成为一种道德标准。墨家则不然。墨家虽然也谈个人的私利,但总体上看,是把利看作天下之公利,所以言必称利。这就是墨子把"爱"和"利"作为判断善恶的标准、道德的规范并予以肯定的原因。

更重要的是,墨家赋予"义"新的含义。例如,"天下有义则生,无义则死;有义则富,无义则贫;有义则治,无义则乱"⑤。"义,利也"⑥。"义,志以天下为芬,而能能利之,不必用"⑦。这些论述表明,在墨子思想中,公利是判断义与不义的根本标准,利人指利天下之人,谋利指谋天下之公利。墨家之利不是儒家所说的小利,更不是损人利己的利。这也是墨家把"义"视为"可以利民"的"天下之良宝"的根本原因:只有将"义"作为治国的指导思想,才能

---

①《墨子·大取》。

②《墨子·尚贤上》。

③ 张岱年:《中国哲学大纲》,载《张岱年文集》第 2 卷,北京:清华大学出版社 1990 年版,第 434 页。

④《孟子·梁惠王上》。

⑤《墨子·天志上》。

⑥《墨子·经上》。

⑦《墨子·经说上》。

使人民得"利",才能实现"人民必众,刑政必治,社稷必安"①的政治局面。由此看来,墨家的"公利"与儒家的"义"内涵是一致的。

墨子还把贵义、尚利的功利精神贯穿于道德评价,提出了"志功合一"的道德判断主张。"志"即行为的动机;"功"即行为的功效。《鲁问》载:

> 鲁君谓子墨子曰:"我有二子,一人者好学,一人者好分人财,孰以为太子而可?"子墨子曰:"未可知也,或所为赏与为是也。钓者之恭,非为鱼赐也;饵鼠以虫,非爱之也。吾愿主君之合其志功而观焉。"

这是说,同一种行为,动机未必相同,考察行为功效时应该考虑行为动机。并且,当"功皆未至"即尚无功效可鉴时,判断动机之是非也是可能的而且也是必要的。《耕柱》载:

> 巫马子谓子墨子曰:"子兼爱天下,未云利也;我不爱天下,未云贼也。功皆未至,子何独自是而非我哉?"子墨子曰:"今有燎者于此,一人奉水将灌之,一人掺火将益之,功皆未至,子何贵于二人?"巫马子曰:"我是彼奉水者之意,而非夫掺火者之意。"子墨子曰:"吾亦是吾意,而非子之意也。"

但是墨子更强调对功效的判断,并且认为多多益善;同时墨子还注意到"功"在质上也是有差别的,《鲁问》对此以生产活动的效果为例进行了更详细的论述:

> 然后当一农之耕,分诸天下,不能人得一升粟。籍而以为得一升粟,其不能饱天下之饥者,既可睹矣。翟虑织而衣天下之人矣,盛,然后当一妇人之织,分诸天下,不能人得尺布。籍而以为得尺布,其不能暖天下之寒者,既可睹矣。翟虑被坚执锐救诸侯之患,盛,然后当一夫之战。一夫之战,其不御三军,既可睹矣。翟以为不若诵先王之道而求其说,通圣人之言而察其辞,上说王公大人,次匹夫徒步之士。王公大人用吾言,国必治;匹夫徒步之士用吾言,行必修。故翟以为虽不耕而食饥,不织而衣寒,功贤于耕而食之、织而衣之者也。故翟以为虽不耕织

---

① 《墨子·耕柱》。

乎,而功贤于耕织也。

墨子从职业论"功"之大小无疑是一种道德评价上的经验论,但是要求行为有更多功效,相对于唯道义而道义的道义论来说,其合理性还是非常明显的。

二、"兼相爱,交相利"的伦理原则

墨子"兼爱"思想着眼于实利,而不是空泛的道德说教。对弱小国家而言,实践"兼爱"原则的根本要求便是竭力帮助它不受大国的侵略。为此,墨子从消极意义上提倡"非攻",指出攻伐战争会造成国家及百姓蒙难,这是大不利的:"计其所得,反不如所丧者之多。"①"兼爱"对穷苦人民而言,便是实现"饥者得食,寒者得衣,劳者得息"②,"为万民兴利除害"③。可见,墨子"兼爱"思想体现的是一种具有最大普遍性且超越时空的理想之爱,体现的是对人类整体的爱。

"兼相爱"是与"交相利"相结合的,在谈到"兼相爱"时,墨子必言"交相利"。墨子所谓"交"是相互之间的意思;"交利"讲的是不要谋取一己之利,而是要谋求社会或人类之公利,追求的是共赢。墨子所主张的"兼相爱,交相利"与"不相爱""亏人自利"是根本对立的。墨子认为从个人出发,追逐私利的"不相爱""亏人自利"行为是奸诈、欺骗、争斗、篡夺等一切罪恶的源头所在。在《非攻上》中,墨子对那些为自利而伤害他人的行为给予了揭露和批判:

> 今有一人,入人园圃,窃其桃李,众闻则非之,上为政者得则罚之。此何也? 以亏人自利也。至攘人犬豕鸡豚者,其不义,又甚入人园圃窃桃李。是何故也? 以亏人愈多,其不仁兹甚,罪益厚。至入人栏厩,取人马牛者,其不仁义,又甚攘人犬豕鸡豚。此何故也? 以其亏人愈多。苟亏人愈多,其不仁兹甚,罪益厚。

①《墨子·非攻中》。
②《墨子·非命下》。
③《墨子·尚同中》。

墨子这种"兼相爱，交相利"思想是一种反对以强凌弱、以众劫寡、以富侮贫、以贵傲贱、以诈欺愚，提倡人们互爱互助、各不相害的小生产者的经济伦理观。小生产者指有一定的私有生产资料，能够进行相对独立劳动的劳动者。这些人为了维持自己的生存与发展，希望所有人的行为——特别是经济行为能够做到人己两利，即墨子所说的："夫爱人者，人必从而爱之；利人者，人必从而利之。恶人者，人必从而恶之；害人者，人必从而害之。"①

墨子主张的"兼相爱，交相利"与"交别"是根本对立的。"别"，从字面上讲，是"区分"或"另外"的意思。墨子从"天"的高度论述了"别"与"兼"二者的根本区别，指出符合义利观念的就是顺天，即兼；反之，违背义利观念，以强权和武力推行其道的就是反天，即别："顺天之意者，兼也；反天之意者，别也。兼之为道也，义正；别之为道也，力正。"②墨子进而指出，天下之害产生于"别"：

> 义正者何若？曰：大不攻小也，强不侮弱也，众不贼寡也，诈不欺愚也，贵不傲贱也，富不骄贫也，壮不夺老也，……是谓天德……力正者何若？曰：大则攻小也，强则侮弱也，众则贼寡也，诈则欺愚也，贵则傲贱也，富则骄贫也，壮则夺老也，……是谓之贼。③

墨子奉行"兼相爱，交相利"，墨家人士也多以"兼士"自称。至于那种自私自利、损人利己的行为，墨子称之为"别"。墨子称士大夫阶层的人为"别士"，将当时的一些君主叫作"别君"。为此，墨子还特意解释说：

> 今吾本原兼之所生天下之大利者也，吾本原别之所生天下之大害者也。……以兼为正。是以聪耳明目相为视听乎！是以股肱毕强相为动宰乎！而有道肆相教诲。是以老而无妻子者，有所侍养以终其寿；幼弱孤童之无父母者，有所放依以长其身。……是故别士之言曰："吾岂能为吾友之身若为吾身，为吾友之亲若为吾亲。"是故退睹其友，饥即不食，寒即不衣，疾病不侍养，死丧不葬埋。④

---

① 《墨子·兼爱中》。
② 《墨子·天志下》。
③ 《墨子·天志下》。
④ 《墨子·兼爱下》。

这一段话阐述了"兼"与"别"的具体内涵,高度称赞了"兼士"的利人行为,深刻鞭笞了"别士"的自私自利行为。由此可见,墨子所谓"兼""别"反映了人们之间利己利人的差别,突出了不同阶层之间在经济利益、政治观点上的区别,可以认为这是当时社会阶级矛盾在意识形态领域的反映。墨子是站在小生产者的立场上要求实行"兼相爱,交相利",反对阶级之间的"交相别"的。

在墨子经济思想中,"有财相分"的分配主张最能体现"兼爱"精神。《墨子》一书中对该主张多有阐述,如《尚贤下》言"有力者疾以助人,有财者勉以分人,有道者劝以教人",《尚同中》言"分财不敢不均",《天志中》言"有力相营,有道相教,有财相分",等等。墨子认为有财不相分是产生社会巨患的直接因素,也是社会动乱的根本原因;而实行"有财相分"才能使"饥者得食,寒者得衣,乱者得治"①,实现天下大治。墨子说:

> 是以使百姓皆攸心解体,沮以为善,垂其股肱之力,而不相劳来也;腐臭余财,而不相分资也;隐匿良道,而不相教诲也。若此,则饥者不得食,寒者不得衣,乱者不得治。②

至于落实"有财相分""有财者勉以分人"主张的具体措施,墨子的基本观点有三。其一,百姓的生活需求无非就是衣、食、住、行几个方面,实行"有财相分"的现实目的是使百姓过上衣食无忧的生活,为此统治者应在自我节制消费的同时实施薄税政策,以努力确保老百姓能过上"饥者得食,寒者得衣,劳者得息"③的生活。其二,视个人能力、劳动效率及其对社会的贡献而给予适当的待遇与奖励,确保"以劳殿赏,量功而分禄"④。对劳动大众更应如此:"虽在农与工肆之人,有能则举之,高予之爵,重予之禄,任之以事,断予之令。"⑤其三,期待富有者在道德良知驱使下能够"多财则以分贫"。墨子对富有者不愿分财与穷人的现象极其不满。《鲁问》中,墨子责骂富者"人徒多死,六畜不蕃,身湛于病",主张他们应该做到"处高爵禄则以让贤也,多财

①《墨子·尚贤下》。
②《墨子·尚贤下》。
③《墨子·非命下》。
④《墨子·尚贤上》。
⑤《墨子·尚贤上》。

则以分贫也"。

为了保障此主张能够付诸实施,《墨子》或以圣王贤人的做法对统治者进行劝勉,或以"上者天鬼"的赏罚大权震慑统治者,或以上天意志指向对统治者进行引导,或将有分财之心者作为值得深交为友的前提条件提醒统治者。

墨子所谓的"交"虽不单指交换,但显然包括了交换,特别是包括了物质交换。交换过程也是买卖双方相互讨论,最终以一定价格成交的过程。在墨子所处的时代,我国商品经济已有了一定程度的发展,形成了专事贩贱卖贵、赚取利润的商人阶层:"商人之四方,市贾倍蓰,虽有关梁之难、盗贼之危,必为之。"①并由此引发了一些人对交换伦理的思考。在商品交换伦理方面,墨子明确提出应以互利为交换的根本目的,视平等为互利的必要前提。

《经下》:

> 买无贵,说在反其贾。

《经说下》:

> 刀籴相为贾。刀轻则籴不贵,刀重则籴不易。王刀无变,籴有变,岁变籴则岁变刀。若鬻子。

意思是说,在货币币值和供求关系制约下,商品价格是相对可变的:货币升值或供过于求时,商品价格下降;货币贬值或供不应求时,价格上涨。商品价格适宜,交易就会成功,价格适宜不适宜决定于买方是否有购物的需求。由此可以看出,墨子是主张价格由具体情况灵活决定的。无疑,这种观点在一定程度上反映了商品交换的根本规律,同时也是交换经济的一种应然表达。

在商品交换规范中,墨子特别强调诚信原则。墨子所谓的"诚信"指不口是心非、言不由衷,用至诚之心与人进行交流:"信,言合于意也。"②但他也强调"信"的衡量标准不是语言本身,关键还是要看语言能否经得起实践的

---

① 《墨子·贵义》。
② 《墨子·经上》。

检验,人是否做到言行一致:"信。不以其言之当也,使人视城得金。"①墨子十分重视言行一致,认为它是做人的基本原则:"言必信,行必果,使言行之合犹合符节也,无言而不行也。"②同时,墨子提醒人们对做不到的事情要尽量不说,不得口无遮拦、信口雌黄,这一点在商品交换中尤为重要。

墨子非常清楚"兼相爱,交相利"思想在现实社会中实施起来极为不易,更明白统治者不可能主动推行它、贯彻它。鉴于此,墨子特以"天志"为"兼爱""非攻"等主张的依据,又利用天意、鬼神论证"兴天下之利"的必要性:"天必欲人之相爱相利,而不欲人之相恶相贼也。"③"天之意,不欲大国之攻小国也,大家之乱小家也。"④并且强调顺天者会受天的奖赏;反之,必受到天的惩罚:"顺天意者,兼相爱、交相利,必得赏;反天意者,别相恶、交相贼,必得罚。"⑤

墨子提出天志说的根本目的是假天行道,实现其政治经济主张,保障经济秩序。以现代眼光视之,墨子"天志"观非常荒诞,但在当时人类智慧不够发达的情况下,此说的确可以产生一定的效果。而且墨子在宣称天能主宰人的命运,赐福或降祸于人的同时,又强调尽管实施者是鬼神,最终的决定因素还是人及人的行为,因为鬼神只在对人的行为进行考察之后才会作出裁决。墨子还从人性养成角度出发论证所有人的品质都是由后天"所染"决定的:"染于苍则苍,染于黄则黄,所入者变,其色亦变。"⑥从这个意义上讲,墨子还是肯定一个人的命运最终是其自身行为的必然结果:"是故比干之殪,其抗也;孟贲之杀,其勇也;西施之沉,其美也;吴起之裂,其事也。"⑦

三、"赖其力者生"的生产伦理思想

墨子"论生产,最重劳工(labor),彼盖力辟天命之说,而以勤劳之说代

①《墨子·经说上》。
②《墨子·兼爱下》。
③《墨子·法仪》。
④《墨子·天志中》。
⑤《墨子·天志上》。
⑥《墨子·所染》。
⑦《墨子·亲士》。

之,称人之不事工作,或工作而怠惰者为'罢而不肖',甚至以禽兽与人类相比"①。墨子强调生产劳动的重要性,明确指出劳动是人类立足于自然界的坚实保障,是人类传承生命链条物质基础的特殊方式,是保障人类生存的必要条件。《非乐上》这样论述道:

> 今人固与禽兽、麋鹿、蜚鸟、贞虫异者也。今之禽兽、麋鹿、蜚鸟、贞虫,因其羽毛,以为衣裘;因其蹄蚤,以为绔屦;因其水草,以为饮食。故唯使雄不耕稼树艺,雌亦不纺绩织纴,衣食之财固已具矣。今人与此异者也,赖其力者生,不赖其力者不生。

墨子还指出财用足不足、饱不饱、暖不暖是判断两种根本不同生存状态的硬性指标,丰衣足食、无饥无寒是人类亘古的追求目标,辛勤劳作是实现这一目标的唯一途径:

> 今也农夫之所以蚤出暮入,强乎耕稼树艺,多聚叔粟,而不敢怠倦者,何也? 曰:彼以为强必富,不强必贫;强必饱,不强必饥,故不敢怠倦。今也妇人之所以夙兴夜寐,强乎纺绩织纴,多治麻丝葛绪,捆布縿,而不敢怠倦者,何也? 曰:彼以为强必富,不强必贫;强必暖,不强必寒,故不敢怠倦。②

墨子既是"强力疾作"的倡导者,也是这一观点不折不扣的执行者。《庄子·天下》就将墨家学派描述为"以裘褐为衣,以跂蹻为服,日夜不休,以自苦为极"的人。由此不难看出《墨子》力主强力疾作的态度何其坚定。

墨子所指的劳动者并不单指直接进行物质生产的体力劳动者;相反,墨子充分肯定脑力劳动者的贡献,甚至论述脑力劳动者的作用比体力劳动者更重要——这是一种非常开阔的劳动伦理视角。《鲁问》相当清楚地记述了墨子思想这一特点:

> 故翟以为虽不耕而食饥,不织而衣寒,功贤于耕而食之、织而衣之者也。故翟以为虽不耕织乎,而功贤于耕织也。

---

① 唐庆增:《中国经济思想史》,北京:商务印书馆 2010 年版,第 216 页。
②《墨子·非命下》。

墨子还提出王公大人等人的"强力疾作"是国家良性运转的保障,这些人对创造财富也是有重要贡献的。《非乐上》对此进行了阐述:

> 君子不强听治,即刑政乱;贱人不强从事,即财用不足。今天下之士君子以吾言不然,然即姑尝数天下分事,而观乐之害。王公大人蚤朝晏退,听狱治政,此其分事也;士君子竭股肱之力,亶其思虑之智,内治官府,外收敛关市、山林、泽梁之利,以实仓廪府库,此其分事也。

类似的思想在《尚贤中》也可以看到:

> 贤者之治国也,蚤朝晏退,听狱治政,是以国家治而刑法正。贤者之长官也,夜寝夙兴,收敛关市、山林、泽梁之利,以实官府,是以官府实而财不散。贤者之治邑也,蚤出莫入,耕稼树艺、聚菽粟,是以菽粟多而民足乎食。

墨子所指的分工既指体力劳动中生产单位的内部分工:"譬若筑墙然,能筑者筑,能实壤者实壤,能欣者欣,然后墙成也。"[1]也指脑力劳动领域中的职业分工:"能谈辩者谈辩,能说书者说书,能从事者从事,然后义事成也。"[2]还指因自然物产不同而产生的地区分工与按性别产生的自然分工。《墨子》强调,不同分工应遵循一个总体道德要求,即所有有劳动能力的人,包括从事脑力劳动的君子贤人,均应该为"国家百姓人民之利"[3]而"强力疾作"。只有这样,才会有政治清明、经济殷实、社会稳定的盛世。《墨子》提出此要求的基本思维逻辑是,劳动创造财富,劳动是人类生存、发展的最基本条件。在当时,体力劳动者所创造的物质财富是"养万民"的最基本物质材料,"强力疾作"能保证人类得到更好的生存条件,带来良好的社会效益。

为了保障良好的社会效益可以持续获得,《墨子》提出了两条基本建议:其一,保障广大下层劳动人民"食饥息劳"的基本生存要求。墨子说:"民有三患:饥者不得食,寒者不得衣,劳者不得息,三者民之巨患也。"[4]意思是,保证创造财富的劳动者得到足以维持其生产生活的基本待遇:一指足以果腹

---

[1] 《墨子·耕柱》。
[2] 《墨子·耕柱》。
[3] 《墨子·非命上》。
[4] 《墨子·非乐上》。

的粮食,二指足以御寒的衣物,三指足以恢复体力的休息。这些是持续不断获得物质财富的根本前提,也是保障整个社会经济良性运行的根本条件。

其二,针对上层脑力劳动者提出节俭要求。墨子说:

> 内有以食饥息劳,将养其万民。外有以怀天下之贤人。是故上者天鬼富之,外者诸侯与之,内者万民亲之、贤人归之。以此谋事则得,举事则成,入守则固,出诛则强。故唯昔三代圣王尧、舜、禹、汤、文、武之所以王天下、正诸侯者,此亦其法已。①

墨子"贵劳作"的思想折射出他对战乱纷起破坏生产的忧患意识,这与其出身于小生产阶层的人生经历密切相关。在先秦,与墨子观点迥然不同的是荀子。荀子作为新兴地主阶级的代言人,对人类能够获取丰富的物质财富高度自信,认为只要妥善处理好天、地、人三者的关系,社会就会出现"财货浑浑如泉源,汸汸如河海,暴暴如丘山"②的盛况。由此,荀子批评了墨子"强力疾作"观点及其对财富贫困的忧患意识:"昭昭然为天下忧不足。夫不足,非天下之公患也,特墨子之私忧过计也。"③

四、"节用""节葬""非乐"的消费伦理思想

在强调勤劳的同时,墨子力倡节俭消费。墨子的节俭消费伦理思想自成体系,基本要求是适度,主要内容是在衣、食、住、行等方面提出消费的上限,在此限度内主张适度消费、适可而止。工艺制品生产方面,满足人民的生活需要是基本标准,不宜过量生产:"凡足以奉给民用,则止。"④饮食方面,满足身体每日所需即可:"足以充虚继气,强股肱,耳目聪明,则止。"⑤穿衣方面,冬暖夏凉,穿着舒适实用即可:"冬服绀缌之衣,轻且暖;夏服缔绤之衣,轻且清,则止。"⑥交通工具方面,以快捷、安全、方便为标准:"车为服重致远,乘

---

① 《墨子·尚贤中》。
② 《荀子·富国》。
③ 《荀子·富国》。
④ 《墨子·节用中》。
⑤ 《墨子·节用中》。
⑥ 《墨子·节用中》。

之则安,引之则利,安以不伤人,利以速至,此车之利也。"①住房方面,只要能遮风挡雨,保障人民可分男女、按性别居住即可:"其旁可以圉风寒,上可以圉雪霜雨露,其中蠲洁,可以祭祀,宫墙足以为男女之别,则止。"②丧葬方面,埋葬的时候,三层衣衾足以让尸体腐化,三寸棺木足以让骨骸朽化,即可;坟墓的规模下不及泉水,上不使臭气外泄,便可:"衣三领,足以朽肉;棺三寸,足以朽骸。堀穴深不通于泉,流不发泄,则止。"③墨子如此详细地论述具体的消费标准,这在先秦诸子中是少见的。

墨子的节俭消费观主要是针对封建贵族的奢侈消费而言的。对以"当今之主""王公大人"等为代表的统治阶层在居住方面讲求"宫室台榭曲直之望,青黄刻镂之饰",穿衣方面讲究"锦绣文采靡曼之衣,铸金以为钩,珠玉以为佩,女工作文采,男工作刻镂",吃饭方面讲求"美食刍豢,蒸炙鱼鳖,大国累百器,小国累十器",交通工具方面讲究"饰车以文采,饰舟以刻镂"的奢侈生活,墨子喜欢以古者圣王为依托进行批判。④ 他指出,这些人"厚作敛于百姓,暴夺民衣食之财"⑤的行为,只会导致天下陷于困顿和动乱。

可以肯定的是,过惯奢侈、舒适生活的统治阶层大多难以接受这样的消费标准,墨子四处游说各国君主却四处碰壁的结果就说明了这一点。但是墨子对此很执着,想通过自己及其门徒身体力行的表率作用来影响、感动统治者,进而使整个社会形成尚俭的风气。难怪胡寄窗先生这样说道:"论节用和崇俭,在先秦各学派中,以墨家最为突出。"⑥

墨子经济伦理思想代表的是小生产阶级的利益,同时受到个人基本需求和经验活动的影响,这就从根本上决定了其具有强烈的现实主义精神。墨子立足"兼爱"思想,强烈反对将人我利益对立的自私自利思想,大力倡导互利互爱。但是墨子经济伦理思想体现的是一种理想主义之爱,缺乏必要的历史前提,缺乏广泛的道德与社会经济基础,这让当时的人很难接受。这也是墨学在秦汉以后逐渐失传而成为"绝学"的重要原因。当然我们并不能

---

① 《墨子·节用中》。
② 《墨子·节用中》。
③ 《墨子·节用中》。
④ 《墨子·辞过》。
⑤ 《墨子·辞过》。
⑥ 胡寄窗:《中国经济思想史》上,上海:上海财经大学出版社1998年版,第155页。

因此全面否定墨子经济伦理思想的现代意义。实际上，墨子经济伦理思想——如重视农业、手工业和商品交换发展的思想，节约尚俭的消费伦理思想——尽管还比较朴素，但无论是在历史上，还是在现代社会，均有很强的现实指导意义。

第二节　后期墨家经济伦理思想

据《墨子·耕柱》载，墨子在回答其弟子"为义孰为大务？"的问题时说："能谈辩者谈辩，能说书者说书，能从事者从事，然后义事成也。"这里墨子对弟子的各有所能、各有所重予以肯定，也说明墨子思想后继有人。事实上，正是因为墨家后学各据其个性和坚续发展了墨子思想的某一基本倾向，如言必信、行必果的游侠献身精神，绝对平均主义的政治理想，重视研究自然问题的论辩之风，墨子思想才没有在儒家的强烈批判下灭绝，反而"墨离为三"[①]，逐渐形成了游侠、游仕、论辩三派。《庄子·天下》称他们为"别墨"，因其与墨子志趣相异。但他们在"倍谲不同"的同时又"俱诵墨经""以巨子为圣人"[②]，在根本学术观点和学术团体上大体保持一致，所以哲学史上称他们为"后期墨家"。自清朝中叶以来，学术界一般认为《墨子》中《经上》《经下》《经说上》《经说下》和《大取》《小取》等篇均是后期墨家的著作。这六篇的作者显然不是一个人，其中的哲学思想，尤其是《经上》《经下》和《经说上》《经说下》并不完全相同。后期墨家继续对儒学进行批判，同时开始反驳道家和名家思想，但彼此对话部分明显增加了。后期墨家在继承并发展墨子思想的优良传统的同时，摒弃了墨子关于"天志""明鬼"的思想糟粕，对问题的考量不再仅限于功利的层面，而是明显突出对知识理性的强调，突出科学精神，突出逻辑诠释的应用。后期墨家在自然观、认识论、逻辑学和自然科学等方面都有光辉建树。在伦理思想上，后期墨家主要是对墨子的"兼爱"说

---

① 《韩非子·显学》。
② 《庄子·天下》。

和功利思想作了进一步的发展,更强调志,即动机的重要性。不过后期墨家虽把前期墨家的伦理思想进一步逻辑化了,但其思想的深度、论证的充分性反有所降低,这一点在经济伦理思想上表现得更为突出。

一、对墨子"兼爱"思想的发展

墨子提倡"兼爱",本义在"交相爱";后期墨家进而赋予"兼爱""周爱人"或"尽爱人"的新义,将爱的对象、范围、程度作了进一步的推衍。《小取》对"爱人"的定义是,爱就要爱所有的人,而不是只爱某些人:"爱人,待周爱人,而后为爱人。不爱人,不待周不爱人,不周爱,因为不爱人矣。"《大取》进而指出,爱人不应受时间、空间和世之人数多寡的限制,应做到对人多世界和人少世界的人给予同样的爱,对古之人、未来之人和现世之人给予同样的爱:"爱众世与爱寡世相若,兼爱之有相若。爱尚世与爱后世,一若今之世。"

对于后期墨家"周爱人"的主张,当时就有人诘难说,地域无穷、人口众多,周爱人是不可能的。《经下》对此反驳说:"无穷不害兼,说在盈否。"意思是说,地域无穷并不会妨害兼爱,关键在于"盈否"(即充满与否)。《经说下》就此解释说:"人若不盈无穷,则人有穷也。尽有穷,无难。盈无穷,则无穷尽也。尽有穷,无难。"意思是说,人若不充满无穷,那么,人是有穷,尽爱有穷的人是不难的;人若充满了无穷,那么,无穷就是有尽的了,尽爱有穷的人仍无困难。又有人问难说,无法知道人数多少,何以知道爱人尽了呢?《经说下》反驳说:"或者遗乎其问也。尽问人,则尽爱其所问。"这是说,或者有失于人口的调查吧,但若能调查尽人数,我就能尽爱被调查的人。还有人提出,不知人之所在,难以爱之。《经下》反驳说,即使孩子失踪,不知去向,也不妨碍父母对孩子的爱:"不知其所处,不害爱之,说在丧子者。"

显然,后期墨家对"周爱人"或"尽爱人"在逻辑论证上确有偷换概念之嫌,如"不知其所处"就与"丧子"显然不是同一概念,但其伦理学意义还是明确的,即"兼爱"世上所有的人。这样一来,墨子的"兼爱"思想在后期墨家那里就几近于博爱了,内容也变得更加抽象,因而也就更加不切实际、更加难以实行。事实上,后期墨家自己也没能把这一观点贯彻到底。如主张"杀盗"正说明他们的爱并不是给所有人的,也就是说,"周爱人"在后期墨家自己那里就行不通,尽管他们辩论说"不爱盗非不爱人也,杀盗非杀人也"①,似乎"杀盗"与"周爱人"并不矛盾。但事实并非如此,"杀盗非杀人"的"人"指伦理学意义上的人,即与盗相对立的有道德的人;而"周爱人"的"人"指世界上所有人,并不仅指有道德的人。也就是说,肯定"杀盗非杀人"等于否定"周爱人",即"周爱人"被限定为尽爱所有有道德的人了;如果坚持"周爱人"的原意,那就应否定"杀盗"与"周爱人"之间的矛盾,即对"周爱人"作出合乎逻辑的否定,以此证明"周爱人"是不可能实现的幻想。

此外,后期墨家又在墨子"视人若己""为彼犹为己"兼爱原则的基础上提出了将"体爱"作为处理人与爱己关系的根本原则。所谓"体爱",就是视"人"与"己"为一体,彻底做到爱人如爱己。与"体爱"相对的是"利爱",《经说上》解释说:"仁,爱己者非为用己也,不若爱马。"这就是说,爱自己不是为了使用自己,不像爱马是为了使用马,所以出于利己考虑的爱人不是真正的爱人,只是"利爱",即为个人私利去爱人。后期墨家提出真正的爱是不考虑个人的私利的,是不把个人利益作为爱人的动机和目的的,所谓"仁而无利爱"②,但又不排斥爱己。《大取》说:"爱人不外己,己在所爱之中。己在所爱,爱加于己。伦列之爱己,爱人也。"

后期墨家爱别人别人也爱自己的思想实际上与墨子主张爱的对等互报原则是一致的。但是后期墨家的"兼爱"说更突出利他精神,这是对墨子思想的重要发展,主要表现便是后期墨家强调爱人与爱己应有厚薄之分:厚爱人而薄爱己,这就是所谓"伦列之爱己,爱人也","义可厚,厚之;义可薄,薄之,谓伦列"③。这是因为爱人不是为了爱己,所以又说对别人的爱不应有厚薄之分,那种为举己(即"利爱")的爱人是不道德的:"爱无厚薄。举己,非贤也。"④由此,后期墨家进一步主张,为了他人的利益,牺牲个人也在所不惜:"士损己而益所为也。"⑤《经说上》解释说:"为身之所恶,以成人之所急。"借此,他们批判了与之相对的"利爱":

---

① 《墨子·小取》。
② 《墨子·大取》。
③ 《墨子·大取》。
④ 《墨子·大取》。
⑤ 《墨子·经上》。

仁而无利爱，利爱生于虑。昔者之虑也，非今日之虑也。昔者之爱人也，非今之爱人也。爱获之爱人也，生于虑获之利。虑获之利，非虑藏之利也。而爱藏之爱人也，乃爱获之爱人也。去其爱而天下利，弗能去也。①

后期墨家所谓的"利爱"是讲条件、有目的、求回报、具有排他性的爱，其结果是导致"别爱"。以后期墨家对"孝"的认识而言，后期墨家虽然也强调尽孝是人的本分、义务和职责，但提出以利亲为尽孝的基本内容。后期墨家对孝的这种理解和儒家对孝的理解有着本质上的不同——儒家更强调孝体现为亲情与敬意。当然后期墨家也注意到尽孝不能完全流于物质性，而要重视其内在的亲情。后期墨家指出外在条件的变动对人的不可抗拒性，养亲，丰年厚凶岁薄无可厚非，关键是有尽孝的真诚之心："二子事亲，或遇孰，或遇凶，其亲也相若。非彼其行益也非加也，外执无能厚吾利者。"②

二、对墨子义利观的发展

后期墨家经济伦理思想中，"义"依然是核心理念。在对"义"这一概念的诠释上，后期墨家基本上继承了墨子的根本精神，既重视实际的功利结果，也重视利人心志的培育，提出"义"要志在为大家谋公利，这是人的本分、使命和职责："志以天下为芬，而能能利之，不必用。"③"圣人有爱而无利，倪日之言也。"④虽然人们对"倪日之言"的解释不尽相同，但显然"无利之爱"仍为后期墨家所不取。墨子言义必及利，而且将实际的功用效果作为义与不义的根本判断标准，后期墨家对志的强调是对墨子思想的重要发展。

后期墨家发展墨子"义"的思想还表现在对"义"的内容诠释得更为具体、更为明晰。后期墨家对人己之辨有比较明确的认识，提出，对己，做利人之事无需前提条件，也不应考虑可能付出的代价，更不要存有算计之心，即便有危难也要赴汤蹈火不退缩，所谓"断指与断腕，利于天下相若，无择也；

① 《墨子·大取》。
② 《墨子·大取》。
③ 《墨子·经说上》。
④ 《墨子·大取》。

死生利若，一无择也"①；对别人，则"杀一不辜而存天下，不为也"②。墨家之严以律己、宽以责人的特质于此显露无遗。后期墨家还提出了极端情况下"义"的选择，即在只杀一个人以存天下的情况下，人们对杀别人和杀自己有截然不同的评价，这是因为"杀一人以存天下，非杀一人以利天下也。杀己以存天下，是杀己以利天下"③。意思是说，杀一人以存天下，只属于害中取小之列，而无论害之大小，终究是属于权的范围，而"权，非为是也，亦非为非也"④并不可取。墨家主张利他却也给爱己留有一定的空间，提出了"爱人不外己，己在所爱之中。己在所爱，爱加于己。伦列之爱己，爱人也"的说法，主张"圣人恶疾病，不恶危难，正体不动"，承认做到视人如己固然很难，做到视己如人则难上加难。⑤ 后期墨家对"义"的理解更加具体化还体现为对爱人之厚与薄的差异化贯彻：

> 义可厚，厚之；义可薄，薄之，谓伦列。德行、君上、老长、亲戚，此皆所厚也。为长厚，不为幼薄。亲厚，厚。亲薄，薄。亲至，薄不至。义，厚亲不称行而类行。⑥

伦理限定下的爱要符合义的标准，该厚就厚，该薄就薄。但是对特定的人厚并不意味着对其他人要薄。这说明从总的精神来讲，"兼爱"者不能事先有厚此薄彼之心，兼爱之心必须一致。但是在具体贯彻上，还是要以伦理关系为具体原则，该厚则厚，该薄则薄，不得不有殊。这才是真正的义。

后期墨家并不否定个人利益，只是强调在不妨碍天下之利的情况下，个人求利避害才是正当的；同时要权衡利害之大小，实行"利之中取大，害之中取小"⑦的原则。例如，"遇盗人，而断指以免身，利也"⑧。同时，根据爱利统一观点，既然"爱人不外己，己在所爱之中"⑨，那么利人也应不外己，可以做

① 《墨子·大取》。
② 《墨子·大取》注 21，载吴毓江《墨子校注》下，北京：中华书局 2006 年版，第 620 页。
③ 《墨子·大取》。
④ 《墨子·大取》。
⑤ 《墨子·大取》。
⑥ 《墨子·大取》。
⑦ 《墨子·大取》。
⑧ 《墨子·大取》。
⑨ 《墨子·大取》。

到己在所利之中。但是后期墨家将是否利人、利天下视为行为的道德价值标准,而不把个人的求利避害倾向作为行为的价值方针,更不把是否获取个人利益作为道德价值判断的根据。至于在日常事务中权衡个人利害大小,只是个人日常生活利害得失问题,本身不具有道德价值,也就不必进行道德判断。显然,如果称后期墨家的义利观为功利主义思想的话,那么可以肯定的是,较之于一般的功利主义,后期墨家的义利观有着更多的合理内容。

与"周爱人"一样,后期墨家所说的"天下之利"也有"利民"之意,但较墨子的"天下之利"显得更为抽象。此时蕴含于墨子"天下之利"中的"民衣食之财"不见了。墨子提倡"兴利除害"的一个基本要求——"民无饥而不得食,寒而不得衣,劳而不得息"①也不提了。这样,后期墨家的功利主义就不可能具体地解决爱谁和利谁的问题,而主要是宣扬不分阶级、等级地爱一切人、利一切人,即便爱有厚薄之不同,但爱利之心却是相通的:"大人之爱小人也,薄于小人之爱大人也;其利小人也,厚于小人之利大人也。"②后期墨家提倡舍己为人的牺牲精神,这种品德就是我国古代社会的侠士(游侠)之义。侠士之义作为一种高尚的个人品德是值得称道的。此种"义"充分体现了墨学的人民性品格,后来在下层劳动人民中广为流传。司马迁对此评价说:

> 今游侠,其行虽不轨于正义,然其言必信,其行必果,已诺必诚,不爱其躯,赴士之厄困。既已存亡死生矣,而不矜其能,羞伐其德,盖亦有足多者焉。③

但是侠士为之牺牲(即所利所爱)的对象可以是不分阶级、等级的人,因而往往可为统治者利用。这样,墨者自己也可能成为统治者谋取利益的工具。《吕氏春秋·上德》载:墨者首领孟胜,受楚国阳城君之命为其守城。楚王死,群臣攻击吴起而误伤楚王尸体,阳城君也参与了此事,因而被迫逃亡国外,其封国被收。孟胜因之而不能完成阳城君之命,认为有失信义,且将损害墨者之业,为了"行墨者之义,而继其业",于是率其弟子183人自尽。孟胜实际上成了反对变法的旧贵族势力的牺牲品。这一血淋淋的悲剧表明,在严酷的阶级对

① 《墨子·尚贤中》。
② 《墨子·大取》。
③ 《史记·游侠列传》。

立的社会现实中,爱一切人、利一切人是不可能的,反而会使"为身之所恶,以成人之所急"①"杀己以利天下"②的墨者成为统治者利用的工具。

三、对墨子志功统一观的发展

后期墨家所说的"志""功",其基本内涵也指动机和效果;基本观点是既主张"志工,正也"③,又认为"志功不可以相从也"④。后期墨家认为好的动机是驱动道德行为的根本动因,动机不善,行为必不良:"行。所为不善名,行也。所为善名,巧也,若为盗。"⑤这是说,正当的行为不是为了追求善名,因为"仁而无利爱"⑥。那些为了求得善名而为善者如同盗窃一样是投机取巧、欺世盗名之徒。对于"功",《经上》说"功,利民也",进一步的解释是"功。不待时,若衣裘"⑦。这就是说,功就是给民以实际的利益(这里所指的是农事),为此,就要像夏穿葛衣、冬穿鹿裘一样,必须适合时令。反之,必不能使民得到实际利益。

后期墨家继承墨子志功统一观,认为理想的行为既要有好的动机,又要获得好的功效(即利),达到动机与效果的结合,即所谓"志工,正也";同时强调动机和效果是有区别的,不能混同。《大取》:"志功不可以相从也。利人也,为其人也;富人,非为其人也,有为也以富人。富人也,治人有为鬼焉。"其所说的"利人也"就是要使人得到实际利益,产生利人的功效,所以说"为其人也",是真的为别人。而"富人",只是一种良好的动机,并不能使人真的富起来,所以说"非为其人也"。只有通过"为"才能使人获得实际利益。这里区别了"利人也"(功效)与"富人"(动机)的不同。同时也反映了后期墨家在志、功关系上的基本观点是,使志转化为功,必须以"为"为条件,即在动机支配下努力行动。动机付诸行动就是行为,《经说上》:"志行,为也。"只有这

---

① 《墨子·经说上》。
② 《墨子·大取》。
③ 《墨子·经说上》。
④ 《墨子·大取》。
⑤ 《墨子·经说上》。
⑥ 《墨子·大取》。
⑦ 《墨子·经说上》。

样才能有实际的功效,这也反映了后期墨家以务实为荣的思想,即反对把好的动机停留在口头上,认为只讲动机不去实行,那是"金声玉服"①、哗众取宠。这是一种合理的思想。后期墨家还从实践中概括出,权衡利害轻重,利中取大,害中取小的基本原则,《大取》篇名的立意便是由此引申和确立的。对此,《大取》进一步阐析说:

> 于所体之中而权轻重之谓权。权,非为是也,亦非为非也。权,正也。断指以存腕,利之中取大,害之中取小也。害之中取小也,非取害也,取利也。其所取者,人之所执也。遇盗人,而断指以免身,利也。其遇盗人,害也。……利之中取大,非不得已也;害之中取小,不得已也。于所未有而取焉,是利之中取大也;于所既有而弃焉,是害之中取小也。

意思是说,"权"为衡量利害大小、是非提供了基本的标准。在不得已的情况下,于利取大者,于害取小者。这里所谓"取"是指为人所把握采取。"害之中取小"依然维持了总体上的利益,在一定意义上可以说不是"取害",而是"取利"。如遇到强盗,被迫断掉一个指头以保住生命,就保住生命这一点来说是利,就被迫断掉一个指头来说是害。此种情况下,宁肯断掉一个指头,也要争取保住生命。"利之中取大",是在尚未存在的事情中争取实现其中的某一种并非迫不得已的结果,是自己主动从容争取的。"害之中取小",是在已经存在的事情中被迫舍弃某一种,是不得已而为之。

后期墨家继承并发展了墨子的"兼相爱,交相利"学说,将"利"作为社会生活的准则。后期墨家把"功利"看成衡量是非善恶的标准,他们所谓的"功利"主要指手工业者和商人的"利",这一阶层的利益和当时新兴地主阶级的利益联系在一起,反映出当时正在发展的有利于封建经济成长的工商业者的要求。后期墨家继承墨子的"兼爱"说,认为"利"不仅仅是某个人得"利",而应该是"交相利"(相互得到利益),把"利"在一定程度上看成"公利",同时认为这种"公利"本就包含着个人的私利。这种学说和其巩固与发展工商业私有经济的目的是相联系的。后期墨家在战国末期与其他学派的论争中发展了认识论和逻辑学,把我国古代的认识论和逻辑学提升到更高的水平,这

---

① 《墨子·经说上》。

有利于推动我国元伦理学或理论伦理学发展。后期墨家抛弃了墨子思想中的某些宗教唯心的天志明鬼的迷信成分，对后来荀子的唯物主义认识论和逻辑思想有着积极影响。后期墨家的志功观突出了动机和效果的利他性，强调志、功结合及其对行为的道德价值评价的意义，实际上提出了区别志、功以及努力使志转化为功的观点，丰富、发展了墨子关于动机和效果的思想。在我国古代伦理思想史上，对动机与效果关系论述得最深刻、全面的当属墨家，墨家这一思想正是通过后期墨家的发挥才达到了历史发展的最高峰。

　　整体上看，如同胡寄窗先生所言："墨家的经济思想如不是作为儒家思想的对立物而提出，便是道儒家之所未道，其内容之具体而深入远非儒家经济思想之所能及。墨家所接触到的经济问题，总的说来，不如管子的深入与细致，但在某些重要问题上，如对劳动观点、价值概念等之阐述，则又非管子所能及。"[①]就经济伦理思想而言亦是如此。墨家经济伦理思想站在下层人民或劳苦大众的立场上，既肯定劳动的价值和创造财富的不易，因此主张尊重劳动、珍惜劳动产品，又对剥削阶级不劳而获和强取豪夺的生活方式予以尖锐的批判与抨击，并在此基础上提出了"兴天下之利，除天下之害"[②]以及贵义尚利、志功合一、爱利合一等主张，充分表达了对人人自食其力又能兼爱交利的理想社会的追求和向往。当然，墨家在阶级社会初期提出的这些主张具有超越阶级社会发展要求的空想性质，这也制约了它在后来的发展。墨家的消沉源于墨家经济伦理思想的过分理想化性质，也与中国社会对先秦诸子的价值选择有着最为密切的关系。

---

① 胡寄窗：《中国经济思想史》上，上海：上海财经大学出版社 1998 年版，第 157 页。
②《墨子·尚同中》。

第七章

法家经济伦理思想

法家是战国时期主张"不别亲疏,不殊贵贱,一断于法"①的思想流派。早期代表人物有李悝、申不害、慎到和商鞅,后期代表人物是韩非和李斯。他们继承了春秋时期管仲、子产的思想,并且作了进一步的发展,均强调富国强兵是变法的根本目标。相对而言,后期法家更加注重"定法",即主张将现实的统治秩序用法律固定下来。法家思想的根本特征是以"好利恶害"的人性论为理论基础,强调"世易时移,变法宜矣"②,视法律(主要是刑法)为治国的基本手段,主张以"法治"取代"礼治",重视权势、权术,力图用严刑峻法来规范臣民以实现君主集权制。

法家经济伦理思想建立在对其他各家言论批判性吸收的基础上,根本出发点是维护新兴地主阶级的根本利益,主张运用法治手段,维护生产、分配、交换和消费各个环节的公正性。在产业发展方面,主张重农抑商。在分配方面,重公平公正,倡导"以力得富",通过赋税政策缩小贫富差距。在交换方面,主张诚实守信、公平交易。在消费环节,宣传"崇俭斥奢""人与天调",鼓励有节制的消费。法家经济伦理思想对我国封建经济的顺利运行起到了较强的规范作用,对社会经济发展则既起过推动作用也产生过相当的消极作用。法家经济伦理思想对现代社会经济发展仍有一定的借鉴意义,值得挖掘和深思。

第一节　李悝经济伦理思想

李悝(前455—前395),或称李克,魏国人,子夏弟子,早期法家代表人物,郭沫若称其"在严密意义上是法家的始祖"③。关于他的生平,由于缺乏系统而确凿的材料,司马迁著《史记》时也只是在《孟子荀子列传》《货殖列传》《平准书》等篇章中附带提及,而未能为之单独列传。有关他的事迹和言论,后人大多只能从《韩非子》《吕氏春秋》《史记》《汉书》《说苑》等古籍中略知片段。《汉书·艺文志》著录《李子》三十二篇,可惜也已失传。李悝早年

---

① 《史记·太史公自序》。
② 《吕氏春秋·察今》。
③ 郭沫若:《前期法家的批判》,载《十批判书》,北京:东方出版社1996年版,第328页。

与吴起同学于曾参,与儒家思想有一定渊源。相传,魏文侯曾就治国用人之道数次向李悝请教,李悝的应对使魏文侯一再称善,因此他被文侯任用为相。李悝力倡劳者得财富、功者予爵禄是"为国之道",强调贤才必赏、有罪必罚。在实际政治活动中,李悝大胆起用新兴地主阶级的代表人物,剥夺那些享有世袭特权却无所事事的新老贵族们的俸禄,并以此招引贤才。在军事上,李悝改临时征兵制为常备武卒制度,使魏国有了常备正规军。在李悝的辅佐下,魏文侯聚集了一些能人,大胆推动新政。至其晚年,魏国终得以称雄诸侯。《史记·平准书》载:"魏用李克,尽地力,为强君。自是之后,天下争于战国,贵诈力而贱仁义,先富有而后推让。"李悝在位时汇集当时各国的法律,编撰成我国第一部比较系统的封建法典——《法经》,遗憾的是此书早已失传。总之,李悝是一位主张强君遵法、重耕战、强调发展经济的法家人物。

一、"尽地力之教"的生产伦理思想

李悝本人的著作《李子》三十二篇早已亡佚,《史记》又语焉不详,后人对其生产伦理思想的研究多以《汉书·食货志》所载为据。"尽地力之教"是李悝生产伦理思想的核心内容,"尽地力之教"思想的主旨在于引导广大农民致力于农业生产,实际是在新的历史条件下提出的一种重农思想。《汉书·食货志上》言:

> 李悝为魏文侯作尽地力之教,以为地方百里,提封九万顷,除山泽邑居三分去一,为田六百万亩。治田勤谨则亩益三升,不勤则损亦如之。地方百里之增减,辄为粟百八十万石矣。又曰籴甚贵伤民,甚贱伤农;民伤则离散,农伤则国贫。故甚贵与甚贱,其伤一也。善为国者,使民毋伤而农益劝。……是故善平籴者,必谨观岁有上中下熟。……故大熟则上籴三而舍一,中熟则籴二,下熟则籴一,使民适足,贾平则止。小饥则发小熟之所敛,中饥则发中熟之所敛,大饥则发大熟之所敛,而粜之。故虽遇饥馑水旱,籴不贵而民不散,取有余以补不足也。行之魏国,国以富强。

農業在整個古代世界都是決定性生產部門，這是我國古代重農思想產生的重要原因。當然，由於不同思想家所處時代不同、代表的階級利益不同，他們的重農思想各具特色。李悝生活的時代，封建領主制度趨向崩潰、封建地主經濟不斷發展。諸侯們為了爭雄自保，新興地主階級為了鞏固地位，普遍重視發展農業生產、爭取民心。李悝是當時具有政治遠見的改革家，他從治國之道的高度闡析發展農業的意義，明確提出農業是治國之本。李悝對魏文侯說，以耕織結合為特點的農業生產是人民的衣食之源，如果遭到破壞，農民的利益受到損害，必然導致整個國家貧窮。人民為飢寒所迫，往往會犯上作亂滋事："農事害，則飢之本也；女工傷，則寒之原也。飢寒并至，而能不為奸邪者，未之有也。"①所以要國富民安，就必須重視農業生產，務"盡地力之教"。

"盡地力"包含的具體內容，《漢書·食貨志》並未作明確說明，但從其所述還是可以看出一些端倪：一是繼續實施"一夫百畝"的授田制度，保障農民有地可種。二是提倡"治田勤謹"，改進耕作方法，提升精耕細作水平，增加單位面積產量。在李悝看來，地處中原的魏國土地質量不差，畝產卻不高，增產的潛力必定很大，完全可以做到"治田勤謹則畝益三升"。三是重視水利建設。發展農業，離不開灌溉和排澇，李悝對水利建設非常重視："以溝洫為墟，自謂過於周公。"②魏國名臣西門豹以治水著稱於當世，其事蹟"引漳水溉鄴，以富魏之河內"③主要發生在李悝當政之時。這些均說明李悝是一位善於總結當時各國農業生產經驗的人，這也是他能夠提出"盡地力之教"生產倫理思想的重要原因。

從《漢書·食貨志》的記載中，我們還可以看到，為了發展農業生產，李悝不但重視"盡地力"，還十分注意發揮農民的積極性。李悝指出，如果農民"治田勤謹則畝益三升，不勤則損亦如之"，那麼"善為國者，使民毋傷而農益勸"。戰國初年，鐵製農具的使用已日益普遍，魏國在這方面走在各國的前列。社會生產力的提高，更加突出了勞動者在生產中的作用，李悝敏銳地感覺到了這一點。繼李悝之後，商鞅、韓非等也十分重視這個問題。至於農民

① 《說苑·反質》。
② 《七國考·魏食貨·李悝廢溝洫》引《水利拾遺》。
③ 《七國考·魏食貨·漳渠》引《史記·河渠書》。

事农之心不强,李悝认为问题主要在于农民的"常困"。李悝思想的深刻之处在于,其不但看到了当时农业生产水平不高和农民生活困苦的情况,而且把发展农业生产与实现国家富强联系起来考察,认识到必须使农民在生产和交换中获得真正的物质利益,至少要满足他们从事生产和日常生活的最低需要,这样才能真正调动起农民的生产积极性。这些体现了李悝是有一定民本精神的法家人物。

李悝"尽地力之教"思想的最重要方面是着力从开源方面提升国力,这一点也被后人称为我国传统重农政策的典范。李悝精通地方政务,对辖区经济状况十分熟悉。《韩非子·六反》载,李悝主持魏国政治时曾因苦陉县县令年终上计"入多"而将其罢免:"君子不听窕言,不受窕货,子姑免矣!"在李悝看来,阻碍"尽地力之教"实行的主要困难在于农夫"有不劝耕之心"[1]。为此,李悝强调应该行法治与教化,做到赏与罚两手都要硬。《七国考·魏食货·农官读法》引桓谭《新论》言:

> 魏三月上祀,农官读《法》,《法》曰:"耒无十其羽,锄无泥其涂。春田如布平以直。夏田如鹜。秋田惕惕,如寇来不可测。冬田吴、越视上上之田收下下,女则有罚;下下之田收上上,女则有赏。"

李悝还为"尽地力"的农法在耕作技术、土地方案、防灾策略、收获程式方面设想了一些实施细则,如规定"种谷必杂五种,以备灾害。田中不得有树,用妨五谷。力耕数耘,收获如寇盗之至。还庐树桑,菜茹有畦,瓜瓠果蓏,殖于疆易"[2]。此外,李悝还注重社会资源再分配,提出了颇具特色的分配理念。李悝提出"谷贱伤农"原理,进而提出政府出面调控市场价格的平籴法:政府在丰年以平价购买余粮,荒年以平价售出,所谓"籴不贵而民不散,取有余以补不足也"[3],以平稳粮价、保障农耕、维系民心。平籴法使政府宏观经济调控作用得以充分发挥,确保了国家对社会经济运行的有力支配。杜佑《通典·食货十二·轻重》在言及"饶赡之道"时指出:"历观制作之者,固非易遇其人。周之兴也得太公,齐之霸也得管仲,魏之富也得李悝……"

---

① 《汉书·食货志上》。
② 《汉书·食货志上》。
③ 《汉书·食货志上》。

郭沫若则说："中国以后的均输、常平仓等的办法，事实上就是导源于这儿的。这是最有实质的惠民政策。"①

二、"禁技巧"的消费伦理思想

在提出"尽地力"的重农主张的同时，李悝又提出了"禁技巧"的崇俭主张。刘向《说苑·反质》对此有些记述：

> 魏文侯问李克（即李悝——作者注）曰："刑罚之源安生？"李克曰："生于奸邪淫佚之行。凡奸邪之心，饥寒而起。淫佚者，久饥之诡也。雕文刻镂，害农事者也；锦绣纂组，伤女工者也。农事害，则饥之本也；女工伤，则寒之原也。饥寒并至，而能不为奸邪者，未之有也。男女饰美以相矜，而能无淫佚者，未尝有也。故上不禁技巧则国贫民侈。国贫民侈则贫穷者为奸邪，而富足者为淫佚，则驱民而为邪也。民以为邪，因以法随诛之，不赦其罪，则是为民设陷也。刑法之起有原，人主不塞其本而替其末，伤国之道乎？

在李悝看来，刑罚之设的主要目的是对付社会上的奸邪放荡行为。李悝特别指出，一些人的奸邪恰与一些人缺吃少穿而"饥寒并至"密切相关。一些人追求"淫佚""饰美"，用的是"雕文刻镂"（奢侈手工业品），穿的是"锦绣纂组"（高级丝织品）。为了满足他们的奢侈消费，粮食和布帛的生产减少，人们因此缺衣少食，整个国家最终陷入贫困。为了实现国家富强、社会安定，国家必须推崇以简朴为尚，必须切实"禁技巧"，禁止"雕文刻镂"和"锦绣纂组"等奢侈品的生产。李悝"禁技巧"的崇俭思想，矛头直接指向旧贵族，不仅主张夺去他们的爵禄，转赏给对国家直接作出贡献的人，而且反对他们凭借原有的财富继续过奢侈享受的生活。由此阻止他们损害农业生产、制造社会动乱和败坏社会风气。

李悝"禁技巧"的崇俭思想与其"尽地力之教"的思想相辅相成。李悝的基本认识是，在当时整体农业生产水平不高的情况下，如果让农民抛弃耕

---

① 郭沫若：《前期法家的批判》，载《十批判书》，北京：东方出版社1996年版，第331页。

织,去生产"雕文刻镂""锦绣纂组"之类的东西,那么必然会"农事害""女工伤",导致"国贫民侈"、奸邪横行的严重后果。此时,严密的刑罚也只是"为民设陷",不但不能解决问题反而会陷入恶性循环,成为"伤国之道",所以最后的出路只有"禁技巧"了。只有这样才能使耕织结合的农业生产不受干扰和破坏,从而得到不断发展。由此看来,李悝的"禁技巧",既不能将其扩大看作是反对整个手工业生产的,也不应硬把它和抑商联系在一起。

实际上,为了实现富国强兵的目的,当时各诸侯国都十分重视手工业生产。当时的手工业,主要包括两大部分:一是专业的手工业生产。一方面,战国初期,由于铁器的出现,专业的手工业生产发展很快,技术水平也越来越高。另一方面,随着"工商食官"制度逐步解体,官手工业的范围不断缩小,私人经营的手工业日益增多。二是与农业紧密结合的家庭手工业生产,即李悝所称的"女工"。李悝作为有远见的改革家,以国富民强为己任,当然不会一味地反对手工业生产。他主张"禁技巧"的主要目的实际是稳定耕织结合的小农结构,并在这个基础上推动整个社会生产的发展。并且他对"禁技巧"有着严格的限定,针对的是"雕文刻镂""锦绣纂组"之类的奢侈品,而消费这些奢侈品的主要是"淫民",即旧的领主贵族。至于一般人日常所需的布帛用品的生产,不仅不在禁止之列,反而是李悝极力主张保护和发展的。

李悝主张禁止生产这些奢侈品,当然也反对买卖这些奢侈品。单从这一点来说,李悝的"禁技巧"之说和"抑商"的主张是联系在一起。但一旦超出奢侈品的范围,就不能说李悝有抑商的思想。以"平籴"主张来说,实际上李悝并无不准私商涉足粮食买卖的意思,而是主张国家在荒年或丰年对粮价实行调节时要对商人抬价等投机行为进行限制。这与其说是"抑商",不如说是"导商"。李悝的"禁技巧"思想和其"平籴"思想一样,对后世影响深刻。商鞅便是在他的启发和影响下,提出了"苟能令商贾技巧之人无繁,则欲国之无富不可得也"[1]的主张。此思想再经韩非进一步发挥,逐渐成为我国封建社会系统的"重本抑末"思想和政策。

---

[1]《商君书·外内》。

三、平籴惠民的分配伦理观

在李悝之前，惠民思想早有人提及，如孔子就提出过博施济众、"因民之所利而利之"①的主张，并要求统治者"使民以时"②，"关讥市廛皆不收赋"③。墨子谴责"厚作敛于百姓，暴夺民衣食之财"的行为，要求统治者做到民"劳而不伤""费而不病"，以达到民富国治。④ 总体而言，李悝的惠民思想与他们是一脉相承的。但在惠民的具体措施上，李悝提出了平籴法，认为只有实行这种方法，才能既保证粮食消费者不吃亏，又使粮食生产者得到实惠，从而更努力于生产，达到"使民毋伤而农益劝"⑤。

何谓平籴？据《汉书·食货志上》记载，李悝平籴主张的具体内容是，先将农业生产的年成分为三大类型，即平年、丰年和灾年；然后将丰年和灾年又各分为三个等级，即上熟、中熟、下熟和大饥、中饥、小饥。按百亩计算，平年产量为一百五十石；丰年产量，上熟为六百石，中熟为四百五十石，下熟为三百石；灾年产量，小饥为一百石，中饥为七十石，大饥为三十石。

李悝认为，平年时，农民虽入不支出，但就粮食消费而言，解决温饱问题并不大，故无必要具体论之。丰年时，农民手中有大量余粮需要出卖，这时市场上的粮价必然下跌，以致农民多收却不能多得，出现谷贱伤农的状况；灾年时，农民减收，连自己生活都有困难，市场上粮食减少，粮价必然上涨，大部分人民陷入困境，出现"民伤则离散"⑥的状况。这两种情况均对国家不利。因此，善为国者，应该根据年成的好坏在上熟年份平均每百亩收购余粮三百石，中熟年份收购二百石，下熟年份收购一百石，达到"使民适足，贾平则止"⑦。这样，既可保证粮价平稳，也可使农民因丰年而多得。逢上灾年，则将丰年所收购的粮食粜出，小饥年份粜出小熟年份收购的粮

---

① 《论语·尧曰》。
② 《论语·学而》。
③ 《孔子家语·王言解第三》。
④ 《墨子·辞过》。
⑤ 《汉书·食货志上》。
⑥ 《汉书·食货志上》。
⑦ 《汉书·食货志上》。

食,中饥年份粜出中熟年份收购的粮食,大饥年份粜出上熟年份收购的粮食,以保证国中之民能买到平价粮食,做到"虽遇饥馑水旱,籴不贵而民不散,取有余以补不足也"①。显然,若深究这些具体数字的话,一些地方有些不合情理。对此,胡寄窗在《中国经济思想史》中指出这很可能是西汉末年的儒家为附会李悝"尽地力"之说而面壁虚构的,班固在不察的情况下将它采入了《汉书》。但即便如此,人们也可由此发现李悝平籴思想的真实意图。

当然,平籴思想的提出也并非始于李悝。据《史记·货殖列传》记载,计然就曾提出过:"夫粜,二十病农,九十病末,末病则财不出,农病则草不辟矣。上不过八十,下不减三十,则农末俱利。"两人的不同之处在于,李悝主要是考虑到"甚贵伤民,甚贱伤农……甚贵与甚贱,其伤一也"②,所以积极主张实施平籴政策,道德情怀显得更为浓郁。在李悝那里,"农"代表粮食生产者,"民"代表粮食消费者,国家通过平籴对流通中粮食的价格进行控制,把生产和消费联系起来,并使生产者和消费者的利益得到兼顾,从而促进生产,实现国富民安的目标。计然主张"农末俱利",即兼顾生产者和商人的利益。正因为如此,他们对合理粮价各有自己的道德标准。计然认为,在保证"农末俱利"、农民和商人共同接受的条件下,粮价在"上不过八十,下不减三十"的范围内浮动都是合理的。李悝则认为,保证市场供应平衡,"使民适足",粮价为生产者和消费者都接受,是最合理的,就应该使粮价平稳不变,即所谓的"贾平则止"。

计然和李悝平籴主张的一致处在于,都把平籴提高到"治国之道"的高度来认识,不但从粮食的使用价值方面看到粮食生产的重要性,而且从粮食的交换价值方面认识到粮价在促进生产和实现国家富强中的杠杆作用;因而都主张控制粮价,通过买卖来调节市场供求。相对而言,计然的认识更符合市场上价格运行的实际,因为随着丰年、歉年粮食生产的波动,即使政府动用储备、实行平籴,也不可能使粮价绝对不变且保证市场供求平衡。但是,李悝的平籴主张在封建政权力量的支持下,还是可以在一定程度上限制

---

① 《汉书·食货志上》。
② 《汉书·食货志上》。

商人的中间剥削，从而在一定程度上维护农民和消费者的利益；这是有利于封建经济的稳定和发展的。

后世学者大多数根据《汉书·食货志上》提到的"行之魏国，国以富强"来证明，李悝的平籴法至少在魏文侯即位之后得到了普遍推行。但也有人认为事实上未普遍推行，根据是与李悝同时的西门豹在治邺时出现了"廪无积粟"。事实上，无论平籴法当时是否推行，或在多大范围内推行，有一点不能否定，那就是平籴法自李悝提出，又经班固的阐发，在我国历史上产生了重要影响。不但如此，平籴法还意味封建国家直接从事商业活动以控制粮食价格，由此影响生产和消费，对以后历代封建政府的各项专卖活动产生了直接影响。

特别需要提及的是，作为执掌魏国政治的改革者，李悝对实现国家社会制度公平化有过较全面的认识，这也是其平籴法的精神实质所在。李悝在与魏文侯的对话中深刻探讨了这一问题。《韩诗外传》载：

> 魏文侯问李克曰："人有恶乎？"李悝曰："有。夫贵者则贱者恶之，富者则贫者恶之，智者则愚者恶之。"文侯曰："善。行此三者，使人勿恶，亦可乎？"李悝曰："可。臣闻贵而下贱，则众弗恶也。富而分贫，则穷士弗恶也。智而教愚，则童蒙者弗恶也。"文侯曰："善哉言乎！尧舜其犹病诸。寡人虽不敏，请守斯语矣。"

这段简短的对话可以视为李悝分配伦理思想的总纲。由此可以看出，"贵贱""富贫""智愚"这些体现社会关系对立的范畴虽然儒墨显学念兹在兹，却并没有李悝揭示得这般言简意赅、一针见血。李悝首先揭示经济利益斗争是社会矛盾斗争的根本主题之一，主要表现为身份地位、财产、智识水平的差异导致的矛盾；进而指出为政者完全有可能缓和甚至消解社会物质生产的矛盾。《汉书·食货志上》记载当时魏国的基本国情是"庶人之富者累巨万，而贫者食糟糠"，这正是背离公平原则进行分配的必然结果。依据对这种社会矛盾的认识，李悝在魏国实施了体现社会公平理念的"废沟洫""尽地力""善平籴"的政策制度。"废沟洫"的有力推进为"尽地力之教"奠定了基础，同时也引发了整个社会形态的重大改变。《七国考·魏食货·李悝废沟洫》引《水利拾遗》指出："李悝以沟洫为墟，自谓过于周公。"此言很好地诠释了李悝推行"废沟洫"改革确认了人们的土地私有权,彰显了土地分配的公平性,对于调动人民劳作的积极性、保障"尽地力"政策有效实施具有基础性意义。

实际上,"食有劳而禄有功"也是李悝公正分配思想的重要内容。李悝是新兴地主阶级的代言人。他猛烈抨击奴隶主阶级的世卿世禄制度,把那些"其父有功而禄,其子无功而食之,出则乘车马、衣美裘,以为荣华;入则修竽瑟钟石之声,而安其子女之乐,以乱乡曲之教"①的贵族斥为"淫民",主张剥夺无功而禄的贵族的俸禄,转给那些有才能且愿意为魏国效劳的人:"夺淫民之禄,以来四方之士。""为国之道,食有劳而禄有功,使有能而赏必行、罚必当。"②李悝"食有劳而禄有功"的主张以新的封建官僚制取代奴隶主阶级的世卿世禄制,剥夺奴隶主贵族的政治经济特权,为那些原来不享有特权的地主阶级代表人物参加政权敞开了大门;这是新兴地主阶级要求对财产和权力进行再分配愿望的重要反映。

李悝的经济伦理思想具有强烈的现实实践性。他强调国家要实现富国强兵的根本目标,必须大力发展农业,建设良好的社会环境和社会秩序。为了实现这一目标,李悝在经济改革中采取了一系列措施,从而为封建经济发展提供了有利的条件。李悝是个改革家,了解其经济伦理思想必须从他的经济政策和措施中寻找线索,其经济伦理思想的历史影响实际上也融合于经济政策影响之中。李悝认为,人民是因为贫困,特别是因为饥不得食、寒不得衣才会造反。为此,他主张重农抑商,打击那些骄奢淫逸的贵族。李悝坚决打击享用世袭的特权却无所作为的新老贵族,主张剥夺他们的俸禄,大力提拔、重用新兴地主阶级先进人物,奖励那些有能力——特别是树立战功的人。这些措施削弱了贵族势力,为巩固中央集权制创造了条件,促使魏国国力不断强大。由此,引发了其他诸侯国改革的浪潮。李悝的经济伦理思想奠定了早期法家经济伦理思想的基础,不少思想在今天看来仍有借鉴意义。

---

① 《说苑·政理》。
② 《说苑·政理》。

第二节　商鞅经济伦理思想

　　商鞅(前390—前338),公孙氏,名鞅,本是卫国公室的公子,亦称卫鞅。年轻时,曾在魏相公叔痤手下担任"中庶子"。公元前361年,商鞅离魏入秦,经过秦王宠臣景监介绍见到了秦孝公,说以"霸道",得到重用并主持变法。商鞅在秦国主持变法的过程中,先后担任了左庶长、大良造等高级职务。在齐、魏马陵之战后,商鞅率军伐魏,实现了秦孝公的长期夙愿。商鞅也因此受封商、於十五邑,号商君,权重一时。商君在秦执政长达21年,创造了"主以尊安,国以富强"①的丰功伟业。商鞅变法不仅使秦国成为一流的富强大国,而且为秦国统一六国、建立中国历史上第一个中央集权的封建国家奠定基础。西汉名儒贾谊在《过秦论》中高度评价商鞅及其变法:"秦孝公据崤函之固,拥雍州之地,君臣固守,以窥周室,有席卷天下、包举宇内、囊括四海之意,并吞八方之心。当是时也,商君佐之,内立法度,务耕织,修守战之具;外连衡而斗诸侯。于是秦人拱手而取西河之外。"刘向《新序》逸篇指出,秦孝公之所以能够"东并河西,北收上郡,国富兵强,长雄诸侯,周室归籍,四方来贺,为战国霸君,秦遂以强,六世而并诸侯",根本原因在于商鞅变法:"夫商君极身无二虑,尽公不顾私,使民内急耕织之业以富国,外重战伐之赏以劝戎士。法令必行,内不私贵宠,外不偏疏远。是以令行而禁止,法出而奸息。"由是造就了一个强大的秦国,为秦统一中国奠定了经济、军事乃至思想、制度的基础。

一、富国强兵的事功观

　　"事功"与"功利"均有强调实利与行为效果的含义,但二者的具体内涵还是有些差异:功利的侧重点在功名利欲和功效利益上,是那种锱铢必较、

---

① 《韩非子·和氏》。

蝇营狗苟的功利态度；事功则是功利在社会和政治领域的具体推衍，侧重点在建功立业上。先秦诸子中，"事功"一词的使用仅见于商鞅，《商君书·修权》便言："民信其赏，则事功成。"在商鞅的思想体系中，"功"（实用）与"虚"是相对应的概念："说者成伍，烦言饰词，而无实用。主好其辩，不求其实。"①商鞅反对空谈误国，主张事功主义。《商君书·农战》言：

> 夫人聚党与，说议于国，纷纷焉，小民乐之，大人说之。故其民农者寡而游食者众，众则农者怠，农者怠则土地荒。学者成俗，则民舍农从事于谈说，高言伪议，舍农游食而以言相高也。故民离上而不臣者成群。此贫国弱兵之教也。

此言表明，在商鞅眼中，有无实用是衡量国家治乱的基本标准。按照这一原则，实实在在的功绩，而不是巧辩的言谈才是取得官爵的根本依据："效功而取官爵，虽有辩言，不能以相先也。此谓以数治。"②由此可见，商鞅的功利主义实际是一种富国强兵的国家事功主义。

商鞅生活于诸侯国间连年征战相争的战国时期。战国历时二百多年，几乎年年有战争："诸侯相伐，兵革满道，国有相攻之怒，将有相胜之志，夫有相杀之气。"③面对这种事实，与诅咒、反对战争的其他诸子不同，商鞅不仅承认战争的存在还以尚力的学说论证其合理性，提出了农战结合的理论。《商君书·开塞》言：

> 民愚则知可以王，世知则力可以王。民愚则力有余而知不足，世知则巧有余而力不足。民之生，不知则学，力尽而服。故神农教耕而王，天下师其知也；汤、武致强而征，诸侯服其力也。……此道之塞久矣，而世主莫之能废也，故三代不四。

商鞅在此指出不同时代"王"的前提是不同的："民愚"时代，"知可以王"；"世知"时代，"力可以王"；"三代不四"就是因为"此道之塞久矣"。"此道"就是汤、武用武力征伐诸侯之道，即尚力之道："自此观之，国之所以重，

---

① 《商君书·农战》。
② 《商君书·靳令》。
③ 《论衡·寒温》。

主之所以尊者,力也。"①最后的结论便是,现在时代不同了,不致力、不尚力必将出现社会混乱的局面。

商鞅的事功观与秦国的文化底蕴有密切关系。春秋时期,地处关中的秦国生存环境相对恶劣,致使秦人非常注重对物质的索求,对仁义之兴废、礼乐之盛衰的关注相对较少。秦国的上层统治者多把"仁义""兼爱""无为"视为迂腐之谈。秦人这种重实用、讲功利、轻伦理的思想容易催生寡义趋利的社会不良风俗,短期内却有助于事功的实现。秦人这种文化背景使商鞅的国家事功主义容易为孝公所认同,孝公的支持为商鞅实现政治理想提供了政治保障。

商鞅所谓尚力指使民尚力作,意指使民众乐意接受朝廷的役使,不怕艰难困苦,热爱劳动而不吝惜气力;以此为基础,促使全国土地及军队的力量完全发挥出来,这是实实在在的功用主义:"夫民之情,朴则生劳而易力,穷则生知而权利。易力则轻死而乐用,权利则畏法而易苦。易苦则地力尽,乐用则兵力尽。"②不过,商鞅很少从正面论述崇功,而是主要从反面进行论证,主要表现就是极力否定、批判儒家的仁义之教。商鞅认为,增强国家实力的根本在农战,而不在诗书、礼乐与工商:"国之所以兴者,农战也。"③真正的仁义应建立在强力之上:"力生强,强生威,威生德,德生于力。"④君主应把国民引到农战轨道上来以增加国力:"国有礼有乐,有诗有书,有修有善,有孝有悌,有廉有辩。国有十者,上无使战,必削至亡;国无十者,上有使战,必兴至王。"⑤这样,国家的物质财富才会增加,军队的战斗力才会增强:"胜敌而草不荒,富强之功可坐而致也。"⑥至于培育和挖掘民众中潜藏的力量的方式,商鞅的基本主张便是以"利"诱之。在商鞅看来,民之性在趋利避害,重赏之下必有勇夫,严刑之下怯会变勇,两者殊途同归:"欲战其民者,必以重法。赏则必多,威则必严。"⑦

---

① 《商君书·慎法》。
② 《商君书·算地》。
③ 《商君书·农战》。
④ 《商君书·靳令》。
⑤ 《商君书·去强》。
⑥ 《商君书·算地》。
⑦ 《商君书·外内》。

商鞅也重德，但与儒家存在根本不同。他致力构建的是以国家为本位、超越血缘主义的道德体系。商鞅认为，儒家的仁义只是虚无缥缈的空谈而已，对增强国力无益，理应抛弃。商鞅变法活动中"连坐"与"告奸"的规定对儒家"父子相隐""亲亲相隐"的宗法伦理观念是严重的冲击；"宗室非有军功论，不得为属籍"与"明尊卑爵秩等级，各以差次名田宅，臣妾衣服以家次。有功者显荣，无功者虽富无所芬华"的主张冲破了西周以来的世卿世禄制，导致"富""贵"相离，从根本上瓦解了宗法伦理的社会基础，迫使人们尽可能摆脱血缘关系的约束："民有二男以上不分异者，倍其赋。""令民父子兄弟同室内息者为禁。"①

在商鞅国家主义道德的具体内容中，"仁"是最重要的条目，"爱人"则被视为"仁"的根本内涵。但商鞅所谓"仁"与儒家的"仁"学观有重大区别：一方面，商鞅视"法"为"仁"的根本宗旨，将守法视为实现"仁"的根本前提；另一方面，商鞅又将"仁"视为"法"的道德属性。《商君书·靳令》言：

> 圣君之治人也，必得其心，故能用力。力生强，强生威，威生德，德生于力。圣君独有之，能述仁义于天下。

在商鞅国家主义道德的具体内容中，信是维系社会秩序的价值基础。在变法之初，商鞅就通过立木建信。《史记·商君列传》记载：

> 令既具未布，恐民之不信，已乃立三丈之木于国都市南门，募民有能徙置北门者予十金。民怪之，莫敢徙。复曰"能徙者予五十金"。有一人徙之，辄予五十金，以明不欺。

商鞅非常重视公正，在他看来，"作壹"是保证社会公正的根本基础：壹赏，即赏赐有功之人，商鞅所谓的功主要指农事、战事与告奸三大方面；壹教，指统一教育内容，即用农战统一人们的思想；壹刑，即在法的运用上遵守公平的原则，打破了"刑不上大夫"和"亲亲相隐"的传统。《商君书·赏刑》就壹刑思想作出了精辟论述，这也是商鞅公正思想中最大的亮点：

> 所谓壹刑者，刑无等级，自卿相将军以至大夫庶人，有不从王令、犯

---

① 《史记·商君列传》。

国禁、乱上制者,罪死不赦。……守法守职之吏有不行王法者,罪死不赦,刑及三族。

在商鞅事功思想中,公与私是重要内容。商鞅提出天下国家的正当利益,即君主之利为公:"不争则无以私意,以上为意。"①与之相反的私或私利则指顺从自然本性追逐的个人利益。商鞅将"法"作为判断公或私的根本标准,提出"法"所规定的就是公,与"法"相背的便是私。商鞅认为公与私彼此对立、此消彼长,私家富则国地削,私利立则公利灭。在价值选择上,商鞅鲜明地主张去私行公、扬公抑私,认为体现个人信念好恶的对私利的追求是造成人们思想混乱并干扰、破坏公利的根本原因。

在阐析公与私内涵的基础上,商鞅重点论述了去私心、行公义的实践进路。商鞅的基本主张是人们必须依法行事,在法设定的轨道上追求个人的正当利益。为此,官吏们政治上应公正廉洁,经济上应劝导百姓垦荒力耕,军事上应禁止民间私斗。从维护封建国家统治的根本利益的立场出发,商鞅进一步把扬公抑私的对象扩大到封建君主,要求君主"言不中法者,不听也;行不中法者,不高也;事不中法者,不为也"②,反对君主把天下据为私人所有,称那种徇私情给臣民爵禄的行为为私德。

商鞅提出了一个著名论断,即天下是天下人的天下,而不是君主一姓之天下。他还对此前的禅让制度作出了新解释:"故尧、舜之位天下也,非私天下之利也,为天下位天下也。论贤举能而传焉,非疏父子亲越人也,明于治乱之道也。"③由此看来,商鞅推崇的"公"不是君主的狭隘私利,而是反映封建国家整体利益或根本利益的公利:"今乱世之君臣,区区然皆擅一国之利,而管一官之重,以便其私,此国之所以危也。故公私之交,存亡之本也。"④

二、重本抑末的农战思想

在商鞅变法主张中,奖励农战是重要内容:"国之所以兴者,农战也。"

---

① 《商君书·战法》。
② 《商君书·君臣》。
③ 《商君书·修权》。
④ 《商君书·修权》。

"国待农战而安,主待农战而尊。"①《商君书》共二十六篇,其中有一篇专门阐述"农战"主题。除此之外,在其他篇章中,出现"农战"二字不下六处,至于用"一孔"之类的词暗指农战的就更多了。由此可见商鞅对于农战政策的高度重视。事实上,从商鞅整个思想体系看,他最希望民众从出生到死亡都要专(愚)于农战,"以其旦暮从事于农"②。

商鞅农战经济思想的伦理基础是自利的人性论。商鞅认为民众的一切行为,包括耕地和作战,无不以谋取私利为目的:"名利之所凑,则民道之。"③商鞅强调趋利避害的人性是无法改变的。遇事,民众在心里计算后会作出避免祸害、争取利益最大化的选择。聪明的统治者正可利用民众的这种计虑之心,通过赏罚之利害关系驱使民众务农乐战。不过,商鞅并没有对趋利的人性进行善与恶的价值判断,"利"在商鞅思想中是个中性词。商鞅并不认为一切私利均是可取的;相反,他坚持认为实现国之公利应成为人们行为的最终目标,而国家的公利又应落实在生产粮食和增强兵力两个要点上。如此,既可以满足一己之私利,又可以扩大国家赋税收入、增强国家实力,最终实现公私两利。"民朴"是商鞅人性观的重要内容,但他所谓的"民朴"与老子的朴素人性观大不相同:一指所有民众必须绝对地从事耕地和作战,必要时其他行业可以取缔;二指农民应是"疾农",士兵应是"壮民",应努力使"窳惰"之人转变为"疾农"和"壮民"。显然,一旦这种人性倾向得以确立,商鞅就可以将本以强化君权为目的的农战政策解释为顺应人性之举了。这说明商鞅承认人性可变的目的是试图将"人性好利"异化为"人性好农战"。

农业生产发展的前提是要有足够的劳动力从事农业生产,商鞅主要从两方面着手解决这一难题。其一,通过立法迫使有劳动能力者务农。从某种意义上来说,商鞅垦令的二十项都是为实现这个目的服务的。其中有五项法令是为了把农民固定在农业生产上:一是"废逆旅",即禁止开设旅店客栈;二是"壹山泽",即由官府专山泽之利,不准农民分心经营矿冶、渔猎等业,使农民全部从事粮食生产;三是"使民无得擅徙",即不准人民有随意迁移的自由,如果擅自迁徙,必使无所谋食;四是"农逸商劳",指的是农事辛

---

① 《商君书·农战》。
② 《商君书·农战》。
③ 《商君书·算地》。

劳,那就让商人多承担徭役,按商人家庭的人口数分配徭役;五是"重关市之赋",即朝廷对关卡和市场实行重税政策。其二,通过直接的利益诱导农民务农。商鞅明确指出,土地只是一种生产资料,离开生产者本人的艰苦付出,不可能获得足量的生产成果:"夫地大而不垦者,与无地者同。"①在人民中间,又以农民的生活最为艰苦,所以最不能"轻治"的是农民。为了确保"边利尽归于兵,市利尽归于农"②,商鞅提出,国家可以利用政权力量,通过实施租税制度、价格政策来改变这种不正常的现象:"欲农富其国者,境内之食必贵,而不农之征必多,市利之租必重。……食贵则田者利,田者利则事者众。"③商鞅还在垦令中规定"訾粟而税",即对农户按实际的亩产量收取实物税,目的是确保农民不受天灾和年成的影响,从而提高其安心务农的积极性:"下不非上,中不苦官,则壮民疾农不变。壮民疾农不变,则少民学之不休。"④

商鞅特别重视官吏素质,认为官吏素质的高低是影响农业生产者能否专心从事生产的重要因素。商鞅强调,官吏如果能做到"无宿治",即将所有政事都及时办理,农民就会有相对多的时间从事生产活动,生产成果便会相应增加。商鞅指出,当时的秦国,像"民贵学问,又贱农""辟淫游惰之民有所于食""声服通于百县""意不壹而气淫"⑤等使民众意志不集中、心气浮躁的不良社会风气比较浓厚,这非常不利于农战的实现。所以,商鞅特别强调要努力统一民众的价值观,使所有人认同农战,安心、静心及愚心地集中精力、体力于农战。《商君书·农战》言:

> 圣人知治国之要,故令民归心于农。归心于农,则民朴而可正也,纷纷则易使也,信可以守战也。

《商君书·壹言》言:

> 治国者贵民壹。民壹则朴,朴则农,农则易勤,勤则富。

为了使农民专心于农事,商鞅提出了两个方法:一是严厉禁止依赖他国

---

① 《商君书·算地》。
② 《商君书·外内》。
③ 《商君书·外内》。
④ 《商君书·垦令》。
⑤ 《商君书·垦令》。

势力取得爵位和官职的现象："无以外权爵任与官,则民不贵学问,又不贱农。"①二是打击影响农民心志使农民产生异心和懒心的"褊急"之民等五类人士,"重刑而连其罪",甚至主张通过彻底清除的办法使他们"不生于境内"。《商君书·垦令》言:

> 重刑而连其罪,则褊急之民不斗,很刚之民不讼,怠惰之民不游,费资之民不作,巧谀、恶心之民无变也。五民者不生于境内,则草必垦矣。

需要指出的是,在商鞅眼中,民众是否富裕并不十分重要。他甚至明确提出民富与国富是不同的事情,认为民众贫弱国家才富强,因为"民有私荣"就会轻视爵位、卑视官职,"民富"则会不在乎奖赏:"民弱,国强;国强,民弱。故有道之国务在弱民。"②

实践商鞅的"弱民"理论有两个必须解决的难题。其一,民众是国家财力之源,如果民众积贫积弱,国家何以富强? 对此问题,商鞅建议掌握富贵之门钥匙的君主们适时调剂贫富:"贫者使以刑则富,富者使以赏则贫。治国能令贫者富,富者贫,则国多力。多力则王。"③为使民众努力致富,要以刑罚驱使懒惰之人耕种,用"纳粟拜爵"的方法来使富人再次变穷。商鞅不仅主张民众要贫穷,还提出"王者国不蓄力"④,即应该通过对外战争来消耗国家实力。商鞅的理由是,实力雄厚的国家,民众缺乏获得爵禄的机会,容易产生不顾国家利益的私心;民众一生私心,国家必然因此削弱:"国强而不战,毒输于内,礼乐虱官生,必削。国遂战,毒输于敌,国无礼乐虱官,必强。"⑤其二,强大的军队如何由贫弱之民组成? 关于这一问题,商鞅明确地提出:"故王者之政,使民怯于邑斗而勇于寇战。"⑥意思是说,弱民是对内不对外的——民众在国内要弱小,在对外战争中要刚强。至于如何使民众对内变弱、对外变强? 商鞅的基本观点是,对外示强是民众的根本意愿,统治者顺应此民意,民众才会变得更强;否则兵力就会削弱。基本办法是通过军

---

① 《商君书·垦令》。
② 《商君书·弱民》。
③ 《商君书·去强》。
④ 《商君书·说民》。
⑤ 《商君书·去强》。
⑥ 《商君书·战法》。

功爵进行刺激："明君之治国也,士有斩首捕虏之功,必其爵足荣也,禄足食也。"①对内,商鞅强调"政作民之所恶,民弱"②。

为了进一步证明农业的重要作用,商鞅在论述时多以"技巧"、商业等"末事"来作为参照物。《商君书·外内》载商鞅言:

> 末事不禁,则技巧之人利而游食者众之谓也。故农之用力最苦,而赢利少,不如商贾、技巧之人。苟能令商贾、技巧之人无繁,则欲国之无富不可得也。

商鞅如此坚定地提出上述主张与其财富观有一定关系。结合《商君书·壹言》"民壹则朴,朴则农,农则易勤,勤则富"及《商君书·算地》"田荒而国贫"的记载来看,商鞅不仅将国家与民众财富的源泉直接归于农业,而且显然已将粟等粮食作物的生产视为财富的主要来源。商鞅认为国家富强的关键在于能否把足够的劳动力稳定在农业生产领域里,战时能做到全民皆兵,平时能做到全民皆农,所有可耕地不长野草光长粮食的国家才是真正的富国、强国:"民无逃粟,野无荒草,则国富。国富则强。……兵起而胜敌,按兵而国富者王。"③至于商业,商鞅生活的时代正是商业日趋繁荣、全民经商的时代,商业的大发展促进了社会的变动。例如,土地可以自由买卖,知识的商品化加速,私学得以兴起,经济领域的商品经济原则广泛延伸到政治领域,卖官鬻爵现象出现,等等。在商鞅看来,如果不对由商业发展产生的不良后果,特别是妨碍农业发展的后果加以制止,就必然会冲击富国强兵战略的实现,威胁到王权的独尊。

为了杜绝阻碍农事的事情发生,商鞅根据当时秦国的情况,特规定了五项禁令:一是禁止农民做粮食生意,以其为偷懒的行为;也不允许商人利用丰歉年景发粮食财:"使商无得籴,农无得粜。"④商人不发灾年财,农民不偷懒,国民均专心务农,耕地自然得到垦殖,农业自然得到发展。二是"重刑而连其罪",即严厉镇压扰乱农村秩序的五种人——褊急之民、很刚之民、怠惰

343

---

① 《商君书·君臣》。
② 《商君书·弱民》。
③ 《商君书·去强》。
④ 《商君书·垦令》。

之民、费资之民与巧谀、恶心之民妨碍农事的行为；这样，便可确保无妨碍农事的害群之马，老实的农民更可专心务农了。三是禁止朝廷重臣、士大夫无事游逛，追求奇闻异事，高谈阔论以炫示自己的智慧，特别是禁止他们到各县去游逛闲居："国之大臣诸大夫，博闻、辩慧、游居之事皆无得为，无得居游于百县。"①农民听不到这些奇谈怪论，看不到高级官吏优游闲居的影子，便会专心务农了。四是送公粮时不准雇车，所送公粮的重量必须与经营活动相适应，送公粮之后应速返，不许稽留以影响农事："令送粮无取僦，无得反庸。"②五是禁止给犯人讲情和送吃的，要让人们看到犯罪者受苦的样子；这样，可使奸民失去庇护而不敢再害农民了："无得为罪人请于吏而饷食之。"③农民不受害自然会专心向农。

商鞅"抑末"论的另一重要内容就是反智和愚民。对于诗书谈说之士、处士、勇士、技艺之士与商贾之士这五类人，商鞅一概采取否定排斥的态度。在他看来，这些人安身处世的本钱仅仅是嘴、意志、勇气、手及自身，所以投机性很强："谈说之士资在于口，处士资在于意，勇士资在于气，技艺之士资在于手，商贾之士资在于身。"④再者，这些人非但不能创造财富，还要消耗国家粮食，败坏国家风气，破坏国家的农战政策："农战之民千人，而有诗书辩慧者一人焉，千人者皆怠于农战矣。农战之民百人，而有技艺者一人焉，百人者皆怠于农战矣。"⑤对这类人加以重用，所产生的后果只能是"田荒而兵弱"⑥，最后可能导致国家处于灭亡的边缘："其境内之民皆化而好辩乐学，事商贾，为技艺，避农战。如此，则不远矣。"⑦

三、论功行赏的分配观

在商鞅的分配伦理思想中，富国强兵是最终目的。商鞅认为国富和民

①《商君书·垦令》。
②《商君书·垦令》。
③《商君书·垦令》。
④《商君书·算地》。
⑤《商君书·农战》。
⑥《商君书·算地》。
⑦《商君书·农战》。

富具有对立性,国家财产集中于民则国贫,集中于国则国富:"民弱,国强;国强,民弱。故有道之国务在弱民。……故国富而民治,重强。"①商鞅以弱民实现强国的总体思路是以农强国:"以强去强者,弱;以弱去强者,强。国为善,奸必多。国富而贫治,曰重富;重富者强。"②国强的下一步就是以战图霸:"国强而不战,毒输于内,礼乐虱官生,必削。国遂战,毒输于敌,国无礼乐虱官,必强。"③商鞅此种观点似乎与其在《商君书·说民》中提出的"治国之举,贵令贫者富,富者贫。贫者富,富者贫,国强"的观点有些矛盾:使"贫者富"岂不是背离了其弱民原则?其实,这里的"富"只是相对的"富",是相对于贫困百姓原来的生活稍稍"富"些,也就是使百姓勉强生活下去,而不是使贫困的百姓真正富裕起来。既然国富和民富是相互对立的,那么为了国家实现霸业,就只能牺牲民众的利益了。所以,在"国富民贫"和"国贫民富"两种对立的选择中,商鞅最终选择了前者,这就是他的分配伦理思想的根本宗旨所在。

如果说富国强兵是商鞅分配伦理的最终目的,那么以"功"行赏则是商鞅分配伦理的根本原则。《商君书》多篇对此有所涉及,如言:"是以明君之使其臣也,用必出于其劳,赏必加于其功。……是以明君之使其民也,使必尽力以规其功,功立而富贵随之,无私德也,故教流成。"④商鞅强调以"功"行赏,主要原因有三:其一,按"功"分配在操作层面可行性强,谁立功、立什么功、立多少功,一目了然,对如何奖赏又有法可依,"任法而治"⑤操作起来甚为方便,可在最大限度上给分配国家财物工作提供便利。其二,按"功"分配使民众树立起一种奋斗目标,那就是尽心于国家的"农战"事业;民众树立此种目标后,教化起来自然容易多了。其三,按"功"分配可在最大限度上促成"国富民贫"之分配目的的实现。道理很简单,既然"利"只能出自"农战"这"一孔",那么百姓只能通过在"农战"过程中立功来求利,立功求利的过程自然非常有利于国家迅速强盛。至于促成"民贫",商鞅的基本主张依然是以

---

① 《商君书·弱民》。
② 《商君书·去强》。
③ 《商君书·去强》。
④ 《商君书·错法》。
⑤ 《商君书·慎法》。

功行赏：首先，对在"农战"中表现卓著的人士给予相应的奖赏使得他们相对"富裕"；其次，鼓励富者以粮换取官爵，从而实现"富者使以赏则贫"①的目的，这样，富者的财富被国家以赏赐官爵的形式重新集中在手中，"国富民贫"的分配目的也就顺理成章地实现了。

刑罚可以给百姓以威慑，奖赏会给百姓指明应该努力奋斗的方向，两者相结合就会产生良好的治理效果。在结合过程中，商鞅偏重的是刑罚。在商鞅看来，说到底，奖赏的意义仅在于辅助刑罚实现禁止奸邪之目的："夫刑者所以夺禁邪也，而赏者所以助禁也。"②"重罚轻赏，则上爱民，民死上；重赏轻罚，则上不爱民，民不死上。"③奖励手段主要是用来鼓励富人的，如果鼓励富人以粮食买官爵，就会使他们变得贫穷；一旦如此，管理起来就容易多了："治国能令贫者富，富者贫，则国多力。多力则王。"④刑罚手段主要用来驱使胆怯的民众为国效力，使其变得勇敢、专于农耕，从而富裕起来。

在商鞅的分配伦理思想中，生产资料的分配是重要内容。商鞅在重视粟等农作物生产的同时，也注意到了山林川泽等自然资源在财富形成中的重要贡献，并对这种生产资料的分配作了说明。《商君书·算地》的论述如下：

> 故为国任地者，山林居什一，薮泽居什一，溪谷流水居什一，都邑蹊道居什四，此先王之正律也。故为国分田数小。亩五百足待一役，此地不任也。方土百里，出战卒万人者，数小也。此其垦田足以食其民，都邑遂路足以处其民，山林薮泽溪谷足以供其利，薮泽堤防足以畜。

《商君书·徕民》的论述与前者类似：

> 地方百里者，山陵处什一，薮泽处什一，溪谷流水处什一，都邑蹊道处什一，恶田处什二，良田处什四。以此食作夫五万，其山陵、薮泽、溪谷可以给其材，都邑蹊道足以处其民，先王制土分民之律也。今秦之地，方千里者五，而谷土不能处二，田数不满百万，其薮泽、溪谷、名山、

①《商君书·去强》。
②《商君书·算地》。
③《商君书·去强》。
④《商君书·去强》。

大川之材物货宝又不尽为用，此人不称土也。

由上述可见，商鞅土地资源分配思想的提出是基于秦国地广人少、土地与人口比例失调的基本国情；其中蕴含的伦理价值要求是，在生产资料与生产力的配置方面，确保土地与人口比例的协调，珍惜并合理利用自然资源，促进自然资源有效转化为对人类有用的物质财富。

四、节俭主义的消费观

在消费问题上，提倡节俭是商鞅的基调，可以认为在商鞅消费伦理思想中节俭是最根本的行为准则。首先，对最基层的劳动者，商鞅强调实施严格的节俭标准。在《商君书·画策》中，商鞅指出，最普通的下层劳动者应该辛勤耕作，把握好"入多而出寡"的原则，只有这样才能过上稍微宽松的日子："所谓富者，入多而出寡。衣服有制，饮食有节，则出寡矣。"至于那些"不作而食"的人，应该称其为"奸民"："不作而食，不战而荣，无爵而尊，无禄而富，无官而长，此之谓奸民。"但是，商鞅并没有给出"有制""有节"的具体量化标准，只是从他"民不能喜酣奭"[①]的主张可以看出他是坚决反对农民大吃大喝、享用酒肉这些奢侈消费品的。若再结合其"家不积粟，上藏也"[②]的主张，可以看出，他是要求百姓在留够自己所用的之后尽量"上藏"于国家。如此，其标准便不难推测了，无非是要求百姓在消费方面给自己设定一个最低标准，即做到衣服可以保暖、饮食足以果腹就行了。

其次，对拥有私人土地和一定数量财富的封建地主阶层来说，商鞅所谓节俭主要指不能束缚于繁文缛节、沉迷于靡靡之音、沉醉于个人享受，以免严重损害国家实力。商鞅认为，这些人的奢侈浪费行为会妨碍国家开垦荒地和实施农战政策，将影响国家实现霸业，必须严格限制消费。在《商君书·说民》中，商鞅视"辩""慧""礼""乐""慈""仁""任""誉"八者为破坏国家政令、导致荒淫安逸的负面因素：

> 辩慧，乱之赞也；礼乐，淫佚之征也；慈仁，过之母也；任誉，奸之鼠也。

---

① 《商君书·垦令》。
② 《商君书·说民》。

乱有赞则行,淫佚有徵则用,过有母则生,奸有鼠则不止。八者有群,民胜其政;国无八者,政胜其民。民胜其政,国弱;政胜其民,兵强。故国有八者,上无以使守战,必削至亡;国无八者,上有以使守战,必兴至王。

除此以外,在《商君书·垦令》中,商鞅提出四条要求:一是"声服无通于百县",即禁止音乐和奢侈品、装饰品在各县流通;二是"大夫家长不建缮",即禁止大夫家利用雇工大兴土木、修建房屋;三是"大臣不为荒饱",即禁止大臣整日荒淫醉饱;四是"费资之民不作",即禁止贵族挥霍浪费。通过这四条,商鞅在衣食住行等方面对这些统治阶层作出了限制与约束。

最后,对于国君的消费,商鞅提出的标准相对宽松。他认为国君应该享受奢侈一些的生活,人主即使"处匡床之上,听丝竹之声"也可能拥有"天下治"的大好局面:

> 所谓明者,无所不见,则群臣不敢为奸,百姓不敢为非。是以人主处匡床之上,听丝竹之声,而天下治。所谓明者,使众不得不为;所谓强者,天下胜。天下胜,是故合力。是以勇强不敢为暴,圣知不敢为诈而虚用,兼天下之众,莫敢不为其所好而辟其所恶。所谓强者,使勇力不得不为己用。①

这并不能说明在消费问题上,商鞅主张实行两重标准,因为他对国君奢侈消费"网开一面"的前提是国君为"明主"。何为"明主"?商鞅提出,"明主"必须能够任贤使能、以法治国、制服民众等,还应拥有"无所不见"的洞察能力和"使众不得不为"的治理能力。

商鞅经济伦理思想的价值目标非常明确,那就是富国强兵。实现富国强兵的道路本有很多,但商鞅坚信"农战"是唯一途径。商鞅认识到"农战"对人民来说是痛苦之事:"夫农,民之所苦;而战,民之所危也。"②但正是基于对人性的这种观察,商鞅认为,"赏"和"刑"是"去"民之苦、"除"民之危的根本方式。商鞅还提出了一些具体的经济管理措施督促民众致力于"农战"。商鞅在《商君书·垦令》中列举了二十多条规定,目的就在于确使民众壹于"农"。在商鞅看来,农和私商是对立的,力主对私商和学士予以绝对的打

---

① 《商君书·画策》。
② 《商君书·算地》。

压。商鞅经济伦理思想是特定历史时代的产物,秦通过实践商鞅的思想强大起来进而统一中国说明其思想有一定合理性,至少有时代的合理性。不过商鞅过于强调对立而忽视统一,在众多矛盾中并没有找到平衡点。对于商鞅的经济伦理思想,我们应加以批判继承。

第三节　韩非经济伦理思想

韩非(约前 280—前 233),战国末期思想家,出身韩国贵族,是韩国公室的一位公子。《史记·老子韩非列传》称他"喜刑名法术之学,而其归本于黄老。非为人口吃,不能道说,而善著书。与李斯俱事荀卿,斯自以为不如非"。韩非的伦理思想集中见于《韩非子》一书。此书共五十五篇,约十万余字,是后人研究其思想的基本资料。但此书并非由他亲自编写,而是在他去世以后,由后人辑集而成。《韩非子》一书说理透彻、层次分明、辩锋犀利、寓意深刻,其间夹杂有大量的寓言故事,字里行间很少体现韩非对人们的同情。韩非经济伦理思想的主要来源是商鞅的农战论和荀况的性恶论以及他们的富国思想,再就是老子的无为论。韩非思想的重点是探讨王朝今古兴衰的变化大势,同时评析各家思想的得失利弊。虽然相对地说,经济伦理思想在其思想体系中显得不很突出,但其经济伦理思想的深刻性值得重视,可取之处甚多。

一、去私存公的功利观

在先秦思想家中,韩非是性恶论的代表。《韩非子》一书中"利"字出现近 30 次,除了 10 余处作"锐利""美善"解外,余下或名词或动词,均为"利益""得利""以……为利""使……得利"之意。他明确提出趋利避害是人的本性,人与人之间的一切活动都是自利的动机在背后驱动,人人如此,概莫能外。韩非进而认为,人与人之间的一切关系均是一种以利害为纽带的双向选择和相互交换关系。《韩非子·外储说左上》对此生动描述说:

夫卖庸而播耕者，主人费家而美食，调布而求易钱者，非爱庸客也，曰：如是，耕者且深，耨者熟耘也。庸客致力而疾耘耕者，尽巧而正畦陌畦畤者，非爱主人也，曰：如是，羹且美，钱布且易云也。

《韩非子·备内》亦有相似描述：

医善吮人之伤，含人之血，非骨肉之亲也，利所加也。故舆人成舆，则欲人之富贵；匠人成棺，则欲人之夭死也。非舆人仁而匠人贼也，人不贵则舆不售，人不死则棺不买，情非憎人也，利在人之死也。

不唯如此，韩非进一步把这一认识推广到家庭和社会政治领域。在他看来，父母子女之间的骨肉关系看似温情脉脉，实际上"犹用计算之心以相待也"[1]；君臣关系看似神圣，实际上也是一种利害交换，是"臣尽死力以与君市，君垂爵禄以与臣市"[2]，"主卖官爵，臣卖智力"[3]而已。不过韩非并不鼓励膨胀人的私欲，而是强调人一旦被私欲左右，便不会按事物的规律和法则办事，从而招致祸患。《韩非子·解老》载韩非告诫人们：

人有欲则计会乱，计会乱而有欲甚，有欲甚则邪心胜，邪心胜则事经绝，事经绝则祸难生。由是观之，祸难生于邪心，邪心诱于可欲。可欲之类，进则教良民为奸，退则令善人有祸。奸起则上侵弱君，祸至则民人多伤。然则可欲之类上侵弱君而下伤人民。

在人人"自为"、人各"利异"的人性论基础之上，韩非论证了"公"与"私"的根本对立性："古者苍颉之作书也，自环者谓之私，背私谓之公。公私之相背也，乃苍颉固以知之矣。"[4]公私关系，一般指公利（集体利益、整体利益）与私利（个人利益）的关系。但韩非所谓的公利实际指君主的利益，即所谓的"人主之公利"；私利则既指人臣的私利，也包括"匹夫之私誉"，即普通百姓的利益。[5] 韩非认为，臣有臣的利益，君有君的利益，两者根本对立、不可调

---

① 《韩非子·六反》。
② 《韩非子·难一》。
③ 《韩非子·外储说右下》。
④ 《韩非子·五蠹》。
⑤ 《韩非子·八说》。

和:"害身而利国,臣弗为也;害国而利臣,君不为也。"①公利与私利此消彼长,"国地削而私家富"②,"私行立而公利灭"③,"私义行则乱,公义行则治"④。所以保障"人主之公利",必须去私利、私欲:"明主在上,则人臣去私心行公义;乱主在上,则人臣去公义行私心。"⑤

在韩非看来,富国强兵才是人主最大的公利,这是时势所在,也是先秦诸子争鸣的根本主题之一。在这个主题上,韩非的态度非常明确。他认为纵横之说是一派虚言,"非所以成治也"⑥;儒家仁义之学更是误国害民,为"五蠹"之首。在韩非"富国强兵"的主张中,"富国"与"强兵"并不等量齐观、平分秋色。韩非承认国富是兵强的基础,国富则兵强。兵不强,国必固守不住,富也就无从谈起,但富国毕竟还得先行一着。道理很简单,国不富,百姓饥寒,是无法保障他们"用力劳而不休,逐敌危而不却"⑦的。韩非认为,就当时形势而言,想富就得摒弃"合纵连横"之说,潜心发展国家经济:"从者,合众弱以攻一强也;而衡者,事一强以攻众弱也。皆非所以持国也。……治强不可责于外,内政之有也。"⑧

关于富国的根本方略,韩非提出,实行法治是第一要务:"夫圣人之治国,不恃人之为吾善也,而用其不得为非也。恃人之为吾善也,境内不什数;用人不得为非,一国可使齐。为治者用众而舍寡,故不务德而务法。"⑨法治的主要作用是从政策法令上保证实际从事农业和军事的人数。韩非举例说,农业生产和军功武备都不能依靠空谈,论道者众,劳作者少,社会必定动乱不已:"今境内之民皆言治,藏商、管之法者家有之,而国愈贫,言耕者众,执耒者寡也。"⑩

韩非之所以坚决反对儒家的仁政观,主要原因有四:其一,实行仁政是

---

① 《韩非子·饰邪》。
② 《韩非子·孤愤》。
③ 《韩非子·五蠹》。
④ 《韩非子·饰邪》。
⑤ 《韩非子·饰邪》。
⑥ 《韩非子·忠孝》。
⑦ 《韩非子·定法》。
⑧ 《韩非子·五蠹》。
⑨ 《韩非子·显学》。
⑩ 《韩非子·五蠹》。

上古时代的事情，"古者人寡而相亲，物多而轻利易让，故有揖让而传天下者"①；而当时却是"大争之世"。时代既已变迁，沿用古代德治的措施，显然已经不切实际："处多事之时，用寡事之器，非智者之备也；当大争之世，而循揖让之轨，非圣人之治也。"②其二，行仁政是国家混乱的根源，是对法治的破坏。韩非特别针对孔子的"政在悦近而来远""教民怀惠"等德治主张，批判说这样做会使无功者受赏赐、有罪者得豁免，法治必遭到败坏，政治终将混乱："法败而政乱，以乱政治败民，未见其可也。且民有倍心者，君上之明有所不及也。"③其三，儒家仁爱理论空有其名，是小利。君主们若欣赏仁义的名声而不考察它的实质，重则灭国亡君，轻则使君主地位卑微："夫施与贫困者，此世之所谓仁义；哀怜百姓不忍诛罚者，此世之所谓惠爱也。"④与之相反，实行法治虽不能马上见利，却可废私惠、倡大爱，终使国家真正实现大治。这是远远高于儒家仁爱境界的大仁大爱："圣人之治国也，固有使人不得不爱我之道，而不恃人之以爱为我也。恃人之以爱为我者危矣，恃吾不可不为者安矣。"⑤其四，儒家"举善不言恶"会酿成祸乱："君子尊贤以崇德，举善以观民。若夫过行，是细人之所识也，臣不知也。"⑥

　　韩非否定道德作用的根本目的是要树立"法"的绝对权威，做到"以法代德"。其人性论认识基础是人性"自为"且不可去。人性"自为"、人人"利异"决定了公利与私利对立的必然性，为了保障君利和维护法治，只得"废私立公""去私行公"。这实际上承认了利己性是可去的，违背了"自为心"不可去的理论前提，进而不得不涉及道德的领域，如主张"修身洁白""居官无私"等。这就清楚地表明了韩非并不否定道德的作用，并不是"惟法为治"。实际上，韩非还提出过"因道全法""虚静无为"和"任理去欲"等"修养"方法，并提出了具体要求：君王通过"修养"，去除私心，依法治国，为广大人民的利益办事；臣下和民众通过"修养"，去除私欲，遵守法律和社会规范，从而更好地

---

① 《韩非子·八说》。
② 《韩非子·八说》。
③ 《韩非子·难三》。
④ 《韩非子·奸劫弑臣》。
⑤ 《韩非子·奸劫弑臣》。
⑥ 《韩非子·难三》。

为国家尽忠。由此看来,韩非"吸取了道家的观点,但没有倒向禁欲主义;吸取了儒家的观点,又没有倒向超功利主义的说教"①。

韩非还提出,增加收入、提高经济效益是富国的两大基本原则,即所谓的"入多"和"事功"原则:

> 举事有道,计其入多,其出少者,可为也。惑主不然,计其入不计其出,出虽倍其入,不知其害,则是名得而实亡,如是者功小而害大矣。凡功者,其入多、其出少,乃可谓功。今大费无罪而少得为功,则人臣出大费而成小功,小功成而主亦有害。②

韩非把"入多"的成因分为三类,即山林泽谷之利、风调雨顺、人力所为。在这三大因素中,人力因素最重要:"入多,皆人为也。"③在韩非看来,国家虽大、人虽多,如不能加以开发和利用的话,还不如充分开发和利用资源的寡民小国富强:"明于治之数,则国虽小,富;赏罚敬信,民虽寡,强。赏罚无度,国虽大兵弱者,地非其地,民非其民也。"④当然,人多只是可能力量大,力量的大小还取决于从事生产的人口比例的大小,只有绝大多数的人口能够吃苦耐劳,国家才能富裕起来;只让少数人干活,这样的国家只能是贫困和混乱的:"是以百人事智而一人用力。事智者众则法败,用力者寡则国贫,此世之所以乱也。"⑤此外,善于利用自然条件、加强生产管理、致力于农牧科学的研究、不断改进生产工具、提高工效、组织流通、指导消费等也有利于进一步开发和利用资源。

二、农本商末的产业伦理观

关于产业发展,韩非深受商鞅农战思想的影响,强调要实现"王天下"的历史使命,必须重视且着力解决工商业过分发展、农业萎缩的问题。这是韩非把农民和农业放在"本"业的位置上的重要动因。韩非重本思想内容十分

---

① 朱伯崑:《先秦伦理学概论》,北京:北京大学出版社1984年版,第286页。
②《韩非子·南面》。
③《韩非子·难二》。
④《韩非子·饰邪》。
⑤《韩非子·五蠹》。

丰富,涉及农业的作用、影响农业生产的因素、农业生产中应追求"长利"的指导思想等。

在韩非看来,农业生产是确保富国强兵、人民安身立命的前提条件。人民注重生产劳作,国库才会充盈;国库充盈了,才能保证提供给士兵充分的粮草。也只有这样,士兵才能在国家的边防地带奋力抗敌,国家的安全才能得到最终保障:"富国以农,距敌恃卒。"①"尽其地力,以多其积;致其民死,以坚其城守。"②对此,韩非在多处进行了阐述,《解老》与《显学》篇中说得最充分:

> 田荒则府仓虚,府仓虚则国贫,国贫而民俗淫侈,民俗淫侈则衣食之业绝,衣食之业绝则民不得无饰巧诈,饰巧诈则知采文,知采文之谓服文采。狱讼繁,仓廪虚,而有以淫侈为俗,则国之伤也,若以利剑刺之。③

> 磐石千里,不可谓富;象人百万,不可谓强。石非不大,数非不众也,而不可谓富强者,磐不生粟,象人不可使距敌也。④

显然,韩非在把衡量财富多寡的标准与农业产出直接挂钩的同时,将农业丰歉与边防是否巩固和国家盛衰联系在一起了。由此韩非进而指出,不仅对于国家来说,农业是立国之本;对于百姓来说,农业也是关乎生存的"常业":"力作而食,生利之民也。"⑤"家有常业,虽饥不饿。"⑥之所以称农业为"常业",主要是因为韩非认为百姓天生就应以耕地种田为本业:"仓廪之所以实者,耕农之本务也。"⑦在如何引导百姓积极从事农业生产活动方面,韩非明显更青睐于刑罚,而将赏赐视为次要的辅助手段。在《心度》篇中,韩非便明确地阐述了他的这种思想:

> 刑胜而民静,赏繁而奸生。故治民者,刑胜治之首也,赏繁乱之本

---

① 《韩非子·五蠹》。
② 《韩非子·五蠹》。
③ 《韩非子·解老》。
④ 《韩非子·显学》。
⑤ 《韩非子·六反》。
⑥ 《韩非子·饰邪》。
⑦ 《韩非子·诡使》。

也。夫民之性,喜其乱而不亲其法。故明主之治国也,明赏则民劝功,严刑则民亲法。

在重刑轻赏的基础上,韩非提出国君应努力迫使百姓"利出一空"①。"利出一空"指的是要确保国民通过"耕战"这一途径得到想要的财富与赏赐。基于这种理念,韩非非常排斥、反感不事耕战、游说国君施行仁政的儒家学者,指责他们"不能具美食而劝饿人饭,不为能活饿者也;不能辟草生粟而劝贷施赏赐,不为能富民者也"②。在崇本的同时,韩非还主张抑末。为实现此目标,韩非设计了两大类基本政策措施,即对所有末业普遍适用的共同性政策措施和分别适用于不同末业的特殊性政策措施。前者主要包括两点:一是确定劳动力由末移本的政策导向,即通过减少从事工商业和其他游食活动的人数以增加农业劳动力的总量:"夫明王治国之政,使其商工游食之民少而名卑,以寡趣本务而趋末作。"③二是制定"所利必须是所用,所用必须是所利"的政策原则,克服"国平养儒侠,难至用介士,所利非所用,所用非所利"④。后者也主要包括两点:一是为了做到"国无奸民,则都无奸市"⑤,对从事农业的"奸民"及商人实施"以刑治,以赏战。厚禄以周术"⑥的政策。二是对国家确实需要的手工业,保障其拥有相对稳定的发展环境,切实提高其生产功效,阻止劳动者在产业之间频繁转移:"故以理观之,事大众而数摇之则少成功,藏大器而数徙之则多败伤。"⑦

但是,主张抑末的韩非热烈宣扬商品经济的意识和原则,将只在商品经济中才得到充分体现和发展的"自利"观念与交换关系视为观察、剖析社会的根本尺度。在很大程度上,可以认为韩非的人性论和经济伦理关系观就是从商品经济活动中概括和抽取出来的:商品经济所独有的伦理情态和矛盾,如对价值和金钱的贪婪、市场上商品交换者之间既对立又统一的关系、

---

① 《韩非子·饬令》。
② 《韩非子·八说》。
③ 《韩非子·五蠹》。
④ 《韩非子·五蠹》。
⑤ 《韩非子·饬令》。
⑥ 《韩非子·饬令》。
⑦ 《韩非子·解老》。

价值追求与道德观念的冲突等是韩非学说的重要注脚和支撑。肯定"自利"与泛交换意识者，一般是不会得出抑制工商主张的，而是容易产生在金钱（财富）面前人人平等的伦理观。韩非却得出了抑商主义和赤裸裸的封建专制主义。其根本原因在于，韩非坚持的是把君主的个人利益置于不容有丝毫侵犯的绝对支配地位的封建专制君主中心主义。这种价值立场使得韩非不可能承认人际经济关系的平等性。

三、见功与赏的分配观

韩非强调刑赏是驱使百姓从事耕战的根本方法。他认为，国君一定要充分掌握、灵活运用赏罚之利器以激励大众建功立业，维持社会稳定和良性运转。这就是韩非强调论功行赏的根本原因。韩非按功分配的论述比比皆是，《饬令》篇便说：

> 以刑治，以赏战。厚禄以周术，国无奸民，则都无奸市。……授官爵、出利禄不以功，是无当也。国以功授官与爵，此谓以成智谋，以威勇战，其国无敌。国以功授官与爵，则治见者省，言有塞，此谓以治去治、以言去言。以功与爵者也，故国多力而天下莫之能侵也。

《外储说右下》篇说：

> 爵禄生于功，诛罚生于罪，臣明于此，则尽死力而非忠君也。

《难一》篇说：

> 明主之道不然，设民所欲以求其功，故为爵禄以劝之；设民所恶以禁其奸，故为刑罚以威之。

韩非所论甚多，但总的意思简单明了，那就是倡导国君按照臣子的功业授予爵禄。韩非提出此分配思想的根本目的是为农战国策的落实创造一个相对有秩序、循规制的政治环境，体现了一定的相对公平性，打破了过去世袭爵位、封号、财产的制度，理论上强调给所有人一个凭自己艰辛付出而收获回报的机会。

在分配标准方面，韩非的基本主张是确保百姓能够维持日常生活，过上一种相对富裕却又有些"不足"的生活。韩非对神农氏"财用足而力作"的观点非常欣赏,但他也清醒地指出要让作为凡夫俗子的百姓达到类似的境界比较难,达到老子那样"知足不辱,知止不殆"的境界就更加不可能了。考虑到拥有过多的财物将大大影响农民继续努力进行生产劳作的积极性,韩非反对让百姓富有。《六反》篇说:

> 凡人之生也,财用足则隳于用力,上治懦则肆于为非。财用足而力作者神农也,上治懦而行修者曾、史也,夫民之不及神农、曾、史亦已明矣。老聃有言曰:"知足不辱,知止不殆。"夫以殆辱之故而不求于足之外者,老聃也。今以为足民而可以治,是以民为皆如老聃也。

这样,为了最大限度地激励百姓积极从事生产活动,恰当的"度"只能是把百姓拥有的财物控制在可维持生活却又"不足"的状态,这就是韩非为百姓制定的分配标准。

对于官员的财富分配,韩非主张严格按照立功情况授予爵禄。若君主给予大臣超过其功业太多的俸禄,完全可能导致极其严重的后果,甚至可能使国家陷于灭亡的危险境地。《亡征》篇中特意点出了这一点:

> 父兄大臣禄秩过功,章服侵等,官室供养太侈,而人主弗禁,则臣心无穷;臣心无穷者,可亡也。

《奸劫弑臣》篇中也论述了不以功行赏所造成的严重后果:

> 国有无功得赏者,则民不外务当敌斩首,内不急力田疾作,皆欲行货财、事富贵、为私善、立名誉以取尊官厚俸。故奸私之臣愈众,而暴乱之徒愈胜,不亡何待?

总之,韩非主要是担心分配不公会造成社会动荡,甚至导致国家灭亡;一旦如此,生产、赋税征收便难以维持,分配就更谈不上了。看来,注重经济发展的可持续性也是韩非分配思想的一个重要特色。

韩非认为,造成贫富分化现象的原因一是人们劳动是否勤勉,二是人们在生活享受方面是否节俭。若不保护勤劳致富和节俭致富的人,大家最终都会变得怠惰和奢侈起来。在解决社会贫富问题上,韩非信奉商鞅"治国能令贫者富,富者贫,则国多力"①的思想,认为存在一定的贫富差异对于国家推行赏罚制度非常有利,因而反对布施和慈惠一类的政策:"今上征敛于富人以布施于贫家,是夺力俭而与侈惰也,而欲索民之疾作而节用,不可得也。"②当然,也不能由此认为韩非反对均贫富。韩非只是认为国家不应利用权力去征敛富人以布施贫家,而是应充分利用财政赋税政策的杠杆调节作用。韩非虽然赞同不同社会阶级应该贫富不等,但也认可国家有权运用财税政策平衡贫富。

韩非的赋税观与其强调耕战的思想体系紧密相关。这一点既体现在他对赋税征收之目的、用途的定性与分析上,也体现在他对照顾农民利益、反对对其征收重税的税收标准的认可上。韩非在《诡使》篇与《显学》篇中解释说,政府征收赋税是为了充实国库以便防御外敌及各种灾难,保障政府日常工作需要:"悉租税,专民力,所以备难,充仓府也。"③"征赋钱粟以实仓库,且以救饥馑、备军旅也。"④另外,从《六反》篇中"论其税赋以均贫富"的论述来看,韩非实际是将征收赋税的目的明确定性为"均贫富",这是他赞同在税收上采取比例税制的伦理动因。

在税收的征收标准上,韩非没有正面给出确切的答案,但《外储说右下》篇中记载的故事实际上作了说明:

> 赵简主出税,吏请轻重,简主曰:"勿轻勿重。重则利入于上,若轻则利归于民,吏无私利而正矣。"薄疑谓赵简主曰:"君之国中饱。"简主欣然而喜曰:"何如焉?"对曰:"府库空虚于上,百姓贫饿于下,然而奸吏富矣。"

从韩非对赵简主的税收标准的认可态度来看,韩非是反对征收重税的:"夫吏之所税,耕者也;而上之所养,学士也。耕者则重税,学士则多赏,而索民之疾作而少言谈,不可得也。"⑤

《八经》和《备内》篇中的两段论述得更详尽:

---

① 《商君书·去强》。
② 《韩非子·显学》。
③ 《韩非子·诡使》。
④ 《韩非子·显学》。
⑤ 《韩非子·显学》。

上暗无度则官擅为,官擅为故奉重无前,奉重无前则征多,征多故富。官之富重也,乱功之所生也。[1]

徭役多则民苦,民苦则权势起,权势起则复除重,复除重则贵人富。苦民以富贵人,起势以藉人臣,非天下长利也。故曰:徭役少则民安,民安则下无重权,下无重权则权势灭,权势灭则德在上矣。[2]

由此可见,韩非子对徭役和赋税过重的反对实际上是服务于维护君主更好地统治天下及臣民这一根本利益与长远利益目标的。

四、"力而俭者富"的消费观

韩非消费观的内容非常丰富,但总体而言,倾向于倡导节俭消费。韩非特别重视那些影响农业收成的因素,关于这方面的论述主要有两大段,一段见于《显学》篇:

今夫与人相若也,无丰年旁入之利,而独以完给者,非力则俭也;与人相若也,无饥馑疾疢祸罪之殃,独以贫穷者,非侈则惰也。侈而惰者贫,而力而俭者富。

另一段见于《难二》篇:

举事慎阴阳之和,种树节四时之适,无早晚之失、寒温之灾,则入多。不以小功妨大务,不以私欲害人事,丈夫尽于耕农,妇人力于织纴,则入多。务于畜养之理,察于土地之宜,六畜遂,五谷殖,则入多。明于权计,审于地形、舟车、机械之利,用力少,致功大,则入多。利商市关梁之行,能以所有致所无,客商归之,外货留之,俭于财用,节于衣食,宫室器械周于资用,不事玩好,则入多。入多,皆人为也。若天事,风雨时,寒温适,土地不加大,而有丰年之功,则入多。

综合以上两大段论述可以看出,韩非认为影响农业产出的因素主要有三:一为天时,即是否风调雨顺;二为人事,即人民是否努力从事生产活动;

---

[1] 《韩非子·八经》。
[2] 《韩非子·备内》。

三为节俭。在韩非看来,百姓如果能够吃得一时之苦,"相忍以饥寒,相强以劳苦"①,那么以后即使碰到了大灾之年、饥馑之患,也能过着"温衣美食"的生活;这就是犹如"刺骨"之"小痛在体,而长利在身"②的道理。反之,百姓如果平时过着舒适的生活,不去努力生产却经常凭借他人的惠助得到财物,那么一旦遇到"天饥岁荒"的情况,"嫁妻卖子"也只能是他们唯一的选择了;这是选择"小利"而忽视"大利"的必然结果。

韩非的消费观与孔子的消费观精神相似,但更具灵活权变的特征。韩非主张按各阶层的具体情况制定并实施相应的节俭消费标准。韩非列举了很多虽奢侈消费却没有招致国乱军败的国君:如以国之半"自养",侈于桀纣却仍能为"五霸冠者"③的齐桓公;虽过着"冬日毕弋,夏浮淫,为长夜,数日不废御觞,不能饮者以筒灌其口"的生活却"兵不顿于敌国,地不亏于四邻,内无君臣百官之乱,外无诸侯邻国之患"④的赵敬侯。当然,反面例子也有,如"身死国亡,夺于子之,而天下笑之"⑤的燕君子哙。其只是一味节俭,却"不明乎所以任臣"⑥。至此,韩非关于国君的消费观也就呼之欲出了,那就是如国君有道,便不必反对国君的奢侈消费。《说疑》篇载:

> 为人主者,诚明于臣之所言,则虽毕弋驰骋、撞钟舞女,国犹且存也;不明臣之所言,虽节俭勤劳、布衣恶食,国犹自亡也。

《难三》篇载:

> 为君不能禁下而自禁者,谓之劫;不能饰下而自饰者,谓之乱;不节下而自节者,谓之贫。……然故忠臣尽忠于公,民士竭力于家,百官精克于上,侈倍景公,非国之患也。

至于王公大臣,韩非提出他们应在节俭的总原则下,享受符合自己身份等级与社会地位的消费。韩非否定了居庙堂之高的卿大夫的刻意节俭行

---

① 《韩非子·六反》。
② 《韩非子·安危》。
③ 《韩非子·难三》。
④ 《韩非子·说疑》。
⑤ 《韩非子·说疑》。
⑥ 《韩非子·说疑》。

为,因为这会使爵禄失去鼓励有功者的作用:"臣以卑俭为行,则爵不足以劝赏。"①韩非强调功劳是卿大夫享受相应爵禄待遇的根本基础,待遇差别是大臣等级身份的象征。这不仅可以鼓励大臣积极立功,也与国家"备戒事"的军事防备战略等紧密相连。韩非举例说:上卿身份应享用"二马二舆"这样的交通工具配备,孟献伯却自愿放弃,这种节俭实为"乱晋国之政,乏不虞之备,以成节,以洁私名"②。这些"卑俭"的行为并不符合国家法度,不值得倡导。但当大臣超过其应享有的消费水平产生奢侈的享受行为时,韩非也是坚决否定的。《外储说左下》篇载:

> 管仲相齐,曰:"臣贵矣,然而臣贫。"桓公曰:"使子有三归之家。"曰:"臣富矣,然而臣卑。"桓公使立于高、国之上。曰:"臣尊矣,然而臣疏。"乃立为仲父。孔子闻而非之曰:"泰侈逼上。"一曰:管仲父出,朱盖青衣,置鼓而归,庭有陈鼎,家有三归。孔子曰:"良大夫也,其侈逼上。"

韩非在这里是以管仲为例来表明自己的态度。桓公给予管仲相当高的待遇,使其过着"庭有陈鼎,家有三归"的生活,韩非对此非常反感,以致借孔子之口发出"良大夫也,其侈逼上"的感慨。

作为法家学派的集大成者,韩非在我国古代经济伦理思想史上的地位非常重要,其影响巨大且深远。韩非的生产观、消费观、赋税观和分配观都为其以"耕战"富国的政治决策服务。在赋税和分配领域,韩非多次强调不实行"勿轻勿重"之税收标准和不按功分配必然导致社会大乱。这说明韩非特别注重社会的良性与可持续发展,不愿意看到社会动荡。他呼吁统治者应在洞悉"法""术""势"治国之道的同时,"外希用甲兵,而内禁淫奢"③,"不以小功妨大务,不以私欲害人事"④。这些当然值得肯定。但韩非的经济伦理思想充满了内在的矛盾,如韩非主张以法为主、以德为辅,却又没有正确处理德与法的关系。他的主张从根本上说是"以法代德"的非道德主义。这

---

① 《韩非子·外储说左下》。
② 《韩非子·外储说左下》。
③ 《韩非子·解老》。
④ 《韩非子·难二》。

种思想在"当今争于气力"①的战国时代有其产生的历史根据,对于变革旧宗法等级制、统一各国、建立地主阶级的封建君主专制政权也起到了一定的积极作用。但因理论上存在片面性,在实践上终究无法成为地主阶级治国的长久之策。这就从根本上决定了韩非的非道德主义和"法决定论"兼而一体的"法治"学说必然被封建社会生产方式抛弃的历史命运。

---

① 《韩非子·五蠹》。

第八章
农家、商家、兵家、杂家的经济伦理思想

先秦时期的经济伦理思想,除了儒、墨、道、法四大家以外,农、商、兵、杂等家也有对经济生活的伦理思考,并在经济伦理思想史上留下了自己或重或轻、或深或浅的认知智慧。农家以农宣教,游历各国,参与了百家争鸣,在先秦产生了重要影响。农家的基本主张是劝农耕桑以足衣食,其观点反映了古代社会中农民的某种理想。商家是先秦时期一个极具特色的学派,先秦时期商业经济的发展是商家经济伦理思想产生、发展的现实社会土壤,儒家的义利说、兵家的兵战谋略学说、道家的"取予之道"是商家经济伦理思想的重要来源。商家在诸子百家中能有一席之地,与范蠡和白圭成功的商业经营管理实践及其在社会中产生的重要影响分不开。商家经济伦理思想集中反映了中国古代商业经营思想的特色,对后世产生了极其深远的影响。兵家"王国富民""因粮于敌""争义不争利,是以明其义""节欲知足,纯化风尚"等经济主张蕴含着深刻而丰富的伦理内涵,具有重要的理论意义和现实意义。杂家"兼儒墨,合名法",博采众家之长,亦有不少关于经济伦理的论述或见解,其观点对促进先秦经济伦理思想的形成与发展起着不可或缺的作用。农、商、兵、杂等家的经济伦理思想一并构成了先秦经济伦理思想的重要基础,从整体上展示着诸子百家对经济伦理的理性思考和求索智慧,以"满天繁星"的辉煌景象照亮着通向未来的发展之路。

第一节　农家经济伦理思想

农家,又称"农家流",是我国先秦时期集中反映农业生产和以农为本思想的学术流派。劝农耕桑以足衣食是农家的基本主张。农家因与儒家的激烈论战在先秦引人注目,再加上观点独特,从而跻身"九流十家"。《汉书·艺文志》指出:"农家者流,盖出于农稷之官。播百谷,劝耕桑,以足衣食,故八政一曰食,二曰货。孔子曰'所重民食',此其所长也。"后世一般将先秦农家分为两派:一派学说带有"官方农学"的色彩;另一派学说"鄙者农学"或"平民农学"色彩浓厚。与孟子同时的许行(楚国人,约前372—前289)是先秦农家代表人物。据《孟子·滕文公上》载,孟子在滕国时,许行曾偕弟子数十人自楚至滕。许行不求高官厚禄,只要求滕文公给他一块土地以方便耕种。滕文公允之。由是许行与其徒数十人，穿着麻布衣服，靠打草鞋、编席子为生。儒家人士陈良之徒陈相及其弟陈辛自宋来到滕，见许行而大悦，遂放弃儒家而跟随农家。这说明许行倡导的农家学说在当时的确有甚大影响。许行的思想主要见于《孟子·滕文公上》。《管子》一书中，《地员》篇是农家的著作，《牧民》《权修》《五辅》《八观》等篇也对农家思想作了重点记述。杂家代表著作《吕氏春秋》中也有一些篇章是阐述农家思想和农业技术的。总体而言，无论是带有"官方农学"色彩的农家，还是"鄙者农学"或"平民农学"色彩浓厚的农家，均包含两大基本内容：一是关于社会政治的主张，二是关于农业科学技术的知识。其共同之处是高度重视农业经济发展，重农务本、关注民生的学术风格浓厚。农家思想的精华部分在现代社会仍然具有重要的现实意义。

一、以农为本的根本精神

春秋战国时期，百家争鸣，各学派"各引一端，崇其所善"①。但在农业发展问题上，各家的认识相当一致，主要表现便是各学派的代表人物均认为农业是治国安邦的根本。例如，孔子提出："百姓足，君孰与不足？百姓不足，君孰与足？"②孟子说："夫仁政必自经界始。经界不正，井地不均，谷禄不平，是故暴君污吏必慢其经界。"③《管子·禁藏》载："夫民之所生，衣与食也。"墨家提出："凡五谷者，民之所仰也。"④但对重农论述得最全面、最深刻者，无疑当属先秦农家。从实质与内容看，先秦两派农家的重农思想还是有着重大区别的。以许行、陈相为代表的农家的重农思想的实质是重视农民，即关爱农民生活。他们重视农业发展，归根到底是为了保障农民的利益。而另一派更关注农业发展，他们关心农民生活主要是为了促进农业发展、保障国家稳定。

需要说明的是，虽然许行、陈相的重农思想受到孟子的严厉批判，但农

---

① 《汉书·艺文志》。
② 《论语·颜渊》。
③ 《孟子·滕文公上》。
④ 《墨子·七患》。

家关注民生的思想实际是对儒家民本思想的深化,并在具体实践上进行了一些补充。许行的弟子陈相、陈辛本来就是楚国已故儒者陈良的门徒。据《孟子·滕文公上》载:"陈良之徒陈相与其弟辛,负耒耜而自宋之滕,……陈相见许行而大悦,尽弃其学而学焉。"孟子对他们的"叛师"之举当然不高兴。但表面上"尽弃其学"的陈相和陈辛是不可能彻底放弃"旧学"的。从某种意义上,可以认为这是儒家和农家的第一次融合。也正是通过这次融合,先秦农家对于"如何提高农民的地位""发展农业的基本动力是什么"等问题进行了深入思考。其基本内容或关键点便是切实改善民生,而这正是儒家民本观的核心。当然,许行、陈相关注民生的思想与其阶级地位、生活经历也有重大关系。在先秦,农家可以说是诸子中唯一直接从事生产实践的学派。他们在亲自劳动、体验农业生产之艰苦的同时,看到了统治者"厉民而以自养"[1],看到了人民遭受的压迫和剥削。许行提出的"市贾不贰"主张,实际上也从侧面记录了当时市价不利于老百姓的社会现实,这也是农家反商的重要原因。

　　稷下学者托名管仲所作的《管子》一书是体现或内含先秦农家思想的另一代表作。一般视《地员》篇完全是农家的著作,《牧民》《权修》《五辅》《八观》等篇以论述农家思想为重点。这些篇章的中心思想是强调"顺民心"是一切统治的基础。顺应民心的统治者才算得上是贤明的统治者:"政之所兴,在顺民心;政之所废,在逆民心。"[2]由此可见,先秦农家通过"民心"这个概念初步感觉到了人民在历史发展中的决定性作用,应该说这是农家比儒家的民本观更进步的地方。另外,《管子·权修》要求统治者不要对百姓巧取豪夺,不能穷奢极欲,要做到"取于民有度,用之有止"。这些论述对许行主张人人平等劳动的思想有所影响,但也正是这样的影响使得当时的一些统治者更愿意接受农家的思想。

　　重农思想在《吕氏春秋》中得到了更明确的阐述,但内容与实质有了不少新变化,主要表现为更加突出对政策的宏观意义与微观效果的分析。其中,《上农》篇是专讲农业政策的,其对每个具体问题的分析都处处联系着整

---

①《孟子·滕文公上》。
②《管子·牧民·四顺》。

个国家的大局。"古先圣王之所以导其民者,先务于农。民农非徒为地利也,贵其志也。"为什么要这样呢？ 解释如下：

> 民农则朴,朴则易用,易用则边境安,主位尊。民农则重,重则少私义,少私义则公法立,力专一。民农则其产复,其产复则重徙,重徙则死其处而无二虑。……民舍本而事末则好智,好智则多诈,多诈则巧法令,以是为非,以非为是。

《上农》篇的这些言论充分说明,农家重农的主要原因是他们已经认识到了重视农业、搞好农业是安定人心、巩固边防的基本保证。同时,《上农》篇在阐述农业政策时并不是单纯地看重其经济上的利益,而是上升到宏观的国家大计了,这就具有了深刻的伦理意蕴。

促进农业生产发展的关键是提高农业劳动者从事农业生产的积极性,满足他们想获得物质利益的愿望。对此,《上农》篇指出,鼓励百姓从事农业生产、增加他们的经济收入,可以使他们安心地在当地生活和生产,不再轻易徙逃他乡："民农则其产复,其产复则重徙,重徙则死其处而无二虑。"这种通过增加农民的私有财产而安定人心的主张与孟子"明君制民之产""有恒产者有恒心"的主张非常相似。但是,孟子说的是由君主恩赐,是以外力来使民有产；农家强调的是要充分发挥农民的生产积极性、主动性。这种通过提高经济利益促使农民关心农业生产,调动其生产积极性,从而使之终老于农而无二心的思想无疑比孟子论述得更深刻、更全面,也更有效果。

二、君民并耕的伦理主张

在先秦农家中,明确提出君民并耕,主张统治者自食其力,反对不劳而食的主要是"鄙者农学"。这一思想集中见于《孟子·滕文公上》：

> 陈相见孟子,道许行之言曰："滕君,则诚贤君也；虽然,未闻道也。贤者与民并耕而食,饔飧而治。今也滕有仓廪府库,则是厉民而以自养也,恶得贤？"

此言的意思是说贤明的君主应与民众同耕同食、共同劳作,这样才能治理好国家；君主不能"厉民而以自养",即不能通过榨取农民的劳动成果来供养自己。如果君主亲自耕种，那么地方官吏更应自耕自食。就一定意义而言，这实际意味着农家要构建一个从中央到地方的农官体系，建立一个彻头彻尾的农业国，其中皇帝是国家最大的农官。这就是农家（或者说是农官）治国论的要旨所在。

但是，关于许行的"君民同耕"思想，班固认为这是在劝人耕作，所以他作《汉书·艺文志·诸子略》时，在"《神农》二十篇"下注曰："六国时，诸子疾时怠于农业，道耕农事，托之神农。"为何要劝人耕作呢？归根到底，这是由战国时期的社会经济情况，特别是生产力发展状况决定的。战国时期，战争频繁，青壮劳力几乎都要服兵役，所剩者皆属鳏寡孤独，不少地方生产凋敝、田地荒芜，农业生产受到严重影响；加上国家为了供养军队，必然要向农民征税，各国因此陷入一种人口减少、财政匮乏的恶性循环中。此种情况下，统治者若不重视农业生产，国必灭亡。国君重视农业并亲自耕作，树立典范以救时弊才是国家实现可持续发展的重要途径。由此可见，许行"君民同耕"的农家主张既合道德要求，也合当时社会发展之需要，对促进战国时期社会生产力的进步具有积极意义。但是，孟子却认为许行的"君民并耕"思想是反对社会分工的，对其进行了严厉的批判：

> 孟子曰："许子必种粟而后食乎？"曰："然。""许子必织布而后衣乎？"曰："否。许子衣褐。""许子冠乎？"曰："冠。"曰："奚冠？"曰："冠素。"曰："自织之与？"曰："否。以粟易之。"曰："许子奚为不自织？"曰："害于耕。"曰："许子以釜甑爨，以铁耕乎？"曰："然。""自为之与？"曰："否。以粟易之。""以粟易械器者，不为厉陶冶；陶冶亦以其械器易粟者，岂为厉农夫哉？且许子何不为陶冶，舍皆取诸其宫中而用之？何为纷纷然与百工交易？何许子之不惮烦？"曰："百工之事固不可耕且为也。""然则治天下独可耕且为与？有大人之事，有小人之事。且一人之身，而百工之所为备。如必自为而后用之，是率天下而路也。故曰：或劳心，或劳力；劳心者治人，劳力者治于人；治于人者食人，治人者食于人；天下之通义也。"[1]

---

① 《孟子·滕文公上》。

孟子的意思是说，许行既然认为大家都应该去种田以自食其力，那他为什么不一面种田一面打铁、烧窑来生产自己所需要的全部东西呢？难道许行不怕麻烦吗？面对孟子的质问，陈相代许行回答说："百工之事固不可耕且为也。"这句话恰好为孟子的反驳提供了更有力的依据。孟子接着指出，连打铁、烧窑这样的小事情都无法与种田兼顾，治理国家这样的大事情又如何能与种田兼顾呢？孟子因此得出结论：社会一定要有分工，基本要求便是有人劳心则必有人劳力。如果无论什么东西都要自己生产自己用，那么天下的人就只能疲于奔命，最终越来越贫困。

孟子对农家实际上有些误解，因为农家反对的是不劳而食，而不是社会分工。农家真正主张的是以农业为中心，士工商合理发展；也就是适度的社会分工。许行及其门徒以农为业，同时捆屦、织席以为食，又在市场上通过"以粟易"的方式获取帽、炊具、铁制农具等生活必需品。不过，"贤者与民并耕而食，饔飧而治"的主张确实隐含着君王不能借劳心之由来榨取农民的劳动成果供养自己的思想。可见，农家真正反对的主要是儒家津津乐道的所谓"劳心者治人，劳力者治于人；治于人者食人，治人者食于人"的等级制的社会分工说。与农家不同，孟子所谓的劳心者与劳力者的划分必然会涉及社会分工，且有以脑力劳动和体力劳动分工的历史必然性论证阶级统治与阶级剥削合理性之嫌，这是典型的偷换概念。这大概也是孟子对农家大加挞伐的根本原因。

许行等农家人物难以容忍由社会分工分化出来的脑力劳动者可以不耕而食、不织而衣，坐享其成；强烈要求消除脑力劳动与体力劳动的分工，并且身体力行，亲自种田、打草鞋来维持自己的生活。这是其思想具有道德感召力的重要原因，也是这一学派思想矛盾性的重要表现。而其思想的矛盾性是使农家在孟子的反驳下，回应显得苍白无力的根本原因。

《吕氏春秋·上农》也是赞同君民共耕的，并对此有明确设想：

> 是故天子亲率诸侯耕帝籍田，大夫士皆有功业。是故当时之务，农不见于国，以教民尊地产也。后妃率九嫔蚕于郊，桑于公田，是以春秋冬夏皆有麻枲丝茧之功，以力妇教也。是故丈夫不织而衣，妇人不耕而食，男女贸功以长生，此圣人之制也。故敬时爱日，非老不休，非疾不息，非死不舍。

但是《吕氏春秋·上农》中所谓的国君亲耕只具有象征意义,意在期望统治者作出一些表率行为,这与许行主张的"与民并耕而食"有着质的区别。当然二者均以使农民从事耕种之事为重要目标。《上农》篇指出,农民不努力耕种将导致国家难以治理,甚至有毁灭的危险:"若民不力田,墨乃家畜。国家难治,三疑乃极,是谓背本反则,失毁其国。"所以,对于不"力田",即完不成定额的农民制定了相应的处罚措施。此外,《上农》篇还指出,应该根据田土的好坏规定农民必须达到的生产指标:"上田,夫食九人;下田,夫食五人。可以益,不可以损。一人治之,十人食之,六畜皆在其中矣。此大任地之道也。"

随着封建制经济的发展,农业中雇工代耕的现象逐渐增多。为了保证有足够的劳动力从事农业生产,《上农》篇特别提出了"农不上闻,不敢私籍于庸"的主张。这句话有两种解释:一指农民只有在已经被赐爵当了官吏时,才能雇工代耕;二指任何农民不经主管官吏的批准不能私自雇工代耕。由此看来,《上农》篇虽是为统治阶级立言、为统治者服务,却是以小农经济和自己劳动为其学说的出发点的。这是与儒家有重要区别之处。

总体而言,农家并不反工商,许行还强调对商品交换应该做到"市贾不贰"。但正是这种思想引发了孟子的又一批判。《孟子·滕文公上》载陈相对孟子说:"从许子之道,则市贾不贰,国中无伪;虽使五尺之童适市,莫之或欺。布帛长短同,则贾相若;麻缕丝絮轻重同,则贾相若;五谷多寡同,则贾相若;屦大小同,则贾相若。"意思是说,按照许行的观点:相同的物品,只要在长短、轻重、多寡、大小上相同,就应该取相同的价格;在市场上,同种物品只有一种价格没有第二种价格才公平合理。这就是农家的"市贾不贰"思想。对此,孟子是坚决反对的,认为这是一种错误的价格观:

> 夫物之不齐,物之情也;或相倍蓰,或相什百,或相千万。子比而同之,是乱天下也。巨屦小屦同贾,人岂为之哉? 从许子之道,相率而为伪者也,恶能治国家?[①]

显然,孟子的批评与许行本身的观点是有出入的:许行说屦的大小同则价相同,强调的是同种商品;而孟子所谓巨屦小屦同价指的不是同类商品。

---

① 《孟子·滕文公上》。

但是，从经济学角度看，许行提出的价格理论只注意到商品的使用价值，而忽略了决定商品价格的价值；只注意到商品的数量，而不关注商品的质量。这无疑是不科学的，如此交换也是不公正的。从陈相对许行思想的转述中还可以了解到，许行提出"市贾不贰"的根本原因在于反对流通领域中一些商人囤积居奇、哄抬物价、造假卖假，反对的是商人盘剥农民。所以虽然许行提出的观点本身并不足取，但道德动机是值得肯定的。若更进一步考虑，可以发现其更深层的思想内涵，即应该运用国家强制手段（出台法令或政策）来保证市场的正常秩序。

《上农》篇同样主张发展以农为本、工商配合的封建经济。《上农》篇提出，为了保持农、工、商的一定比例，不致打乱以农为本的经济体制，应对农民与工、商之民做严格的划分，采取措施使"农不敢行贾，不敢为异事"，"苟非同姓，农不出御，女不外嫁，以安农也"。《上农》篇还规定"地未辟易，不操麻；不出粪；齿年未长，不敢为园圃；量力不足，不敢渠地而耕"，以保质保量完成农业生产任务。

《上农》篇在肯定以农为本的前提下，讨论了工、商业的作用。首先，肯定农、工、商应各善其事："凡民自七尺以上属诸三官，农攻粟，工攻器，贾攻货。时事不共，是为大凶。"这里所谓"工攻器"说的便是为农民提供耕耘器械的那些人；"贾攻货"指的是从事异地交换的专业人员。农家从再生产的角度对工、商的作用予以肯定，说明农家是极有经济头脑且能从实际出发的。农家善于对问题做全盘综合的考虑，提出对每一农户应鼓励男耕女织："是故丈夫不织而衣，妇人不耕而食，男女贸功以长生，此圣人之制也。"由此观之，《上农》篇强调的是在以农为本的基本前提下，注重耕战结合、农工商结合、耕织结合。这种思想相较于儒家的重本抑末思想显然高明些，所以汉晁错在《论贵粟疏》中评论道："今法律贱商人，商人已富贵矣；尊农夫，农夫已贫贱矣。故俗之所贵，主之所贱也。"

三、"三才"并举的发展观

在我国古代文化中，所谓"三才"，指天、地、人这三个宇宙生成要素。一般认为，《周易·系辞下》最早明确提出"三才"内涵："《易》之为书也，广大悉备：有天道焉，有人道焉，有地道焉。兼三才而两之，故六；六者，非它也，三才之道也。"理论源自实践，"三才"理论形成的物质基础或根本动力是农业的生产实践。中国传统哲学中"三才"理论的形成和发展受到农业实践活动的促进和影响，同时在相当大的程度上规定了中国传统农学的发展方向。战国时期，"三才"理论初步明确地运用于农业。例如，《荀子》主张生产实践须尽人力认识自然、掌握规律，做到"上得天时，下得地利，中得人和"，如此方能产生"财货浑浑如泉源，汸汸如河海，暴暴如丘山"的效果。[①] 将"三才"理论与农学原理完美结合的是先秦农家，特别是《吕氏春秋》中的《上农》《任地》《辩土》《审时》四篇，虽然这四篇都没有明确提出"三才"一词。《审时》篇提出："夫稼，为之者人也，生之者地也，养之者天也。"此言实际上提炼了"人—地—天"的理论模式，突出了"人"的地位和作用——此处所言的"人"指从事农业生产的劳动人民。劳动人民在农业生产过程中，通过"任地""辩土"和"审时"等改造环境的活动获得丰收；至于统治者，若只是在为农业生产创造条件，并不构成《审时》篇中"三才"体系之"人"的主体。这种民本观在当时是非常可贵的。

在《上农》等四篇提出的"三才"理论中，两对最重要的关系是"人天关系"和"人地关系"："天下时，地生财，不与民谋。"[②]《任地》篇在"人天关系"方面，突出"天"对农业生产具有强烈支配和制约作用，提出"时至而作，渴时而止"。目的在于提醒生产要严格遵守农时，不能有丝毫懈怠："不知事者，时未至而逆之，时既往而慕之，当时而薄之，使其民而郄之。"[③]《上农》篇还进一步指出妨碍农时、影响农业的危险性：

> 夺之以土功，是谓稽，不绝忧唯，必丧其秕。夺之以水事，是谓籥，丧以继乐，四邻来虐。夺之以兵事，是谓厉，祸因胥岁，不举铚艾。数夺民时，大饥乃来。

这就是说，兴土功夺农时必将滞碍农业生产发展，致使农民忧思不绝，谷麦无收；以水事夺农时，延误农业生产，邻国将乘机肆虐；举兵事夺农时，

---

① 《荀子·富国》。
② 《吕氏春秋·任地》。
③ 《吕氏春秋·任地》。

尤为凶险,将致使岁月荒废,不动犁锄。农家如此强调"农时",体现了古人对农时即"天"的过分依赖,这是由当时低下的生产力水平决定的,但也体现了天人合一的价值导向。

为了保证农业生产能按时进行,农家除了要求统治者不夺农时,还要防止农民从事有碍于农业生产的其他活动,由此规定了种种野禁。例如,农忙季节,不得宴请宾客:"故当时之务,不兴土功,不作师徒,庶人不冠弁、娶妻、嫁女、享祀,以酒醴聚众。"①禁止农民进城游逛:"是故当时之务,农不见于国,以教民尊地产也。"②不得从事商业等非农业事务:"农不敢行贾,不敢为异事,为害于时也。"③

不同于"人天关系",在"人地关系"中,《上农》等四篇突出人的主动性。从生产力层面上看,《任地》篇援引后稷的话提出:"子能以窒为突乎? 子能藏其恶而揖之以阴乎? 子能使吾土靖而甽浴土乎? 子能使保湿安地而处乎?"这里突出了农业生产的重点在于发挥人力改造土地的积极性。为此,先秦农家提出了"耕之大方",其主要目的就是从改善和提高土地质量的角度来改造"人地关系",使土地达到最大的产出量。此外,《上农》篇还指出,田地等次不同,经营的规模也应该不相同:"上田,夫食九人;下田,夫食五人。可以益,不可以损。一人治之,十人食之,六畜皆在其中矣。此大任地之道也。"

此外,《任地》篇提出的"耕之大方",即指导生产耕作的五条根本原则,指科学解决力与柔、息与劳、棘与肥、急与缓、湿与燥五对矛盾的方法:"凡耕之大方:力者欲柔,柔者欲力;息者欲劳,劳者欲息;棘者欲肥,肥者欲棘;急者欲缓,缓者欲急;湿者欲燥,燥者欲湿。"另外,农家还非常关注农业灾害问题,提出"修饥馑,救灾害"④。农家将水灾、旱灾、风雾雪霜、疾病、虫灾合称为"五害",认为"五害"是危害百姓生活和生产的重大灾害。贤明的统治者要想巩固自己的统治,当务之急在于扫除"五害"以解除百姓的痛苦,获得百姓的拥护。在《管子》作者看来,水灾是最危险的自然灾害,尤应引起统治者

---

① 《吕氏春秋·上农》。
② 《吕氏春秋·上农》。
③ 《吕氏春秋·上农》。
④ 《管子·五辅》。

的重视。这样,灾害意识就成为农家民本思想的重要构成部分。

中华民族历来以农立国,发达的农业创造了古代中国高度的物质文明和精神文明,中国的农业技术、农学理论、农业思想以及农业管理经营经验等都曾居于世界前列。英国著名中国科技史研究专家李约瑟(J. Needham)博士便称,中国"在公元 1 世纪到 13 世纪之间达到了一个西方世界无法企及的科学知识水平"[①]。农家要求君民并耕、人人自食其力,与同时代儒家孟子所鼓吹的"劳心者治人,劳力者治于人;治于人者食人,治人者食于人"思想是针锋相对的,在中国思想史上具有重要价值。许行的"市贾不贰"主张虽有不切实际的空想成分,却反映了当时农民对不法商人的欺诈和苛刻盘剥行为的抗议。今天的中国经过 40 多年改革开放,经济获得了飞速发展,城镇建设和工业发展加速,但农业的基础地位并没有改变,在短期内也不会发生重大改变。在城乡二元化发展中,"三农"问题、民生问题日益突出,农业生态破坏严重,先秦农家的君民共耕、"三才"并举等思想对于解决这些问题显然不乏现实的启示意义。

第二节　商家经济伦理思想

商家,也称"货殖家"或"治生家",因重商主义色彩鲜明而在先秦时期与儒、道、法、墨、阴阳、纵横等家相提并论。一般称计然、范蠡(陶朱公)、白圭为商家的宗师级人物,其他代表人物还包括管仲、子贡、吕不韦等一批文化素养高的知识分子。这些人物之间不少有师承关系,如范蠡拜计然为师、猗顿师事范蠡等。据《史记·货殖列传》记载,战国时代有很多有名的私营手工业主。例如,赵地邯郸的郭纵,以冶铁为业,其富可与王侯相比;以煮盐起家的猗顿。还有一个女手工业主,就是始皇帝为之修筑"怀清台"的巴蜀寡妇清。她的先人是开采丹砂的,她一直守着这个行业,成了有名的巨富。此

[①] [英]李约瑟:《中华科学文明史》第 1 卷,[英]柯林·罗南改编,上海交通大学科学史系译,上海:上海人民出版社 2001 年版,第 2 页。

外,蜀地卓氏的先人和宛地孔氏的先人等,也都是战国时期赵国和魏国的私人冶铁手工业者。这些人都是从平民中兴起的专业从事交换商品而不是自己享用的商人,司马迁在《史记·货殖列传》中称他们为"素封"。"素封"的出现,标志着我国古代社会中"工商食官"制度的结束。

商家思想散见于《论语》《国语》《越绝书》《史记》等文献。相对而言,司马迁《史记·货殖列传》中关于范蠡"积著之理"和白圭"治生之术"的记载较为集中、完整。总体而论,先秦商家代表人物大体可分为三类:一是政商家,指的是商人出身而后成为政治人物者,著名的如齐相管仲、秦相吕不韦。二是商业理论家,主要指一些有较高文化素养的商人,如计然、范蠡、子贡、白圭等。他们在商业领域获取一定的实践经验后,用自己的学识整理出经商致富之学,成为商家理论形成的直接促成者。三是雄商豪贾。先秦商家群体中不乏史上有名的富可敌国、不吝惜财富的巨商,如猗顿、弦高等。先秦商家中,后世认为最著名的是白圭与范蠡。白圭,周人(前370—前300),经商致富为其所擅长,被奉为商人的祖师。《史记·货殖列传》载"天下言治生祖白圭"。范蠡字少伯,春秋末越国大夫,楚国宛(今河南省南阳市)人,生卒年不详。范蠡是辅佐越王勾践的重臣,在越国称霸过程中立下过汗马功劳。越灭吴后,范蠡远离越国,后半生弃政从商,最后定居商业城市陶邑(今山东省菏泽市定陶区西北),复改称"陶朱公",成为有名的大富翁。先秦时期的商家思想对我国商业文化产生过深远的历史影响,对于培育现代中国商业文化和商业伦理精神也不乏有益的借鉴和启示。

一、农商俱利的产业伦理观

"治生"一词在我国古代指"治家人生业",也就是通过进行农、工、商产业的活动积累私人的家产。先秦商家的治生之学蕴含着新的价值观,即讲究获取、积累私人财产,对私利的追求是天经地义的。商人资本在地主阶级生产关系建立、巩固之前是私人财产最简洁、最直接的表现形式。这意味着,在先秦,治生这种社会现象主要是与商人资本的实践重合的。就此而言,可以视治生之学为商人资本的主体思想,它反映出春秋战国时期我国已经出现了积累有巨大财富和丰富发财致富经验的庞大商人阶层。在一定意义上，可以认为先秦商人的治生之学是他们经商致富经验的概括和总结。这就不奇怪，为什么商家对利的态度，与儒家"罕言利"、道家对私利讳莫如深、墨家对私利遮遮掩掩大不相同。

春秋战国时期，商人势大既是当时经济发展、社会变迁的必然结果，也与各诸侯国统治者的默许甚至是支持分不开。当时，由于生产力的提高，劳动生产效率迅速提升，商品经济进一步发展。与此同时，血缘宗法制随分封制日趋衰落、社会动荡不安而崩溃，"工商食官"的社会分工局面由此被打破，工商业者逐渐摆脱了官府的控制，自由的商人大量涌现，商人队伍不断扩大。各诸侯国统治者为了增强国家的实力，大多比较重视商业的发展。齐桓公能成为"春秋五霸"之首，与齐国重视商业关系很大，突出表现便是商人出身的管仲成为齐国的贤相，在位时采取了多项措施发展商业："昔圣王之处士也，使就闲燕；处工，就官府；处商，就市井；处农，就田野。"[①]郑国的统治阶级对商业发展也非常重视，特别是子产执政后，着力推行重商、尊商的政策。先秦时期，各诸侯国统治者重视商业发展的另一重要表现是，为了保持彼此之间的商贸活动、增进经济联系，在会盟中订立了一系列保护、促进商业活动的条款。例如，公元前 651 年，在齐桓公主导下，周及鲁、齐、宋、卫、郑、许、曹诸国在葵丘会合立下五条盟约，其中两条便是"敬老慈幼，无忘宾旅"和"无曲防，无遏籴，无有封而不告"[②]。先秦各诸侯国统治者对商业、商人的重视与支持激发了商人顾大局的心怀，促进了商人献身商业的伦理情怀，也使得商家的治生理念得到了官方的肯定。

据《左传·昭公十六年》载，一对玉环，晋国大臣韩起有一只，郑国商人有一只。后来韩起到郑国时请求郑国国君帮助索取，子产坚决不同意。韩起便想以低价购买，子产则以先君桓公曾与商人签订盟约为据加以拒绝。这件事可以说是郑国保护商业的典型事例。

一方面，公开宣扬商业的治生价值与先秦时期士商阶层已经形成密切相关。何谓"士"？孔子对士的概括是"志于道，据于德，依于仁，游于艺"[③]。春秋战国时期，原来的"工商食官"制度逐渐衰落，在"官"退"私"进过程中，

① 《国语·齐语》。
② 《孟子·告子下》。
③ 《论语·述而》。

自由商人,即独立经营的私商发展壮大,一些士人也加入商业经营活动中,出现了亦商亦士的人物。子贡可谓是其中的代表。子贡是孔子的学生,也是当时有名的士,先在鲁国为官,后从商。对此,《史记·货殖列传》是如此记载的:

> 子赣既学于仲尼,退而仕于卫,废著鬻财于曹、鲁之间,七十子之徒,赐最为饶益。原宪不厌糟糠,匿于穷巷。子贡结驷连骑,束帛之币以聘享诸侯,所至,国君无不分庭与之抗礼。夫使孔子名布扬于天下者,子贡先后之也。

其他著名的士商:管仲,曾与鲍叔牙合伙做生意;吕不韦,"往来贩贱卖贵,家累千金"[1];范蠡弃官经商,更名易姓。士人从商提高了商人队伍的文化素质,使得商业治生的正面意义容易得到社会的肯定。

另一方面,士商们强调商业的治生价值又多与商人的个性特征有关。这一点在范蠡身上尤为突出。范蠡曾为越国优秀政治家,在越国亡国之际、国君勾践处境最艰时,陪勾践一起受辱、一起奋斗、一起谋划改变。虽同患难,但范蠡始终秉持自己独立的人格与意志,在越国复国后,因觉得自己在政治上已无用武之地,甚至连生命也处于危殆,便毅然选择离开。离开越国后,范蠡先来到齐国,隐姓埋名,在海边住下来,经营酒业,自称"鸱夷子皮"(盛酒的皮袋子)。由于经营有方,范蠡很快便发财致富:"耕于海畔,苦身戮力,父子治产。居无几何,致产数十万。"[2]齐人欲以其为相,范蠡归相印、散其财,又悄然远行至陶。陶当时的地理位置非常优越,范蠡在这里进行大规模的商贸活动,不久便又成为闻名天下的富商大贾。《史记·货殖列传》称其:"十九年之中三致千金,再分散与贫交疏昆弟。此所谓富好行其德者也。"

在突出商业治生价值的同时,商家大多并不否定农业发展对治生的意义,大多强调产业发展应该做到本末俱利。原因很简单,先秦时代生产力尚不发达,农业才是关系国家生死存亡的生产部门。这一点,多数商人还是充分体认的。例如,商人计然十分重视农业,提出了以"六岁穰,六岁旱"为主

---

① 《史记·吕不韦列传》。
② 《史记·越王勾践世家》。

要内容的农业循环思想："故岁在金，穰；水，毁；木，饥；火，旱。……六岁穰，六岁旱，十二岁一大饥。"①计然还强调蓄积关系到国防和人们的日常生活，而蓄积的前提便是"省赋敛，劝农桑"：

> 人之生无几，必先忧积蓄，以备妖祥。……必先省赋敛，劝农桑。饥馑在问，或水或塘。因熟积以备四方。②

计然的重农思想对范蠡产生了很大影响。为了复苏越国经济，范蠡多次对勾践建议应重视粮食生产："兵之要在于人，人之要在于谷。故民众则主安，谷多则兵强。"③"天地之间，人最为贵。物之生，谷为贵，以生人，与魂魄无异，可得豫知也。"④粮从地中来，想增加粮食产量，除了发展农业生产外，别无他途。为此，范蠡对开拓土地非常关注，认为"田野开辟，府仓实，民众殷"⑤。范蠡关于农作物收获循环论的观点主要见于下面一段文字：

> 太阴三岁处金则穰，三岁处水则毁，三岁处木则康，三岁处火则旱。故散有时积，敛有时领，则决万物不过三岁而发矣。……天下六岁一穰，六岁一康，凡十二岁一饥。⑥

农业循环发展也是白圭商业思想的核心之一。白圭的农业经济循环理论主要论述了农业收成与气候的密切关系：农业收成好坏随天时而循环。《史记·货殖列传》言："太阴在卯，穰；明岁衰恶。至午，旱；明岁美。至酉，穰；明岁衰恶。至子，大旱；明岁美，有水。至卯，积著率岁倍。"

商家所重的"农"指大农业，即除了强调农业的重要性外，还提出发展畜牧业。范蠡定居于陶后，"复约要父子耕畜"⑦。其不仅亲率家人努力从事畜牧业生产，还热心指导他人从事这一产业。鲁国有一穷人叫猗顿，特意上门请教致富的经验，范蠡教其赴西河畜牛羊于猗氏之南。十年之间，猗顿遂成巨富。范蠡在政务、经贸活动之余，撰写过一部《养鱼经》传世。范蠡的行

---

① 《史记·货殖列传》。
② 《越绝书·计倪内经》。
③ 《越绝书·外传枕中》。
④ 《越绝书·外传枕中》。
⑤ 《国语·越语下》。
⑥ 《越绝书·计倪内经》。
⑦ 《史记·越王勾践世家》。

为，用今天的话来说，就是以身作则，通过先富带动后富。

但是与先秦其他学派，尤其是法家的重农思想不同，商家的重农思想具有浓厚的商业气息，是从商业角度论农业发展，毕竟当时的主要商品是农业产品。计然、范蠡的农作物收获循环论以现代经济观视之，实际是试图通过考察生产过程去考察流通领域的问题。在农作物收获循环论的基础上，计然、范蠡提出了自己的价格理论和平粜思想。天时的好坏有规律，农业收成的好坏也有规律，谷物的价格必然表现出规律性。例如，农业收成好坏每三年变动一次，谷物价格每三年也变动一次，这就是规律："八谷亦一贱一贵，极而复返。"①粮食是最基本的生活资料，谷价的变动必然会影响到其他商品价格的变动。这样，社会上的物价多数情况下会每隔三年普遍发生一次变动："则决万物不过三岁而发矣。"②根据这个规律，白圭指出，商人在丰收之年可以对第二年必然减产的情况作出一些预测，同时大量购粮用于囤积，第二年粮食歉收时便可以大量售出，由此实现"积著率岁倍"的目的；也就是从丰年与歉年的价格差异中获得成倍的收益。

从本末俱利的产业伦理认识出发，商家强调应充分调动农与工商双方的积极性，为此应对二者利益均衡关切，基本要求便是既不能谷贱伤农，也不使谷贵伤工商：谷价太贱将损害农民利益，农民利益受损生产积极性必然下降；谷价太高则会损害工商业者利益，工商业者利益受损，财货也就无法增值。实行平粜法，即当谷价过高时，以低于市场的价格出售粮食；谷价过低时，以高于市场的价格收购粮食。如此一来，确保物价趋于平稳，货物也不会缺乏，这样对农与工商才均有利。这是商家基于价格理论提出的一种具体政策，同时蕴含了兼顾农与工商双方利益的伦理情怀：

> 夫粜，二十病农，九十病末。末病则财不出，农病则草不辟矣。上不过八十，下不减三十，则农末俱利，平粜齐物，关市不乏，治国之道也。③

---

① 《越绝书·外传枕中》。
② 《越绝书·计倪内经》。
③ 《史记·货殖列传》。

二、遵道而行的良商理念

先秦商家非常重视商业交换中的供给需求规律,认为善于利用经营技巧、遵循市场交换规则与原理、在合乎道义的前提下取利致富皆是可取和应鼓励的,这样的人即为"良商"。先秦时期,这样的商人为数不少。孔子的弟子子贡商业经营能力强,善于贱买贵卖,从而赚了不少钱:"好废举,与时转货赀。"①子贡成功的关键在于对商业活动的规律有准确的把握,对商业形势的判断也相当准确,所谓"而货殖焉,亿则屡中"②。管仲是先秦时期另一著名的商人。《管子·问》:"市者,天地之财具也,而万人之所和而利也。"《管子·国蓄》:"大贾蓄家不得豪夺吾民矣。""夫物多则贱,寡则贵。散则轻,聚则重。"说的是商人在市场上开展交换活动并不是对某个人有利,而是对万人有利。这无疑是对商人及其商业交换活动在道德上予以了高度肯定。《史记·货殖列传》更是记载了许多良商的故事,如宣曲任氏善于把握规律、分析形势,贱买贵卖,经商致富:

> 宣曲任氏之先,为督道仓吏。秦之败也,豪杰皆争取金玉,而任氏独窖仓粟。楚汉相距荥阳也,民不得耕种,米石至万,而豪杰金玉尽归任氏,任氏以此起富。

《史记·货殖列传》载,计然从商品交换活动中意识到商品供求失衡必然导致物价涨或跌,此所谓"论其有余不足,则知贵贱","旱则资舟,水则资车"。当一种商品价格昂贵时,就应如粪土般降价出售;当商品的价格下跌时,就应像珠玉一样购进,所谓"贵出如粪土,贱取如珠玉"。"计然之策七,越用其五而得意。"范蠡用"计然之策"于家,利用市场规律、实践待乏原则成为大富商。

无疑,待乏原则和商人通常采用的囤积居奇之法有一些共同之处,即都是通过贱买贵卖的不等价交换,达到牟利致富的目的。但二者又有重要区别,那就是使用的手法不一样。囤积居奇是当社会上人们生活必需品紧缺

---

① 《史记·仲尼弟子列传》。
② 《论语·先进》。

时，商人将该种商品囤积起来，或者在此时大量收购囤积这种商品，以刺激物价更加上涨，等该种商品的价格上涨到一定程度后再行出售。这样做，对广大小生产者和消费者来说都是有害的。与此不同，待乏原则是根据商品在市场上的供求关系，预先收购紧缺商品，以待来日出售。这种经营方法如果不是为了牟取暴利，对小生产者和消费者是有好处的，是一种合乎商业道德的经营原则。

计然还提出了"务完物""财币欲其行如流水"等观点。所谓"务完物"就是要求所经营的商品质量要好。范蠡认识到商人真正关心的只是货币财富的增值，而不是商品的使用价值，但是商品质量不高必然会降低竞争能力，所以要"务完物"。所谓"财币欲其行如流水"就是说货币应该像流水一样川流不息，不能让它停滞在手中。由此可见，计然已充分认识到货币流通速度对于商业发展的重要性，视"快"为商品流通的核心。计然所谓"贵出如粪土，贱取如珠玉""无敢居贵"等也正体现了这一要求。

《史记·货殖列传》还记载了白圭关于物品供求与价格变动关系的认识与实践。例如，在粮食大量上市、价格有所下降时，白圭就大量收购，这称为"人弃我取"；而当灾年来临、农民需要粮食的时候，白圭就卖出粮食，这称为"人取我与"："白圭乐观时变，故人弃我取，人取我与。夫岁孰取谷，予之丝漆；茧出取帛絮，予之食。"白圭这种"人弃我取""人取我与"的观点与为图暴利不择手段的奸商们的行为形成了鲜明对比，故司马迁称"盖天下言治生祖白圭"。后世称白圭是"诚贾""良商"的代表人物，一个重要原因就在于经商过程中他积极实践"人弃我取""人取我与"和"薄利多销"的经营之道。

白圭提出了"欲长钱，取下谷"①的商业原则。这里所谓的"下谷"即指一般劳动人民消费的粮食。白圭认识到粮食作为人民的生活必需品，价格波动幅度较小、成交量巨大、市场潜力大，经营法则应该是以多取胜、薄利多销。用现代经济学语言解释，就是白圭已经认识到粮食是需要弹性缺乏的商品。可贵的是，白圭还认识到单纯地依靠贸易未必能获得巨大的商业利润，还应该在生产上帮助农民以生产出更多的商品。白圭还提出"长石斗，

①《史记·货殖列传》。

取上种"①的"仁术"。所谓"长石斗"指的是要设法增加谷物收获量;"取上种"指的是选择好优良的种子。白圭从一个商人的角度注意到良种对提高粮食产量的意义,虽然赢利依然是根本目的,但不能不说这种行为体现了一定的良商精神。

白圭还总结了经营管理的艺术,认为商业经营者应具有智、勇、仁、强等基本条件。因为要在竞争中取得胜利,必须有行之有效的谋略与魄力,能驾驭商情、果断行事、取与适宜,这样才能做到"有所试矣,能试有所长"②。白圭在个人生活上吃苦耐劳、厉行节用,且特别重视用人:"与用事僮仆同苦乐。"③白圭的商业经营思想在前资本主义时代的商业活动中有广泛而深远的影响。

在先秦商家思想中,兵家思想影响的痕迹非常明显。兵家有一个先秦其他学派所没有的特点,那就是实用性很强,甚至可以认为它本身就是实用性的知识——这种特点对注重实践的商家来说尤为可贵。那么商家从兵家吸取营养,甚至直接把兵家的某些原则用到商业活动中来就是题中之义了。例如,白圭"人弃我取,人取我与"的经营原则可以认为就是从《孙子兵法》的"人欲我与,人弃吾取"蜕变而来的。商家善于掌握商机,强调一旦看准机会就应该"趋时若猛兽挚鸟之发"④,这无疑与兵家"兵之情主速"⑤的思想也是相通的。

三、行"仁"循"义"的商业伦理规范

社会分工产生与剩余产品出现且归属不同所有者是商品经济产生的根本原因。原始社会后期,随着生产力发展,我国出现了第一次社会大分工,即畜牧业与农业分离,出现了少量剩余产品。人们逐渐认识到,交换是一种互利行为。《淮南子·齐俗训》载:"地宜其事,事宜其械,械宜其用,用宜其

---

① 《史记·货殖列传》。
② 《史记·货殖列传》。
③ 《史记·货殖列传》。
④ 《史记·货殖列传》。
⑤ 《孙子兵法·九地》。

人。泽皋织网,陵坂耕田,得以所有易所无,以所工易所拙。"随着生产分工的进一步发展,交换活动比以前增多。《周易·系辞下》载:"日中为市,致天下之民,聚天下之货,交易而退,各得其所。"交换因此成为人们经济生活中不可缺少之事。到了商代,手工业进一步发展,交换因此更加频繁。

商业发展,商业伦理规范应运而生。先秦经济伦理思想中,儒家思想是主体,当时指导商人及商业活动的伦理道德与儒家思想渊源颇深,商家经济伦理与儒家伦理思想有着割不断的联系。儒家伦理思想给商业活动提供了有益的指导,是商家人物进行商业经营的根本原则。儒家思想的主体部分是"仁",儒家给人们提供的仁德模式就是推己及人、博施济众。子贡曰:"如有博施于民而能济众,何如? 可谓仁乎?"子曰:"何事于仁? 必也圣乎! 尧舜其犹病诸。夫仁者,己欲立而立人,己欲达而达人。"[1]这种仁爱思想既是儒家思想的体现,也是先秦良商追求的理想目标与坚守的行为准则。商家认为商人首先应该是有爱心的仁人君子。只有爱别人,才会为买者着想,才会因此得到买者的信任。有仁爱之心的商人,在面临正当之利与欺诈之利时,其内心"仁"性会发出纠"利"的声音。《荀子·法行》载,有一次孔子和子贡一起谈论玉的价钱,提出了物以德为贵的思想:

> 子贡问于孔子曰:"君子之所以贵玉而贱珉者,何也? 为夫玉之少而珉之多邪?"孔子曰:"恶! 赐,是何言也? 夫君子岂多而贱之,少而贵之哉! 夫玉者,君子比德焉。温润而泽,仁也;栗而理,知也;坚刚而不屈,义也;廉而不刿,行也;折而不挠,勇也;瑕适并见,情也;扣之,其声清扬而远闻,其止辍然,辞也。"

逐利可谓是商人阶层的本能,所以人们向来有"无商不奸"的说法。范蠡却舍弃了越国的高官厚禄到齐、陶艰苦创业,他这样做的目的与其说是赚钱,不如说是实现自我价值。正因有如此境界,范蠡才不为金钱所累,离开齐国时能"尽散其财,以分与知友乡党"[2],且"十九年之中三致千金,再分散与贫交疏昆弟"[3]。在我国历史上,范蠡一直被人们奉为商业鼻祖,一方面是

---

① 《论语·雍也》。
② 《史记·越王勾践世家》。
③ 《史记·货殖列传》。

因为他为后人留下了宝贵的商业经营思想,一方面是因为他的经商实践充分体现了仁德。更可贵的是,范蠡不搞商业垄断。《史记·货殖列传》集解引《孔丛子》:"猗顿,鲁之穷士也。耕则常饥,桑则常寒。闻朱公富,往而问术焉。朱公告之曰:'子欲速富,当畜五牸。'"司马迁深为范蠡这种超然物外的境界所折服,称其为"富好行其德"①。猗顿师法范蠡,十年便获巨利,驰名天下,甚至与朱公相比齐。白圭从事商品粮贩运,积极支持粮食生产,从别地"取上种"供应给农户,农户粮食丰收了他又来收购余粮。这种以发展粮食生产为前提进行粮食商品经营的做法,表现了"治生之祖"白圭高尚的商业道德品质。

对商品交换而言,诚信始终是最基本的商业道德。先秦时期,诚信经商已成为商家高度重视的金科玉律,基本要求便是货真价实、公平交易:"虽使五尺之童适市,莫之或欺。布帛长短同,则贾相若;麻缕丝絮轻重同,则贾相若。"②人们称善于调节余缺、善于利用丰歉差价或季节差价获取利润又遵守商业道德的商人为"诚贾""良贾",不诚信、不诚实的商人为"贪贾""奸贾"。《战国策·赵策三》便指出:"夫良商不与人争买卖之贾,而谨司时。时贱而买,虽贵已贱矣;时贵而卖,虽贱已贵矣。"《周礼·地官·司市》载:"以贾民禁伪而除诈。"先秦商人中,白圭、陶朱公便是诚信无欺、见利思义的经商模范,与囤积居奇、人为制造价格混乱的奸商形成了鲜明对比。陶朱公范蠡提出的经商十二法则就是以诚取财、以德致富经营思想的体现。

善与恶、真与假、道德与非道德从来都是相互斗争的,在先秦时期具体的商业活动中,不诚信及商业欺诈的行为也常常发生。《韩非子·说林下》载,宋国一个叫监止的商人在与人争买一块价值百金的璞玉时假装失手损害了璞玉,利用卖者不懂璞玉真实价值这一点花低价购买,然后再找工匠加以修造后以很高的价钱卖出:"宋之富贾有监止子者,与人争买百金之璞玉,因佯失而毁之,负其百金,而理其毁瑕,得千溢焉。"《韩非子》专为其载本身就意味监止在我国商业史中已遗臭万年。又如越国商人虞孚行商业欺诈之事,适得其反、弄巧成拙,反使自己招致损害。刘基《郁离子·虞孚》云:

---

① 《史记·货殖列传》。
② 《孟子·滕文公上》。

虞孚问治生于计然先生,得种漆之术。三年,树成而割之,得漆数百斛,将载而鬻诸吴。其妻之兄谓之曰:"吾尝于吴商,知吴人尚饰,多漆工,漆于吴为上货。吾见卖漆者煮漆叶之膏以和漆,其利倍,而人弗知也。"虞孚闻之喜,如其言,取漆叶煮为膏,亦数百瓮,与其漆俱载以入于吴。时吴与越恶,越贾不通,吴人方艰漆。吴侩闻有漆,喜而逆诸郊,道以入吴国,劳而舍诸私馆。视其漆甚良也,约旦夕以金币来取漆。虞孚大喜,夜取漆叶之膏和其漆以俟。及期,吴侩至,视漆之封识新,疑之,谓虞孚请改约。期二十日至,则其漆皆败矣。虞孚不能归,遂丐而死于吴。

这个故事讲的是,越国商人虞孚将漆树叶煮成膏一起带着准备冒充漆卖出,吴商发现其中有诈,找借口溜走,不再回来。时间一长,漆变质,虞孚血本无归。这个事例证明,先秦商家充分认识到要想赢得广大的市场,长期获取商业利益,在商业交换活动中必须诚实守信。

在先秦商家经济伦理思想中,"敬业乐业、乐中思苦"是最重要的职业道德准则。早在《尚书·周官》中,我国古人便提出"功崇惟志,业广惟勤"是最基本的职业道德。《左传·僖公三十三年》释之为:"敬,德之聚也。能敬,必有德。德以治民,君请用之!"进一步说明了敬是美德之根本。先秦时期,勤俭创业、敬业乐业的商人甚多,如"鲁人俗俭啬,而曹邴氏尤甚,以铁冶起,富至巨万"[1]。白圭更是敬业、勤俭的典范,史载他"能薄饮食,忍嗜欲,节衣服,与用事僮仆同苦乐"[2]。宣曲任氏是先秦商人敬业、勤俭的又一例子。《史记·货殖列传》称:"富人争奢侈,而任氏折节为俭,力田畜。田畜人争取贱贾,任氏独取贵善。富者数世。然任公家约,非田畜所出弗衣食,公事不毕则身不得饮酒食肉。"

先秦商人这种崇俭黜奢的作风,反过来又成为商人个体道德完善的重要途径。《史记·货殖列传》载:

田农,掘业,而秦扬以盖一州。掘冢,奸事也,而田叔以起。博戏,恶业也,而桓发用富。行贾,丈夫贱行也,而雍乐成以饶。贩脂,辱处

---

① 《史记·货殖列传》。
② 《史记·货殖列传》。

也,而雍伯千金。卖浆,小业也,而张氏千万。洒削,薄技也,而郅氏鼎食。胃脯,简微耳,浊氏连骑。马医,浅方,张里击钟。

从上述记载看,这些商人能发财致富,是敬业乐业、艰苦奋斗的必然结果。这也是商家人物加强自我道德修养的重要方式。

家庭(家族)生产、生活始终是人类伦理道德关系形成并发展的根本基础。先秦时期,家庭既是社会基本生产单位,也是社会基本消费单位。这就使得先秦商家经济伦理思想家族特色明显。例如,维护家族整体利益成为商人们追求利润的重要动机。为了维护家族整体利益,家庭成员齐心协力去经商。范蠡不仅本人亲自参与经商活动,他的孩子也和他一起打拼:"耕于海畔,苦身戮力,父子治产。居无几何,致产数十万。"[1]我国传统伦理认为子女应对父母孝顺,即"夫孝者,善继人之志,善述人之事者也"[2]。意指子女应能继承父母的遗愿、弘扬父母的事业。范蠡的子孙便继承父业经商。这种父传子继的做法,对于先秦商业走向职业化、形成稳定的职业阶层具有重要的促进意义,同时减少了传承过程中的社会劳动消耗。此外,先秦商家积极实行"尚中贵和"思想,形成了团结互助、和谐管理、整体经营的优良传统。

先秦商家经济伦理思想内容丰富、影响深远,善行广布、爱国济民的核心宗旨,尊重商业规律、灵活多变的经营理念,守信重诺、诚实守真的商业美德,敬业乐业、乐中思苦的创业精神对于推动先秦商业经济发展、促进我国商人思想与文化水平提高意义重大。先秦商家经济伦理思想归根到底是先秦地理环境、社会条件及商业实践活动综合作用的产物,深受传统伦理道德,特别是儒家伦理思想的影响与制约。儒家的仁爱思想、义利观、诚信观、家族伦理思想为先秦商家商人精神的形成起到了重要的指引与推动作用,是商家思想形成的直接理论来源。先秦商家经济伦理思想不仅可为社会主义商业道德建设提供思想资源,对当下完善和发展社会主义市场经济体制、培育商人的道德理性更有重要的现实启示意义。

---

① 《史记·越王勾践世家》。
② 《礼记·中庸》。

第三节　兵家经济伦理思想

　　春秋战国时代,战争频繁,兵家应运而生。兵家主要关切的是军事战争,或运筹帷幄之中,或决胜千里之外,对一般经济问题的论述往往简略。但任何一种立足于国家生存发展战略的思想流派都不可能脱离经济、政治的发展而孤立地思考军事问题,也不可能不对军事经济进行伦理思考。实际上,兵家提出的"王国富民""因粮于敌""争义不争利,是以明其义""节欲知足,纯化风尚"等经济主张均蕴含着深刻而丰富的伦理内涵。先秦兵家的代表人物一是春秋时期的孙武,二是战国时期的孙膑。孙武字长卿,春秋末期齐国人,生卒年不详。在长期的军事生涯中,孙武积累了丰富的作战经验,以此为基础深入思考并揭示了战争的一些重要规律,形成了独特的军事思想;军事经济伦理思想是其中的重要组成部分。孙膑也是齐国人,孙武的后代,亦学兵法,生卒年亦不可考。据《史记》载,孙膑事齐威王(前356—前320年在位),先破魏军于桂陵,十三年后又在马陵大破魏军、擒庞涓。《孙膑兵法》继承并发展了其先人孙武的军事思想,其中亦有不少军事经济伦理思想。先秦兵家著名的还有吴起和尉缭。吴起,战国时卫国人,佐楚悼王实行变法,促进楚国富强。《汉书·艺文志》著录《吴起》四十八篇,已佚。今本《吴子》六篇系后人所托。尉缭有《尉缭子》传世。该著强调农战和富国强兵,广泛探讨了战争的制胜之术。此外,重要的兵法著作还有成书于战国中期的《司马法》。

一、仁义为本的"义战"精神

　　"利"是人类一切活动的基点,军事战争更是这样。人们常说军事是为政治服务的,政治是为经济服务的。先秦兵家大多强调"利"的重要性。孙武从战争必然发生、天下诸侯皆侵凌攻伐兼并的现实出发,提出"争利"是取得战争胜利的最基本要求。这实际上是明确告诉战争指挥者们,发动战争及其他一切军事行动先得权衡利弊，"悬权而动"①。在《九地》《火攻》篇中，孙武对这一原则更是反复强调，明确要求战争指挥者们做到"合于利而动，不合于利而止"。《火攻》篇：

> 非利不动，非得不用，非危不战。主不可以怒而兴师，将不可以愠而致战，合于利而动，不合于利而止。怒可以复喜，愠可以复悦，亡国不可以复存，死者不可以复生。故明君慎之，良将警之，此安国全军之道也。

在此，孙武给战争设置了三道门槛，即是否"动""用""战"的关键就在于是否有利。若战而不能做到国安军全，甚至是导致亡国破军，弄得天怒人怨，孙武是坚决反对的。

孙武所谓的战争之"利"，基本内涵有三：一指稳固国家的政治地位。孙武指出，连年征战，劳民伤财，势必危及国家政权稳定，此为不利："夫兵久而国利者，未之有也。"②所以战争应有利于维护国家政治稳定。二指物质财富。《孙子兵法·军争》："掠乡分众，廓地分利，悬权而动。"就是说，掠地攻城是战争的基本方式，战胜国可占有战败国的所有物质财富，国库积蓄可迅速增加，军事实力可迅速增强。三指军事上的有利地形。孙武指出，抢先占据有利地形、地势是谋取战争胜利的重要因素："令敌半出而击之，利。"③由此可见，兵家所谓的"利"是从国家、军队全局而言的，而非个人的私利私欲，与道德原则不仅没有冲突，而且相互协调、合而为一。

孙膑是战国时期的兵家重要人物。面对七雄争立、天下分裂的现实，他认真深入地研究军事问题，进而明确提出"战胜而强立"的观点：

> 夫兵者，非士恒势也。此先王之傅道也。战胜，则所以在亡国而继绝世也；战不胜，则所以削地而危社稷也。是故兵者不可不察。④

此言的基本意思是说，军事上没有永久不变的优势可以依赖，先王传下来的基本道理便是战败者必会丧失领土、危害国家，保存自己国家并使之强

---

① 《孙子兵法·军争》。
② 《孙子兵法·作战》。
③ 《孙子兵法·地形》。
④ 《孙膑兵法·见威王》。

大起来的根本途径是战胜敌人。孙膑还用大量的历史事实说明了战争是实现和维护国家统一这一根本大利的基本方式：

> 战胜而强立，故天下服矣。昔者，神戎战斧遂，黄帝战蜀禄，尧伐共工，舜伐厥□□而并三苗，……管汤放桀，武王伐纣，帝奄反，故周公浅之。故曰，德不若五帝，而能不及三王，智不若周公，曰我将欲责仁义，式礼乐，垂衣裳，以禁争夺。此尧舜非欲也，不可得，故举兵绳之。①

当时有不少学派从道德角度出发反对战争，如儒家强调"仁义"，墨家宣传"非攻"，道家主张"无为"，孙膑斥之为空谈仁、义、礼、乐，根本无法解决社会面临的现实问题。孙膑认为，要想"天下服""国家一"，只能通过"战胜而强立""举兵绳之"的正义战争，唯有如此历史才能向前发展。至于儒家的"仁义"、墨家的"非攻"、道家的"无为"，虽不无道理，但充其量只是富有道义精神的幻想，无法从根本上解决以上问题。孙膑"战胜而强立"的义战思想在战国后期已经为许多统治者所接受，对于我国古代军事经济伦理思想，甚至外交伦理思想的发展产生了深远影响。如苏秦的论断与孙膑的战争观便如出一辙。《战国策·秦策一》载有苏秦说秦惠王的一段话：

> 昔者神农伐补遂，黄帝伐涿鹿而擒蚩尤，尧伐骧兜，舜伐三苗，禹伐共工，汤伐有夏，文王伐崇，武王伐纣，齐桓任战而伯天下。由此观之，恶有不战者乎？……夫徒处而致利，安坐而广地，虽古五帝、三王、五伯、明主、贤君，常欲坐而致之，其势不能，故以战续之。……今欲并天下，凌万乘，诎敌国，制海内，子元元，臣诸侯，非兵不可。

由上述可见，国家利益是先秦兵家义利观的最高价值取向。但在实现这一最高利益的手段运用和途径选择方面，兵家多取权谋、诡道。当然，这并不能证明先秦兵家是一些战争狂人；相反，他们认为战争是在迫不得已的情形下解决争乱的最后手段，战争的最终目的是伸张正义、实行仁爱的道义精神，以战止战、以暴制暴实属不得已而为之。经兵家的阐发，"以仁为胜"的军事经济伦理思想成为兵家的主流思想，"仁"逐渐成为日后诸军事将帅

---

① 《孙膑兵法·见威王》。

的统兵之道。孙武提出了"为客之道"说,提倡"非利不动,非得不用,非危不战"①与"不得已则斗"②。尉缭从仁爱精神出发,认为战争是违背道德的行为,掠夺更是卑鄙可耻的行径,兵器即为"凶器"。只是因为战争常常无法避免,才不得不视"道胜"为最理想的制胜方式:"凡兵,有以道胜,有以威胜,有以力胜。"③关于"仁战",《司马法》中论述比比皆是,如"古者,以仁为本,以义治之之谓正。正不获意,则权;权出于战,不出于中人"④。孙膑也明确反对不顾正义、违背道义标准的战争:"然夫乐兵者亡,而利胜者辱。"⑤

孙膑这里的意思是说,战争不要轻率发动,胜利也不可随意贪求,轻率好战者容易招致亡国,贪求胜利者往往受挫被辱,战而无义必然兵而不强,甚至不战自败。为此,孙膑一再提醒当时的统治者如欲达"战胜而强立"的治国平天下目的,首先要考虑战争的性质,无义而好战、战而无义必然招致败亡:"用兵,无备者伤,穷兵者亡。"⑥孙膑曰:

> 然夫乐兵者亡,而利胜者辱。兵非所乐也,而胜非所利也。事备而后动。故城小而守固者,有委也;卒寡而兵强者,有义也。夫守而无委,战而无义,天下无能以固且强者。⑦

孙膑这里强调的是,强兵不在于国富而在于举兵有义。事实上,孙膑受任后所指挥的战争多是助弱抗强的义战,如著名的桂陵之战、马陵之战等。指挥这些战争时,孙膑虽然也有率兵"去国越境"之举,但都是为救赵、助韩以抗魏,因而亦可以视为"义战"。

兵家这种"义战"精神之可贵,在于它是以维持国家存在和维护民众赖以生存、生活的基础为前提的。正是从国家功利主义出发,考虑到战争消耗巨大,对老百姓的生活与统治阶级的统治非常不利,先秦兵家并不主张国家屡兴战事。孙武曰:

---

① 《孙子兵法·火攻》。
② 《孙子兵法·九地》。
③ 《尉缭子·战威》。
④ 《司马法·仁本》。
⑤ 《孙膑兵法·见威王》。
⑥ 《孙膑兵法·威王问》。
⑦ 《孙膑兵法·见威王》。

凡兴师十万,出征千里,百姓之费,公家之奉,日费千金;内外骚动,怠于道路,不得操事者,七十万家。①

孙武还提出战争是骄纵奢侈、好大喜功的心理引起的,保障这一心理实现的基础是实施厚赋敛的经济政策;要制止战争,就必须薄赋敛,减少国家所控制的财富:"公家贫,其置士少,主金臣收,以御富民,故曰固国。"②这里所说的"公家贫"指的是国家不要过分敛聚财富,以免过多地投资于军队建设,增强军事力量;而并非指要使国家变得绝对贫穷。

二、富国强兵的战略思维

过去人们多认为"富国强兵"口号的最早提出者是商鞅:"故治国者,其抟力也以富国强兵也,其杀力也以事敌劝民也。"③但新出土的《孙膑兵法》的《强兵》篇载:齐威王与孙膑问答,孙膑批驳了"以政教""以散粮""以静"等主张,说"皆非强兵之急者也",然后提出了"富国"的主张。由此可见,在战国时期,"富国强兵"一语并不一定首先由商鞅提出。另外,孙膑从经济角度论"强兵"的不少文句与《孙子兵法》相似,基本上可以认为孙膑的"富国"思想亦渊源于其先人孙武。

将"富国"与"强兵"并论,充分说明先秦兵家已经意识到政治经济、国家实力和民心向背对于战争的胜负具有根本的意义。为此,先秦兵家根据自己特殊的军事政治实践,提出了一系列具有深刻伦理意蕴的政治经济主张。在此方面,《尉缭子》的主要主张有三:其一,强调讲究礼、信、亲、爱之义是满足民众生活需要的前提条件。如国家礼、信、亲、爱之义浓厚,国危之时,特别是因战争物资匮乏时,民众愿意忍耐饥饿、舍生忘死为国效力:"故国必有礼信亲爱之义,则可以饥易饱。"④其二,视厚民生为"励士之道":"励士之道,民之生不可不厚也。"⑤厚生的重要要求是"因民所生而制之,因民所荣而显

---

① 《孙子兵法·用间》。
② 《孙子兵法·吴问》。
③ 《商君书·壹言》。
④ 《尉缭子·战威》。
⑤ 《尉缭子·战威》。

之。田禄之实,饮食之亲,乡里相劝,死生相救,兵役相从,此民之所励也"①。其三,主张兵农结合、既耕又战的农战政策:"使天下非农无所得食,非战无所得爵。使民扬臂争出农战,而天下无敌矣。"②

先秦兵家思想中,维护百姓利益是军人必须遵守的重要德性之一。孙武提出了善待俘虏的观点:"车杂而乘之,卒善而养之,是谓胜敌而益强。"③这种以人道关怀感化人心从而胜敌的做法是对原始社会杀死战俘、奴隶社会将战俘视作奴隶的非人道行为的否定。《司马法》把保护人民的利益作为赢得战争胜利的根本,提出制胜的法宝是既要抓住正确的时机,还要不干扰百姓正常的生产生活:"不违时,不历民病。"④先秦兵家还将这种战争人道观延伸至敌国民众,主张不要在敌国民众处境危难时进行战争,所谓"不加丧,不因凶""冬夏不兴师"⑤;认为应把敌国的统治者和一般百姓相区别,在打击统治者的同时要注意关爱人民。《司马法》还谈到战争礼仪问题,提倡同情俘虏中的伤病员等战争道德:

> 古者,逐奔不过百步,纵绥不过三舍,是以明其理也;不穷不能,而哀怜伤病,是以明其仁也;成列而鼓,是以明其信也;争义不争利,是以明其义也;又能舍服,是以明其勇也;知终知始,是以明其智也。⑥

《孙子兵法》一书开篇便提出了"五事"概念,即"道、天、地、将、法",其中"道"排在第一位。《孙子兵法》一书中所谓的"道"有三层含义:一是指方式和方法,如"兵者,诡道也";二是指事物的规律,如"存亡之道";三是指政治道义和伦理原则。孙武论武道,突出的是"利"字。《孙子兵法·计》曰:

> 兵者,诡道也。故能而示之不能,用而示之不用,近而示之远,远而示之近。利而诱之,乱而取之,实而备之,强而避之,怒而挠之,卑而骄之,佚而劳之,亲而离之。攻其无备,出其不意。此兵家之胜,不可先传也。

---

① 《尉缭子·战威》。
② 《尉缭子·制谈》。
③ 《孙子兵法·作战》。
④ 《司马法·仁本》。
⑤ 《司马法·仁本》。
⑥ 《司马法·仁本》。

但是,孙武所言的"道"显然并非只是利。如言只有国家政治修明,君民才会同心同德,才会在国家遭遇外侮时团结御敌,甚至置生死于不顾:"道者,令民与上同意也,故可以与之死,可以与之生,而不畏危。"①又如论统治者只有修明政治、确保法度才能使自己立于不败之地:"善用兵者,修道而保法,故能为胜败之政。"②那么,统治者何以失掉民心而战败呢? 孙武提出,统治阶级对劳动人民的残酷剥削和压迫造成百姓贫困与离心,从而战败。《吴问》是一篇纯政治经济论述。在此篇中,孙武不是从地形、攻守等方面,而是从六卿辖地的田制和税制的不同来分析六卿存亡的根本原因。孙武举例说,范氏、中行氏、智氏、韩、魏五卿实行"伍税之",即五分抽一的税制,很快府库充实,但这些诸侯却依其亩制的大小次序先后而亡。赵氏的亩制较大却"无税",结果民心归顺而能"固战"。这就是孙武的无税思想。据说在听了孙武的解释后,吴王深表赞同,曰:"善,王者之道,□□厚爱其民者也。"在先秦,儒家曾主张"什一之税",商家白圭曾主张"二十而取一",都只是要求轻税而已;唯有孙武提出要"无税",这无疑是一种非常特殊的主张。但孙武的这种主张只是一种乌托邦式的设想,因为既然是战争那就不可能连"足兵"的赋也要去掉。孙武提出"无税"说只能证明他已经看到了战争给人民造成的沉重负担,统治者应暂时地、部分地减轻对农民的经济剥削。可见,作为兵家的孙武绝不是冷血的战争思想家。

出于战争取胜的需要,先秦兵家主张建立一支和经济实力相适称的军队。孙武指出,军赋和兵役一旦超过农业经济所能承担的限度,结果只能是国力耗尽、资财枯竭,百姓穷困潦倒、不能自立,因而他反对那种"其制田狭,其置士多"③的做法。先秦兵家坚持主张对军队禁奢,认为军队中崇尚骄奢是招致战争失败的重要原因:"徒尚骄侈,谋患辩讼,吏究其事,累且败也。"④

由上可见,兵家的富国强兵思想与商鞅等法家有所不同,在思想内涵和精神实质上反而带有孔、孟思想的色彩。至此,可以归纳出兵家富国强兵战略的思考轨迹,那就是,由物质层面的社会生产发展,到制度层面的生产方

---

① 《孙子兵法·计》。
② 《孙子兵法·形》。
③ 《孙子兵法·吴问》。
④ 《尉缭子·兵教下》。

式构建,再到心性层面财富观的正确设立,最终实现国家生存发展战略的根本目标:"万乘农战,千乘救守,百乘事养。农战不外索权,救守不外索助,事养不外索资。"①在此意义上,富国强兵已转为实现国家战略目标的手段。总之,兵家富国强兵思想综合经济、政治等多方面因素而形成,内含深刻的伦理要求。

三、慎战求全的理性原则

战争是理性精神孕育的沃土,"只有在战争中,只有在谋划战争、制定战略、判断战局、选择战机、采用战术中,才能把人的这种高度清醒、冷静的理智态度发挥到充分的程度,才能把它的巨大价值最鲜明地表现出来"②。先秦兵家对战争问题的论述,处处都洋溢着理智、冷静、审慎的态度。先秦兵家的理性原则主要内涵有二,即慎于战和战则求全胜。

《孙子兵法》十三篇将安国全军视为根本战略目标。为了实现这一目标,孙武提出了"慎战"思想:"兵者,国之大事,死生之地,存亡之道,不可不察也。"③"非利不动,非得不用,非危不战。……怒可以复喜,愠可以复悦;亡国不可以复存,死者不可以复生。"④对此,张预注曰:"君常慎于用兵,则可以安国;将常戒于轻战,则可以全军。"为何要慎战呢?孙武指出,战争会使民间物资积累变单薄,造成社会经济枯竭,所谓"久暴师则国用不足";军队长期在外作战会使军队疲惫,锐气挫伤,力量耗尽,所谓"夫钝兵挫锐,屈力殚货,则诸侯乘其弊而起,虽有智者,不能善其后矣"。⑤鉴于此,孙武提出出师规模与期限应以国家财力为限。军事消耗巨大,民空则国空,国空则力不达,应以最低的耗费达到预定的目的,努力使民众尽可能地少受战争带来的损失。《司马法》阐明了同样的思想:"故国虽大,好战必亡。"⑥

---

① 《尉缭子·武议》。
② 李泽厚:《中国古代思想史论》,北京:生活·读书·新知三联书店 2008 年版,第 78 页。
③ 《孙子兵法·计》。
④ 《孙子兵法·火攻》。
⑤ 《孙子兵法·作战》。
⑥ 《司马法·仁本》。

可是战争经常会发生,在战乱不止的先秦时期,奉行和平主义更会极其危险。所以兵家在倡导慎战的同时也强调"天下虽安,忘战必危"①。

先秦兵家清楚地认识到和平不可能通过乞求得来,所以并不一概地反对战争;相反,他们强调正义的战争对于稳定社会、保障国家安全意义重大,所谓"国之大事,在祀与戎"②。在不得不战的情况下,兵家提出那就得尽量在战略、战术上争取全胜,或者"不战而屈人之兵"③。吴起没有明确提出"全胜"的概念,但他明确论述了多战之国即使取得暂时的胜利也终将走向灭亡:

> 天下战国,五胜者祸,四胜者弊,三胜者霸,二胜者王,一胜者帝。是以数胜得天下者稀,以亡者众。④

这里的"五""四""三""二""一"泛指战争次数的多寡。尉缭则提出"兵不血刃而天下亲"⑤。孙武的最高军事理想是"不战而屈人之兵";所谓长战不如短战、有战不如无战,速战速决只是在战争已无法避免的情况下的次佳选择,而不是最高的军事理想。孙武曰:

> 凡用兵之法,全国为上,破国次之;全军为上,破军次之;全旅为上,破旅次之;全卒为上,破卒次之;全伍为上,破伍次之。是故百战百胜,非善之善者也;不战而屈人之兵,善之善者也。⑥

这里的"全"指不战而屈敌,"破"指通过战争胜敌。孙武言"不战"并非说要放弃武力,而是指要以武力为后盾,通过谋略的施展形成强大的威势,争取做到不直接战斗却"屈人之兵"。

为了达到"不战而屈人之兵"的目的,先秦兵家十分重视"知",将"知"作为策划战争行动的前提。孙武关于"知"的论述很多:"知彼知己,胜乃不殆;

---

① 《司马法·仁本》。
② 《左传·成公十三年》。
③ 《孙子兵法·谋攻》。
④ 《吴子·图国》。
⑤ 《尉缭子·武议》。
⑥ 《孙子兵法·谋攻》。

知天知地，胜乃可全。"①"不尽知用兵之害者，则不能尽知用兵之利也。"②"先知迂直之计者胜。"③"知可以战与不可以战者胜。"④"故知兵者，动而不迷，举而不穷。"⑤战争中，发挥人用知求变的主观能动性至关重要，体现的是"致人而不致于人"⑥的主导战场的气势、勇气和胆略。如《九地》篇有言：

> 故为兵之事，在于顺详敌之意，并敌一向，千里杀将，此谓巧能成事者也。

孙武认为，发展经济是增强国家军事实力与综合国力，造成敌我双方实力悬殊，从而形成强大的威慑力量的根本基础。孙武将这样的强国称为"霸""王"：

> 夫霸王之兵，伐大国，则其众不得聚；威加于敌，则其交不得合。是故不争天下之交，不养天下之权，信己之私，威加于敌，故其城可拔，其国可隳。⑦

孙武提出，经济不强大的国家即使没有"忘战"，敌国仍然可能会入侵，祈求和平也只会是纸上谈兵："近于师者贵卖，贵卖则百姓财竭。财竭则急于丘役。力屈财殚，中原内虚于家。百姓之费，十去其七。"⑧对具体的战争而言，充分做好战前准备工作是取胜的重要基础，甚至战争胜利的可能性与战争准备工作的充分程度成正比："多算胜，少算不胜，而况于无算乎？"⑨在《孙子兵法·计》中，孙武把决定战争胜败的基本因素归结为"一曰道，二曰天，三曰地，四曰将，五曰法"，强调要实现"不战而屈人之兵"的军事目的，战前必须做好这五个方面的准备。在这五项基本因素中，"法"主要指战争的经济保障，所谓"法者，曲制、官道、主用也"⑩。

---

① 《孙子兵法·地形》。
② 《孙子兵法·作战》。
③ 《孙子兵法·军争》。
④ 《孙子兵法·谋攻》。
⑤ 《孙子兵法·地形》。
⑥ 《孙子兵法·虚实》。
⑦ 《孙子兵法·九地》。
⑧ 《孙子兵法·作战》。
⑨ 《孙子兵法·计》。
⑩ 《孙子兵法·计》。

孙膑对战争准备工作也非常重视,强调"事备而后动"①。孙膑所指的"备"就是战备,一指物资储备要"有委",就是要有依靠;二指占据道义高地,所谓"卒寡而兵强者,有义也"②。物资储备充分有利于在保障国民生活的前提下获得民众支持;道义上占据高地有利于凝聚民心,使民众自愿为战争提供人力、物力和财力。孙膑提出的根本战略原则是"必攻不守"③,意思是以主动、坚决、勇敢的攻击之力量致使敌人不可守、无法守,最后实现克敌制胜的战略目的。"必攻不守"战略的着眼点在于通过打击敌人空虚要害之处,实现牵一发而动全身,疲惫、消灭敌人,化劣为优、以弱胜强,夺取战争的胜利。孙膑认为这才是用兵最要紧、最重要之事;赏、罚和权、势、谋、诈等因素虽有助于取得战争的胜利,却不是决定战争胜负的最重要因素。

在先秦兵家"全胜"思想中,尊重和保护敌国军民生命财产安全,关注敌对方的生存权利也是重要内容,伐谋伐交、不战屈人是兵家"全胜"思想实现的重要手段。这种思想实际上蕴含着另一种价值追求,即和平主义精神。孙武指出:

> 故善用兵者,屈人之兵而非战也,拔人之城而非攻也,毁人之国而非久也。必以全争于天下,故兵不顿而利可全,此谋攻之法也。④

总之,先秦兵家——至少孙武的战争观已超越了战争本身,体现出"以战止战"的理想境界。这种"全胜"思想超越了丛林法则,化解了战争本质矛盾,是人民争取和平、制止和反对战争活动的有力思想武器。

先秦兵家思想内涵独特而深邃,其中发展经济、增强军事实力以"不战而屈人之兵"等思想充分体现了先秦兵家对战争及其胜利的深刻理解。先秦兵家指出民为国之本,保障百姓生活安稳是国家最根本的职责,也是进行战争的根本伦理原则。这些思想从经济伦理高度来阐述战争规律、军事谋略等问题,体现了道德目的与道德手段的辩证统一。此外,先秦兵家关于军事、道德、政治背后的经济根源的认识仍值得今人重视。但是,先秦兵家代

---

① 《孙膑兵法·见威王》。
② 《孙膑兵法·见威王》。
③ 《孙膑兵法·威王问》。
④ 《孙子兵法·谋攻》。

表的毕竟是先秦时代的统治集团亦即统治阶级的利益,其军事经济伦理思想不可能不带有阶级和所处时代的局限性。例如,虽然一些兵家人物提出了"视卒如婴儿""视卒如爱子"①等口号,甚至在此方面也有所作为,但无法改变奴隶主或封建领主统治集团进行战争的主要目的是要扩展领土、获得丰厚的财富、统治更多的人民。此外,先秦兵家的某些作战原则也带有片面性和绝对化倾向。这些都是今天的人们需要克服的。

第四节　杂家经济伦理思想

历史发展到战国后期,统一中国早已成必然趋势,提到了不少政治人物的重要议程上来。各诸侯都希望在统一战争中赢得胜利。其中,秦国自秦孝公任用商鞅变法以后,国势日增,在政治、军事、经济等方面综合发展,逐渐成为战国七雄之一,为日后统一六国奠定基础。秦惠王时夺回河西,攻灭巴蜀,夺取楚汉中地区。秦昭王时不断夺得魏、韩、赵、楚等国土地。秦王政即位后,好韩非之学,对内平乱,对外在军事上取得了一系列胜利。《吕氏春秋》由吕不韦组织门客共同编写,为杂家代表著作。书成于秦王政八年(前239)。吕不韦编写此著的真实意图在于总结历史经验,为大统一之后建立封建中央集权国家寻找理论根据、作好舆论准备、提供治国准则。正如元人陈澔所说:"吕不韦相秦十余年,此时已有必得天下之大势,故大集群儒,损益先王之礼,而作此书,名曰《春秋》,将欲为一代兴亡之典礼也。"②从内容上看,《吕氏春秋》对以前各派的主要思想进行了"兼""合":取道家无为思想时并不绝巧弃利;取儒家仁学思想却不取其法古;取法家变法精神却不用其严刑峻法;取墨家节葬主张但不取其偃兵思想;用阴阳家的月令但不发迂阔之谈。

---

① 《孙子兵法·地形》。
② 《礼记集说·月令第六》。

一、以民为本的治理理念

春秋战国时期战事连绵,统治者围绕土地及土地上的人民展开争夺。人民不仅是生产的主体,也是最主要的兵源;由此,一些较开明的统治者又掀起了一股重民的思潮。与此同时,神权进一步衰落,人民进一步觉醒,制度进一步革新,民本思想逐渐系统化。在先秦民本思想的发展中,《吕氏春秋》功不可没。首先,《吕氏春秋》从社会起源的角度论证民本思想的合理性。《恃君》篇载:

> 凡人之性,爪牙不足以自守卫,肌肤不足以捍寒暑,筋骨不足以从利辟害,勇敢不足以却猛禁悍。然且犹裁万物,制禽兽,服狡虫,寒暑燥湿弗能害,不唯先有其备,而以群聚邪? 群之可聚也,相与利之也。利之出于群也,君道立也。故君道立,则利出于群,而人备可完矣。

此论述要说明的是,为了生存,人们需要群居生活;为了共同的利益,大家拥立君王。君王的职责自然要以群为本,为大众谋福除灾。

其次,《吕氏春秋》从天道循环的角度论证民本思想的合理性,明确提出君主统治的根本在于人民。《务本》篇载:

> 安危荣辱之本在于主,主之本在于宗庙,宗庙之本在于民,民之治乱在于有司。《易》曰:“复自道,何其咎,吉。”以言本无异则动卒有喜。

最后,《吕氏春秋》的民本思想是对历史经验的总结,是保障现实统治顺利进行的需要。《适威》篇载:

> 《周书》曰:“民,善之则畜也,不善则仇也。”有仇而众,不若无有。厉王,天子也,有仇而众,故流于彘,祸及子孙,微召公虎而绝无后嗣。

此言的意思是,君主获得权势后必须善待百姓,否则百姓会视君主如仇敌。不知善待百姓的周厉王便是典型的例子,他最终被人们流放到彘,其祸甚至殃及子孙。

那么君主们应怎样致力于人们的治理呢?《吕氏春秋》指出,顺民心是第一要务。《顺民》篇载:

先王先顺民心，故功名成。夫以德得民心以立大功名者，上世多有之矣。失民心而立功名者，未之曾有也。得民必有道，万乘之国，百户之邑，民无有不说。取民之所说而民取矣，民之所说岂众哉？此取民之要也。

在《吕氏春秋》看来，因民性是顺民心的基本要求，因为"天生人而使有贪有欲。欲有情，情有节，圣人修节以止欲，故不过行其情也"①。执政者的首要任务便是使人们生活安定，造福百姓："故凡举事，必先审民心，然后可举。"②

"爱利民"是《吕氏春秋》民本思想的核心。爱民是仁政的精髓，利民的核心是施惠于民，真正的爱民之道就是要实行仁政德治："圣人南面而立，以爱利民为心，号令未出，而天下皆延颈举踵矣，则精通乎民也。"③《吕氏春秋》强调爱民的力量十分伟大，只要君主有爱民利民之心，精诚便能通达于心，便能吸引天下万民："为天下及国，莫如以德，莫如行义。以德以义，不赏而民劝，不罚而邪止。"④"行德爱人则民亲其上，民亲其上则皆乐为其君死矣。"⑤

先秦时期，特别是战国时代，人口流动异常频繁，《吕氏春秋》高度重视"徕民安民"问题，把能否使民众归附视为帝王建功立业的根本基础。《功名》篇曰："大寒既至，民暖是利；大热在上，民清是走。故民无常处，见利之聚，无之去。欲为天子，民之所走，不可不察。"并进一步强调："水泉深则鱼鳖归之，树木盛则飞鸟归之，庶草茂则禽兽归之，人主贤则豪杰归之。故圣王不务归之者，而务其所以归。"

《爱类》篇强调，爱利民之道应因时而异，因为人们的需求并非一成不变的。只要是与民生相关之事，执政者皆应从爱民之心出发，提出适宜的利民措施加以解决。只有秉此理念治国，方可获得天下民心，使百姓归附：

民寒则欲火，暑则欲冰，燥则欲湿，湿则欲燥，寒暑燥湿相反，其于

---

① 《吕氏春秋·情欲》。
② 《吕氏春秋·顺民》。
③ 《吕氏春秋·精通》。
④ 《吕氏春秋·上德》。
⑤ 《吕氏春秋·爱士》。

利民一也。利民岂一道哉？当其时而已矣。

显然，《吕氏春秋》的"利民""爱民"主张吸收了儒家的"仁者爱人"思想。《爱类》篇对此说得很清楚：

> 仁于他物，不仁于人，不得为仁。不仁于他物，独仁于人，犹若为仁。仁也者，仁乎其类者也。故仁人之于民也，可以便之，无不行也。

在此基础上，《吕氏春秋》进一步发挥了儒家"得民心"的观点，提出"取民之所说而民取矣"①；进而提出统治之道的根本在于行德政，所谓"行德爱民则民亲其上"②。《吕氏春秋》论述的"德政"涉及内容很广泛，在经济上莫过于"分府库之金，散仓廪之粟，以镇抚其众，不私其财"③。其中"平其私"受到特别重视，在《序意》篇，这一点作为全书的指导思想被提了出来。

《吕氏春秋》中，德治是治国的指导思想："夫种麦而得麦，种稷而得稷，人不怪也。用民亦有种，不审其种，而祈民之用，惑莫大焉。"④忠孝礼乐则是实现德治的重要内容。这种以德治为主的施政方针对当时秦国根深蒂固的法家思想提出了针锋相对的挑战。《忠廉》篇提出："苟便于主利于国，无敢辞违，杀身出生以徇之。"《孝行》篇说：

> 凡为天下、治国家，必务本而后末。所谓本者，非耕耘种殖之谓，务其人也。务其人，非贫而富之，寡而众之，务其本也。务本莫贵于孝。人主孝则名章荣，下服听，天下誉。人臣孝则事君忠，处官廉，临难死。士民孝则耕芸疾，守战固，不罢北。夫孝，三皇五帝之本务，而万事之纪也。夫执一术而百善至、百邪去、天下从者，其惟孝也！

这就是说，孝是道德之本，以孝为本才能使百善至、百邪去、天下从，君、臣、士、民才会自觉地去做自己该做的事情。在讲孝的同时《吕氏春秋》也讲忠，要求人臣要忠于君主："为人臣不忠贞，罪也。"⑤

如何保障人们既忠又孝呢？《吕氏春秋》强调通过赏罚而行威，赏罚的

---

① 《吕氏春秋·顺民》。
② 《吕氏春秋·爱士》。
③ 《吕氏春秋·怀宠》。
④ 《吕氏春秋·用民》。
⑤ 《吕氏春秋·权勋》。

标准是义:"赏罚之柄,此上之所以使也。其所以加者义,则忠信亲爱之道彰。"①当然,"行威"也要"得其道",即要"托于爱利"。② 威的基础是"爱利之心":"爱利之心谕,威乃可行。威太甚则爱利之心息,爱利之心息而徒疾行威,身必咎矣。"③威应该为统治者所独有:"威不可无有,而不足专恃。"④但用威不能过度,否则便会"令苛则不听,禁多则不行"⑤,甚至于导致"威愈多,民愈不用"⑥,"上下之相仇"⑦的局面。这与统治者治国安邦的初衷相悖。《吕氏春秋》还从人性出发论述赏罚的意义,认为赏罚之威也须立足于德义。《当赏》篇强调:

> 民无道知天,民以四时寒暑日月星辰之行知天。四时寒暑日月星辰之行当,则诸生有血气之类皆为得其处而安其产。人臣亦无道知主,人臣以赏罚爵禄之所加知主。主之赏罚爵禄之所加者宜,则亲疏远近贤不肖皆尽其力而以为用矣。

《慎小》篇反复论述了德治与赏罚的关系,强调赏罚讲求信用:

> 吴起治西河,欲谕其信于民,夜日置表于南门之外,令于邑中曰:"明日有人能偾南门之外表者,仕长大夫。"明日日晏矣,莫有偾表者。民相谓曰:"此必不信。"有一人曰:"试往偾表,不得赏而已,何伤?"往偾表,来谒吴起。吴起自见而出,仕之长大夫。夜日又复立表,又令于邑中如前。邑人守门争表,表加植,不得所赏。自是之后,民信吴起之赏罚。赏罚信乎民,何事而不成,岂独兵乎!

较于德治,法治是一种带有强制性的治理手段。《吕氏春秋》主张法治以德治为基础,法治是促成德治的手段,比较辩证地处理了德治与法治、教化与威力的关系。《义赏》篇指出:

> 赏罚之柄,此上之所以使也。其所以加者义,则忠信亲爱之道彰。

---

① 《吕氏春秋·义赏》。
② 《吕氏春秋·用民》。
③ 《吕氏春秋·用民》。
④ 《吕氏春秋·用民》。
⑤ 《吕氏春秋·适威》。
⑥ 《吕氏春秋·用民》。
⑦ 《吕氏春秋·适威》。

久彰而愈长,民之安之若性,此之谓教成。教成,则虽有厚赏严威弗能禁。故善教者,不以赏罚而教成,教成而赏罚弗能禁。用赏罚不当亦然。

二、重义制欲的义利观

在义利问题上,《吕氏春秋》"集论"各家之学的特征非常明显,但其并不是简单复述各家的观点,而是在有所取舍的基础上形成了自身的特色。关于"利"的含义,《吕氏春秋》没有直接的表达,但从有关论述中可以看到其所说的"利"主要指物质利益。如《审为》篇的"虽贫贱不以利累形";《务本》篇的"临财物资尽则为己,若此而富者,非盗则无所取";《长利》篇的"今赏罚甚数,而民争利且不服,德自此衰,利自此作";等等。这些都是把物质利益看作"利",和先秦其他思想家的理解基本相同。

关于"义"的理解,《管子·心术上》指出:"义者,谓各处其宜也。"这里所谓的"义"已有"别"的意思了。荀子在论述礼义时强调讲求礼义,不仅是为了"养",也是要体现"别":"君子既得其养,又好其别。曷为别?曰:贵贱有等,长幼有差,贫富轻重皆有称者也。"[1]《吕氏春秋》发展了《管子》《荀子》的思想,强调"义"之要义在于"别":

> 天生民而令有别。有别,人之义也,所异于禽兽麋鹿也,君臣上下之所以立也。[2]

> 凡为治,必先定分。君臣父子夫妇,君臣父子夫妇六者当位,则不下逾节而上不苟为矣,少不悍辟而长不简慢矣。……同异之分,贵贱之别,长少之义,此先王之所慎,而治乱之纪也。[3]

> 夫名多不当其实而事多不当其用者,故人主不可以不审名分也。不审名分,是恶壅而愈塞也。[4]

---

[1]《荀子·礼论》。
[2]《吕氏春秋·先识》。
[3]《吕氏春秋·处方》。
[4]《吕氏春秋·审分》。

　　显然,《吕氏春秋》的这些说法是对荀子"兼足天下之道在明分"①思想的直接继承,但也有所发展。至此,我们可以看到,《吕氏春秋》认为义的实质是"别","别"的实质是通过区别君臣上下、贵贱、长少使人们各安其分。能"别"则治,不"别"则乱,可见"有别"是实质的"义"。《吕氏春秋》强调的是人们对利益的追求应以有利于巩固和发展封建制度为最高原则,归根到底,"义"是维护封建统治秩序所必需的重要道德规范。

　　关于怎样对待"利"才算合乎义,《吕氏春秋》论述了两种不同的情况。一是关于如何对待一己之私利。《吕氏春秋》提出对待一己之私利的基本要求是只接受合乎义的利,不接受不合乎义的利;如相反,则无异于强盗。所谓"于利不苟取,于害不苟免"②;"虽贫贱不以利累形"③;"临财物资尽则为己,若此而富者,非盗则无所取"④。循"义"而动才能安定社会。显然,这些观点基本上未超出儒家之说。二是强调统治者应以万民之利为利,这就是义,所谓"若夫舜汤……以万民为义"⑤;"义之大者,莫大于利人"⑥。相反,为了一己之利而损万民之利,这就是不义:"故当今世,有能分善不善者,其王不难矣。善不善本于义,不于爱,爱利之为道大矣。"⑦

　　利因于欲,在欲望问题上,《吕氏春秋》既吸收前人之说又有所发展,主要内容有三。一是"情欲"论。"情欲"讲的是与欲望的起源有关的问题。先秦思想家基本上承认欲望的先天性质,只是说法有所不同。《吕氏春秋·情欲》云:"耳之欲五声,目之欲五色,口之欲五味,情也。"《孟子·尽心下》有一段文字与之相似,不过孟子称之为"性",而不像《吕氏春秋》那样称之为"情"。二是"情"(感情)是"性"的表现,但"情"要在一定的条件下才表露出来,故有好、恶、喜、怒、哀、乐之别。三是欲望是人的生理器官,对于外界物质的需要只是一种生理要求,是"性""情"对外界事物所作的反应。概括来说,《吕氏春秋》的基本理解是性发而为情,情动而为欲。这实际上也是先秦

① 《荀子·富国》。
② 《吕氏春秋·士节》。
③ 《吕氏春秋·审为》。
④ 《吕氏春秋·务本》。
⑤ 《吕氏春秋·离俗》。
⑥ 《吕氏春秋·尊师》。
⑦ 《吕氏春秋·听言》。

多数思想家的理解。

《吕氏春秋》指出欲望是驱使人们前进的根本动力,欲望满足愈多,能力发挥愈充分,愈有利于促进社会的发展:"人之情,不能乐其所不安,不能得于其所不乐。"①换言之,人们只有在欲望得到满足之后才会享受到人生的快乐;因为快乐,民众才容易被驱使而有所作为:"故人之欲多者,其可得用亦多;人之欲少者,其得用亦少。"②相反,欲望不能得到满足的人,统治者是难以驱使他们做任何事情的:"使民无欲,上虽贤,犹不能用。""无欲者,不可得用也。"③

在先秦典籍中,"生""性"通用或互训。《吕氏春秋》在强调满足人民欲望的同时,提出了自己"顺生适欲"的节欲论。《本生》篇指出:

> 人之性寿,物者抇之,故不得寿。物也者,所以养性也,非所以性养也。今世之人,惑者多以性养物,则不知轻重也。不知轻重,则重者为轻,轻者为重矣。……是故圣人之于声色滋味也,利于性则取之,害于性则舍之,此全性之道也。世之贵富者,其于声色滋味也多惑者,日夜求,幸而得之则遁焉。……出则以车,入则以辇,务以自佚,命之曰招蹶之机;肥肉厚酒,务以自强,命之曰烂肠之食;靡曼皓齿,郑卫之音,务以自乐,命之曰伐性之斧。三患者,贵富之所致也,故古之人有不肯贵富者矣,由重生故也。非夸以名也,为其实也。

《吕氏春秋》还提出"法天地"方可"无为而行"。如何行? 那就得"循其理,平其私"了。《序意》篇言:

> 盖闻古之清世,是法天地。……天曰顺,顺维生;地曰固,固维宁;人曰信,信维听。三者咸当,无为而行。行也者,行其理也。行数,循其理,平其私。

《吕氏春秋》的"去私"思想袭自《老子》,但二者的目的有重要区别。《吕氏春秋》主张"去私"的目的是要建立大一统的封建地主经济的社会,老子主

---

① 《吕氏春秋·诬徒》。
② 《吕氏春秋·为欲》。
③ 《吕氏春秋·为欲》。

张"去私"是想要建立"小国寡民"的社会。在《吕氏春秋》看来，缺少统一的中央政权会致使天下大乱，"乱莫大于无天子"①。面对"当今之世，浊甚矣。黔首之苦，不可以加矣。天子既绝，贤者废伏，世主恣行，与民相离，黔首无所告诉"②的混乱局面，必须统一政令，所谓"天下必有天子，所以一之也"③。为此必须重视"民"的问题："人主有能以民为务者，则天下归之矣。"④要行"公心"："昔先圣王之治天下也，必先公。公则天下平矣。平得于公。"⑤讲"公"自然就得关心"民""群"的利益，而不能一味追求统治者个人的利益。

三、追求可持续的农业发展观

在古代社会，农业生产的地位极其重要，先秦时期亦不例外，但先秦专论农业生产的文献中并不多见。《汉书·艺文志》列农家为"九流"之一，并著录其代表人物和著作如《神农》二十篇、《氾胜之》十八篇等，但多不传。《吕氏春秋》还保留了不少论述农业生产的思想资料，其中《上农》《任地》《辨土》《审时》四篇是专门论述农业生产的。

"上农"即"尚农"，意思就是重视农业。《上农》篇开头便把农业生产视为教化百姓的头等大事："古先圣王之所以导其民者，先务于农。"根本原因有四：其一，农业生产是锻炼人民道德意志的重要方式，所谓"民农非徒为地利也，贵其志也"⑥。其二，农业是人类得以生存、种族得以繁衍的物质基础，所谓"丈夫不织而衣，妇人不耕而食，男女贸功以长生"⑦。其三，农业是发家致富的重要途径，所谓"疾耕则家富"⑧。其四，发展农业是维护社会稳定、图谋霸业的重要方式，所谓"霸王有不先耕而成霸王者，古今无有"⑨。

《任地》《辨土》《审时》三篇是专门讲农业生产组织和技术的。这些篇章

---

① 《吕氏春秋·谨听》。
② 《吕氏春秋·振乱》。
③ 《吕氏春秋·执一》。
④ 《吕氏春秋·爱类》。
⑤ 《吕氏春秋·贵公》。
⑥ 《吕氏春秋·上农》。
⑦ 《吕氏春秋·上农》。
⑧ 《吕氏春秋·贵当》。
⑨ 《吕氏春秋·贵当》。

将农业生产看作天、地、人三大因素相互作用的整体过程；农作物生长是天、地、人共同作用下完成的有机过程，必然离不开周围的自然环境。所以劳动力、土地、天时是农业生产的三大基本要素，谓之"三才"："夫稼，为之者人也，生之者地也，养之者天也。"①只有充分利用并发挥这三大要素的作用，农业生产力才能发展，取得较高的产量；其中人是最重要的生产要素。《长攻》篇对三者关系的论述是：

> 譬之若良农，辩土地之宜，谨耕耨之事，未必收也。然而收者，必此人也始，在于遇时雨。遇时雨，天地也，非良农所能为也。

《吕氏春秋》对人的重视，主要指重视劳动者的生产技能。但人是社会的人，总是处在一定社会伦理关系中，具有一定伦理特质。而且《吕氏春秋》已明确提出农业生产是锻炼人民意志的重要方式，所以《吕氏春秋》的重人本身包含了对人的道德素质、伦理关系的重视。

《吕氏春秋》对农时十分重视，《审时》篇云："凡农之道，厚之为宝。"这里的"厚"即为"候"，指节令；意思是说，人们的农事活动必须严格把握时令，否则，就要歉收，带来大饥荒，所谓"时事不共，是谓大凶"②。为保证农事的正常进行，《吕氏春秋》要求统治者勿夺农时，因为"数夺民时，大饥乃来"③；农忙季节更要做到"不兴土功，不作师徒，庶人不冠弁、娶妻、嫁女、享祀，以酒醴聚众"④。

在《吕氏春秋》"三才"理论中，人既不是大自然的奴隶，也不是大自然的主宰，人与自然应该和谐共处。这就使得可持续发展成为《吕氏春秋》"重农"思想的重要内容。一是"万物一体"的自然观。这种观点体现在农业生产领域便是"阴阳五行"学说和"三才"理论。二是精气论。《吕氏春秋》认为客观世界是一个"大同众异"的统一多样的世界，"气"之所集方成万事万物。《尽数》篇中阐发了"精气"的概念：

> 精气之集也，必有入也。集于羽鸟与为飞扬，集于走兽与为流行，集于珠玉与为精朗，集于树木与为茂长，集于圣人与为夐明。

---

① 《吕氏春秋·审时》。
② 《吕氏春秋·上农》。
③ 《吕氏春秋·上农》。
④ 《吕氏春秋·上农》。

这就是说，飞翔的飞禽、行走的走兽、晶莹剔透的珠宝玉石、葆有生机的人，全赖精气聚集并注入一定的形体之内。这种"精气"观把人和万事万物的"活力"归结为一个共同的"气"，实际上说明了天下万物，包括人具有同样的根源。这个根源《吕氏春秋》又称其为"道"，或称"太一""天""一"等：

> 道也者，视之不见，听之不闻，不可为状。有知不见之见、不闻之闻、无状之状者，则几于知之矣。道也者，至精也，不可为形，不可为名，强为之谓之太一。①

《吕氏春秋》所谓的"道"包括对立统一的阴阳两方面，二者不停地运动变化着，从而产生出万事万物："万物所出，造于太一，化于阴阳。"②人也不例外："凡人物者，阴阳之化也。阴阳者，造乎天而成者也。"③

在"三才"理论的基础上，《吕氏春秋》提出三点要求。一是人们在农业生产中尊重自然规律，不能任意攫取破坏。《本生》篇提出："始生之者，天也；养成之者，人也。""万人操弓，共射其一招，招无不中。万物章章，以害一生，生无不伤；以便一生，生无不长。"如此方能促进生态系统良性循环，保障农业可持续发展。《吕氏春秋》还提出了"以时禁发"的生物利用原则：一是对兽类禁止杀其孕育，伤其萌幼。如《正月纪》篇规定小鸟、小鹿等都不应被杀，所谓"无杀孩虫胎夭飞鸟，无麛无卵"。《具备》篇中讲了这样的故事：

> 巫马旗短褐衣弊裘而往观化于亶父，见夜渔者，得则舍之。巫马旗问焉，曰："渔为得也，今子得而舍之，何也？"对曰："宓子不欲人之取小鱼也。所舍者，小鱼也。"

此记述说的是，衣着粗劣的巫马旗到亶父那去考察教化施行情况，看到夜里捕鱼的人得到鱼却扔回水里，很是奇怪。捕鱼者解释说，自己是不想让人们捕取小鱼，扔回水里的都是小鱼。

二是保障劳动者不过度开发生物资源。《吕氏春秋》提出，对生物资源征收赋税也要依"时"进行，不能过分盘剥，以减轻农民的负担。《十月纪》篇

---

① 《吕氏春秋·大乐》。
② 《吕氏春秋·大乐》。
③ 《吕氏春秋·知分》。

规定："是月也,乃命水虞渔师收水泉池泽之赋。无或敢侵削众庶兆民,以为天子取怨天下,其有若此者,行罪无赦。"三是主张通过制定法律和设置专职官员,规范和管理生物资源的保护与利用。

需要指出的是,《吕氏春秋》在尚农的同时,并不轻视工商业发展。《上农》篇规定,凡是成年的百姓,在农、工、贾三种社会职业中至少择其一而从之:"凡民自七尺以上属诸三官,农攻粟,工攻器,贾攻货。"为了促进工商业的发展,《吕氏春秋》提出了相应的有力措施。一是统一度量衡:"日夜分,则一度量,平权衡,正钧石,齐斗甬。"①二是"易关市":"是月也,易关市,来商旅,入货贿,以便民事。四方来杂,远乡皆至,则财物不匮,上无乏用,百事乃遂。"②这实际是"关市稽而不征"的另一种说法。此段文字是作为仲秋之月的政事日程提出来的,这说明《吕氏春秋》将商业活动安排在农业收获之后,由此也可见《吕氏春秋》强调商业应服务于农业发展。《上农》篇还明确提出,"民舍本而事末"则"不可以守,不可以战",则"国家有患皆有远志,无有居心",则"多诈"而"巧法令"。这其实是希望人们认清"事末者众"之弊,要求"末"不伤"本"。当然,《吕氏春秋》在这方面与商鞅"困末作而利本事"的政策还是有些区别的。

战国中后期,随着政治走向统一,思想文化亦渐趋综合。荀子、韩非、后期墨家都顺应了这一历史发展趋势。但荀子更多侧重于对过去的总结;韩非和后期墨家则是在遵循各自思想传统的基础上适当吸收其他学派。《吕氏春秋》作为我国先秦时期最后一部思想巨著,以一种开放博大的胸襟,力图使"万不同"的百家学说归于"一穴",具有划时代的意义。后世统治者或明或暗地以《吕氏春秋》为统治国家的资鉴。《吕氏春秋》所蕴含的经济伦理思想具有明显的综合性特征,核心内容是欲望论,在肯定人类"欲利"本性的同时要求人们从"重己""贵生"的角度出发对欲望加以节制。《吕氏春秋》认为统治者仅依法不足以保证国家长治久安,还需要顺民、爱民、利民,致力于德治。这些是符合社会进步要求的。《吕氏春秋》所蕴含的经济治理思想在中国古代治国史上有着十分重要的地位,也对今人具有积极的借鉴意义。

---

① 《吕氏春秋·八月纪》。
② 《吕氏春秋·八月纪》。

结语　先秦经济伦理思想的价值建构和历史地位

　　春秋战国之交,是民族大混合、大醇化时代,是我们社会大蜕变、大变革时代,梁启超有言:"在这种时代之下,自然应该是民族的活精神尽情发露。"①这种发露奠定了中华民族精神的价值基础和基本框架。胡适在《先秦名学史》中指出:"公元前 600 年至公元前 210 年是中国哲学的最初阶段,是中国也是人类思想史上一个最重要和最灿烂的时代。众多思考的智者和他们的理性思考造就了中国哲学史上的一个辉煌的阶段。这一时代是老子、孔子、墨翟、孟子、惠施、公孙龙、庄子、荀子、韩非以及许多别的次要的哲学家的年代。这个年代的气势、创造性、丰富性以及深远意义,使得它在哲学史上完全可以媲美于古希腊哲学从诡辩派到斯多葛派这一时期所占有的地位。"②就其经济伦理思想发展而言,也是如此。先秦是我国经济伦理思想的发端孕育和初步形成期,特别是经过了"百家争鸣"对此前和此后的经济伦理思想作出的"金声玉振"式的总结与开拓,儒家、道家、墨家、法家、农家、商家、兵家、杂家等无不在经济伦理思想方面展开了创造性的探索,提出了一系列令后世"仰之弥高,钻之弥坚"的经济伦理思想命题、观点或学说,其所达到的理论深度、广度在我国经济伦理思想史上无与伦比,对后世产生了极为深远的影响。

---

① 梁启超:《评胡适之〈中国哲学史大纲〉》,载贾菁菁编选《梁启超演讲集》,天津:天津古籍出版社 2005 年版,第 238 页。

② 胡适:《先秦名学史》,合肥:安徽教育出版社 1999 年版,第 17—18 页。

一、以人为本和民本主义价值观的确立

民本思想最早见于《尚书》。《尚书·五子之歌》曰："皇祖有训,民可近,不可下。民惟邦本,本固邦宁。"这是太康之弟为劝诫太康而作的诗歌,强调了民众是国家的根本,作为统治者要敬民、重民、爱民,认识到民众的力量,自我约束,修善洁行。先秦时期,各诸侯国统治大多暴虐,导致民不聊生,以至于孔子发出了"苛政猛于虎也"①的感慨。面对封建领主制度动摇、周王室衰微的现实,那种视周天子为天之元子、天人合一的传统天道观与天命观随之动摇。统治阶级中的有识之士开始认识到,只有从事生产、承担赋税的民众才是真正可以依靠的力量,政治成败的关键在于顺乎民心、得乎民意。为此,他们重新解释了神人观念,视"民"为经济、社会的根本主体。随国大夫季梁指出:"夫民,神之主也,是以圣王先成民而后致力于神。"②宋大司马子鱼指出:"祭祀以为人也。民,神之主也。"③虢太史嚚指出:"吾闻之,国将兴,听于民;将亡,听于神。神,聪明正直而壹者也,依人而行。"④更有一些思想家明确地提出天人相分观点,如周内史兴云:"阴阳之事,非吉凶所在也。吉凶由人。"⑤鲁闵子马云:"祸福无门,唯人所召。"⑥郑子产说:"天道远,人道迩,非所及也。"⑦这些均表现了春秋时期进步思想家重人事的现实态度。

春秋战国时期动荡的格局使得当时的各家学者认识到了"防民之口,甚于防川"⑧和"民心""保民""爱民"的重要性,纷纷基于各自的学术立场从不同角度论证了"民本"和"仁政"主张。《左传》十分重视"民"的地位,明确地提出了"民为神之主""民为邦之本""恤民者兴""残民者亡"等命题,认为民心向背关系着战争胜负、国家兴亡。师旷为晋侯讲述君民关系时,提出:"天

① 《礼记·檀弓下》。
② 《左传·桓公六年》。
③ 《左传·僖公十九年》。
④ 《左传·庄公三十二年》。
⑤ 《左传·僖公十六年》。
⑥ 《左传·襄公二十三年》。
⑦ 《左传·昭公十八年》。
⑧ 《国语·周语上》。

生民而立之君,使司牧之,勿使失性。……天之爱民甚矣,岂其使一人肆于民上,以从其淫,而弃天地之性? 必不然矣。"①这里所说的"司牧"主要强调的是"保护"之意。就是说,上天为民设立君主是为了保护民,使他们不失去"天地之性",而不是为了让君主凌驾于民众之上恣意妄为。老子提出了"贵以贱为本,高以下为基"②的命题,强调"治大国若烹小鲜",君主必须重视民众的自由生存权益,不能想当然地乱发号施令,不顾百姓的死活。墨子重视"农与工肆之人",主张"有能则举之,高予之爵,重予之禄,任之以事,断予之令"③,提出"爱利万民"④。韩非提出,"无地无民,尧舜不能以王,三代不能以强",所以"古者先王尽力于亲民"。⑤ 统治者想要"王""强",不仅要有广阔的土地,还要有足够的民众;而要想得民,就要做到"亲民"。管子提出"政之所兴,在顺民心;政之所废,在逆民心"⑥,强调了民心对于为政兴废的重要性。《吕氏春秋·务本》提出:"安危荣辱之本在于主,主之本在于宗庙,宗庙之本在于民。"可见,在先秦时期,重民的"民本"思想和爱民的"仁政"主张已经成为各家的共识。特别是儒家提出的"民贵君轻"等思想无疑是最耀眼的,奠定了中国古代以"民本"理念为核心的"仁政"思想的基础。孔子对"民"的重要性有着非常深刻的认识,如他对鲁哀公说:"丘闻之:君者,舟也;庶人者,水也。水则载舟,水则覆舟。"⑦从"仁爱"的道德原则出发,孔子主张以民为本,反对暴政,提倡仁政,提出要惠民、富民、教民。孔子的这些思想奠定了儒家政治哲学"仁政德治"的重德传统。孟子提出了比较系统的民本主义理论,主张把"保民""养民"和"教民"有机地统一起来。保民,即保证民能够正常地从事生产生活。首先,要制民之产,"是故明君制民之产"⑧。只有民有"产"了,而且这些"产"足以满足他们最基本的生存需求,即"必使仰足以事父母,俯足以畜妻子,乐岁终身饱,凶年免于死亡"⑨,人民才会有恒心,社会

---

① 《左传·襄公十四年》。
② 《老子》第三十九章。
③ 《墨子·尚贤上》。
④ 《墨子·尚贤中》。
⑤ 《韩非子·饰邪》。
⑥ 《管子·牧民·四顺》。
⑦ 《荀子·哀公》。
⑧ 《孟子·梁惠王上》。
⑨ 《孟子·梁惠王上》。

才会安定。"民之为道也：有恒产者有恒心，无恒产者无恒心；苟无恒心，放辟邪侈，无不为已。"①可见，民有无恒产是其有无恒心的前提；也就是说，民众只有有了一定的恒产才会有一定的恒心，民众有了恒心社会才能安定。其次，要减轻赋税，"薄税敛"②"取于民有制"③，即赋税要从轻、有限度地征收。"养民"，就是满足人民的生活需要，并尽量提高人民的生活水平；只有人民丰衣足食，才能实现国家的安定和进步。孟子主张，国家应对弱势群体的生活予以保障。他举例说，鳏寡孤独者是天下最穷苦却无处求助的人，周文王发布政令施行仁政，一定先想到这四种人。孟子所说的"教民"是让人人都懂得伦理道德（礼义）。在孟子看来，满足民众的生存需要，给予民众稳定的经济生活，仅仅是"王道之始"；而对人民施行教化，才能保证王道的实现。因此，"善政不如善教之得民也。善政，民畏之；善教，民爱之。善政，得民财；善教，得民心"④。教育实现的方式是开办学校，教育的内容在于"修其孝悌忠信"⑤，教育的目的在于"明人伦"。所谓"明人伦"，就是使人们懂得"父子有亲，君臣有义，夫妇有别，长幼有叙，朋友有信"⑥。

先秦时期，儒、墨并称"显学"。在怎样对待人的问题上，两家均以爱为出发点，形成了两种不同形态的人道思想：以孔子为代表的儒家提倡"仁爱"，以墨子为代表的墨家提倡"兼爱"。两种人道思想之间既有对抗又有沟通，共同助推着先秦人道主义思想的发展。

儒家人道主义以"仁者爱人"为根本命题和基本特征。仁的产生与周取代殷以后民本思想的大发展有关，其中最有代表性的是子产所说的："天道远，人道迩，非所及也"⑦的天人关系命题，认为天道和人道有着明显的区分。孔子仁的思想与殷周以来的重民思想、春秋以来的重人思想有关。在天人关系上，孔子的基本态度是重人。在他看来，人的生命是有限的和宝贵的，不应该把有限而宝贵的生命浪费在活人根本无法搞清楚的问题上。这里蕴

---

① 《孟子·滕文公上》。
② 《孟子·梁惠王上》。
③ 《孟子·滕文公上》。
④ 《孟子·尽心上》。
⑤ 《孟子·梁惠王上》。
⑥ 《孟子·滕文公上》。
⑦ 《左传·昭公十八年》。

含着关心人甚于关心超验对象的人道原则,表现出一种不同于宗教迷狂的人文主义价值取向。它使儒学的终极关怀,一开始便疏离于彼岸世界的追求而植根于现实的人生。仁的中心和主旨是爱人,以爱人界定仁,体现的是一种朴素的人文观念。仁与"正德、利用、厚生"的儒家价值观密切相关,本质上是对个体生命的尊重,含有将自我与他人联系起来,在共同确证人之为人的价值中实现人的价值的意思。"天地之大德曰生。夫盈天地间只是一个大生,则浑然亦只是一个仁,中间又何有纤毫间隔? 故孔门宗旨,惟是一个仁字。"①惟仁是天地间之大道真脉,是孔门教典之真精神。一部《论语》,一个"仁"字重复出现了 109 次。仁是生生不息的天地之大德,也是人之所以为人的内在规定性和根本原则。《论语·八佾》指出:"人而不仁,如礼何? 人而不仁,如乐何?"程子曰:"仁者天下之正理。失正理,则无序而不和。"②仁的精神是中华文化的根本精神和核心价值理念。"中国文化精神不仅以天地之仁为大道真脉,发展成为一种深厚博大的思想体系,而且以生生之理为良知,提高、升腾出了一种生化圆融、纯纯不已的精神系统。"③孔子并不抽象地谈仁,如孔子以孝、悌为仁之本,孝、悌是仁在血缘关系上的体现(具体化)。孔子在谈到孝时曾经说:"今之孝者,是谓能养。至于犬马,皆能有养;不敬,何以别乎?"④敬是人格上的尊重。如果只有生活上的关心,而无人格上的尊重,那就意味着将人降低为物。人作为目的,并不仅仅是一种感性的生命存在;它具有超乎自然的社会本质,而这种本质首先是在人与人的相互尊重中表现出来的。对人的尊重,便是对人的内在价值的承认。人与人之间的仁爱本质上是人类长期演化过程中所形成的族类认同意识。按照孔子的看法,人作为一种文明化的存在,总是内在于社会群体之中:"鸟兽不可与同群,吾非斯人之徒与而谁与?"⑤自我的存在由此体现了类的本质,成就自我不能离群索居,不能离开他人的存在。与之相应,孔子提出实行仁爱的主

---

① 〔明〕黄宗羲:《明儒学案》卷三十四,北京:中华书局 2008 年版,第 789 页。
② 〔北宋〕程颢、程颐:《二程集》经说卷第六,北京:中华书局 2004 年版,第 1136 页。
③ 司马云杰:《中国文化精神的现代使命:关于中国文化根本精神与核心价值观的研究》,太原:山西教育出版社 2008 年版,第 20 页。
④ 《论语·为政》。
⑤ 《论语·微子》。

要方法为忠、恕:所谓忠,指"己欲立而立人,己欲达而达人"①;所谓恕,指"己所不欲,勿施于人"②。实现忠、恕的方法即儒家"能近取譬"的方法,本质上是把他人当作同自己一样的人来对待,体现了对人的尊重。在孔子看来,人不仅仅是被尊重、被爱的对象,还是给人以仁爱的主体。作为道德主体,人蕴含着自主的力量:为仁并不仅仅是被决定的,还是主体自身力量的体现。《论语》中强调"为仁由己",旨在肯定人类自身的文化创造能力。《论语·卫灵公》:"人能弘道,非道弘人也。"这里的"道",指的是一般的社会理想。人能够树立社会理想,并通过自己的努力,使之化为现实。"人能弘道",所表现的是一种深层的社会责任感;主体所面临的,不仅仅是一己的道德选择,还有着超乎个体的社会历史责任。

　　由于仁是一种道德情感,所以有仁之德性的人能够以移情的方式来处理与他人的关系:一方面可以将他人之情感移入自身,对他人"感同身受";另一方面也可以去设身处地地理解他人的情感。孟子就用这种推爱伦理来说服君王顾及人民的需求,如《孟子·梁惠王下》中的对话所示:"王曰:'寡人有疾,寡人好货。'对曰:'……王如好货,与百姓同之,于王何有?'王曰:'寡人有疾,寡人好色。'对曰:'……王如好色,与百姓同之,于王何有?'"虽然贪图钱财和美色确是人性的弱点,但孟子劝诫君王说,如果他能推己及人,同样关心民众的疾苦好恶,让政治不仅满足一己之私,也服务于天下人之利,那就无须否定这种欲望的合理性。重要的是要去扩充人性中的善端,去培养仁的感情。如果君王能"以不忍人之心,行不忍人之政",治天下便"可运之掌上"。③ 先秦儒者将道德成熟的问题等同于人格培养的问题,试图塑造一种与外部世界和谐一致的包容性人格。这种人格不以自我的利益或者人类的利益为行动的终极价值目标,而是恰恰将不断地超越这些界限作为道德前进的方向。安乐哲有一段话也确切地刻画出这一点:"在儒家的这种构成性关系模式中,我们不是在团体中联系在一起的单独的个人,而是因为我们在团体中有效地联系在一起,故而我们才成了独特的个人;不是因为我们有了想法,因而才和别人交谈,而是因为我们能有效地和他人交流,所

---

① 《论语·雍也》。
② 《论语·卫灵公》。
③ 《孟子·公孙丑上》。

以我们才形成了相似的想法；不是因为我们有了心，因而才能够同别人产生感情上的共鸣，而是因为我们能强烈地感到与他人的共鸣，所以我们才形成一个同心同德的团体。"① 先秦儒学持有一种完善论的理想，致力于人格的完善，并将"天道"这种超越性的善观念看作驱动人类道德行为的原动力和人之所以可能的道德行为的形而上学依据。先秦儒者相信，一旦人们认同这一价值根源，就会通过修身相应地改变自我认同，不断扩展道德关怀的范围。在此，修身是关键，道德实践的能力取决于我们对"何为善""如何做才适宜"的理解。君子用仁和礼来修养身心，从而其行为总是适当的与合宜的。这种适当与合宜来自对礼的正确理解和把握，也源于日臻成熟的道德实践能力。先秦儒者相信，正是通过礼乐的教化，人将自身与动物区分开来并显示出专属于人类的尊严。对一个人来说，最佳的生活是过一种遵从礼仪的生活，而君子就是通过这种礼仪生活实现了德性完满之人。他们摒弃了主观臆断、自私自利、固执己见和唯我独是，他们从"道"而不从"利"。"先立其大""克己复礼"和"推己及人"讲的是如何处理与自己、与他人的关系。在处理与自己的关系时，重要的是克己复礼；在处理与他人的关系时，既要有"己所不欲，勿施于人"即克制的一面，也要有"己欲立而立人，己欲达而达人"即惠及他人的一面。

墨子学孔子之学、受儒者之业，受儒家仁爱思想的影响，提出了兼爱的思想。墨子代表的是"农与工肆之人"的利益，反对儒家那种分亲疏、分等差、分厚薄、由近及远的仁爱之道。墨家认为，这种有差别的爱，正是造成天下之人不相爱的根本原因。墨子的兼爱理论，是基于当时社会中的人际冲突，为解除天下大害而提出来的。《墨子·经说上》解释道："仁，爱己者非为用己者，不若爱马。"墨家将体爱和利爱作了区分，认为人与人之爱虽然本身包括"爱己"，但与"用己"是有原则上的不同的；人与人之爱不应像爱马那样是为了用马，不应包含驱使他人的意思。因此，墨家反对把人变为物的做法，具有类似于康德"人是目的不是手段"的意义。墨家重视人道的作用，提出的"三表法"，即"上本之于古者圣王之事。于何原之？下原察百姓耳目之

---

① ［美］安乐哲：《和而不同：中西哲学的会通》，温海明等译，北京：北京大学出版社 2009 年版，第 141—142 页。

实。于何用之？废以为刑政，观其中国家百姓人民之利"①，都是把人自身作为判断是非真假的标准，而排斥了天志和鬼神的力量。而且，墨子本人到处奔走，想以人力来制止侵略战争的发生，充分显示了他对人及人类力量的重视。墨子常把"兼相爱"与"交相利"相提并论，把"交相利"作为"兼相爱"的内容和标准，认为实行兼爱就应该给人民以实际的物质利益，解决人民迫切的生活问题。

　　法家管子提出了"以人为本"的伦理命题，并以此治国理政、发展经济。《管子·霸言》："夫霸王之所始也，以人为本。"管子所谓"以人为本"中的"人"，主要指与君王、统治者相别的普通人，即士农工商等。在管子看来："士农工商四民者，国之石民也。"②所谓"石民"，就是基础、根基之民。《管子·霸形》："齐国百姓，公之本也。"管子意识到了人在经济活动中的主体地位和根本作用，指出："地大而不耕，非其地也；卿贵而不臣，非其卿也；人众而不亲，非其人也。"③土地再多，没有人去耕种，能算你的地吗？卿大夫再贵重，不臣服于你，能算你的臣子吗？人口再多，大家都不以你为可亲，能算你的人民吗？所以，"有地不务本事，君国不能壹民，而求宗庙社稷之无危，不可得也"④。因而，"争天下者，必先争人"⑤。那么，怎样才能做到以人为本呢？管子认为，关键在于"顺民心"："政之所兴，在顺民心；政之所废，在逆民心。"⑥民心即人民的愿望及其与之相关的好恶。顺民心就是"民恶忧劳，我佚乐之；民恶贫贱，我富贵之；民恶危坠，我存安之；民恶灭绝，我生育之"⑦。"是以善为国者，必先富民，然后治之。"⑧"国多财则远者来，地辟举则民留处，仓廪实则知礼节，衣食足则知荣辱。"⑨只有经济发展了才能吸引和留住人民；只有使民众温饱、富足，民心才能凝聚，民风才能更文明。管子的"以人为本"思想还反映在重视体恤孤老、惠顾民生的福利政策等方面。管子是

---

① 《墨子·非命上》。
② 《管子·小匡》。
③ 《管子·霸言》。
④ 《管子·权修》。
⑤ 《管子·霸言》。
⑥ 《管子·牧民·四顺》。
⑦ 《管子·牧民·四顺》。
⑧ 《管子·治国》。
⑨ 《管子·牧民·国颂》。

中国历史上最早关怀弱势群体的执政者,有着非常深刻的民本情怀和关怀伦理取向。

二、义利并重和以义制利义利观的确立

先秦经济伦理思想的一个重要贡献就是在义利之辨中发展出了一种义利并重、先义后利、以义制利的伦理价值观。"在'义利之辨'即道义与功利关系的问题上,'正其义不谋其利,明其道不计其功'(董仲舒)的道义论,是中国传统伦理思想关于道德价值观的主要倾向。在中国古代,虽也不乏功利主义,但始终没有占据主导地位。"①有学者将墨家称为"规则功利主义",将法家称为"行为功利主义",这是可以讨论的。整体上看,墨家主张的是义利合一,既有贵义的主张,又重视"兴天下之利"②。墨子明确提出"万事莫贵于义"③的命题,视义为"天下之良宝"④,认为"天下有义则治,无义则乱"⑤,主张"不义不富,不义不贵,不义不亲,不义不近"⑥,并将义界定为"有力者疾以助人,有财者勉以分人,有道者劝以教人"⑦。同时,墨子"三表法"中有"观其中国家百姓人民之利"⑧,并以爱人、利人为"顺天之意"和"得天之赏"的行为,主张"利人乎即为,不利人乎即止"⑨,处处以利人、利民为价值判断的标准。在此基础上,墨家倡导把道义与功利有机地统一起来,既讲兼相爱,又讲交相利,以义来规范获取利的行为。在道德评价上,墨家主张"合其志功而观焉"⑩的"志功合一",主张既考察行为的动机,又注重行为的效果。所以,不能简单地说墨家是规则功利主义。规则功利主义有其特有的价值内涵,本质上是一种以道德规范来谋求功利的功利主义,功利成为道德追求的

---

① 张岱年、朱贻庭:《绪论》,载朱贻庭主编《中国传统伦理思想史》,上海:华东师范大学出版社1989年版,第28页。

② 《墨子·尚同中》。

③ 《墨子·贵义》。

④ 《墨子·耕柱》。

⑤ 《墨子·天志中》。

⑥ 《墨子·尚贤上》。

⑦ 《墨子·尚贤下》。

⑧ 《墨子·非命上》。

⑨ 《墨子·非乐上》。

⑩ 《墨子·鲁问》。

目的。而墨家的义利合一论含有义利互为目的和手段的性质,贵义在墨家那里具有内在的目的价值,而不只是手段价值。《墨子·鲁问》载,越王邀墨子做官,并许以五百里封地。墨子以"听吾言、用我道"为前往条件,而不计较封地与爵禄。他说:"越王将听吾言、用我道,则翟将往,量腹而食,度身而衣,自比于群臣,奚能以封为哉? 抑越不听吾言、不用吾道,而吾往焉,则是我以义粜也。"①"粜",卖也,墨子决不卖义求利。墨子"止楚攻宋"的事迹是对自己义利观的最好诠释。楚惠王年间,公输盘帮楚国造云梯准备攻打宋国。墨子知道后,从齐国起程,日夜不停,历经十天,奔走千里,废了三双鞋子,脚生重茧,赶到楚国见公输般和楚王,阻止其攻宋。墨子先说服了公输盘,再见楚王。楚王不听。墨子让公输盘为攻,自己为守,演示战争。公输盘九攻之,墨子九拒之。公输盘攻已尽,而墨子守有余。公输盘欲杀墨子以绝其患,墨子置生死于不顾,坦然说道:"然臣之弟子禽滑釐等三百人,已持臣守圉之器,在宋城上而待楚寇矣。虽杀臣,不能绝也。"楚王无奈地说道:"吾请无攻宋矣。"②当时楚是大国,宋是小国,可以想象,如果楚攻打宋的话,对宋肯定是灭国之灾,将生灵涂炭、血流千里。墨子以一己之力,直言说楚,不但体现他胆识过人,而且还表现了他为了大义而不顾个人生死的英雄气概。

法家管子坚持义从利出、利以生义的观点,主张重视个人利益恰恰是实现公共利益的基础和前提。在管子看来,爱惜自己的身体、爱护自己的父母和子女、尊重自己的生命不但是天经地义的事,也是为人做事的基础。他认为,把亲生儿子蒸了给齐桓公吃的易牙、为了主掌后宫而不惜自宫的竖刁、为了所谓工作十五年不曾回家探望父母的公子开方等人的行为违反人伦常理:"于子之不爱,将何有于公? ……于身之不爱,将何有于公? ……于亲之不爱,焉能有于公?"③因此,对这样的人不仅在人才选拔上绝不可以重用,而且对其行为也必须予以深刻地批判和抵制。

秦晋法家具有比较明显的重利轻义倾向,论述了人性自私、各人只顾自己利益的冷酷一面:"故王良爱马,越王勾践爱人,为战与驰。医善吮人之伤,含

---

① 《墨子·鲁问》。
② 《墨子·公输》。
③ 《管子·小称》。

人之血,非骨肉之亲也,利所加也。故舆人成舆,则欲人之富贵;匠人成棺,则欲人之夭死也。非舆人仁而匠人贼也,人不贵则舆不售,人不死则棺不买,情非憎人也,利在人之死也。故后妃、夫人、太子之党成而欲君之死也,君不死则势不重,情非憎君也,利在君之死也。"①但是,他们只是在陈述或揭示人性自私利己的现实一面,并不是为之辩护,而且要从中引出依法治国的结论,引出君王或统治者对这种利己自私人性的注意,以采取有效的防范与应对措施。韩非将"利"的经验本性推演为私利与公利、私义与公义对立统一的二元结构,将国家利益、君主利益置于个人利益之上,从道德行为主体的角度,将国家、君主作为特殊的道德行为主体,代表社会功利的最大化,因而对臣下特别是庶民百姓的个人利益力主打压或抑制。

在先秦时期的义利之辨中,以老庄为代表的道家与儒、墨不同,与法家有别。道家既卑视利又菲薄义,主张"绝仁弃义"和"绝巧弃利",有着义利俱轻的倾向,含有超越儒法义利对立的因素。庄子认为,殉仁义和殉货财一样,都是没有什么实际意义和价值的:"天下尽殉也。彼其所殉仁义也,则俗谓之君子;其所殉货财也,则俗谓之小人。其殉一也,则有君子焉,有小人焉;若其残生损性,则盗跖亦伯夷已,又恶取君子小人于其间哉!"②求义和求利都是伤身害性的行为,都是违背天道自然的行为:"小人则以身殉利,士则以身殉名,大夫则以身殉家,圣人则以身殉天下。故此数子者,事业不同,名声异号,其于伤性以身为殉,一也。"③庄子欣赏的大人行为,既"动不为利"也"不多仁恩"④,既不轻财富而讲辞让亦不争财富而为己利便,有着对道义和功利的双重超越。道家义利俱轻的精神实质是要建立一种超越功利主义和道义主义的自然主义伦理,道家所尊的道、所贵的德本质上是淳朴的而不是世俗的、实质的而不是形式的、奉献的而不是索取的。老子说:"道之尊,德之贵,夫莫之命而常自然。……生而不有,为而不恃,长而不宰,是谓玄德。"⑤又说:"上德不德,是以有德;下德不失德,是以无德。……是以大丈夫

---

① 《韩非子·备内》。

② 《庄子·骈拇》。

③ 《庄子·骈拇》。

④ 《庄子·秋水》。

⑤ 《老子》第五十一章。

处其厚，不居其薄；处其实，不居其华。"①道家试图从更高的起点、更深的层次，把其中的普遍性价值理念整合起来，净化了其中的功利主义气息，建构了一种"处其厚，不居其薄；处其实，不居其华"的义利并重论。

儒家在义利观上提出了重义轻利和贵义贱利的理论。孔子提出了"君子喻于义，小人喻于利"②的命题，认为只有君子才能完全按照义的标准来行事，而小人总是利字当头、孜孜求利，因此必须对小人加强道德教化和道义上的引导与规范。如果一味任其求利行为泛滥，就会在经济生活中造成利益冲突和道德混乱。因此，孔子提出了重义轻利、贵义贱利的伦理思想。正如赵靖先生所说："贵义贱利论在孔丘的经济思想体系中处于核心和枢纽的地位。必须抓住这个核心，才能够对孔丘的经济思想体系有科学的理解。"③孔子主张"见利思义"、"见得思义"、以义制利，劝人们在日常经济生活中以道义来引导和主宰求利的行为，特别是在道义与功利发生冲突的情况下要舍利取义。需要指出，儒家的义利观并不完全否定人的利益需求。孔子承认追求富贵利达是人的天性，每个人都渴望富贵厌弃贫贱："富而可求也，虽执鞭之士，吾亦为之。"④但是，儒家肯定追求物质利益是人的天性，并不意味着不要对这种天性加以必要的引导与约束。在孔子看来，听凭人们追求私利而不加以必要的引导与约束，必然会产生人与人之间、人与群体之间的利益矛盾和纷争。因此，孔子主张在一定道德原则和规范的宰制与规约下追求富贵、摆脱贫贱："富与贵，是人之所欲也；不以其道得之，不处也。贫与贱，是人之所恶也；不以其道得之，不去也。"⑤对以不正当的手段和方法实现的求富贵、去贫贱，有道德的人是不屑一顾的："不义而富且贵，于我如浮云。"⑥合乎道义的生活即便贫穷困苦也是使人感到快乐幸福的。孔子认为，道义是人们所必须遵循的伦理原则和价值目标，是人之所以为人的内在规定性；功利是维持人们肉体生存发展所需要的物质财富，是人和动物所同有的。二者相比，道义的价值高于功利的价值。孟子认为，为道义而生，生得

① 《老子》第三十八章。
② 《论语·里仁》。
③ 赵靖：《中国古代经济思想史讲话》，北京：人民出版社1986年版，第49页。
④ 《论语·述而》。
⑤ 《论语·里仁》。
⑥ 《论语·述而》。

有价值；为道义而死，死得有意义。当生命与道义发生冲突的时候，一个真正有道德的人自会舍生而取义，决不会为苟求活命而伤害道义。总之，儒家义利观"在坚持名分等级制度的前提下，既承认人有追求富贵利达的道德合理性，又强调须对人的求利行为给以一定的名分限定和道德抑制，这是孔子为儒家经济伦理确立的基本原则，它为千百年来儒家经济伦理的发展确定了始终不渝的主题思想。孔子之后的孟子、荀子以及汉代以后历代儒家的经济伦理思想，大都同孔子确立的这一基本思想有着一脉相承的理论联系"①。

先秦时期，儒、墨、道、法诸家义利观之间既有批评与论争，又在论争的过程中相互吸收和融合，共同架构起先秦经济伦理思想的基本精神大厦。虽然法家提出了重利轻义的理论，但是法家所轻的义是儒家所宣扬的义，而不是维护统治阶级整体利益的道义；法家所重的利是君主之利和统治阶级的整体利益，而不是庶民百姓的个人利益。因此，法家义利观的精神实质是重公利轻私利。道家的义利俱轻有的也是对儒家所宣扬的道义与功利的诸多批评，而不是对人类社会生活中真道义和真功利的轻视。道家以尊道贵德而著称于世，崇尚"生而不有，为而不恃，长而不宰，是谓玄德"②的真正道义论伦理。同时，道家崇尚"损有余而补不足"③的普遍福利或整体福利，欣赏"后其身而身先，外其身而身存。非以其无私邪！故能成其私"④的道德功利主义，并把"利而不害""为而不争"视为其义利观的应有之义。儒家对崇高道义和高尚人格的追求，可以克服法家唯利无义而生的弊害。道家呼吸万象的胸怀和气度，有助于弥补儒、墨、法因过于执着现实而带来的局限；其超然的人生追求，可以克服儒、墨、法只局限于政治伦理纲常的倾向。墨、法、道从不同角度进行的对血缘关系、宗法秩序的批判、否定和超越，正好弥补了儒家过多论证、维护血缘关系导致的弊端。围绕义利之辨，各家所展开的互相批判、互相整合，促使这一时期的义利论不断开拓新局面、进入新境界，取得了比较丰硕的理论成果。

---

① 张鸿翼：《儒家经济伦理及其时代命运》，北京：北京大学出版社 2010 年版，第 52 页。
②《老子》第五十一章。
③《老子》第七十七章。
④《老子》第七章。

三、中正和谐、诚实守信的伦理原则的确立

中正和谐是先秦时期经济伦理思想的基本内容和价值目标。儒家推崇中正和谐，认为要使社会经济生活保持稳定、旺盛和持久，关键在于允执其中，不走极端。孔子主张中庸处事、公允待人，认为真正的君子应该具有"惠而不费，劳而不怨，欲而不贪，泰而不骄，威而不猛"①的品德，强调"君子中庸，小人反中庸"②。"君子之所以为中庸者，以其有君子之德，而又能随时以处中也。小人之所以反中庸者，以其有小人之心，而又无所忌惮也。盖中无定体，随时而在，是乃平常之理也。君子知其在我，固能戒谨不睹、恐惧不闻，而无时不中。小人不知有此，则肆欲妄行，而无所忌惮矣。"③儒家的中庸是礼仪道德的集中体现，追求的是经济生活和社会生活的和谐有序与恰到好处，从而使人们各安其位、各尽其职、各得其所，以促进经济生活和社会生活的良性运转。《礼记·中庸》："喜怒哀乐之未发，谓之中；发而皆中节，谓之和。中也者，天下之大本也；和也者，天下之达道也。致中和，天地位焉，万物育焉。""中和"是利益均衡和利益共享的理想化实现，代表和谐经济秩序的建立及巩固。"中"是不失其应有的度而恰到好处，"和"是各种不同因素的协调平衡，"中和"被视为世界上根本和普遍的道理、原则。孔子还提出了"君子和而不同，小人同而不和"④的思想。"和而不同"是孔子理想人格的一个重要标准。"和"与"同"的区别，在于是否承认原则性和差异性。承认差异、有差异性的统一才是"和"。"和而不同"，被公认是典型的中国哲学智慧。《国语》和《左传》中都有史伯与晏子议论"和""同"的记载，比如史伯在《国语·郑语》中说："以他平他谓之和。"这里的"他"有"不同"的意思，在不同中寻找相同、相近的事物或道理，就是寻求"和"的过程。史伯和晏子从哲学和自然规律的角度讲"和"与"同"，孔子则将其引申到社会领域，用以阐释做人的道理。将"和"视为区别"君子"与"小人"的特征之一，可见孔子对其

---

① 《论语·尧曰》。
② 《礼记·中庸》。
③ 〔南宋〕朱熹：《四书章句集注·中庸章句》，北京：中华书局 1983 年版，第 19 页。
④ 《论语·子路》。

的重视。从哲学意义上讲，"和"是和谐、统一，"同"是相同、一致；"和"是抽象的、内在的，"同"是具体的、外在的。"和而不同"，就是追求内在的和谐统一，而不是表象上的相同和一致。《礼记·中庸》："万物并育而不相害，道并行而不相悖。"世界万物本来是多种多样、多姿多彩的，世界上的道路也是多种多样、纷繁复杂的；在儒家看来，万物各自生育而不相妨害，不同的道路并存而不相悖，趋向总体的善，这就是"中和"的理想状态。汉儒董仲舒说："中者，天地之所终始也；而和者，天地之所生成也。夫德莫大于和，而道莫正于中。……天地之道，虽有不和者，必归之于和，而所为有功；虽有不中者，必止之于中，而所为不失。"①这是把"中和"视为天地间本然的、最高的和终极理想的状态。

先秦时期的"端悫诚信""贵诚信"等思想积淀了中华民族悠久的诚信伦理文化，对规范当时和后世人们的经济行为起了重要作用。"诚"是真实无妄，不自欺欺人，不弄虚作假。一个人如果能做到诚，就会公正不偏、无私无欲，对国家、对民族事业忠心耿耿；在处理经济交换等关系时，就能为人诚实、待人诚恳、讲话坦诚。一个人如果违背了诚，就势必陷入虚伪、邪恶、奸诈的境地。诚实是经济行为中最基本的行为准则，也是人们待人接物的基本品德。《荀子·不苟》："君子养心莫善于诚，致诚则无它事矣。"诚是真实不欺的品德。诚的最基本要求就是一个"真"字："真者，精诚之至也。不精不诚，不能动人。"②诚即要求人们有真心、真言、真行，对人对事时时保持纯真，所反对的是欺诈、虚伪。诚的具体要求在于不自欺欺人："明善是格物、致知，思诚是毋自欺、慎独。"③对人来说，重要的是不欺骗他人，其中最基本、最通常的要求是不为一己私利而骗人。诚还表现为对自己所从事的事业真心实意、全心全意、精益求精。诚乃真善美的高度统一，是做人的根本，所以古人一再说"君子诚之为贵"④。在社会经济交往和社会实践过程中，"诚"的这些内涵深深印入了中华民族历代子孙的头脑中，"诚信守实"成为中华民族的一个优秀品质。

---

① 《春秋繁露·循天之道》。
② 《庄子·渔父》。
③ 〔南宋〕黎靖德编：《朱子语类》卷第五十六，北京：中华书局1986年版，第1329页。
④ 《礼记·中庸》。

　　"信"是诚实无欺、遵守承诺的行为准则和高尚品德,是处理经济关系最基本的道德原则。先秦诸子既将其视为基本的行为准则和道德规范,也将其视为伦理美德。《左传·僖公十五年》载秦穆公言曰:"获晋侯,以厚归也。既而丧归,焉用之? 大夫其何有焉? 且晋人戚忧以重我,天地以要我。不图晋忧,重其怒也。我食吾言,背天地也。重怒难任,背天不祥,必归晋君。"一个人说话不算话即"食言","食言"是违背天地之道的行为,必然遭到正义之人的唾弃。《左传·襄公二十二年》载晏平仲对齐侯言:"小所以事大,信也。失信,不立。君其图之!"守信方能立足于社会,失去了诚信就不能立身立国。在晏平仲看来:"君人执信,臣人执共。忠信笃敬,上下同之,天之道也。"

　　晋文公是春秋时期十分注重诚信的国君。史载,晋文公攻打原国,和大夫约定在十天内收兵。十天期满,原国未能攻下,文公鸣金后退、收兵离开。有个从原国都城出来的人说:"原国三天内就可攻下了。"群臣近侍进谏说:"原国城内粮食已经吃完了,兵力也耗尽了,君主暂且等一等吧。"晋文公听后说:"吾与士期十日,不去,是亡吾信也。得原失信,吾不为也。"[1]于是仍撤兵离开。原国人听到后说:"有像他那样守信用的君主,怎能不归顺呢?"于是投降了晋文公。卫国人听到后也说:"有像他那样守信用的君主,怎能不归顺呢?"于是也投降了晋文公。这就是诚信的力量和功用。

　　孔子强调,在富国、强兵和取信于民三者中,取信于民排在第一位。《论语·颜渊》:

　　　　子贡问政。子曰:"足食,足兵,民信之矣。"子贡曰:"必不得已而去,于斯三者何先?"曰:"去兵。"子贡曰:"必不得已而去,于斯二者何先?"曰:"去食。自古皆有死,民无信不立。"

　　"足食",即粮食很充足,或者经济很发达;"足兵",即有充足的军备;"民信之",即老百姓信任国家或政府。有这三条,就可以谈政治了。如果迫不得已,三者必须去掉其一,先去哪条呢? 孔子说"去兵"。如果迫不得已在剩下的"足食"和"民信之"这两条中还要去一条,去哪个呢? 孔子说"去食",即

---

① 《韩非子·外储说左上》。

去掉粮食,因"自古皆有死,民无信不立"。自古以来谁都免不了死亡,但是一定要保持百姓的信任;如果百姓对国家没有信任,是谈不上治国理政的。因此,国家的赋入和军备都可以裁减或去除,唯百姓的信任不可失去。从治国理政以信用为尚的思想出发,孔子强调为政要"敬事而信"以取得民众的信任:"信则民任焉。"①一个国家有没有秩序,和不和谐,关键看统治者是否注重礼义信。孔子说:"上好礼,则民莫敢不敬;上好义,则民莫敢不服;上好信,则民莫敢不用情。夫如是,则四方之民襁负其子而至矣。"②荀子也十分强调"信"对于治国理政之重要,指出:"政令信者强,政令不信者弱。"③又说:"古者禹、汤本义务信而天下治,桀、纣弃义倍信而天下乱。故为人上者必将慎礼义、务忠信,然后可。此君人者之大本也。"④国家颁布的政令法规必须具有可信性,绝不能朝令夕改、出尔反尔,否则"出令不信,刑政纷放,动不顺时,民无据依,不知所力,各有离心"⑤。

管子是最先将诚与信合用的思想家。《管子·枢言》指出:"先王贵诚信。诚信者,天下之结也。"历代先王都是贵诚信的,诚信是天下稳定巩固的基础。做官为政的人必须讲求诚信,必须为庶民百姓所信任,所以"临事不信于民者,则不可使任大官"⑥,"非信士,不得立于朝"⑦。商鞅变法就是从取信于民开始的。《史记·商君列传》载:

> 令既具,未布,恐民之不信己,乃立三丈之木于国都市南门,募民有能徙置北门者予十金。民怪之,莫敢徙。复曰:"能徙者予五十金。"有一人徙之,辄予五十金,以明不欺。卒下令。

商鞅立木为信,树立了自己重然诺、守信用的形象,从而为变法奠定了坚实的基础。宋代王安石专门赋有《商鞅》一诗:"自古驱民在信诚,一言为重百金轻。今人未可非商鞅,商鞅能令政必行。"充分肯定商鞅立木为信的

①《论语·尧曰》。
②《论语·子路》。
③《荀子·议兵》。
④《荀子·强国》。
⑤《国语·周语下》。
⑥《管子·立政·三本》。
⑦《管子·乘马·士农工商》。

伦理意义。

墨家是一个重然诺、轻死生、讲信义的学派，为了道义或理想可以"赴火蹈刃，死不还踵"①。墨家人物"多以裘褐为衣，以跂蹻为服，日夜不休，以自苦为极"②，"摩顶放踵利天下，为之"③，非常具有担当和自我牺牲精神，其侠义品格铸造了中华民族诚信为上、仁义至善的伦理品质。

先秦时期，诚信不仅是国家层面治国理政的行为准则和道德规范，而且也是微观层面个人待人接物、安身立命的道德品质和基本素质。《大戴礼记·哀公问五义》："所谓君子者，躬行忠信，其心不买。"《论语·卫灵公》："言忠信，行笃敬。"信的基本要求是对人诚实不欺，这与诚是一致的。这两者中，诚是基础，信为根本；信生于诚，无诚则无信。对人诚实是信的重要内容与要求。《论语·学而》："与朋友交，言而有信。"信乃是做人的根本原则之一。只有言行可靠，才能取得他人的信任，才能与他人建立关系并保持正常的社会经济交往。所以说："若人无信，则语言无实，何处行得。处家则不可行于家，处乡党则不可行于乡党。"④人若无信，所言所行皆不足以信赖，就难以在群体社会立足："人而无信，不知其可也。"⑤

《韩非子·外储说左上》载：

> 曾子之妻之市，其子随之而泣。其母曰："女还，顾反，为女杀彘。"妻适市来，曾子欲捕彘杀之。妻止之曰："特与婴儿戏耳。"曾子曰："婴儿非与戏也。婴儿非有知也，待父母而学者也，听父母之教。今子欺之，是教子欺也。母欺子，子而不信其母，非以成教也。"遂烹彘也。

这就是历史上流传甚广的曾子杀猪以教子诚信的故事。为了其妻一句哄孩子的话，曾子不惜以一头猪为代价，用"血本"维护了其妻的诚信，也为其子树立起了榜样。这个故事告诉我们，父母的言行对孩子影响很大，要教育孩子言而有信、诚实待人，首先必须自己言而有信、说话算数。如果自己说话不算话，那么教育孩子待人真诚是很困难的。如果人在社会经济等交

---

① 《淮南子·泰族训》。
② 《庄子·天下》。
③ 《孟子·尽心上》。
④ 〔南宋〕黎靖德编：《朱子语类》卷第二十四，北京：中华书局 1986 年版，第 595 页。
⑤ 《论语·为政》。

往过程中缺少诚信,社会秩序必将一片混乱、难以维持。如果人人守信,即可消除人与人之间的隔阂,建立起相互信赖的和谐经济关系。

四、生产伦理、交换伦理、分配伦理和消费伦理的初步建构

先秦经济伦理思想是以儒家道德为基础,同时吸收法家、墨家、道家等思想精髓,用以指导和规范人们经济活动的思想体系。先秦经济伦理思想在长期的历史发展过程中,经过春秋战国时期思想家们的概括和总结,涉及生产、交换、分配、消费等经济生活的方方面面,构建了具有中国文化特点的经济伦理规范体系。

在生产伦理方面,先秦经济伦理观一贯重视社会生产,认为社会生产是国家发展的基础。生产的直接目的是创造物质财富,满足国家和人民的需要,即"富国富民""利国利民";最终目的是实现人际关系的和谐和社会政治局面的稳定。孔子对生产的重视源于他的"民本"思想。他注重调动和保护劳动者的劳动积极性,顺应农业生产的规律。《论语·尧曰》:"所重:民、食、丧、祭。"《论语·颜渊》:"足食,足兵,民信之矣。"民以食为天。只有发展生产,使民众温饱,国家才能安定。孔子主张"富之""因民之所利而利之"。他特别提出"道千乘之国,敬事而信,节用而爱人,使民以时"[①]的主张,告诫统治者要爱护民力。孟子、荀子继承并发展了孔子的生产伦理思想,主张重视生产发展,不违农时,提出了"以富民为富国的根本"的思想。先秦时期法家管子学派十分重视发展生产,认为:"凡治国之道,必先富民。民富则易治也,民贫则难治也。奚以知其然也?民富则安乡重家,安乡重家则敬上畏罪,敬上畏罪则易治也。民贫则危乡轻家,危乡轻家则敢凌上犯禁,凌上犯禁则难治也。故治国常富,而乱国常贫。是以善为国者,必先富民,然后治之。"[②]管子帮助齐桓公改革经济,调动了劳动者的生产积极性,使国力逐渐富强。墨子"论生产,最重劳工(labor),彼盖力辟天命之说,而以勤劳之说代之,称人之不事工作,或工作而怠惰者为'罢而不肖',甚至以禽兽与人类相

---

① 《论语·学而》。
② 《管子·治国》。

比"①。在墨子看来,人类与动物最大的不同在于人类能够从事满足自己生活需要的生产劳动,动物凭本能活动:"今人与此异者也,赖其力者生,不赖其力者不生。"②人类凭借自身的劳动创造财富,不仅推动了自身的发展,满足了自己的需要,而且推动了社会历史的发展。墨子还特别强调劳动的价值:"今也农夫之所以早出暮入,强乎耕稼树艺,多聚叔粟,而不敢怠倦者,何也? 曰:彼以为强必富,不强必贫;强必饱,不强必饥。故不敢怠倦。今也妇人之所以夙兴夜寐,强乎纺绩织纴,多治麻丝葛绪,捆布縿,而不敢怠倦者,何也? 曰:彼以为强必富,不强必贫;强必暖,不强必寒。故不敢怠倦。"③如果农夫不愿意从事耕稼树艺等生产劳动,妇人不愿意从事纺织织纴等工艺劳动,那么"天下衣食之财将必不足矣"④,人类就会遭受饥寒交迫的痛苦,整个社会生活也将无法正常维持。所以,墨子已经提出了如同威廉·配第所说的"劳动是财富之父"理论,其意义是十分深远的。先秦时期的生产伦理重视发展生产,保护劳动者的生产积极性,强调"民生在勤,勤则不匮"⑤,主张珍惜劳动成果;并由此对士农工商的职责要求作出了比较初步的探讨,提出了"富国""富民"的思想命题,为后世的生产伦理奠定了基础。

在交换伦理方面,先秦经济伦理思想一般主张"重义轻利"的价值观,但不否定商品买卖中的经济原则和价值规律,并认为那种遵循经济原则和价值规律、善于预测市场供求关系、审时度势、遵循"礼法"而发财致富者皆为良商、廉商。《战国策·赵策三》云:"夫良商不与人争买卖之贾,而谨司时。时贱而买,虽贵已贱矣;时贵而卖,虽贱已贵矣。"这里肯定了"时贱而买""时贵而卖"是商人在流通领域中取利的基本经济规律和原则。与此相关,先秦思想家特别强调人与人之间礼尚往来的重要性。《礼记·曲礼上》有言:"太上贵德,其次务施报。礼尚往来,往而不来,非礼也;来而不往,亦非礼也。"无论是儒家还是墨家都谈到了人际交往应以互利互惠为目的。鉴于现实生活中人们因只注重自己利益的满足而忽视对别人利益的兼顾与考虑,墨子

---

① 唐庆增:《中国经济思想史》,北京:商务印书馆 2010 年版,第 216 页。
② 《墨子·非乐上》。
③ 《墨子·非命下》。
④ 《墨子·非命下》。
⑤ 《左传·宣公十二年》。

提出"以兼相爱、交相利之法易之",主张"视人之国,若视其国;视人之家,若视其家;视人之身,若视其身"。① 墨家认为,建立平等的人际关系应当以每个人先付出爱与利为前提,然后才能谈得上收获与成就;其实,个人利益的实现就在于率先爱人和利人之后:"若我先从事乎爱利人之亲,然后人报我以爱利吾亲乎? 意我先从事乎恶贼人之亲,然后人报我以爱利吾亲乎? 即必吾先从事乎爱利人之亲,然后人报我以爱利吾亲也。"② 人与人之间无论是情感交流还是利益交换,都有一种"投桃报李"式效应的存在,本质上是一种互惠互利的关系:"先王之所书《大雅》之所道曰:'无言而不仇,无德而不报。投我以桃,报之以李。'即此言爱人者必见爱也,而恶人者必见恶也。"③ 人际交往既需要以心换心,也需要互利互惠,使双方或各方都能从交往中获得利益,实现共生共赢共发展的目的。 先秦时期所形成的这种交换伦理并不是斤斤计较的等价交换,也不是纯功利主义的利益交换,而是从人际关系的友善、持续和互惠出发的情感、利益和道德的交换,既包含了利益关系上的等价交换,又绝不仅仅是等价交换。 战国时期,齐国有个叫冯谖的人,家境贫困,难以养活自己,寄食孟尝君门下。 后来他应孟尝君之托,为其收债。 史载,冯谖赶着马车到薛地,派官吏把该还债的百姓都叫来核对债券。 全部核对之后,冯谖站了起来,假托孟尝君的名义将债款赏给这些百姓,并烧掉了那些券契文书,百姓感激得欢呼万岁。 冯谖又马不停蹄地返回齐国都城临淄,一大早就求见孟尝君。 孟尝君很奇怪他回来得这么快,穿好衣服接见他说:"收完债了吗? 何以回来得这般快捷?"冯谖答道:"都收完了。"孟尝君问道:"先生替我买了些什么回来?"冯谖说:"殿下曾言'买些家中缺乏的东西'。 臣暗想,殿下宫中珠宝堆积、犬马满厩、美女成行,所缺少的唯有仁义了,因此臣自作主张为殿下买了仁义回来。"孟尝君说:"你怎么买仁义的?"冯谖答道:"殿下封地只有小小的薛地,不但不好好体恤薛地子民,反而像商人一样在他们身上榨取利益。 臣为君计,私自假传殿下的命令,将所有的债款都赐给他们,并焚毁债券,百姓莫不吹呼万岁,这就是臣替殿下买的仁义呀!"孟尝君很不高兴,说:"我知道了,先生退下休息吧。"一年以后,齐王对

---

① 《墨子·兼爱中》。
② 《墨子·兼爱下》。
③ 《墨子·兼爱下》。

孟尝君说:"寡人不敢用先王的旧臣为臣。"孟尝君回到封地薛,还差百里未到,当地百姓扶老携幼,在路旁迎接孟尝君。孟尝君回头对冯谖说:"先生为我买的义,今天方才看到。"①儒家孟子见梁惠王,梁惠王问他:"老先生,你不远千里而来,有什么对我的国家有利的吧?"孟子回答说:"大王! 何必说利呢? 只要说仁义就行了。大王说'怎样使我的国家有利?'大夫说'怎样使我的家庭有利?'一般士子和老百姓说'怎样使我自己有利?'结果是上上下下互相争夺利益,国家就危险了啊!"在孟子看来,"苟为后义而先利,不夺不厌"②。只有讲仁义,才能形成健康、合理的社会秩序,使人人得到真正的利益。"未有仁而遗其亲者也,未有义而后其君者也。"③仁义不仅造福于君亲,而且造福于整个社会。

在分配伦理方面,先秦儒家在分配问题上形成了"制礼义以分之"和"不患寡而患不均"的分配观。分配财富不可僭越等级所规定的原则。孔、孟、荀的"制礼义以分之"的分配伦理思想,是维护等级制度的,是维护统治者的根本利益的。但是,从"民本"思想出发,从经济性活动的终极道德目标出发,他们又反对政府对劳动者的横征暴敛,要求"取民有制",满足百姓的基本生活需求。鉴于劳动者深受等级制度的束缚、没有或者只有少量生产资料、终年勤劳耕作、多数劳动成果都被掠走的社会现实,孔、孟、荀等人又有要求财富平均分配、实现分配公平的思想因素。《论语·季氏》:"丘也闻有国有家者,不患寡而患不均,不患贫而患不安。盖均无贫,和无寡,安无倾。"此处讲财富不怕少而怕分配不均,人们不怕贫穷而怕不安,因此公平正义地分配财富或物质利益十分重要。"不患寡而患不均"的均平分配伦理思想在中国经济伦理思想史上占有着极其重要的地位。"其意义有二,不但谓:(一)政府敛税,人民之担负宜平均;……(二)政府宜调剂人民财富,使之渐趋均平,孔子之前,《周礼》亦含此义,均富之说,支配中国数千年来之经济理论。"④为了更好地实现均富目标,孔子还提出了"薄赋敛"的主张:朝廷对人民征收赋税和劳役,不能采取竭泽而渔的办法,而是必须把朝廷财政收入的

---

① 《战国策·齐策四》。
② 《孟子·梁惠王上》。
③ 《孟子·梁惠王上》。
④ 唐庆增:《中国经济思想史》,北京:商务印书馆 2010 年版,第 87—88 页。

增加建立在培养财源的基础上。史载，孔子批评季康子"用田赋"时说："先王制土，籍田以力，而砥其远迩；赋里以入，而量其有无；任力以夫，而议其老幼。于是乎有鳏寡孤疾，有军旅之出则征之，无则已。其岁收，田一井出稯禾、秉刍、缶米，不是过也。先王以为足。若子季孙欲其法也，则有周公之籍矣。若欲犯法，则苟而赋，又何访焉！"①孔子主张适度赋敛，要求季氏实行像周公那样的"取于民有制"的轻赋敛政策，并照顾鳏寡孤疾者的正当利益。管子在治理齐国期间推行"六兴"的爱民富民政策和扶贫恤孤的惠民政策。所谓"六兴"，即"厚其生""输之以财""遗之以利""宽其政""匡其急""赈其穷"。管子提出的"六兴"具有人本主义经济伦理思想的价值属性，具有一定的价值合理性。与此相关，管子特别关心民生疾苦，把百姓的冷暖放在心头，体现了急民之所急、想民之所想的人文关怀。在《管子·问》中，管子以提问的形式，提出了对人民应当关心的多方面内容："问死事之孤，其未有田宅者有乎？问少壮而未胜甲兵者几何人？问死事之寡，其饩廪何如？问国之有功大者，何官之吏也？问州之大夫也，何里之士也？今吏亦何以明之矣？问刑论有常，以行不可改也，今其事之久留也何若？问五官有度制，官都其有常断，今事之稽也何待？问独夫、寡妇、孤寡、疾病者几何人也？问国之弃人，何族之子弟也？问乡之良家，其所牧养者几何人矣？问邑之贫人，债而食者几何家？问理园圃而食者几何家？人之开田而耕者几何家？士之身耕者几何家？问乡之贫人，何族之别也？问宗子之牧昆弟者，以贫从昆弟者几何家？余子仕而有田邑，今入者几何人？……"这些"问"，涉及了普通百姓的生产、温饱、借贷情况和鳏寡孤独废疾者的生活情况等。管子在治理齐国期间，设立掌管敬老事务的官职，规定有七十岁以上老人的家庭，一子免除征役，每年三个月有官家所送的馈肉；八十以上的，二子免除征役，每月有馈肉；九十以上的，全家免役，每天有酒、肉供应。老人去世了，君主提供棺椁。设立掌管慈幼事务的官职，凡士民有幼弱子女而无力供养的，规定三个幼儿即可免除"妇征"；四个全家免除"妇征"；养五个以上还配备保姆，官家发给粮食，直到幼儿能生活自理为止。

在消费伦理方面，先秦经济伦理提倡勤俭节约，反对奢靡。奢俭思想是

---

① 《国语·鲁语下》。

关于如何正确处理人们的消费行为的理论和主张,是中国传统经济伦理思想的重要内容。西周时期,人们倡导黜奢崇俭的消费伦理规范。周公在总结夏商灭亡的教训时指出:"'上帝引逸。'有夏不适逸;则惟帝降格,向于时夏。弗克庸帝,大淫泆有辞。惟时天罔念闻,厥惟废元命,降致罚。乃命尔先祖成汤革夏,俊民甸四方。"①从而提出"无逸"的道德主张。"无逸"就是要勤劳俭约。春秋时期,鲁大夫臧哀伯对鲁桓公说:"君人者,将昭德塞违,以临照百官,犹惧或失之,故昭令德以示子孙:是以清庙茅屋,大路越席,大羹不致,粢食不凿,昭其俭也。……夫德,俭而有度,登降有数。文、物以纪之,声、明以发之,以临照百官。百官于是乎戒惧,而不敢易纪律。"②鲁大夫御孙对鲁庄公说:"俭,德之共也;侈,恶之大也。"③刘康公对周定王说:"俭所以足用也。……以俭足用则远于忧。……今夫二子者俭,其能足用矣,用足则族可以庇。二子者侈,侈则不恤匮,匮而不恤,忧必及之,若是则必广其身。且夫人臣而侈,国家弗堪,亡之道也。"④俭朴是美德,奢侈是恶行,以俭朴来丰足财用就不会有所担忧。现在季孙、仲孙生活节俭质朴,财用将丰足,因而家族能得到荫护。叔孙、东门生活奢侈,奢侈就不会体恤贫困,贫困者得不到体恤,忧患必然会降临,这样必然会危及自身。况且作为人臣而奢侈,国家不堪负担,这是在走向败亡之道。孔子在继承前人黜奢崇俭思想的基础上,进一步提出了奢俭以礼为标准的思想;并以此为核心,探讨了个人生活消费与朝廷财用所应遵循的克俭和节用的原则及其经济伦理思想意义。他赞扬夏禹"恶衣服""菲饮食""卑宫室"的节俭行为,批评管仲"有三归,官事不摄,焉得俭"⑤。虽然相对于奢侈来说,节俭是一种美德,但是节俭也应当受制于礼的规定。如果节俭超越甚或不遵守礼制的规定,那也不一定就是好的。孔子认为,像晏婴那样,一件狐裘穿了三十年,祭祖用的猪腿连盘子都不放满,如此的节俭就近乎吝啬,亦是不符合礼制要求的。墨家主张节用节葬,认为圣王治理国家和天下,都是"用财不费,民德不劳,其兴利多矣"⑥。

---

① 《尚书·多士》。
② 《左传·桓公二年》。
③ 《左传·庄公二十四年》。
④ 《国语·周语中》。
⑤ 《论语·八佾》。
⑥ 《墨子·节用上》。

衣裘、宫室、甲盾、舟车，求其实用，而不要豪华。圣王之所以王天下，其关键就在于他们"爱民谨忠，利民谨厚，忠信相连，又示之以利，是以终身不餍，殁世而不卷"①。墨子对夏禹为民治水的艰苦精神极为称道："昔禹之湮洪水，决江河而通四夷九州也，名山三百，支川三千，小者无数。禹亲自操橐耜而九杂天下之川，腓无胈，胫无毛，沐甚雨，栉疾风，置万国。禹大圣也，而形劳天下也如此。"②并以大禹精神来要求墨家学者："使后世之墨者，多以裘褐为衣，以跂蹻为服，日夜不休，以自苦为极，曰：'不能如此，非禹之道也，不足谓墨。'"③墨子批判厚葬久丧的行为及其风习，主张废除"古之丧礼，贵贱有仪，上下有等，天子棺椁七重，诸侯五重，大夫三重，士再重"④的差分制度，改为人死之后一律用"棺三寸""衣三领"的制度。死者既已葬，即"反从事乎衣食之财，佴乎祭祀，以致孝于亲"，以"不失死生之利"。⑤

此外，先秦时期的经济伦理思想还对国家的宏观管理、社会分工以及理与欲、本与末、道与器诸问题作出了颇富创发性的探讨。先秦诸子注重经济活动的道德价值追求和最终道德目的，初步构建了中国传统的社会经济伦理规范体系，提出了丰富深刻的经济伦理思想，为社会经济活动提供了道德行为准则与道德价值判断标准。

---

① 《墨子·节用中》。
② 《庄子·天下》。
③ 《庄子·天下》。
④ 《庄子·天下》。
⑤ 《墨子·节葬下》。

主要参考文献

中文文献

1. 马克思恩格斯文集.1—10 卷.北京:人民出版社,2009

2. 列宁选集.1—4 卷.北京:人民出版社,1995

3. 毛泽东选集.1—4 卷.北京:人民出版社,1991

4. 邓小平文选.1—2 卷.北京:人民出版社,1994

5. 邓小平文选.3 卷.北京:人民出版社,1993

6. 江泽民文选.1—3 卷.北京:人民出版社,2006

7. 胡锦涛文选.1—3 卷.北京:人民出版社,2016

8. 习近平谈治国理政.第一卷.北京:外文出版社,2018

9. 习近平谈治国理政.第二卷.北京:外文出版社,2017

10. 习近平谈治国理政.第三卷.北京:外文出版社,2020

11. 习近平谈治国理政.第四卷.北京:外文出版社,2022

12. 班固撰,颜师古注.汉书.全十二册.北京:中华书局,1962

13. 陈立撰,吴则虞点校.白虎通疏证.全二册.北京:中华书局,1994

14. 董仲舒撰,凌曙注.春秋繁露.全三册.北京:中华书局,1975

15. 范晔撰,李贤等注.后汉书.全十二册.北京:中华书局,1965

16. 冯梦龙编.新列国志.上下册.北京:群众出版社,1997

17. 高明.帛书老子校注.新编诸子集成.北京:中华书局,1996

18. 《韩非子选注》注释组.韩非子选注.上海:上海人民出版社,1976

19. 何建章注释. 战国策注释. 全三册. 北京：中华书局，1990

20. 何宁. 淮南子集释. 全三册. 新编诸子集成. 北京：中华书局，1998

21. 洪迈. 容斋随笔. 长春：吉林文史出版社，1994

22. 黄晖. 论衡校释. 全四册. 新编诸子集成. 北京：中华书局，1990

23. 黄宗羲著，沈芝盈点校. 明儒学案. 全二册. 北京：中华书局，1985

24. 贾谊集. 上海：上海人民出版社，1976

25. 蒋礼鸿. 商君书锥指. 新编诸子集成. 北京：中华书局，1986

26. 刘文典撰，冯逸、乔华点校. 淮南鸿烈集解. 全二册. 新编诸子集成. 北京：中华书局，1989

27. 刘向撰，向宗鲁校证. 说苑校证. 北京：中华书局，1987

28. 马非百. 管子轻重篇新诠. 全二册. 新编诸子集成. 北京：中华书局，1979

29. 马非百注释. 盐铁论简注. 北京：中华书局，1984

30. 阮元校刻. 十三经注疏. 全二册. 北京：中华书局，1980

31. 上海师范学院古籍整理组校点. 国语. 全二册. 上海：上海古籍出版社，1978

32. 司马光编著，胡三省音注. 资治通鉴. 全二十册. 北京：中华书局，1956

33. 司马迁. 史记. 全十册. 北京：中华书局，1982

34. 孙诒让著，孙以楷点校. 墨子间诂. 全二册. 新编诸子集成. 北京：中华书局，1986

35. 王夫之著，杨坚总修订. 读通鉴论. 全二册. 长沙：岳麓书社，2011

36. 王先谦撰，沈啸寰、王星贤点校. 荀子集解. 新编诸子集成. 北京：中华书局，1988

37. 王先谦. 庄子集解. 刘武撰，沈啸寰点校. 庄子集解内篇补正. 新编诸子集成. 北京：中华书局，1987

38. 王先慎撰，钟哲点校. 韩非子集解. 新编诸子集成. 北京：中华书局，1998

39. 王阳明撰，吴光、钱明、董平、姚延福编校. 王阳明全集. 全二册. 上海：上海古籍出版社，1992

40. 吴毓江撰，孙启治点校. 墨子校注. 全二册. 新编诸子集成. 北京：中华书局，1993

41. 吴则虞编著. 晏子春秋集释. 全二册. 新编诸子集成. 北京：中华书局，1982

42. 杨伯峻编著. 春秋左传注. 全四册. 北京：中华书局，1990

43. 杨伯峻译注. 论语译注. 北京：中华书局，1980

44. 杨伯峻译注. 孟子译注. 全二册. 北京：中华书局，1960

45. 杨伯峻. 列子集释. 北京：中华书局，1979

46. 赵晔撰，徐天祜音注，苗麓校点，辛正审定. 吴越春秋. 南京：江苏古籍出版社，1999

47. 朱谦之. 老子校释. 新编诸子集成. 北京:中华书局,1984

48. 朱熹. 四书章句集注. 新编诸子集成. 北京:中华书局,1983

49. 蔡锋. 春秋时期贵族社会生活研究. 北京:中国社会科学出版社,2004

50. 晁福林等. 中国民俗史. 先秦卷. 北京:人民出版社,2008

51. 晁福林. 先秦社会思想研究. 北京:商务印书馆,2007

52. 陈国灿,何德章编著. 民族融合　缔造中华:中华民族的形成与发展. 武汉:武汉大学出版社,1995

53. 陈来. 古代思想文化的世界:春秋时期的宗教、伦理与社会思想. 北京:生活·读书·新知三联书店,2002

54. 陈来. 古代宗教与伦理:儒家思想的根源. 北京:生活·读书·新知三联书店,1996

55. 陈绍棣. 中国风俗通史. 两周卷. 上海:上海文艺出版社,2003

56. 陈戍国. 中国礼制史. 先秦卷. 长沙:湖南教育出版社,2002

57. 樊树志. 国史概要. 上海:复旦大学出版社,1998

58. 费孝通等. 中华民族多元一体格局. 北京:中央民族学院出版社,1989

59. 冯天瑜. 中华元典精神. 上海:上海人民出版社,1994

60. 葛兆光. 中国思想史. 全三册. 上海:复旦大学出版社,2001

61. 顾德融,朱顺龙. 春秋史. 上海:上海人民出版社,2004

62. 郭沫若. 中国古代社会研究. 北京:人民出版社,1964

63. 韩云波. 中国侠文化:积淀与承传. 重庆:重庆出版社,2004

64. 侯外庐,赵纪彬,杜国庠. 中国思想通史. 第一卷. 北京:人民出版社,1957

65. 侯外庐. 中国古代社会史论. 石家庄:河北教育出版社,2000

66. 胡寄窗. 中国经济思想史. 上册. 上海:上海财经大学出版社,1998

67. 黄崇岳编著. 中华民族形成的足迹. 北京:人民出版社,1988

68. 黄开国,唐赤蓉. 诸子百家兴起的前奏:春秋时期的思想文化. 成都:巴蜀书社,2004

69. 黄留珠,魏全瑞主编. 周秦汉唐文化研究. 第一辑. 西安:三秦出版社,2002

70. 黄仁宇. 赫逊河畔谈中国历史. 北京:生活·读书·新知三联书店,1992

71. 黄仁宇. 中国大历史. 北京:生活·读书·新知三联书店,1997

72. 翦伯赞. 先秦史. 北京:北京大学出版社,1988

73. 李泽厚. 中国古代思想史论. 上中下册. 合肥:安徽文艺出版社,1999

74. 刘丰. 先秦礼学思想与社会的整合. 北京:中国人民大学出版社,2003

75. 刘文英. 漫长的历史源头:原始思维与原始文化新探. 北京:中国社会科学出版社,1996

76. 吕思勉. 吕著中国通史. 上海:华东师范大学出版社,2005

77. 吕思勉. 先秦史. 上海:上海古籍出版社,2005

78. 吕思勉. 中国民族史两种. 上海:上海古籍出版社,2008

79. 吕思勉. 中国民族史. 上海:东方出版中心,1987

80. 钱穆. 国史大纲. 全两册. 北京:商务印书馆,1996

81. 乔长路. 中国人生哲学:先秦诸子的价值观念和处事美德. 北京:中国人民大学出版社,1990

82. 沈长云. 中国历史. 先秦史. 北京:人民出版社,2006

83. 宋兆麟,黎家芳,杜耀西. 中国原始社会史. 北京:文物出版社,1983

84. 宋镇豪. 夏商社会生活史. 北京:中国社会科学出版社,1994

85. 苏秉琦. 中国文明起源新探. 北京:生活·读书·新知三联书店,1999

86. 唐庆增. 中国经济思想史. 北京:商务印书馆,2010

87. 童书业. 春秋左传研究. 上海:上海人民出版社,1980

88. 汪玢玲. 中国婚姻史. 上海:上海人民出版社,2001

89. 王处辉主编. 中国社会思想史. 北京:中国人民大学出版社,2002

90. 王国维. 观堂集林. 全四册. 北京:中华书局,1959

91. 王泽应. 中华民族道德生活史. 先秦卷. 上海:东方出版中心,2014

92. 王震中. 中国文明起源的比较研究. 西安:陕西人民出版社,1994

93. 巫宝三主编. 先秦经济思想史. 北京:中国社会科学出版社,1996

94. 吾淳. 中国社会的伦理生活:主要关于儒家伦理可能性问题的研究. 北京:中华书局,2007

95. 曾文芳. 夏商周民族思想与政策研究. 北京:人民出版社,2008

96. 张鸿翼. 儒家经济伦理及其时代命运. 北京:北京大学出版社,2010

97. 张继军. 先秦道德生活研究. 北京:人民出版社,2011

98. 张岂之总主编,刘宝才、钱逊、周苏平本卷主编. 中国历史. 先秦卷. 北京:高等教育出版社,2001

99. 张鑫昌,王文光. 中华民族发展简史. 昆明:云南人民出版社,1996

100. 赵靖. 中国古代经济思想史讲话. 北京:人民出版社,1986

101. 郑师渠,史革新主编. 历史视野下的中华民族精神. 广州:广东人民出版

社,2014

102. 钟国发. 神圣的突破:从世界文明视野看儒佛道三元一体格局的由来. 成都:四川人民出版社,2003

103. 朱贻庭主编. 中国传统伦理思想史. 上海:华东师范大学出版社,1989

104. [德]弗里德里希·包尔生. 伦理学体系. 何怀宏,廖申白译. 北京:中国社会科学出版社,1988

105. [德]黑格尔. 历史哲学. 王造时译. 上海:上海书店出版社,2006

106. [德]黑格尔. 哲学史讲演录. 第一卷. 贺麟,王太庆译. 北京:商务印书馆,1959

107. [德]黑格尔. 哲学史讲演录. 第二卷. 贺麟,王太庆译. 北京:商务印书馆,1960

108. [德]黑格尔. 哲学史讲演录. 第三卷. 贺麟,王太庆译. 北京:商务印书馆,1959

109. [德]黑格尔. 哲学史讲演录. 第四卷. 贺麟,王太庆译. 北京:商务印书馆,1978

110. [德]马克斯·韦伯. 新教伦理与资本主义精神. 于晓,陈维纲等译. 北京:生活·读书·新知三联书店,1987

111. [法]爱弥尔·涂尔干. 职业伦理与公民道德. 渠东,付德根译. 上海:上海人民出版社,2001

112. [法]夏尔·季德,夏尔·利斯特. 经济学说史. 全两册. 徐卓英,李炳焕,李履端译. 北京:商务印书馆,1986

113. [古罗马]奥古斯丁. 忏悔录. 周士良译. 北京:商务印书馆,1963

114. [古罗马]马可·奥勒留. 沉思录. 何怀宏译. 北京:中国社会科学出版社,1989

115. [古罗马]西塞罗. 论至善和至恶. 石敏敏译. 北京:中国社会科学出版社,2005

116. [古希腊]柏拉图. 理想国. 郭斌和,张竹明译. 北京:商务印书馆,1986

117. [古希腊]亚里士多德. 尼各马可伦理学. 廖申白译注. 北京:商务印书馆,2003

118. [古希腊]亚里士多德. 亚里士多德选集. 伦理学卷. 苗力田编. 北京:中国人民大学出版社,1999

119. [荷兰]斯宾诺莎. 伦理学. 贺麟译. 北京:商务印书馆,1958

120. [美]阿拉斯戴尔·麦金太尔. 谁之正义? 何种合理性? 万俊人,吴海针,王今一译. 北京:当代中国出版社,1996

121. [美]丹尼尔·豪斯曼,迈克尔·麦克弗森. 经济分析、道德哲学与公共政策. 纪如曼,高红艳译. 上海:上海译文出版社,2008

122. [美]凡勃伦. 有闲阶级论. 蔡受百译. 北京:商务印书馆,1964

123. [美]理查德·T.德·乔治. 经济伦理学. 李布译. 北京:北京大学出版社,2002

124. ［美］林毓生. 中国意识的危机："五四"时期激烈的反传统主义. 穆善培译. 贵阳：贵州人民出版社，1986

125. ［美］雅克·蒂洛，基思·W. 克拉斯曼. 伦理学与生活. 程立显，刘建译. 北京：世界图书出版公司，2008

126. ［美］约翰·罗尔斯. 正义论. 何怀宏，何包钢，廖申白译. 北京：中国社会科学出版社，1988

127. ［英］埃里克·罗尔. 经济思想史. 陆元诚译. 北京：商务印书馆，1981

128. ［英］E. F. 舒马赫. 小的是美好的. 虞鸿钧，郑关林译. 北京：商务印书馆，1984

129. ［英］塔拉·史密斯. 有道德的利己. 王旋，毛鑫译. 北京：华夏出版社，2010

130. ［英］威廉·汤普逊. 最能促进人类幸福的财富分配原理的研究. 何慕李译. 北京：商务印书馆，1986

131. ［英］亚当·斯密. 道德情操论. 蒋自强，钦北愚，朱钟棣等译. 北京：商务印书馆，1997

132. ［英］约翰·斯图亚特·穆勒. 功利主义. 叶建新译. 北京：九州出版社，2007

133. ［英］约翰·希克斯. 经济史理论. 厉以平译. 北京：商务印书馆，1987

外文文献

1. Alasdair MacIntyre, A Short History of Ethics, Routledge & Kegan Paul plc. ,1967

2. Amartya Sen, Collective Choice and Social Welfare, Elsevier Science Pub. Co. ,1979

3. Amartya Sen, On Ethics and Economics, Harvard University Press,1987

4. H. Landreth, History of Economic Theory: Scope, Method and Content, Houghton Mifflin Company,1976

5. Manuel G. Velasquez, Business Ethics: Concepts and Cases, Third Edition, Prentice-Hall, Inc. ,1992

6. Michael Sandel, Liberalism and the Limits of Justice, Cambridge University Press,1982

7. Robert C. Solomon, Ethics and Excellence: Cooperation and Integrity in Business, Oxford University Press,1992

8. Roger N. Hancock, Twentieth Century Ethics, Columbia University,1974

9. Tom L. Beaucharp & Norman E. Bowie, Ethical Theory and Business, Fourth Edition, Prentice-Hall, Inc. ,1993

后　记

　　本成果是国家社科基金重大项目"中国经济伦理思想通史研究"(11&ZD084)子课题"先秦经济伦理思想研究"的最终研究成果。子课题组负责人为王泽应(湖南师范大学教授),主要参加人员有贺汉魂(湖南第一师范学院教授)。本书提纲由王泽应拟订,经重大项目组成员集体讨论定稿。具体研究和写作分工如下:引言,第一章,第二章第三节,第四章第一节、第二节和第五节,结语,王泽应;第二章第一节、第二节,第三章,第四章第三节、第四节,第五章,第六章,第七章,第八章,贺汉魂。本书初稿在子课题组成员集体统稿、修改的基础上,由王泽应完成全书审改工作,并由王小锡最终统改定稿。

　　在本书撰写成稿过程中,重大项目组首席专家、各子课题负责人及全体成员和许多专家学者给予了重要的学术支持,同时,成果参考、借鉴了国内外有关专家学者的研究成果,在此一并表示由衷的感谢。

王泽应

2021 年 6 月 10 日